国家社会科学基金资助项目
第五届“物华图书奖”获奖图书
中国物流与采购联合会“科技进步奖”获奖图书

最新现代高等物流教育系列

Risk Management for *Logistics*

物流风险管理（第4版）

孙家庆 编著

东北财经大学出版社·大连
Dongbei University of Finance & Economics Press

图书在版编目（CIP）数据

物流风险管理 / 孙家庆编著．—4 版．—大连：东北财经大学出版社，2019.7

（最新现代高等物流教育系列）

ISBN 978-7-5654-3458-7

Ⅰ．物…　Ⅱ．孙…　Ⅲ．物流-风险管理-高等学校-教材　Ⅳ．F252

中国版本图书馆 CIP 数据核字（2019）第 024863 号

东北财经大学出版社出版

（大连市黑石礁尖山街 217 号　邮政编码　116025）

网　址：http：//www.dufep.cn

读者信箱：dufep@dufe.edu.cn

大连图腾彩色印刷有限公司印刷　东北财经大学出版社发行

幅面尺寸：185mm×260mm　字数：447 千字　印张：20.25　插页：1

2019 年 7 月第 4 版　2019 年 7 月第 4 次印刷

责任编辑：郭　洁　责任校对：石建华　周　晗

封面设计：沈　冰　版式设计：钟福建

定价：46.00 元

教学支持　售后服务　联系电话：（0411）84710309

如有印装质量问题，请联系营销部：（0411）84710711

第4版前言

自2008年以来，全球物流市场持续低迷。

2015年，美国GMI、丹麦船公司Copenship、韩国大波航运公司、韩国三普航运公司、日本第一中央汽船株式会社、印度Mercator以及中国大连威兰德航运公司等海运企业陆续宣告破产；2016年，中国浙江省海运集团台州海运有限公司、中国浙江省海运集团温州海运有限公司、韩国韩进海运、中国浙江远洋运输股份有限公司等也都纷纷倒闭。航运企业破产在业内产生了较为强烈的冲击波，引起了港口、货主乃至金融业的恐慌心理，极易诱发多米诺骨牌效应；而2018年中美贸易争端的凸显与加剧，则进一步恶化了全球物流市场环境。

显然，目前物流供给过剩的状况依然严峻，加之短期内物流市场复苏乏力，必将导致整个物流产业链都面临巨大压力与风险。以航运物流产业链为例，上游包括航运融资、海事保险、海事仲裁、海运交易、海运咨询、公证评估、航运组织、船舶管理等，中游包括邮轮、货物运输、船舶租赁、拖船作业等，下游包括码头、仓储服务、船舶代理、货运代理、报关服务、理货服务、船舶供应服务、船员劳务等。随着全球经济持续疲软，中国经济增长放缓，国际贸易需求低迷，物流市场运力过剩，供需失衡无从改善，在整个市场供需失衡的大前提下，物流环境自然不容乐观，全行业面临着前所未有的风险管理的挑战。基于此，我们对本书进行再次修订，以使其更具现实指导性。这次修订，力图使本书体现出以下特色：

（1）结构合理、清晰。全书分为三篇：上篇，主要阐述物流风险管理的基本理论与方法，适用于所有物流主体；中篇，主要阐述物流企业风险管理实践；下篇，主要阐述企业物流与供应链风险管理。具体内容由风险与风险管理概述、物流风险管理理论与方法、物流市场风险管理、物流信用风险管理、物流战略风险管理、物流操作风险管理、物流法律风险管理、物流危机管理、企业物流风险管理和供应链风险管理等10章组成。

（2）内容全面、重点突出。对原有内容进行订正、补充，特别更新了相关案例及部分内容，从而更好地反映了当前物流领域风险管理的重点与难点问题。

（3）实务性强。不仅修订了相关案例和部分资料，还进一步增加了物流实践中发生的具有一定代表性和典型性的案例，以这些案例为依托，阐述物流实践中所面临的风险与防范策略。

（4）适用性强。本书可作为物流类、国际贸易类、工商管理类及相关专业的本科生、研究生（包括MBA、EMBA）风险管理课程的教材，也可用于相关企业各类管理人员的培训。

本书作为国家社会科学基金资助项目（13BGJ031）的部分研究成果，获评了第五届“物华图书奖”二等奖以及2018年度中国物流与采购联合会“科技进步奖”三等奖。

在本书的写作过程中参考、吸收、采用了有关专家和学者的研究成果，有些案例是根据网络资料整理而成的，上海交通大学安泰经济与管理学院博士研究生孙倩雯以及大连海事大学硕士研究生吴敌、申彦波、刘亭亭、曾环、李晓媛、韩朝阳、程涛、马悦超、王振宇、曾文文、黄烜、唐子茵、杨佳宁等参与了本书部分内容的撰写及文字的校对工作，在此向这些专家、学者以及参与本书相关工作的研究生表示衷心感谢。

虽经修订，书中不妥之处恐仍在所难免，敬请同行专家和广大读者批评指正。

孙家庆

2019年5月·大连海事大学

其他各版次前言

目录

上篇 基本理论与方法

第1章 风险与风险管理概述 / 2
- 学习目标 / 2
- 导入案例 中央企业全面风险管理指引 / 2
- 1.1 风险概述 / 3
- 1.2 风险管理概述 / 8
- 思考与练习 / 14
- 案例分析 招商局能源运输股份有限公司内控建设 / 14

第2章 物流风险管理理论与方法 / 17
- 学习目标 / 17
- 导入案例 危险货物港口作业重大事故隐患判定指南 / 17
- 2.1 物流风险概述 / 17
- 2.2 物流风险管理体系 / 21
- 2.3 物流风险管理过程 / 24
- 思考与练习 / 44
- 案例分析 中国远洋海运集团建立全面风险管理体系 / 45

中篇 物流企业风险管理实践

第3章 物流市场风险管理 / 47
- 学习目标 / 47
- 导入案例 韩进海运等企业破产 / 47
- 3.1 物流市场风险概述 / 47
- 3.2 物流燃油成本波动风险管理 / 51
- 3.3 海运价格波动风险 / 58
- 3.4 国际物流汇率风险 / 63
- 思考与练习 / 68
- 案例分析 中远航运股份有限公司航运风险的管理与控制 / 69

第4章 物流信用风险管理 / 71
- 学习目标 / 71
- 导入案例 中国远洋公司拖欠船东租金始末 / 71
- 4.1 物流信用概述 / 71
- 4.2 物流信用风险概述 / 78
- 4.3 物流信用风险管理概述 / 89
- 4.4 物流信用风险管理模式与政策 / 91
- 4.5 物流客户信用评估 / 101
- 4.6 物流应收账款跟踪管理 / 103
- 思考与练习 / 108
- 案例分析 安得物流公司的信用风险管理 / 109

第5章 物流战略风险管理 / 111
- 学习目标 / 111
- 导入案例 中国码头运营商海外投资风险 / 111
- 5.1 物流战略风险概述 / 112
- 5.2 物流战略风险管理概述 / 114
- 5.3 物流战略风险管理方案设计与实施 / 115
- 5.4 国际物流投资风险管理实践 / 118

思考与练习 / 125
案例分析　招商局5亿美元投资斯里兰卡港口 / 126
第6章　物流操作风险管理 / 128
学习目标 / 128
导入案例　航空物流招投标的困惑 / 128
6.1　物流操作风险概述 / 129
6.2　物流操作风险管理概述 / 133
6.3　物流项目投标操作风险 / 138
6.4　物流金融操作风险 / 165
6.5　国际物流操作风险 / 180
6.6　物流事故防范 / 187
思考与练习 / 196
案例分析　秦山核电三期物流项目的风险控制 / 196
附录　编制投标书常见错误 / 198
第7章　物流法律风险管理 / 203
学习目标 / 203
导入案例　第三方物流致力于供应链创新：收益与风险并存 / 203
7.1　物流法律风险管理概述 / 204
7.2　物流合同风险管理 / 210
7.3　物流合同责任风险管理 / 219
思考与练习 / 226
案例分析　中远海运集团防范物流风险的经验 / 227
第8章　物流危机管理 / 229
学习目标 / 229
导入案例　码头工人罢工导致港口拥堵 / 229
8.1　物流危机 / 229
8.2　物流危机管理原理 / 236
8.3　物流突发事件应急预案 / 241
8.4　港口设施保安与反恐 / 247
思考与练习 / 252
案例分析　台风灾害造成聚丙烯产品坠海并漏撒事件 / 253

下　篇　企业物流与供应链风险管理

第9章　企业物流风险管理 / 256
学习目标 / 256
导入案例　联合利华的物流链条何以崩断？ / 256
9.1　货主企业物流外包风险管理 / 257
9.2　货主企业自建船队风险管理 / 267
9.3　物流项目招标风险管理 / 271
9.4　物流欺诈及其规避 / 274
9.5　国际贸易合同与运输合同衔接不当风险 / 286
9.6　船货双方日常协调不畅风险 / 297
思考与练习 / 299
案例分析　申美公司物流外包风险防范 / 299
第10章　供应链风险管理 / 301
学习目标 / 301
导入案例　戴尔的快速反应供应链 / 301
10.1　供应链风险概述 / 302
10.2　供应链风险管理概述 / 310
10.3　供应链设计风险管理 / 312
10.4　供应链合作风险管理 / 314
10.5　供应链运营风险管理 / 316
思考与练习 / 317
案例分析　须加强供应风险控制 / 318
主要参考文献 / 319

上篇

基本理论与方法

本篇主要阐述现代物流风险的基本理论与方法，具体包括风险与风险管理、物流风险管理理论与方法，以便对物流企业与货主企业开展物流风险管理实践提供理论与技术支持。

第1章 风险与风险管理概述

学习目标

- 了解国内外风险管理的起源与发展。
- 熟悉风险的定义、效应。
- 掌握风险的构成要素、特点、分类，全面风险管理的含义与框架。

导入案例

中央企业全面风险管理指引

风险管理由来已久，近些年来更是逐步成为国际上关注的热点，在一些发达国家，风险管理不仅在理论上发展迅速，而且很多企业都已认识到风险管理的重要性，越来越多地将风险管理应用到企业管理的各个方面。尤其是在诸如安然、世通等事件发生后，风险管理更加为各国所重视，美国还出台了《萨班斯－奥克斯利法案（Sarbanes-Oxley Act）》（简称“萨班斯法”）来规范上市公司的行为，它被称为是自罗斯福总统新政系列法案之后对美国商业界影响最为深远的改革法案。

在我国，风险管理理论的发展及应用相对滞后，有相当一部分企业普遍存在风险管理意识不足、缺乏风险策略、风险管理较为被动、缺少风险管理专业人才，以及风险管理技术、资金不足等问题，主要表现在：

一是企业战略与风险管理不匹配。我国众多企业在战略目标的制定上有一个很大特点就是急于求成，希望以最快的方式获得回报。结果是企业在发展的过程中承担了过多自身无法承受的风险，加之缺乏与之匹配的风险管理策略和措施，导致企业应对市场变化的能力不强，产品的生命周期大大缩短，企业发展后劲不足，甚至有个别企业在重大风险事件发生之时无从应对，导致巨额损失。

二是企业风险管理多为事后控制，缺乏主动性。企业现有风险管理多为事后控制，对风险缺乏系统、定时的评估，缺少积极、主动的风险管理机制，不能从根本上防范重大风险以及其所带来的损失。

三是重视具体风险的管理，缺乏风险管理整体策略。在已实施风险管理的企业中，有很大一部分企业更多地将精力投入到具体风险的管理中，没有系统、整体性地考虑企业风险组合与风险的相互关系，从而导致风险管理的资源分配不均，影响企业整体风险管理的效率和效果。

四是尚未形成企业的风险信息标准和传送渠道，风险管理缺乏充分的信息支持。企业内部缺乏对于风险信息的统一认识，风险信息的传递尚未有效协调和统一，对于具体风险缺乏量化和信息化的数据支持，影响决策的效率和效果。

五是风险管理职责不清。企业现有的风险管理职能、职责分散在各个部门和岗位之中，缺乏明确且针对不同层面的风险管理的职能描述和职责要求，考核和激励机制中尚未明确提出风险管理的内容，导致缺乏保障风险管理顺利运行的职能架构。

鉴于风险管理的发展态势以及我国企业的风险管理现状，2006年6月6日，国务院国有资产监督管

理委员会发布了《中央企业全面风险管理指引》（以下简称《指引》）。《指引》包括总则、风险管理初始信息、风险评估、风险管理策略、风险管理解决方案、风险管理的监督与改进、风险管理组织体系、风险管理文化和风险管理信息系统等方面内容，同时也对以上内容进行了详细的阐述，并对中央企业如何开展全面风险管理工作提出了明确要求。《指引》的出台不仅标志着我国有了自己的全面风险管理的指导性文件，更说明了我国企业正向管理的更高阶段——全面风险管理迈进。

虽然《指引》只对中央企业开展全面风险工作提出了要求，但是它的指导范围并不仅限于中央企业，《指引》所描述的风险管理的范围既涵盖了类似公司治理结构这样的公司层面的问题，也涵盖了业务层面的操作问题，对其他企业具有普遍的指导意义。

1.1 风险概述

1.1.1 风险的定义与特征

1. 风险的定义

风险是一个非常宽泛、常用的词汇，在英语中，通常用risk表示。自20世纪以来，人们开始从不同的角度对风险进行广泛的研究。由于对风险定义理解角度的不同，从而产生了关于风险的不同学说，因此，作为经济学、管理学、社会学等众多学科研究对象的风险，在经济学家、决策理论家和保险学者等中间至今尚无一个适用于各个领域的一致公认的定义。归纳目前有关风险的数十种定义，可分成两大类：狭义上的风险与广义上的风险。

（1）狭义上的风险，是指未来损失发生的不确定性。这种不确定性表现为损失是否发生的不确定性，损失在何时、何地发生的不确定性，损失程度的不确定性。不确定性程度越高，风险也就越大。这是传统上的定义，它强调风险的不利后果，以告诫人们提高警惕并采取防范对策。

（2）广义上的风险，是指未来损失或收益发生的不确定性。这种不确定性的结果既可能是损失，也可能是收益。此定义强调风险既是机会又是威胁，是机会与威胁的矛盾统一体。正是风险蕴含的机会诱使人们从事各种活动，以求得到额外的报酬；而风险蕴含的威胁，则唤醒人们的警觉，设法回避、减轻、转移或分散风险。

由此可见，风险实际上是指未来的实际结果与预期结果偏离的可能性。换言之，风险与企业或个人的目标有关系，一般而言，目标定得越高风险越大，目标定得越低风险越小。

2. 风险的特征

风险的特征是风险的本质及其发生规律的外在表现。正确认识风险的特征，对于建立和完善危险机制，加强风险管理，减少风险损失，具有重要意义。风险一般有以下特征：

（1）损失性。风险具有损失性，如果没有损失，也就无险可言了。

（2）不确定性。风险又是一个预期性概念，未来损失的产生只有可能性，没有必然性，因而风险具有不确定性特征。

（3）未来性。风险是关于“未来损失的不确定性”，过去和现在属于已经发生或正在发生的领域，因而没有风险，但所有人或企业都无法确定将来的事情，故将来存在风险。为了准确度量和管理风险，风险总是定义在未来的某一段时间内。

（4）客观性。风险是由于不确定因素的存在而使企业遭受损失的可能性，而这种不确定性的存在是客观事物变化过程中的特性，因此，风险也必然是客观地无处不在、无时不有的。比如，客户欺骗、操作失误、企业破产等等，都是由超越于人们主观意识所存在的客观规律所决定的。

（5）偶然性。风险虽然是客观存在的，但就特定的个体来说，风险事故的发生是偶然的，是一种随机现象。比如，运费拖欠的事不少企业都会发生，但就特定企业而言，运费拖欠在何时发生、发生多少拖欠、哪家企业拖欠、何种原因造成拖欠等等都是不确定的。

（6）可测性。个别风险事故的发生是偶然的、无序的、杂乱无章的，然而，通过大量风险事故的观察和综合分析，却呈现出明显的规律性。可测性和偶然性是对立统一的一对矛盾，用统计方法去处理大量相对独立的偶发风险事故资料，就可以抵消掉那些由偶然因素作用引起的数理差异，发现其固有的运动规律。大量风险发生的可测性，是风险管理这一学科产生和发展的基础。

（7）双重性。风险的双重性也称为投机性，是指绝大多数风险具有两面性，既存在损失的可能性，也存在获利的可能性。风险的这一特性有助于我们全面把握风险的实质。即：既要看到风险的危害性，提高对风险的控制能力，实现风险的消除、转化或降低，也要加强对风险规律的探索和研究，准确把握时机，进行科学决策，获取风险报酬，促进企业快速成长。

在上述风险特征中，损失性和不确定性是风险的两个本质特性，其他特征均是由这两个特征派生而来的。

1.1.2 风险的效应与构成要素

1. 风险的效应

风险的效应，是指风险本身的一种内在机制。正是由于风险效应机制的存在与作用，才引发了某种形式的行业模式与行为趋向。风险的效应是由风险自身的性质和特征决定的，但又必须与外部环境及人的观念、动机相联系才得以体现。

（1）诱惑效应。诱惑效应的形成是风险利益作为一种外部刺激使人们萌发了某种动机，进而做出了某种风险选择并导致了风险行为。风险利益并不是现实的利益，而是一种可能的利益，只有在实现风险目标之后才能获得。

（2）约束效应。风险约束是指当人们受到外界某种危险信号的刺激后所做出的回避危险的选择以及采取的回避行为。风险约束所产生的威慑、抑制和阻碍作用就是风险的约束效应。

（3）平衡效应。风险一方面具有诱惑效应，驱使人们做出某种风险选择；另一方面又具有约束效应，对人们的选择和行为产生某种威慑和抑制作用。每一种风险必然同时存在着这两种效应的相互冲突和相互抵消，其相互作用的结果是平衡效应。在平衡过程中，当风险诱惑力大于约束力，则会促使人们做出风险选择，开始冒险行为；当约束力大于诱惑力，人们会放弃风险选择与冒险行业；如果两种作用力相等，人们就会处于犹豫不决、无所适从的状态，需要新的动力或影响才能做出选择。

由此可见，平衡效应实质上是人们对诱惑效应与约束效应进行认识、比较、权衡的过程，即是一个观念过程、思想过程、判断过程和选择过程。在现实生活中，平衡效应发生作用的过程就是人们对经济风险的利益与风险进行认识、判断、比较和权衡的过程。

2.风险的构成要素

风险的构成要素是构成风险存在与否的基本条件，包括风险因素、风险事故、风险损失。

（1）风险因素（hazard）。也称风险条件，是指风险事故发生的潜在原因，是造成损失的间接的或内在的原因。

根据其性质，通常将风险因素分成实质性风险因素或物理的风险因素（physical hazard）、道德风险因素（moral hazard）和心理风险因素（mentality hazard）三种。

实质性风险因素，属于有形因素，是指能够引起或增加损失机会或损失程度的物质条件。比如，失灵的刹车系统、恶劣的气候、易燃物品、露营的篝火、人们的气质和体质等等。实质风险因素有时可由人控制，有时人却无法控制。

道德风险因素，属于无形因素，是人们在精神上或心理上的因素所产生的各种潜在的情况或态度，即因人们的不正当行为、缺乏道义、进行欺诈、恶意中伤等道德因素的作用而发生事故并造成损害的隐患。换言之，这是指增加事故的频度和程度的个人性格。道德风险因素与人的不正当社会行为和个人的品德修养有关，常常表现为不良企图或恶意行为，故意促使风险事故发生或损失扩大。

心理风险因素是指由于人主观上的疏忽或过失，导致增加风险事故发生的机会或扩大损失的程度。

尽管心理风险因素与道德风险因素都是一种无形的风险因素，都与人密切相关，但是，二者还是有所不同。道德风险因素强调的是人的故意或恶行，心理风险因素强调的是人的无意或疏忽。因此，心理风险可以视为广义的道德风险。

（2）风险事故（peril）。也称风险事件，是指引起损失的直接或外在的原因，是使风险造成损失的可能性转化为现实性的媒介，也就是说，风险是通过风险事故的发生来导致损失的。比如，货款呆账引起货款损失，货款呆账就是风险事故。

（3）风险损失（loss or damage）。是指非故意的、非计划的和非预期的财产或经济价值减少。它包括财产损失（loss of property）、收入损失（loss of income）、费用损失（loss due to unexpected expenses）和责任损失（loss associated with legal liability claims）四种。

3.风险构成要素之间的相互关系

（1）风险因素、风险事故、风险损失三者之间的关系如图1-1所示。风险因素引发风险事故，风险事故导致风险损失，即产生实际结果与预期结果的差异，这就是风险。

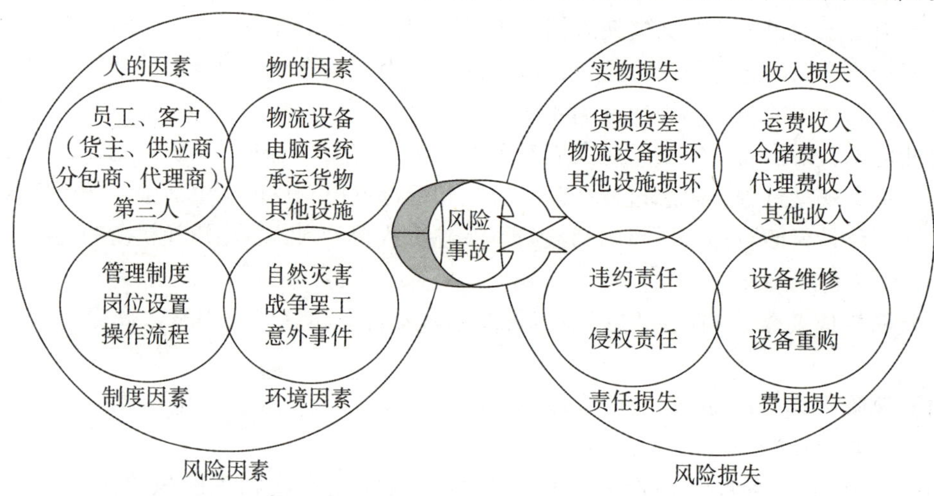

图1-1　风险因素、风险事故、风险损失的内容及其关系示意图

（2）风险因素、风险事故、风险损失之间存在着一种渐进的过渡过程（参见图1-2）。风险从因素发展到损失存在着不同的中间阶段，而每个中间阶段只要阻止其条件的形成，就可以避免其进入下一阶段或至少推迟、缓解最终损失的形成。这是因为，任一具体风险事故的发生，必是诸多风险因素和其他因素共同作用的结果，而且每一因素的作用时间、作用点、作用方向和顺序、作用强度等都必须满足一定的条件，而每一因素的出现，其相互间又无任何联系，许多因素的出现本身就是偶然的。

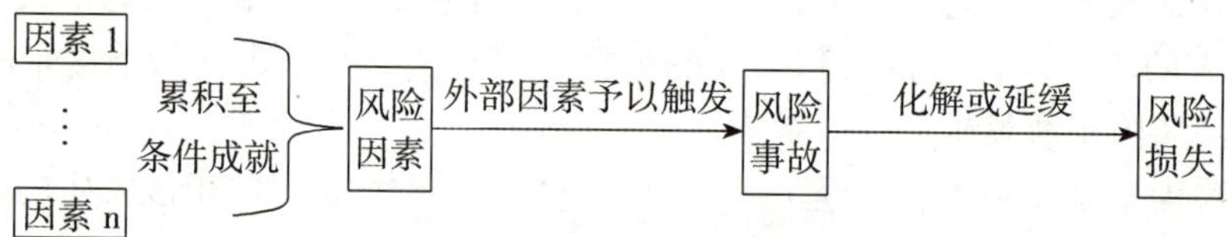

图1-2　风险形成过程示意图

（3）风险因素与风险事故可以相互转化。例如，经营者无能（风险因素）使企业倒闭（风险事故）。然而，如果经营者无能是由外部不可控的因素造成的，外部不可控因素才是风险因素，经营者无能就成为风险事故。

【思考1-1】某物流公司接受货主委托后，安排司机将货物从工厂拖至集装箱货运站。在运送途中，因该司机酒后驾车而逆向行驶，导致与另外一辆载运货物的汽车相撞，造成双方车毁人亡。试分析该事件中的风险因素、风险事故及损失的构成。如果查明事故是司机喝的酒的质量有问题所致，则风险因素、风险事故及损失的构成有无变化？为什么？

（4）风险事故发生的概率与损失的程度具有反比关系，即风险事故发生概率较高的风险，其风险损失的程度一般较低；而风险事故发生概率较低的风险，其风险损失的程度一般较高。

1.1.3 风险的分类

由于风险及其特征是如此复杂，风险承受主体（国家、企业、个人）又是各不相同，因此，关于风险的认定、分类一直没有一个权威性的定论。限于篇幅，以下介绍常见的几种分类：

1.按风险的性质分类

（1）静态风险（static risk），是在社会经济运行正常的情况下，由于纯自然力量的不规则运动和人们的错误判断、失常行为导致的风险。它包括地震、灾害等由于自然原因引发的风险和由于疏忽造成火灾、破产或经营不善等引发的风险，以及放火、欺诈、呆账等不道德因素造成的风险。

（2）动态风险（dynamic risk），是指以社会经济结构变动为直接原因的风险。比如，消费需要、价格变动带来的风险，由组织结构、产业结构变动与技术生命周期缩短等因素变化所引发的风险。

2.按风险的后果分类

（1）纯粹风险（pure risk），是指不能带来机会、无获得利益可能的风险。纯粹风险只有两种可能的后果，造成损失或不造成损失。

（2）投机风险（speculative risk），是指既能带来机会、获得利益，又隐含威胁、造成损失的风险。投机风险有三种可能的后果：造成损失、不造成损失和获得利益。

纯粹风险、投机风险与静态风险、动态风险的分类不完全重复，也不是同一个标准。不过，由于纯粹风险和静态风险、投机风险与动态风险几乎包括同样的情况，所以彼此可以替换。

3.按风险产生的原因分类

（1）自然风险（natural risk），是指因自然力的不规则变化（如风暴、洪水等）所引起的物理化学现象而导致的物质损毁与人员伤亡。这类风险往往具有不可抗拒性，但人们可以采取一定的措施进行控制以减少风险损失。

（2）人为风险，是指由于人们的行为以及各种政治、经济活动引起的风险。一般包括行为风险、经济风险、政治风险和技术风险等。

行为风险是指由于个人或组织的过失、疏忽、恶意等不当行为所造成的风险。

经济风险是指人们在从事的生产经营活动中，由于管理不善、市场预测失误、价格波动较大、供求关系发生变化等导致经济损失的风险。

政治风险（political risk），是指由于政局变化、政权更替、战争、动乱等政治因素而蒙受的各种损失。

技术风险（technical risk），是指由于科学技术发展的副作用而带来的各种损失，如各种污染物质、核物质渗透等所致的损失。

4.按风险损害的对象分类

（1）财产风险（property risk），是指货物财产发生毁损、灭失和贬值的风险。

（2）人身风险（personal risk），是指由于人的疾病、伤残、死亡所产生的风险。

（3）责任风险（liability risk），是指由于组织或个人的行为违背了法律、合同或道义的规定，给他人造成财产损失或人身伤害的风险。

5.按是否涉及决策者的主观心理感受分类

（1）主观风险（subjective risk），是指人的心理意识到的风险，是一种一般难以正确测定的风险。比如，企业家的浪费、企业核算上公司经理的不当投机、员工的无能或疏忽、客户无力偿还欠款等等。

（2）客观风险（objective risk），是指客观存在的、可以观察到和可以测量的风险。一般难以正确测定风险形成的原因。

6.按风险发生的范围分类

（1）系统风险（systematic risk），是指与整个经济体系和市场相关的风险。它通常包括自然风险、市场风险、政治风险、金融风险等。系统风险通常是由于通货膨胀、经济危机、政治动乱、特大自然灾害所致。系统风险通常对所有企业均有不同程度的影响，而且最终为企业主体所承担，因此，系统风险也被称为基本风险（foundamental risk）或外部风险。决定系统风险的因素主要来自两个方面：一是市场运作的基本机制，包括支付系统、清算中心、市场制度、企业制度；二是在现有体制下具体企业对风险的合理承担。

（2）非系统风险（non-systematic risk），是指对某一特定或某些企业产生影响的风险。它通常包括能力风险、协作风险、投资风险等。非系统风险仅与企业自身有关，是由企业自身原因造成的风险，因此，它也被称为特殊风险（particular risk）、特定风险（specific risk）或内部风险。

1.2 风险管理概述

1.2.1 风险管理的起源与发展

1.国外风险管理的起源与发展

（1）设立保险部门以规避风险。风险管理从20世纪30年代开始萌芽，最早起源于美国。在20世纪30年代，由于受到1929—1933年的世界性经济危机的影响，美国约有40%的银行和企业破产，经济倒退了约20年。美国企业为应对经营上的危机，许多大中型企业都在内部设立了保险管理部门，负责安排企业的各种保险项目。

（2）风险管理成为管理领域的一项特殊职能。1938年以后，美国企业对风险管理开始采用科学的方法，并逐步积累了丰富的经验。1952年美国学者格拉尔在其调查报告《费用控制的新时期——风险管理》中首次提出并使用了“风险管理”一词。到了20世纪60年代，美国开始系统地开展对风险管理的研究，在美国保险管理学会（ASIM）的推动下，风险教育在美国风行起来。许多美国主要大学的工商管理专业开设了风险管理课程，有的工商管理学院把保险系改名为风险管理和保险系。美国大多数企业设置了一个专职部门进行风险管理，从事风险管理工作的人员被称为“风险经理”（risk manager）。到了20世纪70年代，风险管理的概念、原理和实践已从它的起源地美国传播到加拿大和欧洲、亚洲、拉丁美洲的一些国家，风险管理在世界范围内得到迅猛发展，形成了一股全球性的热潮。

（3）实施全面风险管理。多年来，人们在风险管理实践中逐渐认识到，一个企业内部不同部门或不同业务的风险，有的相互叠加放大，有的相互抵消减少。因此，企业不能仅仅从某项业务、某个部门的角度考虑风险，必须根据风险组合的观点，从贯穿整个企业的角度看风险，即必须实行全面风险管理或整体化风险管理。尤其是2001年11月美国安然公司倒闭案、2002年6月世通公司财务欺诈案，以及其他一系列会计舞弊事件的相继发生，促使美国国会于2002年7月通过了《萨班斯－奥克斯利法案》，要求所有在美国上市的公司必须建立和完善内控体系。该法案被称为是美国自1934年以来最重要的公司法案，在其影响下，世界各国也纷纷出台类似的法案，加强公司治理和内部控制规范，严肃信息披露要求，加强企业全面风险管理。接着，在内部控制领域具有权威影响的美国COSO（The Committee of Sponsoring Organizations of the Treadway Commission，反虚假财务报告委员会下属的发起人委员会）在其1992年发布的《内部控制整合框架》基础上，吸收各方面风险管理的研究成果，于2004年9月颁布了《全面风险管理——整合框架（Enterprise Risk Management—Integrated Framework）》的报告。报告从内部控制的角度出发，研究了全面风险管理的过程以及实施的要点，是全美风险管理理念在运用上的重大突破，并随之成为世界各国和众多企业广为接受的标准规范。到目前为止，世界上已有30几个国家和地区，包括所有发达国家和地区及一些发展中国家如马来西亚，都发表了对企业的监管条例和公司治理准则。在各国的法律框架下，企业有效的风险管理不再是企业自发的行为，而成为企业经营的合规要求。

2. 中国风险管理的产生与发展

中国对风险管理的研究始于20世纪80年代。当时，一些学者将风险管理和安全系统工程理论引入中国。随后，国内很多大学如中国人民大学、上海财经大学、吉林大学等均开设了与风险管理、信用管理等相关的专业或课程，并且这些专业或课程越来越在高校中普及。但作为一门学科，风险管理的研究仍处于起步阶段。

2003年第一季度，中航油（新加坡）公司作为中央企业——中国航空油料集团公司的下属子公司，开始染指石油期货交易，虽然开始时初试成功，但随后一路亏损，直至2004年3月5.54亿美元的巨亏方大白于天下。这一巨亏也创造了中国企业海外经营的损失之最。

类似于中航油事件的还有，1997年株洲冶炼厂从事期货交易导致15亿元人民币巨亏，2003年中国储备棉管理总公司对棉花价格判断失误损失6亿元人民币，中盛粮油工业控股有限公司在2005年因大豆油业务套期失败损失1.87亿港元等等。

中航油事件及其他央企所属企业的巨亏震惊了全世界，也引起了作为国有资产管理者的国务院国资委的高度重视。为了确保国有资产保值、增值，2006年6月，国资委下发了《中央企业全面风险管理指引》，在央企及其所属的上市公司内全面推进全面风险管理工作，并将风险管理工作的绩效与央企负责人的年度考核挂钩，同时要求中央企业每年向国资委报送全面风险管理年度报告。这标志着我国有了自己的全面风险管理指导性文件，更说明了我国企业正向管理的更高阶段——全面风险管理迈进。

2008年5月22日，财政部联合当时的证监会、银监会[①]、保监会、审计署等四部委，共同下发了《企业内部控制基本规范》（以下简称《规范》），要求所有企业构建自己的内部控制体系，该《规范》被称为“中国的‘萨班斯法案’”。此举旨在通过法律形式，加强企业的内部控制体系建设，从内部防范风险事件的发生。

随后，各监管部门均出于自身的需要颁布了约束其监管对象的“风险管理指引”，比如，上海证券交易所制定了《上海证券交易所上市公司内部控制指引》、深圳证券交易所制定了《深圳证券交易所上市公司内部控制指引》、中国证券监督管理委员会制定了《证券公司风险控制指标管理办法》、中国保监会制定了《保险公司风险管理指引（试行）》、中国银行业监督管理委员会制定了《商业银行操作风险管理指引》等，这些标志着我国企业风险管理的监管体系架构已具雏形。

1.2.2 全面风险管理概述

1.全面风险管理的定义

一般而言，风险管理是指对影响企业目标实现的各种不确定性事件进行识别和评估，并采取应对措施将其影响控制在可接受范围内的过程。

现代意义上的风险管理曾被冠以不同的称谓：全面风险管理（comprehensive risk management，CRM）与整合/集成风险管理（integrated risk management，IRM）、整体风险管理（holistic risk management，HRM）、整体风险管理理论（total risk management，TRM）、全面综合的风险管理（global risk management，GRM）等等。但是，不管如何称谓，它们均包含了两方面的含义：第一，研究和解决的是风险对企业的整体影响，而不是个别风险对企业的个别影响和个别解决办法；第二，从整体上去认识风险，既要看到风险的负面影响，也要看到风险可能带来的正面效应，从而把握风险的本质和可能的机会。

由此可见，现代意义上的风险管理通常是指全面风险管理。

下面介绍两种有代表性的全面风险管理的定义：

（1）美国COSO的定义

全面风险管理是一个过程，它由一个企业的董事会、管理当局和其他人员实施，应用于企业战略制定并贯穿于企业各种经营活动之中，目的是识别可能会影响企业价值的潜在事项，管理风险于企业的风险容量之内，并为企业目标的实现提供保证。

美国COSO的定义宽泛却抓住了全面风险管理的内涵：

---

① 银监会和保监会已于2018年3月整合重组为中国银行保险监督管理委员会，即现在的银保监会。

①它是一个全员参与实施的动态过程。

②应用于现代企业战略的制定，并应考虑现代企业所有层面的活动。

③识别可能对现代企业造成影响的事项并将其控制在风险容量以内。

④需要设计一整套能够合理有效运行的风险管理机制。

（2）中国国有资产监督管理委员会《中央企业全面风险管理指引》的定义

全面风险管理是指企业围绕总体经营目标，通过在企业管理的各个环节和经营过程中执行风险管理的基本流程，培育良好的风险管理文化，建立健全全面风险管理体系，包括风险管理策略、风险理财措施、风险管理的组织职能体系、风险管理信息系统和内部控制系统，从而为实现风险管理的总体目标提供合理保证的过程和方法。

以上定义表明，全面风险管理中的“风险”是指所有影响企业达成企业经营目标和战略目标的因素，而“管理”则指用综合运用企业的战略、人员、流程、技术和知识等系统的原则方法来评估和管理企业面临的这些不确定性因素，通过综合管理业务风险、财务风险、经营风险和风险转移，完成企业的战略目的和经营目标，力求公司价值最大化。

2. 全面风险管理的关键要素

（1）目标：全面风险管理的目标是把风险控制在风险容量以内，同时为企业寻找最佳的风险/收益平衡点，最终的目的是提升股东短期或长期的持股价值。

（2）对象：全面风险管理的对象是企业内、外部各种来源的风险整体。

（3）主体：全面风险管理的执行主体涉及企业各个层级的全体员工和所有部门。

（4）过程：全面风险管理是一个过程，这个过程贯穿于企业各种管理和经营活动之中。

3. 全面风险管理的特点

与传统风险管理具有孤立性、临时性、狭窄性不同，全面风险管理具有集成性、持续性、广泛性的特性。表1-1显示了传统风险管理与全面风险管理之间的差别。

表1-1 传统风险管理与全面风险管理之比较

	传统风险管理	全面风险管理
关注的部门	认为是支持性行为，只有管理层认为必要时才采取该行为	风险评估是企业进行的一个持续的行为
各部门的协同	会计、财务和内审部门	组织机构中的任何人
风险控制重点	松散性，各职能和部门各自独立行事	风险评估和控制开始关注企业的流程，而流程往往是跨部门、跨职能的，并在高层的监督下相互配合
风险管理政策	财务风险和财务结果	首先避免接受不能承受的风险，之后降低其他风险至可接受水平
风险管理起点	没有或不完整	有完整的政策并传达给全体员工
产生风险的原因	先检查和预防，然后采取应对措施	从风险的源头开始估计和预防，并持续不断地监督与控制
风险评估	人的因素	经营活动流程失败

1.2.3 全面风险管理框架

1.COSO的全面风险管理框架

COSO的全面风险管理框架是从控制要素的角度出发，以内部控制为中心，强调通过制度、流程和财务等手段，在业务层面上管控运营、操作过程中的风险。

COSO的全面风险管理框架有三个维度：

（1）第一个维度：管理目标

管理目标体有四个，即战略目标、经营目标、报告目标和合规目标。

（2）第二个维度：管理要素

管理要素有八个，即内部环境、目标设定、事件识别、风险评估、风险对策、控制活动、信息和交流、监控。

（3）第三个维度：管理层级

管理层级包括集团、职能部门、业务单元、分支机构四个层面。

上述框架可以简单用“348”来描述，即三个维度、四个目标、八个管理要素。它们之间的关系是：全面风险管理的八个要素都是为企业的四个目标服务的；企业各个层级都要坚持同样的四个目标；每个层次都必须从以上八个方面进行风险管理。

需要注意的是，也有学者将目标设定、事件识别、风险评估、风险对策统称为风险评估，从而将管理要素整合为五个，即内部环境、风险评估、控制活动、信息和交流、监控。相应的，COSO的全面风险管理框架就可以简单用“345”来描述，即三个维度、四个目标、五个管理要素。

2.《中央企业全面风险管理指引》的全面风险管理框架

《指引》是从风险管理体系的角度出发，指导企业形成由风险战略、风险管理组织体系、内部控制、风险理财及风险管理信息系统五个模块组成的全面风险管理体系。

（1）风险战略

风险战略是企业风险管理活动的指导方针和行动纲领，是针对企业面临的主要风险设计的一整套风险处理方案，企业的风险管理活动将围绕风险战略展开。

企业根据自身条件和外部环境，围绕企业发展战略，确定企业的风险偏好或风险承受度，以及风险管理有效性的标准，然后选择风险承担、风险规避、风险转移、风险转换、风险分散、风险补偿、风险控制等适合的风险管理工具，并确定风险管理所需人力和财力资源配置的原则。

（2）风险管理组织体系

风险管理组织体系，是风险战略落实与计划执行的有力保障。通过合理的组织结构设计和职能安排，可以有效管理和控制企业风险。

（3）内部控制

内部控制系统，指围绕风险管理策略目标，针对企业的战略、规划、投资、市场运营、财务、内部审计、法律事务、人力资源、物资采购、加工制造、销售、物流、质量、安全生产、环境保护等各项业务管理和其中的重要业务流程，通过执行风险管理基本流程，制定并执行的一系列的规章制度、程序和措施。

内部控制活动是风险管理的关键环节之一，是风险管理实际操作的核心，内控体系的完整性、准确性和有效性直接决定具体风险管理的效果。

①内控体系的标准。风险内控有标准、部门有制约、操作有制度、岗位有职责、过程有监控、风险有监测、工作有评价、事后有考核。在这样的标准下设计的风险内控体系，要做到覆盖事前、事中、事后各个风险管理关键环节。

②内控体系的基本要素。一个完整的内控体系包括五项要素：内部控制环境、风险识别与评估、内部控制措施、信息交流与反馈、监督评价与纠正。

③内控体系的基本框架。一个完整的内控体系包括：内部控制组织体系、内部控制岗责体系、内部控制业务流程和管理流程体系、内部控制工具体系和内部控制考评体系。

（4）风险理财

风险理财是指企业运用金融手段来管理、转移风险的一整套措施、政策和方法。

在全面风险管理框架中，风险管理的手段一般有：风险自留、风险规避、风险控制和风险转移。其中风险规避、风险控制手段可以改变风险可能性或损失程度，而风险自留、风险转移属于金融手段，是风险理财的基本策略。它们的特点是，并不改变风险本身，既不改变风险的可能性，也不改变可能的损失程度，而是为风险进行融资。因此，从风险理财角度来看，企业的风险大致可分为两大类，即留存的风险和转移的风险。也就是说，企业风险等于留存的风险加上转移的风险。企业风险理财决策，就是在风险全部留存与风险全部转移之间寻找一个使企业风险最优化的平衡点。风险理财的手段有很多种，如期货、期权、保险、金融衍生工具组合等等，最常用的保险就是将企业不易于控制或者是控制成本过高的人身安全风险等转移给社会专业机构来负担。

（5）风险管理信息系统

风险管理信息系统是传输企业风险和风险管理状况的信息系统，其包括企业信息和运营数据的存储、分析、模型、传送及内部报告和外部的披露系统。

企业应当将信息技术应用于风险管理的各项工作，建立涵盖风险管理基本流程和内部控制系统的各个环节的风险管理信息系统，包括信息的采集、存储、加工、分析、测试、传递、报告、披露等各项功能。

风险管理信息系统为风险管理的全过程提供及时、准确的信息。环境的多变、决策的日益复杂、机会的稍纵即逝都要求提供及时、有效、准确的信息，风险管理信息系统是提高风险管理效率及可靠性的重要保障，为企业各部门之间的风险沟通架设桥梁。风险管理信息系统为量化风险提供计算服务，并且可根据管理层的要求就某一事件进行情境分析。此外，有关风险管理的数据库也保存在系统之内。风险管理信息系统也是风险控制和企业风险管理战略的载体。以信息技术为基础的信息系统使一些适于自动化的管理流程必须通过系统才能得以实现，避免了人为错误，增强了控制程度，并提高了管理效率。信息系统的建立是对所有体系建设和运行的综合，是公司风险管理的集中体现。

思考与练习

1.单选题

(1)风险的特征不包括(　　)。

A.客观性　　B.必然性　　C.可测性　　D.双重性

(2)按风险性质划分,风险可划分为(　　)。

A.静态风险、动态风险　　B.纯粹风险、投机风险

C.自然风险、人为风险　　D.主观风险、客观风险

(3)(　　)不是全面风险管理的特性。

A.集成性　　B.持续性　　C.广泛性　　D.特定性

2.多选题

(1)风险的构成要素包括(　　)。

A.风险因素　　B.风险事故　　C.风险损失　　D.风险识别

(2)全面风险管理的关键要素包括(　　)。

A.过程　　B.对象　　C.主体　　D.目标

(3)风险的效应包括(　　)。

A.诱惑效应　　B.约束效应　　C.平衡效应　　D.消极效应

3.判断题

(1)风险与不确定性可相互替代。

(2)现代风险管理体系中的“风险”是指所有影响企业达成企业经营目标和战略目标的因素。

(3)COSO的全面风险管理框架强调通过制度、流程和财务等手段,在业务层面上管控运营、操作过程中的风险。

4.简答题

(1)简述风险的特点。

(2)简述全面风险管理的含义。

(3)简述全面风险管理的框架。

案例分析　招商局能源运输股份有限公司内控建设

招商局能源运输股份有限公司(以下简称“公司”或“招商轮船”)结合自身的特点,积极开展风险控制与内控制度建设探索,不断满足公司经营和资本市场规范要求。

招商轮船成立于2004年,并于2006年在A股上市,股票代码601872。经过多年发展,尤其是近几年的资本运作和资产整合,招商轮船形成了“油、散、气、特”的业务格局,主营业务包括原油运输、干散货运输、LNG运输、滚装运输、件杂货运输等。截至2018年9月,招商轮船总共拥有船舶107艘,共计2 696万载重吨,平均船龄4.92年,持有新造船订单24艘、612万载重吨,远期总运力达到3 300万载重吨,跻身世界领先航运企业之列。其中,VLCC和VLOC船队规模位居全球第一,滚装船队规模位居国内第一,LNG业务包括常规LNG船和亚马尔项目11艘冰级LNG船。此外,还创新性地引入了牲畜船、风电安装船等业务,开辟了日照—中东等班轮航线,积极响应“一带一路”倡议。公司除面临一般上市公司所共有的特点和风险外,还存在企业自身的特点和风险:一是作为远洋运输业类企业,客观上决定了公司船队经营所特有的航运业风险;二是公司主要资产均在境外,具有一定的资产控制上的

特点与风险；三是公司主要资产运作中心在香港，且通过注册在香港的公司运作，具有管理与信息披露上的特点与风险。

公司充分认识到实际运作中的上述特点与风险，根据《中央企业全面风险管理指引》并利用企业风险管理理论，建立了适应市场环境变化和有利于提高综合竞争力，并涵盖了公司业务管理层面的内控管理制度。

（1）加强资产内控。公司根据资产的实际情况，加强资产内控，以提高运营效益。根据船舶大型化、专业化的发展趋势和提供更加专业化、个性化服务的要求，同时，按照国际公约规定，公司董事会决定对单壳油轮进行双壳技术改造，延长单壳油轮营运年限，扩大其在全球范围内的经营区域，减少对单一区域的营运风险，提升综合竞争力。公司同时积极寻找机会处置其他老龄船以增加特殊收益。

（2）加强管理内控。针对航运企业内部经营管理过程所特有的内部风险，公司根据航运业的发展趋势和经营特点，从公司的发展战略出发，结合自身的管理能力，明确风险管理目标。公司基于现有的内控流程、风险管理现状，结合已评估出的风险，找出流程中的关键风险控制点，梳理并细化具体控制内容，修改完善制度，增加监控指标，强化航运经营业务、船舶管理中的内部风险控制，建立重点客户、关键客户的客户档案，重点关注公司运输效益和船舶安全营运的协调发展。强调实行流程化管理，同时将风险按照优先程度排序，建立风险预警制度，针对突发事件、危机事件及每一项可预知的重大风险，制订专门的风险管理解决方案，实现有组织的管理，如建立了应急预案小组、防抗台小组、船舶保安小组等。在建立健全航运风险管理内控制度的前提下，通过合理利用、风险转移、风险规避、风险转换等风险管理工具，力求达到风险与收益的平衡。例如，根据国际市场原油价格波动影响较大的特点，可有目的地利用燃油期货、利率掉期、投保船壳险、保赔险、战争险等风险理财工具，进行风险的对冲、转移、规避、补偿。

（3）加强成本内控。内部控制的成败关键还在于建立良好的企业文化。因此，公司大力培育和塑造良好的企业文化，树立正确的经营管理理念，将企业内控的过程转化为员工的共同意识和自觉行为，建设与企业战略相符合的企业文化。其中，提倡节能、持续控制成本就是控制公司经营成本上升风险的主要举措。节能是一项系统工程，需要船舶和公司各部门的协调配合、共同推动。同时，意识教育和技术改进要并驾齐驱。实现绿色航运要增强全员的资源忧患意识、节能意识、环保意识和 “从我做起”的意识。公司陆续开展了“降本增效”和“精益管理”等专项管理活动，从细枝末节做起，在点滴中向节能降耗要效益，使节能成为全体员工的自觉行动。

（4）加强信息流程控制。公司90%以上的人员（包括大量香港本地员工）长期在香港工作，为了使内地资本市场监管要求贯彻到公司每个员工身上，公司董事会和管理层努力建立健全符合A股上市公司运作规范的各种制度，尤其是对信息披露等专项工作做了认真部署，落实了信息披露制度和具体操作程序，解决公司境外经营的管理困难。在日常工作联系和信息沟通方面，公司建立了内部工作制度和上海与香港之间的办公自动化信息系统；在组织方面，在靠近公司香港营运中心的深圳蛇口设立了联络点，以此加强内地人员和在港员工的日常沟通。公司还通过密切高级管理人员联合办公、互访、增加现场会议、视频会议、电话会议等多种形式，确保公司内部的信息沟通渠道畅通。经过一段时间的积累，公司已建立和形成了比较成熟的信息处理程序和做法，保证了上市公司合规运作的水准。

（5）注重环境保护和企业的社会责任。公司船队承运的主要货种是原油，船舶本身也耗用大量燃油，公司对海上及航行有关的各类安全问题，尤其是对防范油污事故和人员伤亡事故予以极高的重视。公司是香港地区及内地最早全面实施ISO 9002/ISM CODE及获取证书的船务公司，船队于2004年6月30日前全部通过《ISPS规则》初审并取得了相应的保安证书，为反恐、防止恐怖袭击，保证船舶安全运输做好了充分的准备。2006年，作为进一步提升公司管理水平的标志，公司下属的油轮管理公司海宏公司顺利通过了ISO 14001：2004环境管理体系认证机构的审核，并获得了DNV（挪威船级社）颁发的ISO 14001：2004环境管理体系证书，这也标志着公司在安全环保工作方面又上了一个新台阶。

（6）不断加强安全内控。“安全是航运公司的生命线，没有安全，就没有信誉，就没有市场，也就没有效益”。公司多年保持良好的安全纪录：船队未发生重大货损、货差和船舶海损事故；无偷渡、毒品、走私事件；无船舶重大机械故障和重大油污事故；无重大人身伤亡事故。近年来，船队零缺陷通过港口国的安全检查率平均达到84%。完成船级社的年度检验、特别检验；通过船旗国的检验；接受BP、EXXONMOBIL、SHELL、CHEVRON-TEXACO等主要石油公司的安全检查，船舶安全管理状况受到石油公司和租家的好评。这些常规和特种检查优异纪录提高了船队信誉和经营效益，保持了品牌船队的形象，赢得了一批世界级客户的长期信赖。

◎试分析招商局能源运输股份有限公司内控建设的特点。

第2章 物流风险管理理论与方法

学习目标

- 了解物流风险的定义、构成要素、特征、效应。
- 熟悉物流风险的成因、物流风险管理框架与实施。
- 掌握物流风险识别和评价的方法，物流风险管理策略及解决方案，物流风险管理的监控及持续改进。

导入案例

危险货物港口作业重大事故隐患判定指南

明确重大事故隐患的判定依据是有效开展隐患排查治理工作的基础。多年来，管理部门和经营者围绕事故隐患的排查治理开展了大量工作，取得了一定的成效，但在实践中仍面临重大事故隐患缺乏明确判定依据的问题，这个问题长期困扰着企业安全生产工作的开展。为此，2016年12月19日交通运输部组织编制印发了《危险货物港口作业重大事故隐患判定指南》（以下简称《判定指南》），指导各地科学判定重大事故隐患，完善隐患治理的制度体系，对重大隐患实行精准和闭环管理，坚决遏制和防范重特大事故的发生。

《判定指南》共12条，兼顾了全面性和可操作性。《判定指南》第一条、第二条分别明确了制定目的、依据和适用对象。第三条明确了危险货物港口作业领域五个方面的重大事故隐患，包括作业环节的超范围（超能力、超期限）作业和危险货物违规存放、工艺设备设施、安全设施和应急设备、作业场所或装卸储运设备设施的安全距离（间距）、重大安全管理缺陷等。第四条至第八条针对上述五个方面，细化了24种重大事故隐患的情形。为避免遗漏，同时考虑到各地实际，第九条设定了兜底条款，各地在24种情形之外可根据实际情况对风险较大且难以直接判断为重大事故隐患的，由港口行政管理部门组织专家，依法进行论证分析和综合判定。第十条明确了消防和特种设备等特殊领域相关重大事故隐患的判定依照国家相关法律法规、标准规范执行。第十一条对判定为重大事故隐患的后续处理进行了衔接性规定。第十二条对有关术语进行了定义。

2.1 物流风险概述

2.1.1 物流风险的定义与特征

1.物流风险的定义

物流风险系指发生在物流领域内的风险。相应的，参照前述风险的定义，可以给出物流风险的定义。

（1）狭义上的物流风险，是指未来物流损失发生的不确定性。

（2）广义上的物流风险，是指未来物流损失或收益发生的不确定性。

2.物流风险的特征

一方面，物流风险具有风险的共有特征，即未来性、损失性、不确定性、客观性、偶然性、可测性、双重性；另一方面，物流风险还具有自身的特点。

（1）传统物流与其他行业风险的比较

表2-1显示了传统物流与制造业的相关指标的对比情况。由于传统物流具有“网络化”“非封闭性”“产品无形性”等特点，因而，与其他行业相比，传统物流所面临的内外部环境更为复杂，因而其风险也具有特殊性。

表2-1 传统物流与制造业的比较

对比指标	制造业	传统物流
生产场所大小与开放度	“点”/封闭	“网络”/开放
生产流程标准化程度	较高	较低
生产过程的可控制性	较高	较低
生产产品	有形产品	无形产品
客户类型	直接客户较多	大多为中间/间接客户
参与方	较少	较多（比如发货人、收货人）

【思考2-1】请结合表2-1，并参照前述风险的分类与特点，探讨以下问题：（1）基于传统物流与制造业的不同特点，具体比较其风险差异。（2）基于传统物流与商业企业的不同特点，具体比较其风险差异。（3）比较传统物流领域内的运输、仓储、代理、多式联运等不同类型企业的风险差异。

（2）现代物流与传统物流风险的比较

表2-2显示了现代物流与传统物流的相关指标的对比情况。与传统物流生产具有“段”“线”的特点不同，现代物流生产具有“网”的特点，同时更强调向客户提供个性化的整体解决方案及增值服务，因此，与传统物流相比，其所面临的风险更为复杂、更具有自己的特点。

表2-2 现代物流与传统物流的比较

对比项目	传统物流	现代物流
客户	以公众为主、数量大、短期买卖关系	以协议客户为主、数量较少、长期合作伙伴关系
服务	单一功能性物流服务、标准化服务、被动式服务、流通环节为主	一体化物流解决方案的服务；定制化服务，适应客户个性化需求；主动式服务；拓展到整个供应链
设施	通用性设施	根据客户需要构建物流网络设施
运行模式	基于资产	基于非资产
业务流程	刚性	柔性
信息服务	极少	必备、共享
核心竞争力	网络覆盖面广	一站式服务、增值服务能力

【思考2-2】请结合表2-2，并参照前述风险的分类与特点，比较现代物流与传统物流的风险差异。

（3）国际物流与国内物流风险的比较

国际物流是为跨国经营和对外贸易服务的，它要求各国之间的物流系统相互接轨。随着国际分工的日益细化和专业化，国家间的商品、货物流动更加频繁，因更长的供应链、较少的确定性和更多的物流单证而使物流需求不断增长，物流经营者面临着距离（distance）、需求（demand）、多样性（diversity）和单证（document）等方面的壁垒（详见表2-3）。因而，与国内物流相比，国际物流具有国际性、复杂性和高风险性等特点。

表2-3 国内物流与国际物流的比较

比较项目	国内物流	国际物流
物流环境	较简单	复杂，因各国社会制度、法律、人文、习俗、语言、科技、自然环境、经营管理方法等不同
沟通	口头或书面的系统就可实现沟通，目前已越来越多使用EDI	口头或书面的成本较高，且常常无效，EDI又因各国的标准不同而受到一定程度的限制
市场准入	限制较少	限制较多
政府监管机构	主要是物流安全机构	除物流安全机构外，还包括“一关三检”等监管机构
标准化要求	较低	较高
物流保险	货物与运输工具保险欠发达	货物与运输工具保险较发达
物流信息系统	较容易建立	较难建立
代理机构	较少	对国际运输代理（货代、船代）、运输经纪人、报关行有较强的依赖性
完成周期	以3～5天或4～10天为单位	以周或月为单位
库存	库存水平较低，反映较短的订货前置期、较小的需求及改善的运输能力	库存水平较高，反映较长的订货前置期、较大的需求和不稳定的运输
物流单证	涉及单证较少，且标准化程度低	繁杂且要求具有国际通用性
适用法规	本国的法律法规	已加入的国际公约与国际惯例
运输方式	以陆路（公路、铁路）为主	主要是以海运为主，空运与多式联运得到较广泛的应用
路线选择	路线选择受的限制较少，但同时也带来了路线选择上的困难	经由路线受到各国口岸及国际贸易方式等方面的限制，而且为了利用自由贸易区、保税区等优势易使商品运输路线发生改变
承运人责任	普遍实行严格责任制或完全过失责任制	各运输方式之间尚未统一，比如，国际海上运输基本上仍实行不完全过失责任制
物流联盟	重要性不同	较国内物流而言更为重要

【思考2-3】请结合表2-3，并参照前述风险的分类与特点，比较国际物流与国内物流的风险差异。

2.1.2 物流风险的效应与构成要素

1. 物流风险的效应

与一般风险相同，物流风险仍然具有诱惑效应、约束效应和平衡效应。

2. 物流风险的构成要素

物流风险的构成要素包括物流风险因素、物流风险事故与物流风险损失。其中，物流风险因素引发物流风险事故，物流风险事故导致物流风险损失。

2.1.3 物流风险的分类与成因

1. 物流风险的分类

前述对风险的分类方法在很大程度上也适合于物流风险的分类。当然还可以有其他多种分类。

（1）按主体划分：物流企业风险、货主企业物流风险。前者是指各类物流企业所面临的物流风险；后者是指货主企业因物流活动所面临的风险。

（2）按层次划分：战略层风险、管理层风险、操作层风险。

（3）按职能划分：营销风险、运营风险、财务风险、人力资源风险、安全风险、法律风险等。

（4）按内外环境划分：外部风险、内部风险。

（5）按业务内容划分：运输风险、仓储风险、物流金融风险等。

图2-1显示了物流企业的环境系统。

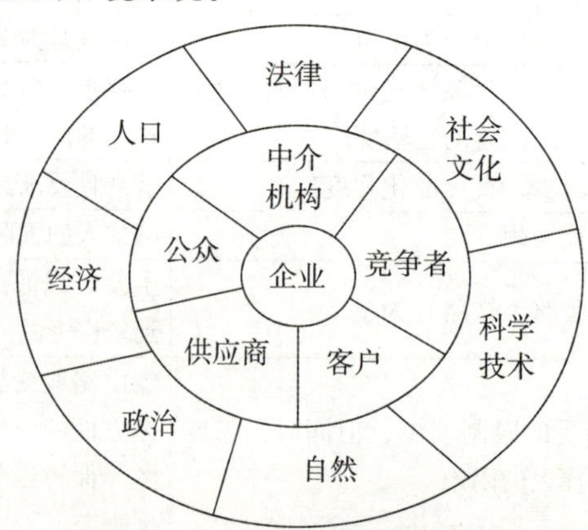

图2-1 物流企业环境系统

【思考2-4】请参照图2-1及风险的分类，说明物流企业面临哪些风险。

基于目前物流风险管理的实际需要，本书主要阐述以下风险的理论与实践：物流市场风险、物流信用风险、物流战略风险、物流操作风险、物流法律风险、物流危机。

2. 物流风险的成因

一般来说，物流风险的成因有如下三种：

（1）客观条件变化引起的不确定性

客观条件变化的不确定性，是指社会政治、政策、宏观经济和自然环境等方面存在的不确定性，它是导致企业风险的客观原因。

（2）主观认识的局限性引起的不确定性

由于自然和社会运动的不规则性，经济活动的复杂性和经营主体的经验与能力的局限性，经营主体不可能完全准确地预见客观事物的变化，因而风险的存在不可避免。

（3）控制能力的有限性引起的不确定性

有时，经营主体对某些风险虽然已有认识和预计，但囿于技术条件和能力不能采取有效措施加以防范和控制。因此，控制能力的有限性与主观认识的局限性一样是风险产生的主观原因。

2.2 物流风险管理体系

2.2.1 物流风险管理体系建设存在的问题与误区

1. 物流风险管理体系建设方面存在的问题

尽管全面风险管理由来已久，但在我国，全面风险管理理论的发展及应用还相对滞后，尤其是在物流企业，其主要体现在如下方面：

（1）企业管理层对全面风险管理的认识存在局限性，许多企业的内控制度尚未从领导层抓起。

（2）风险管理的职能并不突出。目前物流企业各部门对风险的控制有重叠也有遗漏，企业全面的风险并没有通过适当的方法归集和分析。

（3）基于ISO体系构建的内控体系，物流企业比较注重事中控制和事后管理，而忽视了事前风险的预防。

（4）企业对风险的量化只停留在财务领域，对战略、决策和运营缺乏量化指标。

（5）风险的沟通和信息处理仍停留在传统方式上，还不能实现信息的实时传递和综合利用。

2. 物流风险管理体系建设存在的误区

（1）把全面风险管理体系的建设理解为建章立制。全面风险管理应内置于企业日常管理过程中，作为一种常规运行的机制来建设。

（2）认为全面风险管理体系与内部控制体系是相互独立的。建设内部控制和全面风险管理体系都是一个系统工程，两者在内涵上也有一定重合，企业需要综合考虑自身业务特点、发展阶段、信息技术条件、外部环境要求等，确定选择合适的管理体系和建设重点。

比如，在监管严格的金融业或涉及人民生命健康的制药与医疗行业，风险管理的迫切性更强，企业以风险管理主导内部控制可能更方便。而在另一些行业，为了符合信息披露中内部控制报告的要求，企业以内部控制系统为主导、兼顾风险管理可能更适合。

（3）全面风险管理和内部控制的作用被夸大。实际上，无论多么先进的内部控制和风险管理体系都只能为企业相关目标的实现提供合理的而非绝对的保证。

（4）全面风险管理与内部控制理念难以用于企业实践。由于新的管理理念和方法的引进，与国内企业原有的管理体系和观点存在较多的差异和差距，目前这些理念和方法还更多地处于导入阶段，大多数企业管理人员还不能在这些框架和概念与企业的日常经营管理行为和语言之间建立直接的联系。这造成了企业在这方面的理解有差异或者关注度不够，除非出现强制性的相关规范和要求。

2.2.2 物流风险管理体系设计

物流风险管理体系，由风险管理目标、风险管理过程和风险管理资源配置三大部分组成（如图2-2所示）。

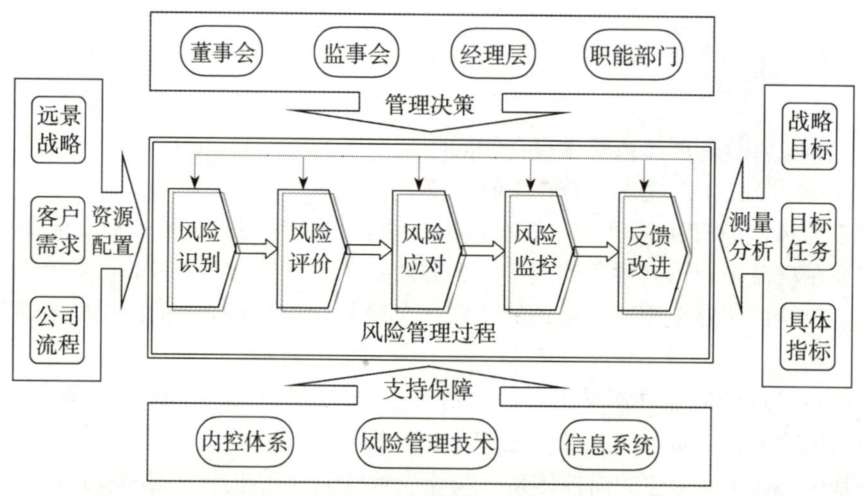

图2-2 物流风险管理体系结构示意图

1. 风险管理目标

如前所述，COSO规定的目标包括战略目标、经营目标、报告目标和合规目标。在制定风险目标时，必须考虑企业的风险偏好或风险容忍度。风险容忍度是指在实现企业特定目标过程中对差异的可接受程度。风险容忍度应该是明确的、切实可行的、可以衡量的；风险容忍度应该在整个企业的层面进行适当分配，以便于管理和监控。

2. 风险管理过程

风险管理过程是为了确定最优的风险管理成本和最有效的资本配置方案，这个过程要便于公司组织内部对风险管理的理解和实施，并能主动支持公司的风险管理策略，是进行风险管理决策的基础。风险管理过程的具体内容将在后面专门介绍。

3.风险管理资源配置

风险管理资源配置是指优化实现风险管理过程的“软件”与“硬件”，是风险管理效率效果的必要保证。它包括风险管理组织体系、内控体系、管理信息系统、人员配置等。限于篇幅，下面仅对风险管理组织体系予以说明。

物流风险管理组织体系由董事会（包括风险管理委员会、审计委员会）、监事会、经理层（包括首席风险官）、职能部门（包括独立的风险管理部门、内部审计部门以及其他相关业务单位和职能部门）四个部分形成战略层、决策层、执行层的三级组织构架。可详见图2-3。

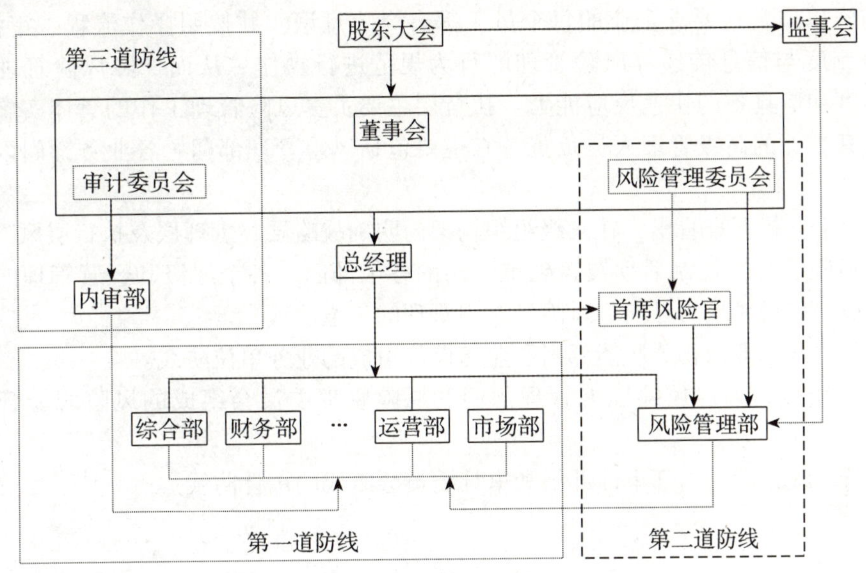

图2-3 物流风险管理组织体系构架图

（1）战略层

战略层由企业的董事会及下设的风险管理委员会和审计委员会所构成，全面负责企业风险管理的目标、方针、政策的制定和实施效果的检测和考核。风险管理委员会的主要职责是根据董事会确定的方针、政策和任务，具体协调、处理企业经营发展和日常管理中的有关涉及风险控制和管理的事项；具体组织落实风险控制和管理的有关事项，并按照业务分管原则，实施对公司下属单位的风险控制和管理事项的监督指导。审计委员会是按照董事会决议设立的专门工作机构，主要职能是协助董事会独立地审查公司财务状况、内部监控及风险管理制度的执行情况及效果，出具审计报告和内部管理建议书，以及与内部审计师和外部审计师的独立沟通、监督和核查工作。值得注意的是，目前国内有不少公司将上述两个机构的职能合并，成立所谓的“审计与风险管理委员会”，这实际上是混淆了这两个机构的职能。

（2）决策层

决策层由总经理及下设的风险管理部、法律事务部和内控合规部、审计部、监察部等职能部门组成，全面负责风险管理目标与政策的实施，通过制定相应的风险管理制度、各部门和岗位的职责与权限等规范指导风险管理工作的开展。同时，风险管理的决策层还通过对风险管理方案的制订、评估、考核及监控等，保证风险管理规范的全面贯彻。此外，目前众多国外企业在决策层设置CRO（首席风险官）来具体负责企业的风险管理。决策层在企业风险管理制度的制定、风险防范方案的编制和执行中处于主导地位，就企业风险管理的有效性向董事会负责，并接受监事会的监督。

（3）执行层

执行层由公司的各个部门、各个业务单位以及每一个员工组成。执行层是风险管理的具体实施单位，这要求企业的每个员工都有风险意识，并按照操作流程、审批权限、逐级汇报制度与信息传递等风险管理的行为规范进行操作，从而保障风险管理的有效性、敏感度和应具备的快速反应能力。执行层主要负责风险管理工作的具体实施，并对总经理或其委托的高级管理人员负责。它主要包括风险管理部门、各业务部门以及审计部门。

通过以上分析不难看出，在三级组织构架内明确战略层、管理层及执行层风险管理的职责，将风险管理及控制活动覆盖到本公司的各个部门、各个层级和经营管理的各个环节，可形成以市场风险为导向的风险控制与管理的三道防线。

第一道防线，即以相关职能部门和业务单位组成的业务单位防线。

第二道防线，即以风险职能管理部门和风险管理委员会组成的风险职能管理部门防线。

第三道防线，即由内部审计部门和审计委员会组成的审计防线。

2.3 物流风险管理过程

一般而言，物流风险管理过程包括风险识别、风险评价、风险应对、风险监控四大环节。

2.3.1 物流风险识别

风险识别（risk identification）是指对物流企业所面临的及潜在的所有风险加以判断、归类和鉴定其性质的过程。对风险的辨识是风险评价与风险控制的基础，它是指对所面临的和潜在的事故危险加以判断、归类和分析危险性质的过程。

1. 风险识别的程序与内容

风险识别程序如图2-4所示。风险识别需要确定如下三个相互关联的因素：（1）风险来源（因素）；（2）风险事件；（3）风险症状，又称触发器或预警信号，它是指示风险已经发生或即将发生的外在表现，是风险发生的苗头或前兆。

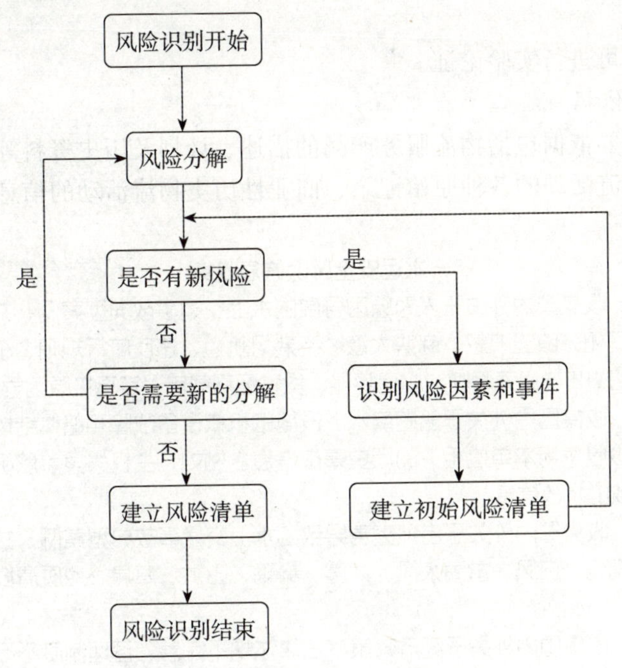

图2-4　物流风险识别程序

【知识拓展】

物流项目风险分解方法

（1）目标维：即按物流目标进行分解，也就是考虑影响物流项目的投资、进度、质量和安全目标实现的各种风险。

（2）时间维：即按物流项目实施的各个阶段进行分解，也就是考虑物流项目实施不同阶段的不同风险。

（3）结构维：即按物流项目组成内容进行分解，也就是考虑不同单项工程、单位工程的不同风险。

（4）因素维：即按物流项目风险因素的分类分解，存在政治、社会、经济、自然、技术等方面的风险。

常用的组合分解方式是立足 时间维、目标维和因素维三方面从总体上进行物流项目风险的分解。

2. 风险识别的原则

（1）由粗及细，由细及粗。由粗及细是指对风险因素进行全面分析，并通过多种途径对风险进行分解，逐渐细化，以获得对风险的广泛认识，从而得到初始风险清单。由细及粗是指从初始风险清单的众多风险中，确定那些对风险管理目标实现有较大影响的风险作为主要风险，即作为风险评价以及风险对策决策的主要对象。

（2）严格界定风险内涵并考虑风险因素之间的相关性。

（3）先怀疑，后排除。不要轻易否定或排除某些风险，要通过认真分析进行确认或排除。

（4）排除与确认并重。对于肯定不能排除但又不能肯定予以确认的风险，按确认考虑。

（5）必要时，可进行实验论证。

3.风险识别的依据

风险识别的主要依据包括物流服务产品的描述、计划及历史资料等三个方面，其中历史资料包括历史物流活动的各种原始记录、商业性历史物流活动的信息资料和企业管理人员的经验等等。

【知识拓展】 水运安全风险信息收集

在人为风险方面，收集国内外关于人为原因导致的水上交通事故典型案例，并至少收集与本单位相关的历史事故信息。例如，瞭望疏忽、麻痹大意、不熟习航道、违反航行规则、车舵使用不当、不使用或不正确地使用雷达和VHF、疲劳驾驶、心理障碍、货物配积载错误等直接原因导致的事故信息。

在机械风险方面，收集国内外关于船舶或水上设施的机械设备故障和船体结构缺陷导致的水上交通事故典型案例，并至少收集与本单位相关的历史事故信息。例如，主机失灵、舵机失控、雷达失效、船体断裂等主要原因导致的事故信息。

在环境风险方面，收集国内外关于自然灾害导致的水上交通事故典型案例，并至少收集与本单位相关的历史事故信息。例如，台风、雷雨大风、大雾、暴雨、山洪、海啸、地质滑坡等自然因素导致的事故信息。

在管理风险方面，收集国内外关于经济政策、法律法规不完善、管理制度不严格等间接原因导致的水上交通事故典型案例，并至少收集与本单位相关的历史事故信息。例如，由燃油价格上涨导致船舶改烧重油、船舶淌航、滩头造船以普通钢材代替船用钢材，以及船员培训教育质量问题、运输市场竞争等间接原因引发的事故信息。

在货物风险方面，收集国内外关于船舶或水上设施所载货物自身危险特性，货物装载、积载不当或超载等原因导致的水上交通事故典型案例，并至少收集与本单位相关的历史事故信息。例如，某些货物遇水自燃、易滑动或滚动的货物（球团矿石、卷钢、大豆等）致使船舶倾斜等原因的事故信息。

4.风险识别的方法

识别风险是一项复杂的工作，可采用的技术方法也很多，常用的有以下几种：

（1）问询法。问询时可采取“头脑风暴法”的座谈会方式或“德尔菲法”，收集大家的意见并加以分析，以确定可能的风险因素。

（2）核查表法。基于本企业或同行其他业务内容相近企业以往营销活动中的相关风险信息，编制风险识别核对图表，据此总结有关风险的规律性因素，为制定风险防范措施提供依据。

（3）工作分解结构法。工作分解结构法（work breakdown structure，WBS）是项目管理常用的工具。它是指在弄清楚项目的组成、各个组成部分的性质及其相互关系以及项目不同环境之间关系的基础上识别风险。

（4）敏感性分析法。这种方法是通过对各种风险因素（如材料的采购价格、物流配送成本等）变化对风险管理目标（如现金流净现值、内部收益率等）产生的影响程度，来识别风险。

（5）事故树分析法。该方法不仅能够查明各种风险因素，求出风险事故发生的概率，而且还能对各种风险控制方案做出定性或定量分析。

(6) 索赔统计记录法。它是通过查阅以往的客户索赔记录来识别风险。

(7) 财务报表分析法。它是以会计记录和财务报表为基础来识别可能存在的风险，属于静态分析。

(8) 流程图分析法。它是以作业流程为分析风险之依据，属于动态分析。

(9) 幕景分析法。该法通过有关数字、图表和曲线等，对项目未来的某个状态和某种情况进行详细描述和分析，从而识别引起风险的关键因素及影响程度。此法有利于对风险进行全面的筛选、监控和诊断。

上述每一种方法都有其适用范围，各有优缺点。在实际操作中究竟应采用何种方法，须视具体情况而定，通常同时综合运用几种方法，才能收到良好的效果。

5.风险识别的成果

风险识别之后要把结果整理出来，写成书面文件，为风险分析的其余步骤和风险管理做准备。风险识别的成果应包含下列内容：

(1) 风险来源表。表中应罗列出所有的风险，每一种风险来源都应包括风险事件的可能后果、对预期发生时间的估计和对该来源产生的风险事件预期发生次数的估计等在内的文字说明。

(2) 风险的分类或分组。风险识别之后，应将风险进行分组或分类。分类的结果应便于进行风险分析的其余步骤和风险管理。

(3) 风险症状。即列出风险事件的各种外在表现，如苗头和前兆等。

(4) 管理其他方面所存在的问题。即列出风险识别过程中所发现的管理中其他方面的问题，以便进行完善和改进。

2.3.2 物流风险评价

1.风险评价的含义

风险评价（risk assessment），是指在风险识别的基础上，通过对所收集的大量的详细资料的分析，估计和预测事故发生的可能性或概率（频率）和事故造成损失的严重程度，确定其危险性，并根据国家所规定的指标或行业公认的指标，衡量风险的水平，以便确定风险是否需要处理和处理的程度。显然，风险评价包括风险事故发生的可能性、事故的严重程度、危险值确定、风险分级等环节。

2.风险评价的主要方法

风险评价可以采用定性和定量两种方法。定性的风险评价方法有专家打分法、主观预测法、层次分析法等，其作用在于区分出不同风险的相对严重程度以及根据预先确定的可接受的风险程度做出相应的决策。定量的风险评价方法包括敏感性分析、盈亏平衡分析、决策树、随机网络、蒙特卡罗模拟法等。

(1) 主观预测

主观预测法是定性评估中最常用的技术。它是根据专家小组成员的经验来对风险发生的可能性进行估计打分，这种方法的准确程度依赖于预测人员参与类似风险评估活动的经验。

采用这种方法时，对可能性的等级要尽可能以具体文字加以描述，便于参与预测的人员对判别可能性有统一的尺度。如某物流企业拟为客户提供仓单质押贷款服务，因开展仓单质押贷款业务会引起资金流动，同时涉及法律、管理体制、信息安全等一系列问题，因此是有风险的。表2-4是针对客户仓单质押业务风险可能性的描述。

表2-4　客户仓单质押业务风险可能性的描述

可能性	客户资信	仓单规范性	质押商品的选择	内部管理和操作
很低（0.1）	很好	很规范	保值性很强	管理很严谨，信息化程度高
较低（0.3）	好	较规范	保值性较强	管理较严谨，信息化程度较高
中等（0.5）	一般	规范	保值性一般	管理一般，信息化程度中等
较高（0.7）	不太好	不太规范	质量稳定，价格有时变动	管理不太严谨，信息化程度较低
很高（0.9）	不好	不规范	质量不稳定，价格有波动	管理很不严谨，信息化程度很低

（2）风险坐标图

风险坐标图是把风险发生可能性的高低、风险发生后对目标的影响程度，作为两个维度绘制在同一个平面上（即绘制成直角坐标系）。对风险发生可能性的高低、风险发生后对目标影响程度的评估有定性、定量两种方法。定性方法是直接用文字描述风险发生可能性的高低和风险对目标的影响程度，如“极低”“低”“中等”“高”“极高”等；定量方法是对风险发生可能性的高低以及风险对目标影响程度用具有实际意义的数据来描述，如对风险发生可能性的高低用概率来表示，对目标影响程度用损失金额来表示。

表2-5列出了某公司对风险发生可能性的定性、定量评估标准及其相互对应关系，供在实际操作中参考。

表2-5　某公司对风险发生可能性的定性、定量评估标准

定量方法一	评分	1	2	3	4	5
定量方法二	发生概率	10%以下	10% ~ 30%	30% ~ 70%	70% ~ 90%	90%以上
定性方法	文字描述一	极低	低	中等	高	极高
	文字描述二	一般情况下不会发生	极少发生	某些情况下会发生	较多发生	常常发生
	文字描述三	今后10年内发生的可能少于1次	今后5 ~ 10年内可能发生1次	今后2 ~ 5年内可能发生1次	今后1年内可能发生1次	今后1年内至少发生1次

表2-6列出了某公司关于风险发生后对目标影响程度的定性、定量评估标准及其相互对应关系，供在实际操作中参考。

表2-6　　某公司关于风险发生后对目标影响程度的定性、定量评估标准

<table>
<tr><td>定量方法一</td><td colspan="2">评分</td><td>1</td><td>2</td><td>3</td><td>4</td><td>5</td></tr>
<tr><td>定量方法二</td><td colspan="2">企业财务损失占税前利润的百分比（%）</td><td>1%以下</td><td>1%～5%</td><td>6%～10%</td><td>11%～20%</td><td>20%以上</td></tr>
<tr><td rowspan="6">定性方法</td><td colspan="2">文字描述一</td><td>极轻微的</td><td>轻微的</td><td>中等的</td><td>重大的</td><td>灾难性的</td></tr>
<tr><td colspan="2">文字描述二</td><td>极低</td><td>低</td><td>中等</td><td>高</td><td>极高</td></tr>
<tr><td rowspan="3">文字描述三</td><td>企业日常运行</td><td>不受影响</td><td>轻度影响（造成轻微的人身伤害，情况立刻得到控制）</td><td>中度影响（造成一定人身伤害，需要医疗救援，情况需要外部支持才能得到控制）</td><td>严重影响（企业失去一些业务能力，造成严重人身伤害，情况失控，但无致命影响）</td><td>极大影响（重大业务失误，造成重大人身伤亡，情况失控，给企业致命影响）</td></tr>
<tr><td>财务损失</td><td>极少的财务损失</td><td>轻微的财务损失</td><td>中等的财务损失</td><td>重大的财务损失</td><td>极大的财务损失</td></tr>
<tr><td>企业声誉</td><td>负面消息在企业内部流传，企业声誉没有受损</td><td>负面消息在当地局部流传，对企业声誉造成轻微损害</td><td>负面消息在某区域流传，对企业声誉造成中等损害</td><td>负面消息在全国各地流传，对企业声誉造成重大损害</td><td>负面消息流传世界各地，政府或监管机构进行调查，引起公众关注，对企业声誉造成无法弥补的损害</td></tr>
<tr><td colspan="2">环境</td><td>——对环境或社会造成短暂的影响
——可不采取行动</td><td>——对环境或社会造成一定的影响
——应通知政府有关部门</td><td>——对环境造成中等影响
——需一定时间才能恢复
——出现个别投诉事件
——应执行一定程度的补救措施</td><td>——造成主要环境损害
——需要相当长的时间来恢复
——大规模的公众投诉
——应执行重大的补救措施</td><td>——无法弥补的灾难性环境损害
——激起公众的愤怒
——潜在的大规模的公众法律投诉</td></tr>
</table>

对风险发生可能性的高低和风险对目标影响程度进行定性或定量评估后，依据评估结果绘制风险坐标图（如图2-5所示）。可见，某企业对9项风险进行了定性评估，风险①发生的可能性为“低”，风险发生后对目标的影响程度为“极低”……而风险⑨发生的可能性为“极低”，对目标的影响程度则为“高”。

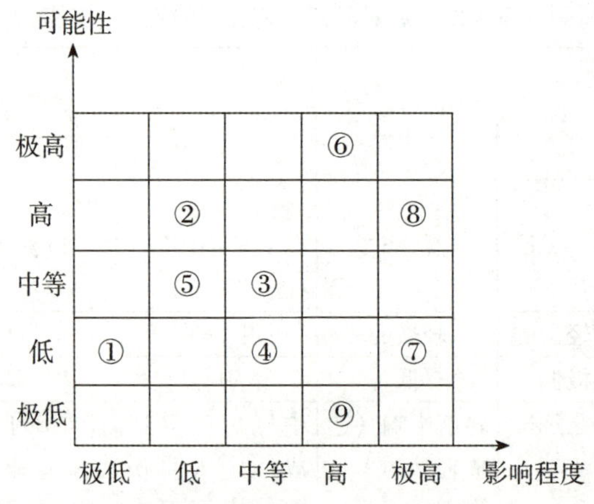

图2-5　某企业风险坐标图

某企业对7项风险进行定量评估。其中：风险1发生的可能性为83%，发生后给企业造成的损失为2 100万元；风险2发生的可能性为40%，发生后给企业造成的损失为3 800万元……而风险7发生的可能性在55%到62%之间，发生后给企业造成的损失在7 500万元到9 100万元之间。在风险坐标图上用一个区域来表示，则绘制的某企业风险坐标图如图2-6所示。

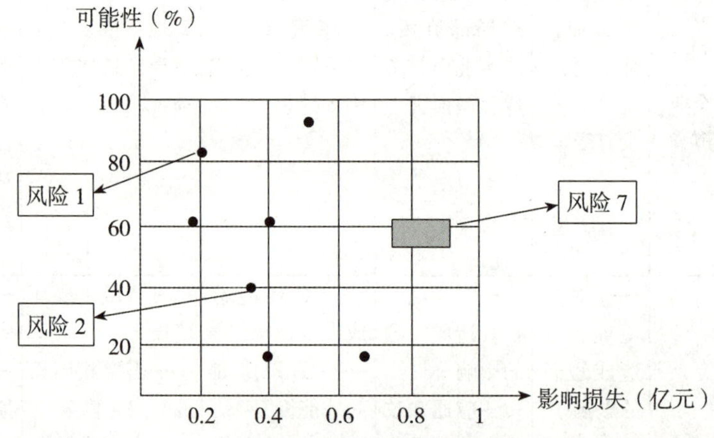

图2-6　某企业风险坐标图

绘制风险坐标图的目的在于对多项风险进行直观的比较，从而确定各风险管理的优先顺序和策略。如某企业绘制了如图2-7所示的风险坐标图，并将该图划分为A、B、C三个区域，企业决定承担A区域中的各项风险且不再增加控制措施；严格控制B区域中的各项风险且专门补充制定各项控制措施；确保规避和转移C区域中的各项风险且优先安排实施各项防范措施。

（3）关键风险指标管理

一项风险事件可能有多种成因，但关键成因往往只有几种。关键风险指标管理是对引起风险事件发生的关键成因指标进行管理的方法。具体操作步骤如下：

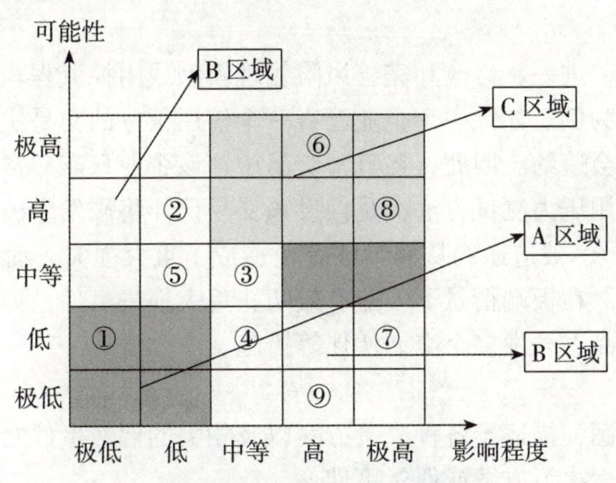

图2-7 某企业风险坐标图

①分析风险成因，从中找出关键成因。

②将关键成因量化，确定其度量，分析确定导致风险事件发生（或极有可能发生）时该成因的具体数值。

③以该具体数值为基础，以发出风险预警信息为目的，加上或减去一定数值后形成新的数值，该数值即为关键风险指标。

④建立风险预警系统，即当关键成因数值达到关键风险指标时，发出风险预警信息。

⑤制定出现风险预警信息时应采取的风险控制措施。

⑥跟踪监测关键成因数值的变化，一旦出现预警，即实施风险控制措施。

以易燃易爆危险品储存容器泄漏引发爆炸的风险管理为例。容器泄漏的成因有：使用时间过长、日常维护不够、人为破坏、气候变化等，但容器使用时间过长是关键成因。如容器使用最高期限为50年，人们发现当使用时间超过45年后，则易发生泄漏。该“45年”即为关键风险指标。为此，就应制定使用时间超过“45年”后需采取的风险控制措施，一旦使用时间接近或达到“45年”时即发出预警信息，采取相应措施。

该方法既可以管理单项风险的多个关键成因指标，也可以管理影响企业主要目标的多个主要风险。使用该方法，要求风险关键成因分析准确，且易量化、易统计、易跟踪监测。

（4）压力测试

压力测试是指在极端情景下，分析评估风险管理模型或内控流程的有效性，发现问题，制定改进措施，目的是防止出现重大损失事件。具体操作步骤如下：

①针对某一风险管理模型或内控流程，假设可能会发生哪些极端情景。极端情景是指在非正常情况下发生概率很小，而一旦发生后果就十分严重的事情。假设极端情景时，不仅要考虑本企业或与本企业类似的其他企业出现过的历史教训，还要考虑历史上不曾出现，但将来可能会出现的情况。

②评估极端情景发生时，该风险管理模型或内控流程是否有效，并分析对目标可能造

成的损失。

③制定相应措施，进一步修改和完善风险管理模型或内控流程。

以信用风险管理为例。如果一个企业已有一个信用很好的交易伙伴，该交易伙伴除发生极端情景，一般不会违约。因此，在日常交易中，该企业只需“常规的风险管理策略和内控流程”即可。采用压力测试方法，是假设该交易伙伴将来发生极端情景（如其财产毁于地震、火灾，被盗），被迫违约从而给该企业造成了重大损失。而该企业“常规的风险管理策略和内控流程”在极端情景下不能有效防止重大损失事件，为此，该企业采取了购买保险或相应衍生产品、开发多个交易伙伴等措施。

（5）决策树分析

决策树就是一张图，描述了各种决策方案以及相关的偶然事件之间的相互影响。决策树的各个分支可以代表决策方案或偶然事件。

【案例2-1】物流公司针对当前冷藏运输市场的新动向，计划改造原有的冷冻仓库，购置新型冷藏车。经市场调查，新的冷藏运输产品在未来10年中销路好与不好的概率分别为0.7和0.3。经过多次论证，形成了两个方案（如图2-8所示）。

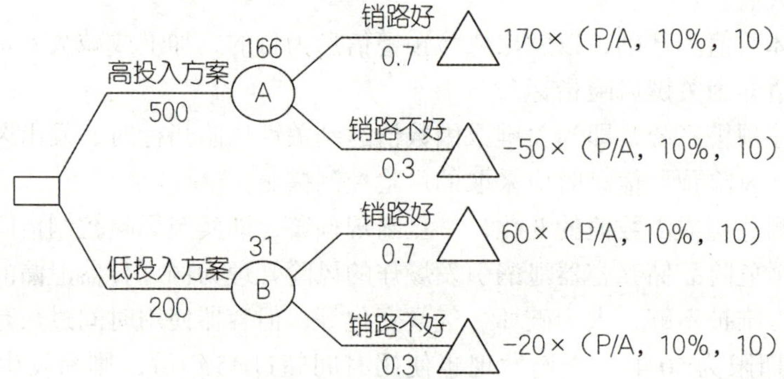

图2-8　决策树法示意图

A方案：一次性投资500万元，建立完善的冷藏运输系统，大幅度提高企业在冷藏运输市场的竞争力，产品销路好时，每年可获利润170万元；产品销路不好时，每年会亏损50万元。

B方案：先期投资200万元，改造2 000m²的冷冻仓库，租用M公司的冷藏车，开办冷藏运输，视市场发展，再作进一步发展决策。产品销路好时，每年可获利润60万元；产品销路不好时，每年会亏损20万元。

若折现率取10%，试对其风险做出评估。

解：

由图2-8的决策树可得两方案的收益期望现值（E）：

EA=166万元　EB=31万元

显然，由于对市场比较看好（产品销路好的概率为0.7），因此，可优先考虑A方案，这意味着冒一定的风险去争取更高的收益。

3.风险评价的成果

（1）风险状态图

绘制如图2-9所示的风险状态图，可更加直观地反映出各风险事件在经营活动整体风险中的地位与作用。

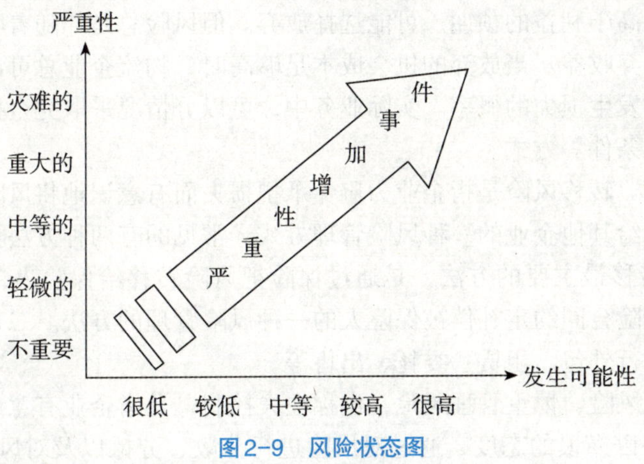

图2-9 风险状态图

(2) 风险序列清单

按优先等级排列的风险列表：包括所有已识别风险的相对排序及其影响分析，为风险化解措施的制定提供基本依据。

2.3.3 物流风险应对

物流风险应对，也称物流风险管理策略，是企业风险管理活动的指导方针和行动纲领，是指针对企业面临的主要风险设计的一整套风险处理方案。

1.常见的物流风险管理策略

风险管理策略主要是围绕企业目标与战略，确定风险偏好、风险承受度和风险管理有效性标准，选择适当的风险承担、风险规避、风险转移、风险转换、风险对冲、风险补偿和风险控制等风险管理工具，确定风险管理所需要的人力与物力资源的配置原则。

一般来说，风险管理策略有两种类型，一是控制方法，二是财务方法。前者致力于消除、回避和减少风险发生的机会，限制风险损失的扩大；后者的重点是事先做好风险成本的财务安排，通过财务安排来降低风险成本。依据风险发生的可能性和风险影响的程度，风险管理策略可分为风险避免、风险转移、慎重管理风险、风险自留四种（参见图2-10）。

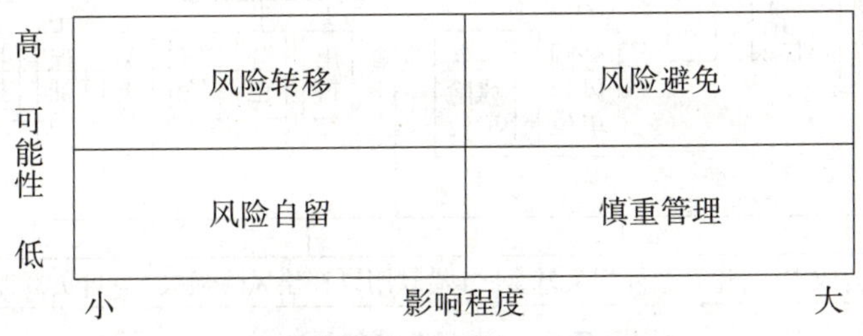

图2-10 风险管理策略图

(1) 风险避免。风险避免是指放弃某项活动以达到回避因从事该项活动而可能产生风险损失的行为。这是一种不作为的态度。这种方法具有一定的消极性和局限性。比如，在投资项目时，风险高于利益的预期，可能选择放弃。但风险总是伴随着收益同时存在，回避风险就意味着放弃收益。当放弃的机会成本足够高时，物流企业总可以通过提高管理水平的方法降低货物发生损失的概率。实际业务中，可以分情况采取完全拒绝承担、中途放弃承担、改变部分条件等方式。

（2）风险转移。转移风险是指企业为避免承担损失而有意识地将风险损失或与风险损失有关的后果转嫁给其他企业的一种风险管理方式。常见的有两种方法：一是转移给保险公司。这是风险转移最主要的方法，是通过保险把风险转移给保险人，一旦发生意外损失，保险人就按保险合同约定补偿被保险人的一种风险管理的方法。二是转移给另一承担方，比如，可以进行外包、租赁、委托、出售等。

（3）慎重管理风险。慎重管理风险，也称损失控制，是指企业有意识地接受经营管理中存在的风险，并以谨慎的态度，通过对风险进行分散、分摊以及对风险损失进行控制，从而化大风险为小风险、变大损失为小损失的风险处理策略。根据方式的不同，它可以分为风险分散、风险分摊和备份风险单位等形式。

（4）风险自留。所谓风险自留，是指企业自己来承担风险。自留风险的可行程度，取决于损失预测的准确性和补偿损失的适当安排。一般风险发生的概率很低，造成的损失也不大时，多数企业会选择风险自留的方式。

企业选择风险自留策略时，需要大量的资金作为后盾，其可采取的筹资方式有：现有收入、建立意外损失准备金（非基金）、建立专项基金、从外部借入资金。除了筹集资金提高企业自身的抗风险能力以外，企业还可以通过套期保值、加入保赔协会等方式接受风险自留。

图2-11显示了常用的风险应对方法。

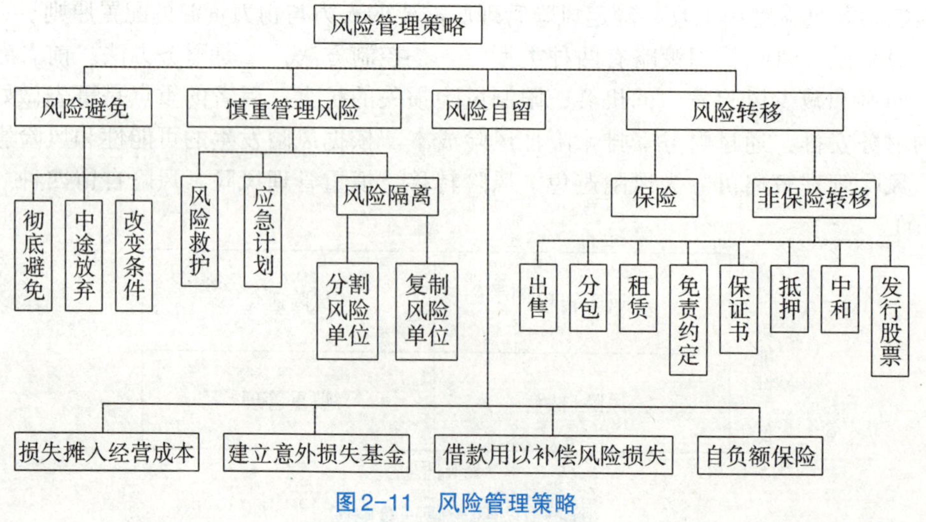

图2-11 风险管理策略

2.物流风险管理解决方案的制订

风险解决方案是对风险管理策略的具体落实。它主要是针对各类风险或各项重大风险制订风险解决方案。一般包括：提出和确定风险解决的具体目标、所需要的组织领导、所涉及的管理与业务流程，所需要的条件、手段以及各种内控制度等，以及风险事件发生之前、之中和之后应该采取的具体应对措施（包括外包方案）以及风险管理工具。

（1）风险管理解决方案制订的前提条件

①明确影响解决方案的主要风险。企业应列出影响解决方案的主要风险，比如，战略风险、管理风险等。

②考虑选择风险管理策略的因素。影响风险管理策略选择的因素包括与管理决策有关的因素及风险性质因素。比如，与管理决策有关的风险策略选择因素包括企业的目标与战略、可管理性、资金筹措能力、风险的时间长短、自身管理风险能力等。

③遵循风险管理方案制订的原则。可考虑的原则主要有：可行性、全面性、匹配性、成本收益性、综合性、灵活性等。

（2）风险管理解决方案制订的程序

制订风险管理解决方案需要经过以下步骤：①确定风险管理的目标；②设计风险管理解决方案；③选择并执行风险管理最佳解决方案；④风险管理解决方案效果评价。

在制订风险解决方案的过程中，需要采用一系列的进行风险决策的方法，如风险成本与效益分析等。因此，一方面，要设计好风险应对的措施，同时还要尽量减少风险应对措施的代价；另一方面，在制订风险解决方案时，还必须考虑风险应对措施所带来的收益，要根据收益的大小决定是否需要付出一定的代价去应对具体的风险，避免得不偿失。

此外，由于企业所面临的风险在种类、来源和后果等方面存在较大的差别，因此其相应的风险解决方案也有所不同。表2-7、表2-8、表2-9列出了有关的风险因素及其防范应对措施，以供参考。

3.物流风险管理解决方案的执行

（1）最高管理层的公开承诺和支持。

（2）制定明确、切实可行的目标及客观标准与流程。

（3）制定正式的章程和进行工作内容的描述。

（4）合理地分配权责，明确责任人并获得责任人的认可。

（5）选择/发展最佳的风险管理人员。

（6）各部门相互交流与协作，将风险控制程序融入业务流程。

（7）强化约束和激励机制，加强企业业绩、责任和风险之间的联系，促进各部门的相互协调。

（8）建立企业风险管理文化。

表2-7　风险因素分析及其防范应对措施

风险名称		风险来源	风险后果	防范和应对措施
风险种类	风险因素			
市场风险	需求风险	客户需求发生转移	产品的生命周期过短，无法收回投资	产品开发前做好市场的需求分析，在开发过程中时刻关注市场变化，并对产品进行相应的调整
	竞争风险	市场同类或替代产品出现	产品的份额受到冲击，销售量下降	提高产品的技术含量和竞争优势
	溢出效应	核心技术受到其他企业模仿	市场上出现了大批竞争对手	避免出现核心能力与自己相近的企业；优先选择技术更新快的项目
	上游市场的波动	原材料市场、劳务市场价格的波动	产品成本上升	与相关企业建立长期互惠关系，同时坚持竞价采购原则
金融风险	金融风险	利率、汇率的变动，股市的波动	企业的利息、债务负担加重，融资渠道阻塞	采用金融工具如期权等进行金融风险控制
能力风险	质量风险	质量存在问题，合作伙伴忽视质量管理	服务质量无法达到功能要求，缺乏市场竞争力	全面考虑设计合理性，督促各合作伙伴加强质量管理；出现质量问题迅速找出原因，进行纠正
	成本风险	难以确定的市场开发资源投入强度；合作伙伴内部对成本管理的轻视；出现技术困难	研发、生产和销售成本超出了预计成本	合作伙伴加强其内部的成本管理；通过一定的合同形式来控制成本（如采取风险分担合同）
	时间风险	合作伙伴处理信息的启动时间不灵活；不能按计划时间完成任务	产品开发的周期过长；丧失市场机遇；丧失客户信任	注意对关键路径上任务的进程控制；提高伙伴对信息的响应速度；采用并行工程方法
	技术风险	事先对技术复杂性估计不足	出现难以解决的技术困难，导致产品研发的延期或失败	集中力量解决技术问题；采取备选方案
协作风险	沟通风险	伙伴间联络渠道的阻塞；伙伴主动沟通的积极性不足	伙伴的分工不明确；时间进程安排上的脱节	在伙伴之间建立多样化的沟通渠道，如定期或不定期地面对面交流，采用电子邮件、电话、电子公告栏、视频会议等通信手段

续表

风险名称		风险来源	风险后果	防范和应对措施
风险种类	风险因素			
协作风险	技术衔接风险	各伙伴所采取的技术思想、技术平台不同	伙伴间的成果或信息在相互集成时出现技术衔接的困难	在伙伴间统一技术思想和技术标准，并加强技术的交流
	技术外泄风险	合作的伙伴可能也是潜在的竞争对手	核心技术的竞争优势被削弱	伙伴间签订保密协议，不同成员仅共享子过程的信息
	信息系统数据质量风险	伙伴间数据库标准和通信协议的不一致	伙伴间信息传递不顺畅；信息失真	在伙伴间建立一套通信基础系统；统一信息的输入/输出标准
	信息系统安全风险	信息系统抗侵袭、防破坏性差	企业的数据丢失；信息系统崩溃	合理设计系统结构，提高信息系统的“健壮”性；对数据进行必要的加密
	组织与管理风险	伙伴的组织结构与联盟企业不适应；伙伴间不同的企业文化和管理模式发生冲突	工作效率降低；联盟企业组织协调失衡；管理失控；企业联盟解体	核心伙伴要进行联盟企业的适应性调整；核心伙伴与外围伙伴建立外包、分包关系
	信用风险	法律的不完善；伙伴单方面违约；伙伴弄虚作假；泄露机密	出现新的竞争对手；技术外泄；联盟体解体	伙伴选择时要考虑候选伙伴的信用记录和经济实力；采用动态合同；建立监督、检查机制；建立和增强伙伴间信任
	流动性风险	伙伴退出；伙伴中技术人员的流失；伙伴管理人员的变动	技术力量削弱；伙伴参与联盟体的积极性降低；项目延期；联盟体解体	采用利益共享等激励机制稳定核心伙伴
	激励风险	伙伴承担的风险与获得的利益不匹配	伙伴积极性降低；伙伴相互扯皮	制定公正合理的伙伴收益分配办法
	战略柔性丧失风险	外部环境变化；对其自身的次核心能力和非核心能力的重视程度降低	核心技术落后；伙伴在市场上生存能力削弱	培养核心能力、高耐久性，低占有性、转移性和复制性；有意识地培养有潜力的、与现有核心能力相关的次核心能力和非核心能力
投资风险	投资套牢风险	项目投资优厚；企业因其他风险问题终止或失败	投资不可逆性导致伙伴资金的套牢	采取分阶段动态支持的办法；在合同中建立动态检查机制和清算机制
	投资不到位风险	伙伴自身问题不能按合同进行投资	企业的运营资金紧张；项目延期或失败	由其他伙伴暂时分担资金；选择新的合作伙伴

表2-8 某集装箱码头重要环境因素及其影响评价一览表

序号	作业过程	重要环境因素（污染因子）	环境影响	主要发生地点	评定			控制措施
					第一组分值	第二组分值	综合评分等级	
1	现场作业	危险品在装卸堆存作业过程中泄漏、爆炸、失火	人体皮表腐蚀、大气污染，土壤、水质污染，生态环境破坏	现场	400	19	A	执行《国际海运危险货物规则》、执行企业标准《青岛港务局危险货物管理规定》；作业前落实安全措施，严格执行《直装直取安全监护措施》，严格执行《危险品场地管理暂行规定汇编》，遇到紧急情况执行《危险品应急预案》
2	生产生活用水	污水排放	土壤、水体	冲洗场地、生活区	50	14	B	执行《水污染防治控制程序》
3	装卸作业	机械能源消耗能源浪费	大气、生态	生产、生活	225	17	B	执行《能源管理程序》
4	装卸作业	车辆、设备尾气	大气、环境	作业现场运行中	40	12	B	执行《设备管理程序》《对相关方影响管理程序》
5	装卸作业	车辆、设备噪声	人体、环境	作业现场运行中	40	12	B	执行《设备管理程序》《对相关方影响管理程序》
6	机械设备养修作业	废油、废弃物污染	土壤、大气、环境	机械维修场地	40	12	B	执行《固体废物控制和处置程序》

表2-9 某集装箱码头重大风险控制清单

序号	作业活动	潜在的危害事件	危害事件的后果	现行控制措施	风险级别	风险控制计划		
						控制方法	控制单位	实施时间
1	集装箱船舶靠离	1.恶劣天气 2.设备缺陷 3.操作失误 4.意外	船舶损伤 机械损伤 人员伤亡 码头基础设施损坏	1.《船舶靠离安全规定》 2.执行集团《关于加强船舶靠离安全工作的通知》 3.有关人员提前到位，及时清泊，做好大型机械避让 4.加强与相关部门的信息联系，密切合作	II	运行控制	操作部	全年

续表

序号	作业活动	潜在的危害事件	危害事件的后果	现行控制措施	风险级别	风险控制计划		
						控制方法	控制单位	实施时间
2	大型机械（装卸桥、轮胎吊）操作	1.违反操作规程、违反工作纪律 2.码头损坏 3.恶劣天气、遇雷电、电火花、明火等 4.设备故障 5.维修作业焊渣	机械损伤 货损 人员伤亡 火灾	1.执行《集装箱码头装卸安全操作规程》 2.执行《装卸桥、轮胎吊安全技术操作规程》 3.执行集团《大型机械设备防风安全管理规定》 4.执行各岗位安全质量职责 5.配备相应的消防器材，按消防管理制度进行管理 6.落实有关应急预案，定期组织演练	Ⅲ	运行控制	操作部	全年
3	人员登高	1.设备保护缺陷 2.恶劣天气 3.违章行为 4.操作失误、意外 5.冒险行为 6.情绪异常	人员伤亡 机械损伤 财产损伤	1.执行集团《集装箱港口装卸安全操作规程》 2.执行集团《高处作业安全操作规程》 3.执行各工种“安全技术操作规程” 4.按规定穿戴好劳动防护用品 5.有病、伤或身体不适不得从事高处作业 6.未得到驾驶人员的登机指令不得登机	Ⅲ	运行控制	操作部 工程技术部	全年
4	船舶甲板集装箱顶作业	1.高处坠物 2.辨识错误 3.防护不当，坠海、坠舱 4.监护失误 5.冒险心理 6.作业环境不良	人员伤亡	1.执行集团《集装箱港口装卸安全操作规程》 2.执行集团《高处作业安全操作规程》 3.执行各工种“安全技术操作规程” 4.按规定使用登高用吊笼，穿戴好劳动防护用品 5.有病、伤或身体不适不得从事高处作业	Ⅲ	运行控制	操作部	全年

续表

序号	作业活动	潜在的危害事件	危害事件的后果	现行控制措施	风险级别	风险控制计划		
						控制方法	控制单位	实施时间
5	危险品集装箱装卸船作业	1.交通事故 2.防护距离不够 3.恶劣天气 4.设备保护缺陷 5.监护缺陷 6.违章操作	火灾 爆炸 环境污染 财产损失 人员伤亡	1.执行《港口危险品货物管理规定》和集团《危险品货物管理规定》 2.严格遵守安全操作规程，持证上岗，标准化操作 3.作业前制定危险品作业特殊措施，并加强作业监督检查 4.相关作业人员掌握危险货物泄漏险情处置方法 5.车辆监护	Ⅱ	运行控制	操作部	全年
6	进出集装箱作业场地	1.交通事故 2.场地环境不良 3.恶劣天气 4.无标志 5.违章行为	人员伤亡 财产损失	1.《港口道路交通管理实施细则》 2.实行无人堆场管理 3.职工一般安全守则 4.作业人员避让流动机械、在规定路线内行走 5.与作业无关外部车辆禁止进入码头作业现场 6.劳保用品穿戴整齐，安全帽要生根，注意观察周围环境 7.雷雨天气不得在驾驶室及作业现场使用或少使用通信工具，关闭驾驶室门窗及通信工具 8.场地循环车队场内限速15公里，外部车辆堆场内限速15公里，加强外部车辆的管理	Ⅲ	运行控制	操作部	全年
7	使用压力容器	1.误操作、违章 2.设备缺陷受压容器爆炸 3.安全装置失效	人身伤害 财产损失	1.执行集团《空气压缩机安全技术操作规程》 2.操作人员持证上岗，使用前进行外观检查，定期检验安全附件	Ⅲ	运行控制	工程技术部	全年

续表

序号	作业活动	潜在的危害事件	危害事件的后果	现行控制措施	风险级别	风险控制计划		
						控制方法	控制单位	实施时间
8	集装箱叉车作业	1.装箱时被集卡车辆撞坏吊具 2.违章操作造成事故 3.大件作业造成事故 4.误操作，未锁住箱或碰撞箱，挤砸现场工作人员	人员伤亡 爆炸和环境污染 机械损伤 货损	1.执行《集装箱装卸作业安全技术操作规程》 2.执行大件作业指导书 3.执行《危险品管理规定》汇编 4.执行《集装箱叉车作业安全技术操作规程》	Ⅲ	运行控制	操作部	全年
9	拖车作业	1.违章操作造成事故 2.路况不好、不明造成事故 3.恶劣天气不执行措施造成事故	人员伤亡 机械损伤	1.执行《集装箱拖车作业安全技术操作规程》 2.严格落实《道路交通管理规定》	Ⅲ	运行控制	操作部	全年
10	用电设施设备运行	1.用电设施设备没按规定接地线 2.用电负荷过载、电器短路、线路老化 3.使用手持电动工具（冷藏箱插拔电）不穿绝缘鞋、不戴绝缘手套	人员伤害 财产损失	1.严格执行检查制度，发现问题及时解决 2.各种用电设备的接地线要保证完好，严禁随意拆，防止设备或电机外壳带电，造成触电 3.使用电动工具穿好劳保用品 4.加强检查力度	Ⅲ	运行控制	工程技术部 操作部	全年

2.3.4 物流风险监控

物流风险监控，即物流风险的监测与控制，它是指追踪已识别风险、监测残余风险、识别新风险、确保风险计划的执行，并评估其降低风险有效性的过程。

1.物流风险监控的目的

（1）风险应对措施是否已按计划实施。

（2）风险应对行动是否像预期的那样有效，是否需要制定新的应对措施。

（3）项目或业务的假设是否仍然成立。

（4）风险的原有状态是否已经改变，以及对其进行趋势分析。

（5）是否出现了风险触发因素。

（6）是否遵循了恰当的方法与程序。

（7）是否发生或出现了以前未曾识别的风险。

2.物流风险监控的方式

物流风险监控可以以两种方式进行，一种是持续的监控，另一种是个别评价。企业风险管理过程就是通过持续的监控行为和个别评价或两者相结合来实现的。

3.物流风险管理监控的工具与技术

（1）风险应对审计。风险审计人员对回避、转嫁或减轻风险发生等项风险应对措施以及风险负责人的效率进行检查与记录。

（2）定期风险审议。应安排定期的风险审议。在所有会议上，风险管理均应列入议事日程。这是因为风险的评级及其轻重缓急顺序会发生变化，而任何变化都可能需要进行额外的定性或定量分析。

（3）实现价值分析。实现价值用于监测相对于基准计划的项目或业务的整体绩效。实现价值分析的结果可以揭示项目或业务完成时在成本与进度目标方面的潜在偏离。在项目或业务与基准发生重大偏离时，应该对风险识别与分析进行更新。

（4）技术绩效量度。技术绩效量度将项目或业务执行期间的技术成果与项目计划中的技术成果进度进行比较。如出现偏差，有可能意味着项目或业务范围的实现存在风险。

（5）额外的风险应对规划。如果出现了风险应对计划中未曾预计的某项风险，或者风险对目标的影响大于预期影响，则原先所计划的应对措施就可能估计不足，因此有必要进行额外的应对规划，以控制此项风险。

4.物流风险监控的重点

这主要包括现存的重点风险、新出现的风险、风险管理绩效、特定的度量措施等。

5.物流风险监控的步骤

物流风险监控应该根据物流生产过程的发展与变化的情况，不断地重新识别和界定风险，不断地更新风险应对措施，不断地决策和实施风险应对措施，以最终确保生产目标的成功实现。风险管理监控的具体步骤参见图2-12。

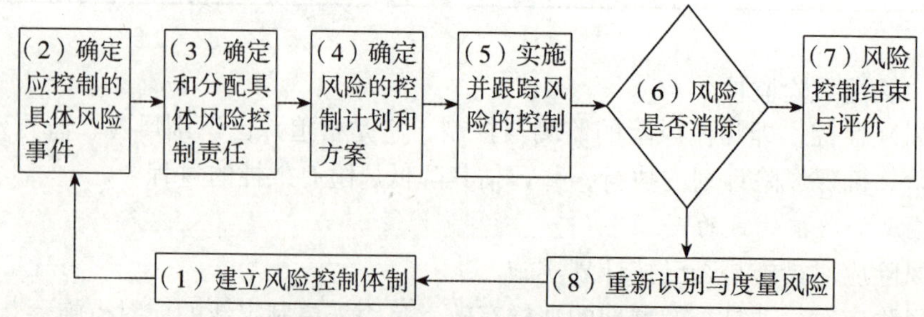

图2-12　物流风险监控流程示意图

上述过程的实施，需要相关部门的参与，比如，各部门自查与检验、风险管理职能部门评价、外部评价与提出改进建议。

6.物流风险监控的成果

（1）权变计划。权变计划指对以往未曾识别或未曾接受的风险采取未经计划的应对措施。权变措施应恰当地记载并纳入到项目计划和风险应对计划中去。

（2）纠正行动。纠正行动指实施应变计划或权变措施。

（3）变更请求。实施应变计划或权变措施的结果，往往是要求变更项目或业务计划，以便应对风险。其结果是发出变更请求。

2.3.5 物流风险管理的持续改进

持续改进（简称ECI。E——every，全领域、全员、全过程；C——continue，持续不断、坚持不懈；I——improve，改善、改进和创新）最初只是为了解决产品质量问题。自进入20世纪90年代以来，它也已经被运用到企业的整体管理之中，“持续改进”已经成为企业发展的一个主流。与企业竞争环境的快速变化和竞争强度的日益加剧相适应，诸如流程再造、全面质量管理、基于活动的成本管理、及时管理（JIT）、时间管理、员工授权、标杆管理、精益制造和经济价值分析等有关改进的革新性管理思潮风靡全球，并逐渐成为企业改进实践的主流。

1.物流风险管理持续改进的定义

根据ISO的定义，持续改进是指注重通过不断地提高企业管理的效率和有效性，实现其质量方针和目标的方法。

参照ISO的定义，风险管理持续改进可定义为：注重通过不断地提高企业风险管理的效率和有效性，实现其风险管理方针和目标的方法。

2.物流风险管理持续改进的内涵

风险管理持续改进就是以不断改进、不断完善的管理理念和企业发展战略为指导，围绕克服企业风险管理中的难点工作，通过全员参与风险管理各环节的目标化、日常化、制度化的改进活动，使企业风险管理能力渐进地、螺旋式地上升，从而促进企业以较快的速度平稳发展。因此，风险管理持续改进不能简单地理解为一种方法、一种工具、一种手段，它实际上是一种制度的变革、观念的转变、理念的提升。更重要的，它还是一套价值体系。作为价值体系，它可用“四个一”表示：一个平台、一种文化、一类组织、一套模板。

（1）一个平台：一种激励全体员工参与持续改进，使企业能够不断与时俱进、在创新中活力递增的平台，打造企业核心竞争力的管理平台。

（2）一种文化：把人变成公司最有价值的资产，使人能够成为创新的资源，实现人的能力价值最大化。

（3）一类组织：学习型组织、能力型组织、创造型组织、实效型组织。

（4）一套模板：建立一系列的、具有自己特色的、简明易操作的模板。

3.物流风险管理持续改进的主要环节

一般说来，持续改进有如下几个环节：查找问题—提出改进措施—实施改进—检查反馈。这是一个螺旋上升的过程，企业正是在不断发现问题和解决问题中前进。

4.物流风险管理持续改进的主要手段

风险管理持续改进可通过标杆管理、多方信息沟通与知识分享以及系统持续的学习等手段来实现。

5.物流风险管理持续改进实施的条件

（1）管理层要切实重视。如前所述，持续改进是一种艰苦的修炼，需要假以时日方能收到明显成效。

（2）持续改进需要企业内的紧密协作。在不少情况下，持续改进的各个环节都不只是涉及某个小组或部门。这也就意味着，如果缺乏协作，不仅改进效果会受到影响，企业还有可能因改进活动本身而引发意想不到的冲突，最终给企业的业绩造成不利影响，改进行为也就成为南辕北辙之举。

（3）全员参与。“没有全员的参加，就没有全面的管理”，持续改进亦如此。只有少数人参与的改进不仅难以促使企业发生飞跃，而且难以持久。提高持续改进能力不完全依靠科学的进步，而主要是依靠每位员工发现与解决问题的能力，以及高度创造性的思维模式。

思考与练习

1.单选题

（1）物流风险产生的客观因素包括（　　）。

A.社会政治、政策、宏观经济和自然环境等方面存在的不确定性

B.物流企业决策者主观认识的局限性

C.物流企业决策者控制能力的有限性

D.物流企业管理制度不完善

（2）物流风险按职能划分为（　　）。

A.战略层风险、管理层风险、操作层风险

B.营销风险、运营风险、财务风险、人力资源风险、安全风险、法律风险等

C.外部风险、内部风险

D.运输风险、仓储风险、物流金融风险等

（3）广义的物流风险评价包括狭义的风险评价以及（　　）。

A.风险分级　　B.风险损失　　C.风险衡量　　D.风险症状

2.多选题

（1）物流风险管理策略包括（　　）。

A.风险避免　　B.风险转移　　C.慎重管理风险　　D.风险自留

（2）物流风险避免策略包括（　　）。

A.完全拒绝承担　　B.中途放弃承担　　C.改变部分条件　　D.交纳保证金

（3）物流风险识别需要确定（　　）因素。

A.风险来源　　B.风险事件　　C.风险症状　　D.风险损失

3.判断题

（1）在风险影响程度大、发生可能高的情况下应该选择风险转移的管理策略。

（2）质量风险的防范和应对措施是全面考虑设计合理性，督促各合作伙伴加强质量管理，出现质量问题迅速找出原因并进行纠正。

（3）物流风险管理持续改进可用“四个一”表示：一个平台、一种文化、一类组织、一种工具。

4. 简答题

（1）简述物流风险管理的三个基本框架。

（2）简述物流风险的识别和评价的基本方法。

（3）简述物流风险管理监控的步骤。

案例分析 中国远洋海运集团建立全面风险管理体系

围绕“规模增长、盈利能力、抗周期性和全球公司”四个战略维度，中国远洋海运集团（以下简称“中远海运集团”）着力布局航运、物流、金融、装备制造、航运服务、社会化产业和基于商业模式创新的互联网+相关业务——“6+1”产业集群，进一步促进航运要素的整合，全力打造全球领先的综合物流供应链服务商。目前，该公司已经按照前文所述《指引》的要求把风险分成五大类，其中决策风险是第一大风险，其次是战略风险、法律风险、财务风险和经营管理操作风险。目前，中远海运集团已经建立起一个相对完善的风险管理体系，并且每年都邀请第三方评级机构对公司的可持续发展和全面风险管理实施情况进行细致审核。

企业对于自身经营状态的评估是通过内部的审计部门来完成的，但审计部门有自身的局限性，这种审计更多的是针对财务结果进行审核，而对于流程的管理更为重要的是预先的控制管理。为此，中远海运集团创建了新的内部控制制度管理审核的方式，即审计部门与体系审核部门协同进行过程审核和风险审核，并在对公司的财务进行审计并认可后，从公司形成财务指标的各个因素中倒推，从流程和运作中寻找可能的风险点，最终将这些被忽视的问题在管理评审委员会上向集团最高管理层汇报。参见下图。

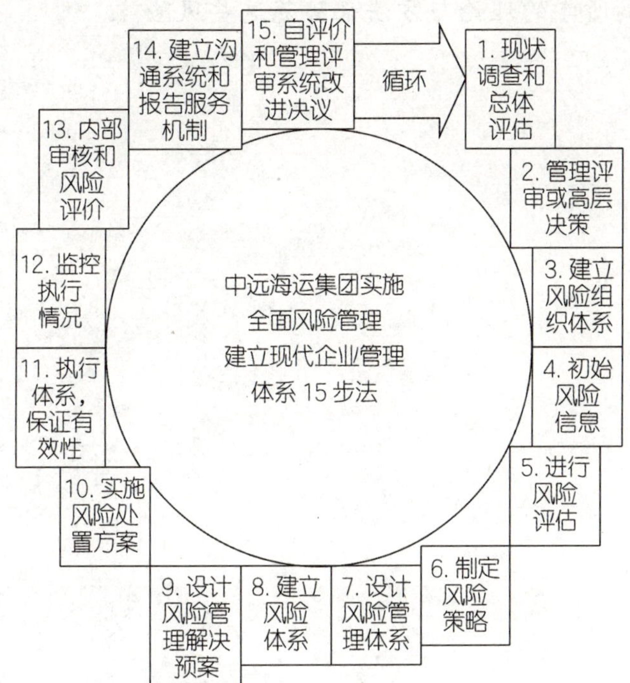

中远海运集团建立现代企业管理体系程序图

◎试分析中远海运集团全面风险管理体系的构建过程、构成与特点。

中篇

物流企业风险管理实践

本篇基于物流企业的视角，阐述物流管理实践过程中所面临的主要风险，比如物流市场风险、物流信用风险、物流战略风险、物流操作风险、物流法律风险、物流危机等，以及如何有效地运用上篇所学的理论与方法来防范这些风险。

第3章 物流市场风险管理

学习目标

- 了解物流市场风险的基本概念，包括定义、特征、种类等。
- 熟悉燃油套期保值基本原理、操作和注意问题，以及海运运费衍生产品。
- 掌握燃油成本波动风险、价格波动风险、汇率风险的基本概念及防范对策。

导入案例

韩进海运等企业破产

由美国次贷危机引发的金融危机愈演愈烈，迅速从局部发展到全球，从发达国家传导到新兴市场国家和发展中国家，从金融领域扩散到实体经济领域，酿成了一场历史罕见、冲击力极强、波及范围很广的国际金融危机。受国际金融危机的影响，世界经济增长明显减速，国际市场对中国商品的需求下降。海运市场持续低迷，造成运力供求不平衡，运价连跌；同时，部分海运企业对大局判断失误，盲目扩张，负债经营，连年巨亏，只能退市破产，构成了一个“贸易萎缩—货源减少/运力增加—供需失衡—激烈竞争—运价下跌—入不敷出”的因果链条。

2015年，美国GMI、丹麦船公司Copenship、韩国大波航运公司、韩国三普航运公司、日本第一中央汽船株式会社、印度Mercator以及中国大连威兰德航运公司等海运企业陆续宣告破产；2016年以来，中国浙江省海运集团台州海运有限公司、中国浙江省海运集团温州海运有限公司、中国浙江远洋运输股份有限公司、韩国韩进海运等也都纷纷卷入倒闭潮。

韩进海运（Hanjin Shipping）是全球第七、韩国最大的海运企业，该公司的破产在业内产生了较为强烈的冲击波，引起了港口、货主乃至金融业的恐慌心理，极易诱发多米诺骨牌效应，进而可能影响国家相关产业链的安全。

3.1 物流市场风险概述

3.1.1 物流市场风险的概念与特征

1.物流市场风险的概念

物流市场风险（market risk）是与整个物流市场波动相联系的风险，因而也称系统风险（system risk）、不可分散风险。换言之，物流市场风险是指未来物流市场的不确定性（利率、汇率、股票价格和运价）对物流企业实现其既定目标的影响。

2.物流市场风险的特征

（1）由全局性的共同因素引起的。经济方面的如利率、现行汇率、通货膨胀、宏观经济政策与货币政策、能源危机、经济周期循环等；政治方面的如政权更迭、战争冲突等；社会方面的如体制变革、所有制改造等。

（2）整体风险造成的后果具有普遍性。每个企业承担的风险基本上是均等的，只不过有些行业比另一些行业的敏感程度高一些而已。比如，基础行业、原材料行业等，是具有较高市场风险的行业；而生产非耐用消费品的行业，如公用事业、通信行业和食品行业等则是具有较低市场风险的行业。

（3）无法通过分散投资来加以消除。由于市场风险是个别企业或行业所不能控制的，是社会、经济、政治大系统内的一些因素所造成的，它影响着绝大多数企业的运营，所以，企业无论如何选择投资组合都无济于事。

（4）与投资收益呈正相关关系。投资者承担较高的市场风险可以获得与之相适应的较高的非市场风险并不能得到的收益补偿。

（5）这种整体风险发生的概率是较小的。随着社会的进步，人类对自然和社会的驾驭能力、对整体性风险发生的防范能力及其发生之后的综合治理的能力都有很大增强。

此外，市场风险还具有数据优势和易于计量的特点，并且可供选择的金融产品种类丰富。

3.1.2 物流市场风险的种类

根据市场风险因素特征，将风险因素分为四类，即：物流宏观市场风险、物流行业环境市场风险、物流供给市场和物流需求市场风险。下面介绍与物流企业相关的风险：

1.国家风险

国家风险是指由于物流经营中东道国各种难以预料的经济、政治和法律等因素变动，导致国际物流企业投资环境、经营环境发生变化，使国际物流企业预期成本或利润与实际不一致所带来的风险。国家风险主要包括政治风险、经济风险、法律风险和社会风险。

（1）政治风险主要指战争、内乱、政权更迭、国有化没收外资、拒付债务、政府干预等。政治风险具有一定的特殊性，一旦发生往往无法挽救且后果严重。

（2）经济风险如东道国实行外汇管制，使东道国货币不可自由兑换，从而限制了国际物流企业的收入流出；或承租方和出租方之间原本以避税为目的的船舶租赁，将因税收政策改变，给船东的收益带来风险。

（3）法律风险是指物流企业缺乏对载运工具（比如船舶）登记国当地法律、证券发行、贷款的了解，导致东道国与母国以及与国际法之间的法律冲突所产生的风险。

（4）社会风险是指由于经济或非经济因素造成特定国家的社会环境不稳定，从而使国际物流企业不能把在该国的收入汇回本国而遭受损失的风险。

2.政策风险

因国家宏观政策（如货币政策、财政政策、行业政策、地区发展政策等）发生变化，导致市场价格波动而产生的风险。经济政策、法规出台或调整，对物流市场会有一定影响，如果这种影响较大，会引起市场整体的较大波动，从而影响到公司利润、投资收益的变化。

3. 经济周期风险

物流业受经济周期性影响很大。国际和国内经济的周期性波动将直接影响到物流市场需求和物流市场价格，从而对物流企业的经营效益产生较大影响。

（1）国际经济及贸易因素导致物流需求波动的风险。国际物流业的整个产业链均同国际贸易和区域贸易发展密切相关。全球和各地区的经济增长呈现出明显的周期性特点，从而使国际贸易的增长出现波动。如果经济发生衰退或宏观环境不景气，将对物流业的需求进而对企业的业绩造成直接的影响。

（2）中国出口增长放缓的风险。中国出口量近十年来保持高速增长，但受人民币升值等因素的影响，中国出口量增长率有所放缓。因此，如果未来我国出口增长进一步放缓，将对本国物流企业的经营业绩产生一定程度的影响。显然，物流企业有必要做好业务规划和统筹，适时适度地加大海外业务拓展力度，积极应对可能出现的中国出口放缓所带来的风险。

为了防范经济周期风险，物流企业应加强对国际、国内宏观经济走势的研究，合理规划业务发展规模，使企业运力发展计划与运量增长保持适当比例，根据市场变化，优化业务结构，提高盈利能力。

4. 环保风险

环境保护是物流企业面临的共同问题。我国和世界各国对环保问题日益重视，未来有可能采取更严格的环保制度和规则，因而物流企业将可能因此支付更多的费用以符合新的规定和购买保险，从而对物流企业的经营产生影响。为此，物流企业应重视环保问题，并严格遵守各项环保政策。同时，应密切关注有关环保方面的新法规和规则，并加大对环保技术改造的投入，将环境污染风险控制在最低限度。

【案例3-1】 环境公益诉讼：中华环保联合会起诉江阴港集装箱有限公司

为实施多元化战略，江苏省江阴港集装箱有限公司的业务从原来的集装箱物流运输，扩展到铁矿粉的装卸、运输。铁矿粉从货运船上卸载到码头，再从码头装车运输出去，整个作业过程是“全裸的”，只要天气无雨有风，随风扬起的铁矿粉就会向附近居民区袭来。尽管江阴港集装箱有限公司曾尝试着购买了防护器材，并对最靠近码头的88户人家进行了水费补贴，但仍然无法解决环境污染问题。基于此，中华环保联合会向该码头企业提起环境公益诉讼，具体包括以下四点诉讼请求：（1）判令被告立即停止侵害，使港口周围的大气环境符合环境标准，排除对港口周围居民的妨碍；（2）判令被告立即对铁矿粉冲洗水进行处理，消除对饮用水水源地和取水口产生的危害（威胁）；（3）判令被告立即将黄田港（锡北运河）和港口附近的下水道恢复原状，将铁矿粉泥作无害化处理；（4）本案诉讼费用（含鉴定费、律师费）由被告承担。

5. 金融风险

金融风险是指金融损失的可能性。其主要是由于金融因素，如利率、汇率变动、通货膨胀而引起物流企业实际的收益或成本和预期结果有偏差。

（1）外汇风险。它可大致分为汇率波动风险和外汇管制风险。由于物流企业编制的财务报表以人民币为货币单位，而物流企业大部分业务及经营使用外币结算，相当数量的运营资产同样以外币计价，因此人民币与外币间的汇率变动可能对物流企业的资产价值和盈利造成影响。

（2）利率风险。利率水平的变动受经济政策、货币资金需求、货币资金供给、经济周期和通货膨胀率水平等多方面因素的影响。利率上升将直接增加物流企业的财务负担。物流企业可通过适当控制长、短期借款比例，运用各种金融工具等方式积极对现有贷款利率水平进行管理，控制实际支付利息的利率水平，降低利率波动对物流企业盈利的影响。

（3）通货膨胀风险/购买力风险。由于物价的上涨，同样金额的资金，未必能买到过去同样的商品。这种物价的变化导致了资金实际购买力的不确定性，称为购买力风险或通货膨胀风险。在发生通货膨胀的情况下，本来并不热销的航运企业股票，将面临更大的购买力风险。

6.物流价格波动风险

这部分的具体内容将在后面专门介绍。

7.物流成本上升风险

由于构成物流成本的许多不可控因素不断变化，使得物流成本经常变动，从而使物流企业面临巨大的成本风险。以海上运输企业为例，主要面临燃油成本上升风险、港口费和装卸费上升风险和船舶租金上升风险。

（1）燃油成本上升风险。具体内容将在后面专门介绍。

（2）港口费和装卸费上升风险。港口费和装卸费受各种因素影响。近年来，受货运量不断增长和运费率上升等因素的影响，港口费和装卸费呈现稳中有升的走势，这将增加物流企业的港口费和装卸费的支出，对物流企业的盈利能力产生不利影响。

（3）船舶租金上升风险。目前，海运企业的运力中许多是以租船方式持有，约占企业总运力的50%左右。由于租船费在过去数年均上涨，海运企业续约或以新租船协议取代现有租船协议时可能会支付更高的费用，因而可能对企业的经营业绩和财务状况造成不利影响。

【知识拓展】 港口成本上升风险的规避

（1）采购控制。港口企业由于设备运作和维修需要，采购的备件品种繁多，采购频繁。因此，企业应严格审批手续，科学地规范采购流程，降低采购成本，减少资金占用，提高经营效益。比如，S公司考虑到国际原油价格波动较大，并且有时货源紧张，可能影响港口生产的情况，于是与一家大型供货商签订购销合同，规定在一年内价格不变，并保证能及时供应，这样便将价格风险转移到供货商。对于一般物品采购则实行三家报价方式，要求所有报价单都由报价方盖章确认和提供联系电话，财务部有时会致电确认是否有减价空间，再由财务部核定价格，由总经理签字认可。

（2）工程维修费用控制。港口企业的机械设备由于日夜操作，出现故障在所难免。工程维修费用是港口企业成本的主要部分，S公司规定维修项目原则上必须自修，如需外修，必须报总经理批准，确保维修费用降到最低。

（3）人力资源成本控制。人是企业经营和管理的根基和土壤，配备高素质、高效率的员工，加强员工的培训，可提升企业的服务质量。同时，只有提供高质量的服务，才能在激烈的竞争中获得更大的市场份额。S公司通过内部培训和外部培训相结合的办法，如定期选派员工到更大型的兄弟港口参观学习，提升员工实际操作水平，又对机械司机进行多种技能培训，使其一专多能；另一方面，企业根据业务实际情况，实行错峰上班制度，确保业务高峰期有足够人手应付生产需要，在很大程度上减少了加班工资，既保证生产，又能节约运营成本，可谓一举两得。

8.物流竞争风险

物流竞争风险是指物流企业被另一个竞争对手打败的风险。无论是不定期市场，还是定期市场，物流企业之间的激烈竞争都使物流企业经营面临较大的竞争风险。在物流竞争环境中，物流的市场结构、市场透明度、市场竞争程度和市场干预程度等因素的变化及构成情况，直接给物流企业带来不同的风险。以海运企业为例，海运企业在运价、航班次数、转运时间、港口的覆盖范围、服务可靠性、可利用的集装箱、陆上运输服务、客户服务的质量、增值服务和其他客户要求等方面均面临竞争，因而有可能导致海上运价降低。此外，国际海运企业纷纷追求船舶大型化，在船舶科技和信息设备等方面的投入不断增加，在全球加强销售和客户服务网络的建设，可能在船型结构、服务能力、信息系统、管理效率和分销网络等多方面对海运企业形成挑战。

【知识拓展】 港口竞争风险

当前港口企业正面临巨大的竞争风险，主要在于：

一是港口竞争呈现多层次性。（1）不同的港口群之间的竞争；（2）同一港口群内不同港口之间的竞争；（3）港口群内部枢纽港与周边中小港口的竞争；（4）同一港口内不同港口企业间的竞争。

二是港口竞争内容呈现多样性。（1）市场领域的竞争，即争夺腹地货源的竞争和争夺中转货源的竞争，主要体现在货主、价格、集疏运渠道等方面的竞争；（2）投资发展领域，即争夺对港口的投资。港口对投资的竞争，一方面表现为对国家或政府投资的竞争，另一方面表现为对境内外银行、财团以及企业投资的竞争。由于港口的特殊性，在港口公有制国家里，港口对投资的竞争带有浓厚的地方行政色彩，往往出现重复规划、重复投资、重复建设现象。

9.运输安全风险

以船舶航行风险为例，远洋船舶在海上运行时，受到多种海上特殊风险和人为因素的影响，包括台风、海啸、海盗、恐怖事件、战争和罢工等，因而存在着遭遇搁浅、碰撞、沉船等各种意外事故的可能，这些风险可能对企业业务运营造成影响，并可能给公司带来损失。

3.2 物流燃油成本波动风险管理

3.2.1 燃油成本波动风险及其防范对策

燃油费支出是物流企业最主要的成本项目之一。燃油价格同国际原油价格密切相关，国际原油价格取决于政治和经济因素。比如，自特朗普就任美国总统以来，美国政府以伊朗发展导弹为由对伊朗不断施压，出台多项制裁措施，由此引发国际燃油价格的波动，而当燃油价格上升时，必然会增加物流企业燃油费支出。

当油价上升时，物流企业可以采取以下风险防范对策：

1.降低燃油采购成本

（1）通过集中采购、期货操作等措施控制船用燃油成本，使燃油成本低于市场水平。

（2）利用“船舶动态监控系统”及时掌握船舶燃油消耗及存油情况，同时，通过综合考虑港口燃油价格和船舶航线安排、选择最佳加油港等措施节约燃油采购成本。

（3）通过与货主签订价格联动协议与主要燃油供应商开展价格锁定。一方面，与货主签订运输合同时，可约定运价依燃油价格上升而增加；另一方面，在低价位时，与燃油供应商签订长期合同，以锁定燃油价格。

2.降低燃油消耗

（1）通过技术手段促使船舶节能降耗。比如，通过广泛采用卫星气象导航、选择最佳航线和实施经济航速等措施减少油耗；积极进行技术改造和采用新设备，如“电子定时旋流喷雾式气缸油润滑系统”、“INTERSLEEK700油漆”和“螺旋桨毂帽鳍”等，以达到节油的目的。

（2）在保持现有服务水平的基础上，通过增加航线船舶、压缩在港时间等方式，努力降低船队平均运营速度，以降低燃油消耗。

3.其他措施

比如，征收燃油附加费，干散货航运业务通过减少程租业务降低燃油成本支出，利用套期保值理念进行燃油期货操作等。

3.2.2 燃油套期保值

1.燃油套期保值基本原理与操作

燃油套期保值是相对于现货商而言的，是指把燃油期货市场当作转移价格风险的场所，利用期货合约作为将来在现货市场上买卖商品的临时替代物，对其现在买进准备以后售出航油或对将来需要买进航油的价格进行保险的交易活动。

（1）套期保值的原理

①同向性。一般而言，同种商品的现货价格和期货价格受共同因素的影响和制约，两者价格的变动方向是一致的，当现货供不应求时，现货价格上涨，对应的期货价格亦随之上涨。反之，由于期货价格反映对未来市场供求关系的预测，所以也会对相应的现货价格产生一定的影响。从根本上说，商品的实际供求关系的变化制约了价格运动的方向，因此，某商品期货价格和现货价格走势是一致的，两者具有同向性。

②趋同性。随着期货合约交割期的临近，某商品的现货价格与到期的期货价格已大致相等。到交割期时，期货合约中的“未来价值”已不复存在，故两者的价格理应大致相等，其微小的差价即为交割费用等。这就是期货和现货价格趋势的趋同性，而这也正是进

行套期保值的主要依据。

（2）买入套期保值

商品经营者为了避免未来某一时间购进实物商品时价格上涨导致损失，而预先在期货市场上买入同等数量的期货合约，希望将来能用期货市场的盈利来弥补现货市场价格上涨所带来的损失，从而实现保值。

买入期货合约可以规避未来价格上涨的风险，不过，一旦做了买入套期保值的操作，企业也失去了由于价格变动而获得更大利润的机会。

【案例3-2】我国某海运集团于20XX年10月与韩国某石油公司签订了一份30万吨的燃油贸易合同，结算价为FOB（新加坡）价格，装船期为第二年2月16—20日。该海运集团在签订合同后，担心燃料油价格大幅上涨，决定对该批燃料油的进口进行套期保值。当时，该燃料油在新加坡期货市场的0402期货合约价为140美元/吨。在合同签订后，该海运集团立即以140美元/吨的价格在期货市场上买入该燃料油0402期货合约60手30万吨（这意味着该进口所确定的目标成本FOB价为140美元/吨）。到了装船期，新加坡期货市场0402期货合约价为210美元/吨，确定的结算价为200美元/吨，该海运集团即在期货市场上以210美元/吨的价格，卖出60手0402的期货合约平仓。其操作过程如表3-1所示。

表3-1 燃料油期货合约

目标成本价	140美元/吨	买入开仓60手	140美元/吨
实际支付价	200美元/吨	卖出平仓60手	210美元/吨
盈/亏（美元/吨）	亏损60		盈利70

表3-1显示，该海运集团通过该买入套期保值交易，不仅有效地规避了因价格上涨给其带来的风险损失，而且还获得了一定的利润。如果燃料油价格未上涨，反而下跌，用实际支付减少额来弥补期货的损失，同样可以锁定风险。

由此可见，所谓的套期保值就是通过上述相关的交易活动，使现货交易和期货交易所发生的亏损和盈利相互抵补，从而起到锁定利润的作用。

（3）卖出套期保值

为了使已拥有的商品库存或即将生产出来的商品不致因为将来价格下跌而造成损失，人们可预先在期货市场卖出相应数量的期货合约，以便将来用期货市场的盈利弥补现货市场的损失。

卖出期货合约可以规避未来价格下跌的风险。但是，企业也丧失现货市场价格对己有利时获取更大利润的机会，同时也承担诸如手续费、资金占用成本、交易保证金及追加保证金等相关的交易费用。

【案例3-3】我国某海运集团于20XX年9月与国外某石油公司签订了一份30万吨的燃料油转口贸易合同，结算价为FOB（新加坡）价格，装船期为本年的12月6—10日。该海运集团在签订合同后，认为燃料油价格可能下跌，因此决定对该燃料油进行卖出套期保值。当时，该燃料油新加坡期货市场0112期货合约价为162美元/吨。于是，该公司在合同签订后，立即以162美元/吨的价格在期货市场上卖出该燃料油期货合约60手（这意味着该出口所确定的目标成本FOB价为162美元/吨）。到了装船期，新加坡期货市场0112期货合约价为100美元/吨，确定的结算价为98美元/吨，该海运集团即在期货市场上以100美元/吨的价格，买入60手0112的期货合约平仓。锁定损失2美元/吨。其操作过程如表3-2所示。

表3-2 燃料油期货合约

目标成本价	162美元/吨	卖出开仓60手	162美元/吨
实际收支价	98美元/吨	买入平仓60手	100美元/吨
盈/亏 （美元/吨）	亏损64		盈利62

在实际操作中，贸易商不仅可以通过买入套期保值，还可以通过卖出套期保值。牛市时，贸易商的保值策略应该以买入保值为主；熊市时，贸易商的保值策略应该以卖出保值为主。不过，在极端情况下，价格跌破贸易商的成本价乃至社会的平均成本价时，贸易商也可以采用风险保值（买入期货）的策略。

【案例3-4】某年1月，新加坡期货市场燃料油价跌破110美元/吨的最低成本价，当时公认的社会平均成本价为120美元/吨，我国某燃料油进口商判断国际上大规模的限产活动必将会导致油价的大幅上扬，因此，该燃料油进口商为减少亏损，决定开始采用限售存库的营销策略。两个月后，当库存已接近1万吨时，油价并未如他们所期望的大幅上扬。在这种情况下，公司的流动资金越来越困难。于是，该燃料油进口商进一步采取了风险保值策略，他们首先在现货市场上加大销售库存的力度，并每日在新加坡期货市场上买入与现货市场上所销售库存数量相等的远期期货合约，以保持其库存量不变。几个月后，当新加坡期货市场价格达到其预计的目标价位时，该公司立即将其买入的期货合约全部平仓，从而使该公司有效地摆脱了亏损困境。

在本案例中，我们把这一套期保值交易作为一个特例提出，并把它归结为风险套期保值，目的是想说明投资者在制订套期保值方案时，不必拘泥于传统模式。必须指出，这类保值交易毕竟是在特殊市场条件下产生的，投资者在套用时必须谨慎，要考虑到市场环境的判断依据是否准确充分，企业抗风险资金的承受程度与周期是否合适等。

2.套期保值实施中需要注意的问题

（1）选择合适目标价位策略

①单一目标价位策略。所谓单一目标价位策略是指企业在市场条件允许的情况下，在为保值所设定的目标价位已经达到或可能达到时，企业在该价位一次性完成保值操作，这样，不管今后市场如何变动，企业产品的采购价和售价都是锁定的，市场上的价格波动对企业不再产生实质性影响。国际上很多大企业即采用此种策略进行保值操作。该策略的特点是目标明确、操作简单，能有效限制企业的投机性思维倾向，使企业在保证基本利润的情况下健康发展，避免误区。但在市场长期持续走高或走低的情况下，一旦目标价位制定得不合适，在企业实施一次性百分之百卖出保值（或买进保值）操作的情况下，企业的保值价位就有可能偏低于市场的平均价格，致使企业损失一大块利润。

②多级目标价位策略。所谓多极目标价位策略是指企业在难以正确判断市场后期走势的情况下，为避免一次性介入期货市场造成不必要的损失，从而设立多个保值目标价位，分步、分期在预先设定的不同目标价位上按计划地进行保值操作。目前国内一些大的燃料油生产企业就采用这种保值策略。该策略的特点是具有更大的灵活性和弹性，在市场呈现

大牛市或大熊市时，可以有效抓住不同价位进行战略性保值，逐步提高或降低平均保值价位，避免给企业造成较大的机会损失，有效地提高企业利用市场机会的能力，增大企业的获利空间。但是，该策略的风险性比单一价位保值策略要高，一旦市场的趋势朝着对企业不利的方向发展，企业就有丧失最佳保值机会的可能。同时，如果目标价位级数的设定不科学，目标级数过多或过少，相邻目标间价格差别空间过大或过小，其实际保值效果就不理想。

从严格意义上讲，这两种策略在本质上不存在绝对的优势，许多企业在期货市场上实际操作中也经常混合采用。就单一企业来讲，究竟采取哪种策略，应取决于企业的具体情况。在实施分步、分期保值操作时，通常又有两种策略可以采用：一是均衡进入保值策略，即在各级目标价位上等量实施保值操作；二是逐级增加保值策略，即在更满意的下一级目标价位上逐步加大保值力度。

（2）合理确定保值力度的大小

所谓“保值力度”，是指企业参与保值的数量占企业消耗量（对消费企业）或产量（对生产企业）的百分比。保值力度介于0与100之间，0代表“不保”，100代表“全保”。如果超出范围，就是所谓的“保值过度”。保值过度也是一种投机。套期保值策略一般分为“牛市套保”与“熊市套保”两种，这是对市场处于“牛市”或是“熊市”的不同状态而采取的不同策略。一般而言，不同企业保值力度的大小，目前主要取决于企业决策层的态度，通常情况下，50%的力度可以考虑作为一个经常的立足点。当后市发展比较乐观时，可以考虑压缩到1/3（牛市中）；当后市比较悲观时，可以考虑增大到80%乃至更多（这是针对产油企业而言的，用油企业的思维刚好相反）。总之，既要考虑企业经营的稳定性，又要考虑企业经营的灵活性。如果是初步参与，可将保值力度控制在20%~30%左右，以便在尝试中逐渐积累经验。

（3）严格遵循套期保值交易的四个基本原则

①交易方向相反原则。它是指在进行套期保值交易时，套期保值者必须同时在现货市场上和期货市场上采取相反的买卖行动，即进行反向操作，在两个市场上处于相反的买卖位置。只有遵循交易方向相反原则，交易者才能在一个市场上亏损的同时在另一个市场上盈利，从而用一个市场上的盈利去弥补另一个市场上的亏损，达到套期保值的目的。

②商品种类相同或相关联原则。只有商品种类相同或相关联，期货价格和现货价格之间才有可能形成密切的关系，才能在价格走势上保持大致趋同，从而在两个市场上同时采取反向买卖行动时取得预期的效果。

③商品数量相等或相当原则。它是指在进行套期保值交易时，所选用的期货合约上所载的商品的数量必须与交易者将要在现货市场上买进或卖出的商品数量相等或相当。只有保持两个市场上买卖商品的数量相等或相当，才能使一个市场上的盈利额与另一个市场上的亏损额相等或最接近。

④月份相同或相近原则。它是指在进行套期保值交易时，所选用的期货合约的交割月份最好与交易者将来在现货市场上实际买进或卖出现货商品的时间相同或相近。这是因为两个市场出现的盈利额和亏损额受两个市场价格变动的影响，只有使所选择的期货合约的

交割月份和交易者决定在现货市场上实际买进或卖出现货商品的时间相同或相近，才能使期货价格和现货价格之间的联系更加紧密，增强套期保值的效果，随着期货合约交割期的临近，期货价格和现货价格才会趋于一致。

（4）套期保值的保值功能是有限的

基差的变化，现货商品的数量无法与需要进行保值的商品数量完全相等，替代商品期货价格和现货商品价格之间不是完全正相关，等级差别对现货商品的价格影响很大而对期货合约的价格影响甚微，都会影响套期保值的效果。

①基差是指某一特定商品在某一特定时间和地点的现货价格与该商品在期货市场的期货价格之差，即“基差=现货价格－期货价格”。当基差为负数时，这种情况叫“期货升水”，也称“现货贴水”，远期期货价格超出近期期货价格的部分，称“期货升水率（contango）”；当基差为正数时，这种情况称为“期货贴水”，或称“现货升水”，远期期货价格低于近期期货价格的部分，称“期货贴水率（backwardation）”。

②企业应计算出套期保值交易的基差，并随时关注基差的变化，在基差有利时结束套期保值交易。

（5）不能盲目地进入衍生品市场

由于金融衍生品是一个相对专业且风险较大的金融工具，如果利用得不好，不但不能规避企业本身面临的风险，还可能使自己处于更大的风险之中。

（6）坚持套保原则

企业进入衍生品市场的目的是对现货市场面临的风险进行转移，而不是为了获得投机收益。当然，这仍然可能带来额外收益，主要取决于该商品基差的变化。另外，在数量上，可以选择对自己的产品进行部分或者全部套保，但切忌超过自身的采购数量或者产品数量。

（7）选择同种或可替代的期货合约

当进行套期保值交易时应尽量选择同种商品的期货合约，如无相同商品时，可采用关系比较紧密的替代商品的期货合约。比如，美国西南航空公司针对金融衍生品市场上并没有航油期货合约这一现实，巧妙地利用了原油及取暖油与航油之间的价格高度相关性的特点，并通过在原油和取暖油衍生品市场上构建套保组合达到了规避风险的目的。这一点对于我国企业来说尤其值得借鉴。由于我国金融衍生品市场发展较晚，上市交易的合约品种非常有限，对于很多企业来说，他们需要采购的原材料和生产的产品都无法在市场上找到相应的合约。美国西南航空公司的套保案例给了我们很多启示，就是可以用相关商品进行套期保值，而且还可以利用现货、期货、远期合约、期权等各种衍生品工具构建套保组合以达到更好的套保效果。当然，并不是任意的两个商品品种之间都可以进行跨商品套保，在进行跨商品套保之前，一定要先对两个商品价格走势的相关关系进行正确评价，在此基础上再采取合理、谨慎的套保策略。

【案例3-5】 美国西南航空公司燃油套保收益

美国西南航空公司是美国第二大航空公司，同时也是美国唯一一家自1973年以来每年都盈利的航空公司，且利润净增长率最高。该公司2007年年报显示，其净利润为6.45亿美元，相比2006年增长了29.26%，在其他航空公司纷纷亏损的情况下这显得非常了不起。那么，美国西南航空公司又是如何取得这一骄人成绩的呢?从收集到的公司2001年至2007年年报的净利润和套期保值收益数据（如表3-3所示）不难发现一些端倪。

表3-3 美国西南航空公司套保收益及其占总收益比例 单位：百万美元

年份	2001	2002	2003	2004	2005	2006	2007
税前收益	631	417	483	554	779	790	1 058
套保收益	80	45	171	455	892	634	686
套保收益占比（%）	12.68	10.79	35.40	82.13	114.51	80.25	64.84
净利润	511	241	442	313	484	499	645

由表3-3可见，公司利用衍生工具所获得的套保收益从2004年开始便占据了其税前收入的大部分，在2005年甚至超过了其税前总收入，其套期保值收益是其税前收益的114.51%。这意味着如果美国西南航空公司没有对其燃料成本进行风险转移，那么其在2005年就已经是一个亏损的企业了。

同时，由美国西南航空公司考察期的年报我们会发现，公司对其航油进行套保的过程有以下一些特点：

第一，具有长期战略思维，采用的是环比套保策略。公司不仅对当前需要消耗的航油进行套保，而且还对未来数年的航油消耗进行了一定比例的套保。如表3-4所示，2007年公司就已经对2008年消耗航油的70%进行了套保，其平均成本仅为51美元/桶；同时对2009年消耗航油的55%进行了套保，其平均成本同样为51美元/桶；对2010年、2011年和2012年的套保比例分别是30%、15%和15%，其平均成本分别在63美元/桶、64美元/桶和63美元/桶。而其他航空公司的年报显示，大部分公司只是进行了一到两年的套保，有些年份甚至没有套保部位，这就是西南航空公司多年来保持持续盈利的关键因素之一。

表3-4 美国西南航空公司燃油套期保值比例与平均成本

年　份	2008	2009	2010	2011	2012
套保比例（%）	70	55	30	15	15
平均成本（美元/桶）	51	51	63	64	63

第二，采用组合衍生工具，限制了套保的风险。在公司的套保组合中，以买入期权为主，以远期合约为辅。使用买入期权进行套保的好处是可以将使用衍生工具的风险限制在一定范围内，这样做既可以享受原油价格下跌带来的成本下降的好处，又可以在原油价格上涨时规避风险。

第三，以保值为目的，不进行投机交易。这一点在套期保值过程中非常重要，经常会有一些公司在套期保值过程中由于获得了不少收益且预期价格发生转变时过早地平掉了手上的部位，虽然有时会获得更多的收益，但一旦价格没有按预期方向运行，则将遭受巨大亏损，而且这也违背了当初进行套期保值的初衷。此外，还有一些公司的套期保值头寸超过了自身需要进行套保的产品头寸，这既增加了公司的保证金负担，也扩大了价格波动的风险。在这些方面，美国西南航空公司都做得非常好，公司是在航油买入时再将套保头寸进行平仓结算的。但有一些航空公司并不是这样做的，如2004年年初，当原油价格在35美元/桶附近波动时，就有一种观点认为原油价格已经很高了，并预期很快会下跌，此时美利坚航空公司的财务主管表示，公司在2003年4月后就陷入了担心破产的边缘。由于公司确实迫切需要从任何可能的地方兑付现金，因而释放了盈利的套期保值头寸，从而使得美利坚航空公司基本上丧失了套期保值的保护。

由此例可见，美国西南航空公司的成功就在于其有效利用了航油与原油、取暖油价格的相关关系，即利用相关商品进行了套保。

但国内航空公司却不具备类似的套期保值途径。就国内期货市场而言，目前只有一个燃料油期货品种，先不论其与原油的价格关系如何，重要的是它受到政府调控的管制，而国内企业如果要到国外期货市场进行套期保值，更是受到国家的严格限制，这些问题都是我国航空公司必须面对和解决的难题。

【案例3-6】 中国航空公司陷燃油套保巨亏陷阱

理论上，衍生品可以规避风险，然而在现实中，衍生品却是一把双刃剑，出发点同为利用衍生品来规避现货价格波动的风险，有些企业能做得非常成功，而另一些企业却亏损严重。因此，在使用衍生品为企业避险到底是可以规避风险还是增加风险的问题上也颇有争议。

与20世纪80年代就采取套期保值的欧美航空公司不同，中国航空公司接触航油套期保值业务的时间较短，对于游戏规则并不完全了解，在这种情况下贸然进行航油套保很容易出现问题。比如，继国泰、国航在燃油套期保值上发生巨亏后，东航也遭遇燃油套保的“滑铁卢”。这反映出中国航空公司在风险管理上比较薄弱，没有对油价的中长期波动做出正确的预测。此外，境外期货套期保值业务应被作为企业规避价格风险、锁定成本和利润的重要金融工具，所以套期保值应以规避风险为目的，而中国有些企业将其作为营利的手段进行投机。以国航为例，其之所以在套保方面出现巨亏，问题并不在于套保本身，而在于套保的目的出现了偏差。国航签订的套期保值合同由单纯对冲风险、保值转向希望借此营利，带有较为浓厚的投机性质，而这也正是很多中国企业在参与套期保值业务时出现亏损的根本原因。

综上可见，虽然套保原理比较简单，但由于市场的复杂性和基差变化的不稳定性，期货价格受到多方面不可控因素的影响，本身又具有较高的风险，瞬间就可能发生行情突变，因此，企业要真正达到降低风险、保值的目的，首先应多分析研究，在对国际商品市场的走势比较有把握后再出手。

3.3 海运价格波动风险

3.3.1 价格波动风险及其防范

航运业是风险型行业，海运需求取决于全球和地区的经济状况、汇率变化、贸易发展和运输模式转变等多方面因素；而海运供给能力即运力则由全球船队的船舶数量及载货量、航线调配、新船交付和旧船废弃数量或转为其他用途的状况决定。由于海运需求的变化难以准确预测，而船舶建造又需要一定的周期，使海运运力的调整滞后于需求的变化，导致海上运输业短期供需状况有时处于不均衡的状态。而各种因素的综合作用总会通过航运市场的价格波动反映出来，一旦出现运力过剩，海运运价通常就会下降或装载率降低。单个船东或单个租船人由于没有能力控制和影响市场运价，只能被动地接受，这就为船东或租船人带来了极大的风险和不确定性，使船东或租船人处于不利的地位，甚至遭受巨大的经济损失。特别是干散货市场，由于处于完全竞争的航运市场，且干散货商品多是铁矿石、煤炭、农产品等等，商品自身价值并不高，这就更加突出了防范其运价波动的重要性。为此，可采取以下风险防范对策：

（1）保持和加强与大货主的战略合作，通过签订长期运输协议保证公司获得相对稳定的收益。

（2）近年来船舶造价相对较低，企业可及时进行船舶更新和运力扩充，有效控制造船成本，从而提高抵抗运价波动的能力。

（3）以做好运力规划、适时投入资本增加运力、灵活调整自有船舶和租赁船舶比例等方式降低航运市场波动风险。

（4）多元化的业务结构有助于抵御航运市场波动的不稳定因素，提高企业整体的抗风险能力。

（5）利用海运运费衍生产品，可以有效规避市场风险。此为最重要的风险规避方式，详见下面的介绍。

【案例3-7】 宝钢签订长期合同规避巨额远洋运输费用

在实践中，宝钢以往的惯例做法是在每年年末和年初集中签订年度远洋运输合同，但由于国际航运市场波动较大，这种单一的操作方式存在一定风险。而随着宝钢产能的不断扩大，进口铁矿石的增量使宝钢远洋物流需求随之增长。同时，随着航运市场处于低谷，一些国际航运巨头纷纷寻找长期战略合作伙伴，以相对低廉的运价来稳定自己的市场份额。为此，结合资源和物流的需求，经过严密的决策程序，宝钢决定改变执行多年的年度远洋运输合同操作方式，先后与亚洲、欧美及国内近十家国际远洋巨头签订了长期合同，锁定运输价格，以规避市场风险。

【案例3-8】 南京长江油运公司多种途径控制风险

南京长江油运公司加强经营风险控制，实施了发展和经营风险对冲机制，建立了专项风险基金，应对VLCC油轮运输价格波动巨大的风险；积极推进与大货主的合资合作，通过与中石化签订VLCC运价保障等协议，稳定了市场货源、降低了市场风险；加强油污染风险控制，研究制定了《远洋风险评估及防范》的预案；加强投资融资风险控制，研究实施资本一体化战略，优化公司资本结构，增强公司发展能力和控制债务风险的能力；通过争取出口退税、发行企业债券、贴息及内外贸兼营等政策支持，降低发展的资金成本；通过选择合适的购买、造船时机，有效降低单船价格；建立外汇风险防范预警机制，采用远期外汇买卖、外汇期权交易、货币保值、债务互换、远期合约等方式，规避汇率风险。

3.3.2 海运运费衍生产品概述

为规避运费风险，波罗的海运费指数期货（BIFFEX）、运费期权（freight options）和远期运价合约/协议（FFA）等衍生品先后出现，为海运运费衍生品市场注入了新的生机和活力。然而，运费衍生品有着其特殊性，其标的不是“实物”的商品，而是“无形”的服务，表现为单个特定航线的运费或者一组代表性航线构成的一篮子运费指数。

1.运费指数期货

1985年5月1日，英国波罗的海交易所（The Baltic Exchange，BE）开始编制波罗的海运费指数（Baltic Freight Index，简称BFI），该指数根据11条航线运费报价综合而得。

同时在成立的波罗的海国际运费期货交易所（Baltic International Freight Futures Exchange）开始交易波罗的海运费指数期货，该期货的标的为波罗的海运费指数。1991年BIFFEX并入伦敦商品交易所（LCE），1996年9月16日LCE并入伦敦国际金融期货和期权交易所（LIFFE）。波罗的海运费指数期货是历史上推出的第一个“无形”服务的期货产品，一度得到市场的追捧，但最终于2002年退出了交易市场。其退出的主要原因在于：

（1）固有的套期保值效率低。尽管波罗的海运费指数成分不断变化，但还是一篮子航线运费的组合，而运费指数期货与实际情形的关联性又不是很强，导致其套期保值的效率比较低。

（2）流动性不足。交易量的萎缩和合约的流动性不足，难以吸引更多的参与者。

（3）市场上可替代产品的出现。远期运费合约的出现，可以就波罗的海运费指数构成中一个特定航线的运费波动风险进行套期保值，这种远期合约比波罗的海运费指数期货更有效和有针对性地对冲运费风险。

2.运费期权

（1）期权的概念与特点

期权（options）是一种选择权，运费期权的买方向卖方支付一定数额的权利金后，就获得这种权利，即拥有在一定时间内以一定的价格（执行价格）出售或购买一定数量的标的物（实物商品、证券或期货合约）的权利。期权的买方行使权利时，卖方必须按期权合约规定的内容履行义务。相反，买方可以放弃行使权利，此时买方只是损失权利金，同时，卖方则赚取权利金。总之，期权的买方拥有执行期权的权利，无执行的义务；而期权的卖方只有履行期权的义务。

（2）期权的构成因素

①执行价格（又称履约价格）。期权的买方行使权利时事先规定的标的物买卖价格。

②权利金。期权的买方支付的期权价格，即买方为获得期权而付给期权卖方的费用。

③履约保证金。期权卖方必须存入交易所用于履约的财力担保。

（3）期权的类型

按权利不同划分，可分为看涨期权和看跌期权。看涨期权，是指在期权合约有效期内按执行价格买进一定数量标的物的权利；看跌期权，是指卖出标的物的权利。当期权买方预期标的物价格会超出执行价格时，他就会买进看涨期权，相反就会买进看跌期权。

按执行时间的不同，可分为两种：欧式期权和美式期权。欧式期权，是指只有在合约到期日才被允许执行的期权，它在大部分场外交易中被采用。美式期权，是指可以在成立后有效期内任何一天被执行的期权，多为场内交易所采用。

运费期权属于远期生效欧式期权，即远期生效的选择权的执行价格是合约生效日后的某一时点开始至到期日（或期前某一时间）的航线运费（运费指数）的平均价格。因巴拿马型船运费经常会出现大幅度波动，新的运费期权合约也是针对巴拿马型货船而生。

目前，运费期权作为规避运费风险的新工具，在海运运费衍生品市场中所占份额较小，对海运市场定价影响不大，但其自身的众多优点已经开始逐步得到业内人士的认同。随着运费期权交易内容的增加和服务的完善，运费期权必将成为一种有效抵御运费风险的工具。

3.远期运费合约

FFA（forward freight agreement）是远期运费协议的简称，它是买卖双方达成的一种远期运费协议，协议规定了具体的航线、价格、数量等，且双方约定在未来某一时点收取或支付依据波罗的海航交所的官方运费指数价格与合同约定价格的运费差额。若合同价格大于交割价格，买方支付运费差额现金给卖方；反之，则相反。

1991年，Clarksons首次提出FFA的概念，先应用于干散货航线，以后又逐步扩展到油轮航线。目前，除干散货和液体散货参与交易外，集装箱、液化气和船用燃油等货种的衍生品交易已在部分交易所进行初步尝试，特别是承载高附加值产品的集装箱的参与，必将给海运运费衍生品市场增添新的亮点，也使海运参与者都有机会分享海运运费衍生品市场的益处。

随着国际一些知名金融公司的介入，在海运衍生品市场上现已形成了船东、货主、贸易商和金融公司四大类参与群体。海运衍生品交易的目的也由最初的规避运费风险，派生出投机套利的商业操作，这也必将吸引更多的社会资金流向海运运费衍生品市场。金融公司在赚取利润之时，带给海运市场的更多是运费风险社会化。

（1）FFA的主要交易方式

FFA交易实际上分为场内（cleared contract）交易和场外店头（over the counter，OTC）交易两种。其中，场内交易是采取期货标准合约的方式，在交易所内直接进行，实行每日清算，参与交易的主体包括船东、货主和金融机构等；场外交易是采取远期交易的方式，交易双方可以对航线、数量、时间等合同条款进行协商，实行的是进入结算月份后每月结算的方式，参与主体主要是船东和货主。这两个市场从长期趋势来看是相同的，但短期内可能发生背离，并相互发生影响。

与场内交易相比，场外交易的特点在于主要发生在相互非常熟悉资信情况的船东与船东或者船东与货主之间，并需要向交易对方提供他方提供的信用担保，交易活动的出发点在于套期保值，规避海运运费风险。这样，场外交易与实际业务经营之间的关联度更高，而不像场内交易的很多参与主体那样更加重视“未来行情趋势”，甚至只在意“短期行情变化”，并不在意实际航运交易是否发生。目前，场外的交易量、市场价值等参数都占据FFA交易的绝大部分。

（2）FFA业务在航运生产经营中的重要作用

FFA业务在航运生产经营中的作用主要体现在四个方面：一是成为风险对冲的重要手段；二是成为船队业务及创效的重要补充；三是成为经营决策的重要参考；四是成为企业

实力的重要象征。

3.3.3 FFA操作实例

1.船东FFA操作案例

2006年1月底，美湾/日本粮食航线运价27美元。某船东对夏季市场的前景感到悲观，故对其一条将在6月空出的船舶选择FFA操作进行套期保值，以求规避风险。

（1）操作方法

①船东要求FFA经纪人发布如下信息：卖掉BFI的第2条航线（52 000t谷物，美湾/日本）在5月份的运价。

②对市场进行研究分析之后，买家的最高的起始报价为25.5美元/t。

③经过谈判后，买卖双方同意以25.75美元/t成交，双方签订了合同。

（2）合同内容

航线2：美湾/日本

货量：52 000t

协议价格：25.75美元/t

结算价：2006年5月最后5个交易日的平均价（BFI对应的相关航线）

佣金：买卖双方各付0.5%

（3）操作结果

船东可从FFA交易中获利：

BFI的航线2结算价：24.25美元/t

协议价：25.75美元/t

差额：1.50美元/t

买家付给卖家（船东）：1.50×52 000 =78 000（美元）

船东虽然在实际市场上遭受了损失，但FFA交易所获得的利润可以弥补实际市场上的损失。两者相抵，该船东仍能全部或部分地保值。

显然，基于船东的角度，当对未来市场把握不住，又想获得一定收入时，卖出一个远期运费合约（FFA），就能将其收入锁定。当然，卖出FFA也是有风险的，能赚也能亏（当协议价格高于结算价格时就赚，当协议价格低于结算价格时就亏），但这种赚和亏基本上被锁定在一定范围内，并能与实际市场对冲。

2.租船人FFA操作案例

2008年12月，一位煤炭商在签订于2009年2月份从美国启运到德国的110 000t CIF销售合同之前，担心在运价方面存在风险。

当时BFI的第7条航线（110 000t煤炭，美国/西欧）运价是6.20美元/t，煤炭商测算，如果支付运价超过6.30美元/t，则此次交易将产生损失。煤炭商原本打算在实际租船市场上把货物转租给一位航运经营者，但又觉得把货物保留在手上，由自己来控制更好，最终决定使用FFA操作进行套期保值。

（1）操作方法

①煤炭商要求FFA经纪人购买BFI的第7条航线（110 000t煤炭，美国/西欧）在2009年1月份的运价。

②卖家的最低起始报价为6.10美元/t。

③经过谈判后，买卖双方最终达成6.05美元/t的协议，双方签订合同。

（2）合同内容

航线7：美国/西欧

货量：110 000t

协议价格：6.05美元/t

结算价：2009年1月最后5个交易日的平均价

佣金：买卖双方各付0.5%

（3）操作结果

买家担忧市场会走强的预测变为现实：

BFI的航线7结算价：6.35美元/t

协议FFA价：6.05美元/t

差额：0.30美元/t

卖家付给买家（煤炭商）：0.30×110 000=33 000（美元）

在这次交易中，煤炭商成功地规避了实际市场运价上扬的风险，保护了自己的利益。显然，基于租船人的角度，当其对未来市场没有把握，担心运价上涨时，买入一个远期运费合约，能将其费用锁定在一定的水平上。

3.4 国际物流汇率风险

在国际物流业务中，物流企业的主要收入是美元，收入货币结构单一；相反，其支出货币结构较为复杂，除人民币外，既包括美元、欧元、日元、英镑等国际主要货币，也包括港币、坡币（新加坡元）、泰铢等多国货币。为满足日常支付，物流企业需要结汇和购汇。近年来，美元大幅波动，使物流企业面临的汇率风险逐步加大。

3.4.1 汇率风险概述

1.概念

汇率风险指经济主体在持有或运用外汇的经济活动中，因汇率变动而蒙受损失的可能性。

2.种类

汇率风险可分为三种基本的风险：换算风险、营运风险和交易风险。

（1）换算风险（translation exposure），又称会计风险（accounting exposure），是指在会

计转换时账面所产生的损失或利润，换言之，就是指将对外业务中以当地货币表达的财务报表转换成本国货币时，以外币计价的资产负债以及收入支出，在转换后将会发生的汇兑损益。

（2）营运风险（operation exposure）。营运风险是衡量货币波动对企业现有与未来之现金流量影响的程度，也就是未来收入与成本改变的程度。

（3）交易风险（transaction exposure）。交易风险是指在运用外币进行计价收付的交易中，企业因外汇汇率的变动而蒙受损失的可能性。

换算风险是过去已经发生的，属于资产负债表和利润表账面上的调整，因而不具有经济以及财务上的意义。而营运风险和交易风险则是具有经济意义的外汇风险。

3.影响因素

影响汇率波动的最基本因素主要有以下四种：

（1）国际收支及外汇储备。所谓国际收支就是一个国家的货币收入总额与付给其他国家的货币支出总额的对比。如果货币收入总额大于支出总额，便会出现国际收支顺差；反之，则是国际收支逆差。国际收支状况对一国汇率的变动能产生直接的影响。发生国际收支顺差，会使该国货币对外汇率上升；反之，该国货币汇率下跌。

（2）利率。利率作为一国借贷状况的基本反映，对汇率波动起决定性作用。利率水平直接对国际资本流动产生影响，高利率国家发生资本流入，低利率国家则发生资本流出，资本流动会造成外汇市场供求关系的变化，从而对外汇汇率的波动产生影响。一般而言，一国利率提高，将导致该国货币升值；反之，该国货币贬值。

（3）通货膨胀。一般而言，通货膨胀会导致本国货币汇率下跌，通货膨胀的缓解会使汇率上浮。通货膨胀影响本币的价值和购买力，会导致出口商品竞争力减弱、进口商品增加，还会对外汇市场产生心理影响，削弱本币在国际市场上的信用地位。这三方面的影响都会导致本币贬值。

（4）政治局势。一国及国际政治局势的变化，都会对外汇市场产生影响。政治局势的变化一般包括政治冲突、军事冲突、选举和政权更迭等，这些政治因素对汇率的影响有时很大，但影响时限一般都很短。

3.4.2 风险管理实例

1.经营性收支货币结构分析

（1）收入货币结构

2005年1—3月，A公司运输收入86 422万元。其中美元收入9 204万元，折合人民币76 182万元，占运输收入的88%；人民币收入10 240万元，占运输收入的12%。

实际上2005年的收入结构没变，全年收入按第一季度同比增长，按时行汇率，2005年收入总额345 688万元。其中美元收入36 816万元，折合人民币304 696万元；人民币收入40 960万元。

（2）支出货币结构

相对收入货币结构，A公司的支出货币结构较复杂，主要支出货币除CNY、USD、JPY、EUR、HKD等之外，还包括GBP、AED、ZAR、SGD、THB等多种。A公司2005年1—3月经营性支出货币结构如表3-5所示。

表3-5 2005年1—3月支出货币结构统计表 单位：万元

货币	原币金额	折人民币金额	百分比	平均汇率
OTHER	—	246	0%	—
HKD	368	391	1%	1.0625
EUR	49	542	1%	11.0612
JPY	6 789	538	1%	0.0792
USD	4 186	34 644	52%	8.2762
CNY	30 882	30 882	46%	1.0000
总计	—	67 243	100%	—

注：本表已按成本总额调减折旧，调增税金及附加、预计所得税项目。

假设2005年支出也没变，全年支出按第一季度同比增长，按当时的汇率，2005年支出总额268 972万元。其中美元支出16 744万元，折合人民币138 576万元；人民币支出123 528万元。

（3）各货币收支差额比较及简要分析

2005年1—3月A公司各货币收支差额比较如表3-6所示。

表3-6 2005年1—3月各货币收支差额比较表 单位：万元

序号	货币	收支差额		USD购汇、结汇、结余
		原币金额	折人民币金额	
1	其他	—	-246	-30
2	HKD	-368	-391	-47
3	EUR	-49	-542	-65
4	JPY	-6 789	-538	-65
5	USD	4 838	40 042	4 838
6	CNY	-20 642	-20 642	-2 494
7	结余	—	17 683	2 137

如表3-6所示，A公司货币收支结构不平衡，主要表现为以下两个特点：

第一，外汇收入币种的单一性和外汇支出币种多样性的不平衡，除美元支出外的其他外汇支出全部需要购汇才能满足支出，2005年1—3月需购汇约207万美元。

第二，人民币收支不平衡，人民币收支缺口需要结汇才能满足支出。2005年1—3月需结汇约2 494万美元。

在满足支付需求后，美元结余约2 137万元，折合人民币17 683万元（即不考虑应收、应付、预收、预付项目的增减，2005年第一季度经营活动现金净流量增加额）。

（4）外汇资产、负债结构分析

截至2005年3月31日，A公司主要外汇资产余额5 434万美元，主要外汇负债余额8 113万美元。如表3-7所示。

表3-7　资产、负债余额表　单位：万美元

序号	项目	科目	金额
1	资产	银行存款	3 157
2	资产	应收账款	1 156
3	资产	预付账款	1 121
4	负债	银行借款	−5 362
5	负债	应付账款	−899
6	负债	预收账款	−1 852
7	合　计		−2 679

注：本表不统计以美元计价的船存燃油。

2. 风险分析

（1）外汇结算汇率风险

从以上的收支货币结构分析可以看出，包含EUR、JPY、HKD等占总支出的3%的外汇支出需用美元购汇支付，因此，美元兑各种外币的汇率风险构成了A公司的外汇结算汇率风险。

根据表3-6，A公司每年将购汇约828万美元，假设美元兑上述外汇的汇率下跌5%，将意味着A公司每年需多支付41万美元。相反，若汇率上升，将意味着A公司每年将少支付41万美元。

（2）人民币升值风险

①人民币升值对收支的影响

第一，收入大幅降低。A公司88%的运输收入以美元结算，人民币升值将导致折算人民币收入降低。假设人民币升值5%，预计A公司每年的收入将降低15 235万元。

第二，以外汇计价的成本降低。A公司52%的经营性支出以外汇计价，人民币升值将导致折算人民币成本降低。假设人民币升值5%，预计每年A公司的成本将降低6 928万元。

第三，利润缩水。因A公司外汇收支结构的不平衡，假设人民币升值5%，将导致每年利润总额减少8 307万元。

②人民币升值对资产、负债项目的影响

第一，外汇负债汇兑收益。人民币升值将有利于外汇负债的折算（银行借款、应付账款、预收账款）。尤其在美元资产不足，需用人民币购汇支付的情况下，偿还债务所需本币的数量相应减少，一定程度上可减缓债务负担。假设人民币升值5%，A公司的外汇负债从资产负债表角度看，负债折算额减少了3 357万元，即在利润表中产生相应的汇兑收益（未实现的汇兑收益）。但从现金流角度看（即从债务负担的角度），人民币升值并未给A公司带来直接的减轻美元债务负担的利益，因A公司的经营性美元外汇收支始终（或未来一段时期内）处于盈余的地位，并非依靠人民币购汇支付，从这个角度分析，人民币升值对于外汇负债的利益表现为对冲美元资产贬值风险（用未来的已贬值的美元支付）。

第二，外汇资产贬值。假设人民币升值5%，剔除船存燃油，A公司的外汇资产余额约5 434万美元，将贬值约2 248万元。

第三，目前，从A公司的货币资产、负债结构来看，在应对人民币升值风险上尚处于相对有利的形势。假设美元贬值5%，按2005年3月31日的余额，外汇资产、负债将产生汇兑收益1 109万元。

（3）各风险因素风险衡量汇总

假设1：A公司每年按2005年第一季度的收支水平、结构推导，外汇资产、负债结构维持2005年3月31日水平。

假设2：美元对欧元、日元、其他外汇贬值5%，且对人民币贬值5%，预计A公司每年面临的汇率风险如图3-1所示。其中，利润总额减少7 542万元，扣除33%企业所得税，净利润减少额为5 053万元。

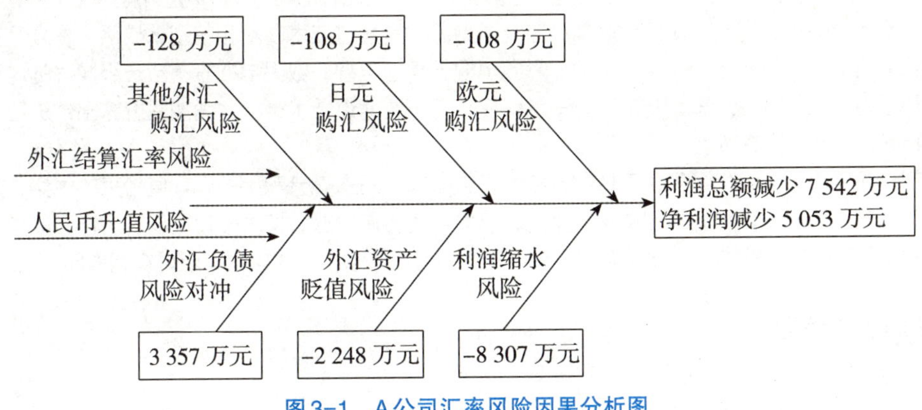

图3-1 A公司汇率风险因果分析图

3. 风险防范

积极调整收支结构，坚持“满足外汇支出需求，维持外汇收支平衡，保持人民币盈余”的思路，可最大限度地防范汇率风险。

按2005年1—3月支出货币结构表，并考虑须按季度偿还美元银行借款，2005年各外汇支出需求分别为：美元17 472万元，约占2005年预计收入的42%；日元27 156万元、欧元196万元，连同其他外汇支出，约占2005年预计收入的2%。

收入货币结构目标：美元：人民币：其他外汇=42%：56%：2%，即每年增加200万元欧元收入，增加27 156万元日元收入，美元收入维持在17 472万元的水平，其余收入均以人民币结算，可满足外汇支出需求，实现人民币盈余，有效防范汇率风险。

【知识拓展】 日本企业采取的应对外汇风险措施

（1）短期措施

①外汇期货交易。20世纪70年代“布雷顿森林体系”的崩溃直接促使美国推出外汇期货。在日本，通过外汇期货交易来回避金融风险已经为大部分企业所采用。据日本经产省统计，约有44%的日本企业会选择采取外汇期货交易来规避风险。

②扩大日元结算范围。外汇风险主要存在于对外交易使用外币时，如果使用本国货币来结算，则可以避免外汇风险。因此，从20世纪80年代中期开始，日本企业采用日元结算的交易不断增加。

③外汇资产平衡。20世纪80年代中期，日本许多跨国企业开始在欧洲等地设立金融运营公司，通过对冲和债权、债务调整等，从公司全局考虑，对外汇资产进行管理和平衡。但这种措施仅限于跨国企业，对中小企业则难以适用。日本也只有4%的企业采取这种措施。

④反向交易平衡。日元升值有利于日本的进口而不利于出口。因此，日本既有出口又有进口业务的大公司，主要是综合商社，采取了减少出口、扩大进口的措施来规避日元升值带来的风险，维持公司的盈利。但这种方法适用的企业较少，只有约4%。

⑤价格转嫁。将日元升值带来的出口成本增长部分，转嫁到出口商品价格上，由海外进口商承担部分风险。但在激烈的市场竞争中，这种方法的实施存在较大难度。

（2）中长期措施

短期的金融措施并不能完全回避外汇风险，因此必须从中长期的产品结构调整入手。日本企业正是采取了提高产品附加值、增强竞争力等措施，才真正克服了日元升值带来的不利影响。

①调整产业结构，提高附加值，增强产业竞争力。一是通过技术创新和差别化战略，提高产品附加值。例如，日本电视机就经历了黑白电视、彩色电视、平面电视、数码电视等不断升级换代的过程，汽车也实现了由大众车向高级车、混合动力车的转变。二是要通过技术革新、增加廉价零部件进口、减少能耗等措施，降低生产成本。

②加快海外转移，强化海外生产体制，扩大多边贸易。日本充分利用日元升值带来的优势，建立全球化生产体制，同时提高当地零部件采购比例，培育当地协作企业，扩大多边贸易。这样，既可以提高对汇率变动风险的抵抗能力，又能够确立全球化的内部分工体系，还可以带动原材料和零部件的出口。

思考与练习

1. 单选题

（1）以下不属于物流市场风险特点的是（　　）。

A. 由全局性的共同因素引起的　　B. 整体风险造成的后果具有普遍性

C. 可以通过分散投资来加以消除　　D. 与投资收益呈正相关关系

（2）国家风险包括政治风险、经济风险、社会风险以及（　　）。

A.环保风险 B.法律风险 C.金融风险 D.政策风险

(3)进行套期保值的主要依据是（　　）。

A.同向性 B.异向性 C.趋同性 D.趋异性

2.多选题

(1)根据市场风险因素特征，将风险因素分为（　　）。

A.宏观市场风险 B.行业环境市场风险 C.供给市场风险 D.需求市场风险

(2)与物流企业相关的风险是（　　）。

A.环保风险 B.国家风险 C.金融风险 D.运输安全风险

(3)期权的构成因素有（　　）。

A.执行价格 B.权利金 C.履约保证金 D.看涨期权和看跌期权

3.判断题

(1)在发生通货膨胀的情况下，本来不热销的航运企业股票，将面临较小的购买力风险。

(2)某商品期货价格和现货价格走势是一致的，两者具有同向性。

(3)针对用油企业而言，当后市发展比较乐观时，可以将保值力度压缩到1/3；当后市比较悲观时，可以将保值力度增大到80%乃至更多。

4.简答题

(1)简述燃油成本波动风险及其防范对策。

(2)简述燃油套期保值实施中需要注意的问题。

(3)简述价格波动风险及其防范对策。

案例分析　中远航运股份有限公司航运风险的管理与控制

中远航运股份有限公司（以下简称“中远航运”）在航运风险管理和控制上，有针对性地做好各种风险的预测、评估、分析、化解和转化工作，把经营目标和规避风险的措施联系在一起，通过有效的风险管理（控制），识别出真正的航运风险，并有针对性地制定相应的遏制和防止措施，尽最大努力规避风险。

(1)灵活经营避风险

由于受宏观调控、油价上升、铁矿石价格上涨、人民币升值以及中美、中欧贸易纠纷不断等诸多因素影响，国际干散货运输市场持续下滑。对此，中远航运除了充分利用航运市场周期性波动、高位高做、在适当时机租入或租出船舶外，还采取了“从拥有船向控制船转变”的经营策略。他们积极推进租入船工作，以现有固定航线为依托，立足中远航运擅长的杂货经营领域租入船舶，并根据市场的波动情况，提前在高位锁定经营。同时，在适当提高租金水平的情况下，把原有的出租船延长租期，规避航运市场下滑的风险；在市场较好的情况下，他们在稳定现有出口货源的基础上，根据各个航线的不同情况，积极揽取高价设备及项目货源。为保持航线回程货源的稳定，他们适时签订不同货源COA合同，以平衡季节性货物的影响，既解决了基础货源不稳定的问题，又稳定航线效益。他们还根据市场变化随需应变，对相同航路上的不同航线进行货源合理化组合，提高每一艘船舶的载重量、舱容利用率，实现了效率、效益最大化。

(2)营销策略作保障

有效的航运风险管理需要能识别出真正的航运风险。中远航运以营销的方式和多种有效措施，努力做好规避经营风险的工作，为公司经营效益持续稳定增长提供了保障。

在多年的经营中，中远航运在踏踏实实地抓好船舶管理和经营的同时，还认真加强对世界经济发展、航运市场和船舶市场的研究，合理规划公司船队发展规模，选择合适的时机进行新船建造和二手船的买卖，使公司运力与世界经济发展和运量增长相适应，增强未来的可持续发展能力。

他们根据经营特种船舶的战略定位，在不断发展特种杂货船队、逐渐做大规模的同时，努力打造“特”字品牌。如，以泰安口轮、康盛口轮两艘新型半潜船为技术核心，在特种货物运输市场、船舶管理、人才培养三个方面体现特色；以现代企业管理的机制，在船队结构、优质服务、创新经营三个方面打造品牌。几年来，中远航运通过两艘新型半潜船，多次圆满完成了超大型海上采油设备的运输与安装项目，在国际航海界引起了极大的反响。

中远航运一直坚持“走出去，请进来”，通过走访客户了解客户需要，努力满足客户需要；通过邀请客户到公司、上船舶等办法，让客户亲眼目睹公司的优质服务和自己的货物怎样得到稳妥的装运和妥善的保管，从而增强了客户使用中远航运船舶的信心。此外，通过与货主签订长期包运合同等方式保证运价的稳定，并积极参与运输项目的竞价投标；通过专业的技术和高质量的服务建立长期揽货渠道，在市场波动中保持业务的稳定增长；在动态发展的贸易环境下，努力挖掘客户资源，既规避了经营风险，又保证了公司主要货源，从而保障了货源的稳定性。

（3）全力化解汇率风险

当国际外汇市场剧烈波动，许多企业都会面临汇率变动的风险，中远航运从事国际远洋运输业务，其业务结算也会受到一些影响。

针对国际汇率形势以及公司内在的收支结构、外汇资产、负债结构等面临的汇率风险，中远航运进行认真的研究，采取各项有效措施，提出防范汇率风险的对策，努力化解风险因素。他们以积极调整收支结构，坚持“满足外汇支出需求，维持外汇收支平衡，保持人民币盈余”的思路，最大限度地防范汇率风险。

在风险防范策略上，一方面，进行外汇收入币种多样化筹划，为客户考虑以什么货币计价和结算才合算，以协商、双赢的原则进行结算。另一方面，积极探讨对供应商的支付币种，减少非美元外汇支出，增加美元支出。同时力求实现收支平衡，增强防范外汇结算汇率波动风险的弹性。

实际工作中，公司加强客户细分管理，积极维护、开发人民币大客户，以巩固人民币收入来源；挖掘潜在的人民币大客户（尤其是美元短缺客户），以改善收入货币结构，力求实现美元收支平衡，保持人民币收支盈余。合理调整资产、负债结构，以适当利用外汇负债对冲人民币升值；积极催收运费，实时结汇，适当减持外汇资产，防范外汇资产贬值风险。条件成熟时，积极探讨运用金融衍生工具进行套期保值交易，加强汇率风险管理。

公司时时关注国际、国内汇率市场环境，建立汇率风险防范机制，定期对汇率风险加以分析，对汇率风险进行度量，并对风险防范效果进行评价，适时调整风险管理策略。

◎试结合案例分析中远航运在防范市场风险方面采取了哪些措施，有哪些值得借鉴之处。

第4章 物流信用风险管理

学习目标

- 了解信用的概念以及物流信用交易的相关内容。
- 熟悉物流信用风险的含义、特点、分类等，以及物流信用风险管理的体系设计、流程设计及对策。
- 掌握物流客户信用评估方法、物流信用政策设计的相关内容，以及物流应收账款跟踪管理的流程。

导入案例

中国远洋公司拖欠船东租金始末

近十多年来，中远集团下属的中国远洋控股股份有限公司（以下简称中国远洋）干散货船队中有近半数船为租赁船，2011年时，中国远洋自有散货船为228艘，合计1 790万载重吨，而租赁船为222艘，合计2 070万载重吨。这些租赁船大多是在2008年航运繁荣时期签下了高额干散货航运长期租约。2008年，国际航运业兴旺之时，中国远洋以每天8万美元的价格签下了干散货航运长期租约。然而，金融危机之后，干散货航运租船费用大幅跳水，比如，2011年短期现货市场好望角型船的租船费率只有每日1.8万美元，而造船价格更是跌到了2008年以来的低点。租金下跌使中国远洋不堪重负，为此，该公司试图对2009年前从希腊船东等租赁来的部分船舶通过“调整租金”等方式“控制成本”，此举不仅遭到船东拒绝，导致中国远洋的3艘船被申请扣押，同时也使中国远洋的声誉大受损害，信用评级公司穆迪甚至指出，中国远洋的行为对整个干散货航运业的信用状况构成了威胁。

显然，这场租金纠纷不仅给中国远洋带来了巨大损失，而且差点演变成企业信用危机。

4.1 物流信用概述

4.1.1 信用与信用交易

1.信用

“信用（credit）”这个词包含着极其丰富的内涵。在通常意义上，我们至少可以从四个角度来理解“信用”。

（1）从伦理道德的角度，信用主要是指参与社会和经济活动的当事人之间所建立起来的，以诚实守信为道德基础的“践约”行为。

（2）从法律的角度，信用实际上有两层含义：一是指当事人之间的一种关系，但凡“契约”规定的双方的权利和义务不是当时交割的，即存在时滞，就存在信用；二是指双方当事人按照“契约”规定享有的权利和担负的义务。

（3）从货币的角度，信用就是货币，货币就是信用；信用创造货币，信用形成资本。信用与货币两者的本质是一致的，信用的创造就是货币的增加，两者可以统一于“通货”的概念之下，只是在程度上有所不同。首先，信用只有单一的价值，但是货币却有多数的价值或者一般的价值，信用只是对某个人的要求权，但是货币却是对一般商品的要求权；其次，信用只有特殊的不确定的价值（因为债务人死亡或者破产，信用就变得没有价值了），而货币则有持久的价值。

（4）从经济的角度，信用是指一种借贷行为，这种借贷行为是以偿还为条件的付出，偿还性是它的基本特征。具体而言，信用主要是指在商品（包括服务在内的无形商品）交换过程中，交易的一方以将来偿还的方式获得交易另一方的资金、物资、服务或权利等的能力（信用资本）。比如，在海上货物运输中，承运人取得货主在承运前预先支付运费的能力，即为承运人的信用；反过来，货主获得在承运人履行运输任务后才支付运费的能力，即为货主的信用。本文以下所称的信用主要是指经济范畴中的信用。

信用有不同的种类。按交易主体划分，可分为个人信用、企业信用、银行信用和国家信用等。按交易方式划分，可分为信用卡、信用证、信用结算（赊销）、担保信贷等。

2.信用交易

信用交易，也称信用销售、赊销，是指以信用为基础的销售，即买卖双方签订购销协议后，卖方向买方交付货物，而买方按照协议在规定日期付款或以分期付款（installment）形式逐渐付清货款的一种交易方式。

信用销售可分为产品信用销售（产品赊销）和商品信用销售（商品赊销）两种形式。

（1）产品赊销（trade credit），也可以称之为B-B信用销售，特指生产企业与其他企业之间进行的赊销。在产品赊销过程中，授信的卖方多为材料供应商、产品制造商和批发商，而受益的买方是各式各样的企业和代理商，交易的品种主要为原材料、半成品和产成品。

（2）商品赊销，也可以称之为B-C信用销售，特指商业企业与消费者个人之间的信用交易。商品信用销售中的授信卖方一般是商场、商店、各类零售商，以及为信贷消费提供资金支持的商业银行、财务公司和生产厂商。而受益的买方多是各式各样持贷记卡的顾客。他们一般与卖方没有长期供需合同，除非他们与厂家或者金融机构签订取得消费信贷的合同。

产品赊销和商品赊销在信用管理方法上是不同的，两种赊销的买方处在不同的征信市场上。

4.1.2 物流信用交易

1.物流信用交易的内涵与特点

（1）物流信用交易的内涵

①狭义的物流信用交易，也称物流信用销售、物流赊销。它是指物流企业应客户要

求，同意先行提供物流服务，而客户则按照约定在规定日期付款或以分期付款形式逐渐付清物流费用的一种交易方式。狭义的物流信用交易既包括运输仓储性质的物流赊销，也包括以信用为基础的物流设备租赁与租购。

②广义的物流信用交易。在实践中，除了物流赊销之外，物流企业通常还提供特殊的物流信用交易——信用担保，如向第三人出具担保、无单放货、凭保函签发提单等。因此，广义的物流信用交易可定义为：在物流服务的过程中，物流交易一方向客户提供物流赊销等服务，或者对客户在有关经济活动中的信用向第三方做出保证的行为。

（2）物流信用交易的特点

①按受信人的类别，物流信用交易也可以分为B-B信用交易和B-C信用交易两种形式，但却有其自己的特点。一是无论哪种形式，物流信用交易内容均为无形产品——物流服务（除非包含流通加工服务），这与有形产品有本质的区别；二是物流B-B信用交易占绝对的主导地位，而物流B-C信用交易极少发生。

②物流交易过程中包括两大要素：所期望的未来付款（expected future payment）和对客户的信任（confidence）。由于物流交易行为的发生是建立在对未来付款预期和对客户的信任上，它不是“一手交钱一手交货”的即时交易，而是“先提货后付款”“分期付款”“延期付款”的销售方式，中间存在一个明显的时间差，因此，在物流交易过程中，物流企业总是面临着一定程度的客户拖欠物流费用或不支付物流费用的收账风险。

③物流信用交易其实就是依靠买方信用和卖方的资金，在销售时给予买方一定还款账期，从而解决买方购买资金不足的问题，达到促进销售的目的。因而，它实质上是以信赖为基础的短期融资行为，是“借”和“贷”的关系，其中的“借”方就是接受对方授信的受信方，“贷”方就是授予对方信用的授信方。显然，物流企业作为市场经济的主体，在与其他经济主体发生法律关系时，既可能是授信方，也可能是受信方。作为授信方时，授予对方（受信方）信用（包括授信标的、数额、期限）的行为，通常称为授信；作为受信方时，取得对方（授信方）信用（包括授信标的、数额、期限）的行为，通常称为受信。

④物流企业如果提供信用，就必须为客户垫付资本，这种垫付的资本成本并不一定就是应收账款投资的预期收益率，只有当垫付的应收账款投资的预期收益率大于垫付资本的成本时，信用销售决策才是可行的。

⑤物流信用交易有点类似于商业银行的贷款业务，不过银行的贷款在以客户的信誉为保证的同时还需要客户提供不动产抵押、动产质押等多种担保，而物流企业主要以客户的信用为保证，只有当客户的信用能力不足时，才要求客户提供相应的保证。

⑥在物流信用交易中，物流企业作为授信人所提供的交易对象并不仅局限于资金、设备或服务，也包括某些权利，比如独家代理权、独家经销权等等，而受信人所承诺的也不仅仅局限于交易前事先已确定的应付款（即物流服务费、垫付费等），也包括受信人行使授信人给予的权利时可能给授信人带来的损失。具体在下面的内容中说明。

2.物流信用交易的对象

物流信用交易的对象包括物流服务、物流设施设备、资金、投资、权利等。

（1）物流服务

这即通常所称的物流赊销，是指物流企业在未收回全部物流报酬的情况下向货主提供运输、仓储等物流服务的行为。

以海上运输为例，主要包括以下几种情况：

①付费前签发“运费预付”提单。这是指承运人在货主没有支付运费的情况下向其签发了“运费预付”提单并继续完成运输，货主则按照协议规定的付款日期付款或以分期付款方式如约付清运费。

②到付运费。在采取到付运费的赊销方式时，客户通常在物流企业履行运输服务后即应支付运费。

③分期付运费。在分期付运费时，客户通常在运输服务尚未开始或尚未结束之前即需要支付部分运费，余款则在运输服务结束后支付。

④延期付运费。在延期付运费时，客户通常在运输企业履行运输服务后的一段时间内支付运费，即延期支付运费的时间通常比较长。

（2）物流设施与设备

这是指出租人在未收回全部租金或价款的情况下将其物流设施或设备交付承租人占用或拥有的行为。

①物流设备租赁。比如，海上运输中的定期租船、光船租船。由于承租人的租金支付往往是分期进行的，在承租人不履行合同时，就产生了设备承租人信用风险，有的承租人不支付到期租金，甚至将设备严重损坏、藏匿、转租、变卖等。发生上述情况，作为出租人，自然是发生了授信风险，如果处理不好，将给公司造成较大的经济损失。除了租金风险之外，还存在其他方面的责任风险。以租船为例，当船东以期租或光租的形式将船舶出租给承租人时，由于承租人仍被视为船东的代理人，因此，船东需要承担因承租人行为而导致第三方的扣船或索赔风险。比如，因承租人拖欠港口使费、违规签发提单或无单放货而导致船舶被扣押等。此外，在期租时，船东也会面临因承租人承运非合同约定货物、恶意损坏船舶、非法处置船舶等所导致的船舶被有关当局扣押、船舶损坏或船舶被出售等风险。

②物流设备租购。也称以租代售，如海运中的光船租购即属此类。这种租赁同传统租赁的意义完全不同，它是把传统租赁引入销售体系，通过采用传统租赁方式实现分期付款的经营模式，并在租期结束后或赠或送物流设施与设备的所有权。显然，它实际上是资产管理式的租赁。这里所谓的“租金”并不是使用设备所支付的代价，而是购买设备支付的部分货款，从而避免了租金收费标准下降影响设备销售的不利因素，最主要的是实现了所有权和使用权相分离。如果承租人不能偿还全部“租金”，出租人还可以通过行使所有权的权利，较容易地收回设备。这就增加了承租人的违约成本，提高了出租人的风险控制能力。在实际操作中，有些出租人不仅不会赔本，还因此获利。

③物流设备融资租赁。这是指利用金融机构的资金实现赊销。因为引入租赁的概念将所有权和使用权分离，从而降低了对承租人的信用要求，更多地采用技术手段避免了赊销和抵押贷款的不足。

融资租赁属于准金融业务，企业之间可以计算利息，如果承租人拖欠租金要承担时间带来的资金损失，这个损失是加在承租人头上，不是厂商自己背。而租赁的利率是不受金融监管部门限制的，根据承租人的信用或产品设计的需要可高可低。

融资租赁中向承租人收取的是租金偿还保证金，并不是采购设备的一部分货款。一旦出现承租人违约风险，保证金是不退还给承租人的。另外，还需要承租人法人代表以个人资产提供无限连带责任担保，融资租赁的高违约成本促使承租人在偿还债务时首先考虑的是租赁公司。

（3）资金

实务中，基于对客户的信任，物流企业常常为客户垫付各种费用。比如，货运代理为货主垫付运杂费、进口关税、港务费等等；船务代理为船方垫付港口使费、船舶修理费、船员工资、燃油款等等。很显然，它与银行的信贷类似，实际上是物流企业给予客户的信贷。

（4）投资

比如，物流企业先期进行物流设备与设施投资。目前，在物流项目运作中，不少物流合同都规定物流企业需要预先投入资金用以组建或改建仓库、信息系统，购置运输设备等。这种预投资风险实际上也是国际物流企业信用风险的一种。

（5）权利

这是指物流企业给予代理人、分包商或其他人以独家代理权、分包权、商标权等权利的行为。

①委托代理。在物流实务中，物流企业通常委托代理人代办各种事宜，比如，航运企业通常委托船务代理进行揽货、安排货物进出港口、装卸货、结算运杂费、代签提单或提货单等等。在委托代理关系中，代理人在代理范围内以委托人名义履行代理业务时对第三人产生的责任应由委托人负责，因此，在委托代理下，委托人实际上是向代理人提供了一种权利信用，代理人由此获得了以委托人名义开展业务并获取佣金等方面的权利。

如果委托人授权代理人代付运费或代收运杂费，由于代理人可以由此占用相应的运杂费，因此，在这种情况下，委托人给予代理人的不仅仅是权利信用，还有资金信用，由此所带来的信用风险当然更大。

②业务分包。物流企业作为物流服务的组织者和总承包人，通常通过分包合同的形式将部分或全部业务交由某些物流供应商承办。与前述的委托代理类似，在此类业务中物流企业仍然面临一定的风险。

（6）信用

在实务中，物流企业应客户的要求可能违规签发提单、无单放货、向第三人提供担保等，这实际上是客户利用了物流企业的信用实现了自己的目的。比如，国际航运业务中，基于对货主的信任，船方通常在货主提供保函承诺赔偿由此带来损失的情况下签发不清洁提单、倒签提单、预借提单、转换提单或进行无单放货。然而，对善意的提单持有人而言，这些行为是一种严重的违规行为，船方由此可能会面临善意提单持有人的扣船或索赔的风险。

3.物流信用交易的形成条件

物流信用交易的目的是渗透市场，最大限度地扩大销售，赢得市场竞争。因此，成熟的物流信用交易是在如下四个条件下形成的：

（1）物流市场供大于求

当物流市场供大于求，即物流货方（买方）市场存在时，为了竞争的需要，物流企业有时不得不向客户提供信用交易；反之，当物流市场供不应求，即市场稀缺（market scarcity）存在时，物流企业一般不会采取赊销方式。

（2）物流销售过程由卖方所控制

在物流信用交易下，尽管物流市场是货方（买方）市场，但整个销售过程仍需要由物流企业（卖方）进行控制，即物流企业（卖方）有权决定是否采取赊销，以保证平稳持久的销售量和避免物流信用风险。

（3）可获得合理的回报率与一定的资金支持

①物流企业和提供信贷支持的银行能够获得满意的投资报酬是信用交易得以持续发展的基础与前提。

②交易双方谋求长远利益。信用发生过程，其动机是基于对一定利益的追求，因此，信用行为的发生离不开对利益的追求与权衡。信用中的利益问题往往分裂为当前利益与长远利益、现实利益与预期利益的均衡比较。从理论上讲，信用度与长期利益成正比，而与短期利益成反比，即越是出于长期利益考虑，守信的可能性越大；反之，陷在对短期利益的考量中，失信的可能性增大。由此可见，如果交易双方追求短期利益，不再谋求未来的进一步合作以获得更大的利益，则双方的信用关系就难以建立。

③由于物流信用交易占用了物流企业或银行的资金，因此，还需要物流企业或商业银行拥有必要的资本资源，以支持应收账款回收的等待时间。

（4）建立强制货方（买方）如约付款的规章与机制

如果不存在强制采用赊销的货方如约付款的规章与社会机制，则物流企业或相关的商业银行就不会轻易采取信用交易，因为在这种情况下的物流信用交易会使自己面临巨大的风险。

①交易双方在未来是否仍存在重复博弈。信用交易过程实际上是交易双方进行博弈，追求博弈均衡[①]的过程。在信用交易中，双方博弈后会出现三种情况：一是双方都守信，

① 博弈均衡（game equilibrium），是指由所有参与者的最优策略组成的策略组合，即经过交易双方的共同努力，使交易双方总体利益达到最大化的状态。博弈均衡系由纳什（1928—2015）于1950年首次提出，故也称为纳什均衡（Nash equilibrium）。

使利益达到一个均衡状态，即博弈均衡。二是一方守信，而另一方违信，其结果是一方受损，另一方获得个人利益最大化，信用关系被破坏，交易合作就此结束。三是双方都违信，交易终止，双方都不获利。在博弈均衡状态下，双方的总体利益达到最大，并为下次合作建立信用关系；而在其他两种情况下都因一方或双方信用的损失，使总体利益趋小化，且失去继续获利的机会。如果交易双方在以后的交易中再次相遇的概率极低，甚至不再进行交易，则不但使受信人欺骗的可能性增大，也使授信人难以识别受信人的信用，从而承担更大的风险。反过来，在重复博弈的情况下，一方面，信息不对称程度下降，交换双方的识别能力加强，被欺骗的可能性大大减少；另一方面，欺骗一方会考虑招致对方的惩罚而失去长远利益。其结果是，双方的相互信任度提高，交易成本降低，交易范围增大。

②信息传输是否足够快。一方的信用依赖于交易伙伴的认同，而交易伙伴的认同是以他们掌握的信息数量和质量为基础的。在现代社会中，由于市场规模庞大，一个人或企业不可能与所有企业都有长期交易关系，因此，人们对一个人或企业的信用考量不能完全建立在以往的交易经历基础上，只能依赖于与市场上一部分人的交易经历。如果信息传播速度较快，企业建立和维护信用的动力就会增加。此时，如果它欺骗一个消费者，通过信息的迅速传播，它也就等于欺骗了所有消费者，结果是丧失了市场上所有的客户。反之，在信息传播较慢的市场上，则会缺乏建立和维持信用的动力，因为一方的欺骗行为不能及时被发现或观测，则交易中存在欺骗的可能性会增大，交易双方的相互信任程度下降，交易的成本增大，交易的范围缩小，甚至导致信用交易无法正常进行。因此，在市场规模不大的条件下，信息传播速度的快慢与企业信用呈正相关。

③受害一方是否有积极性和可能性处罚失信的一方。由于信用的未来性这一本质特征，信用收益通常体现为预期收益，如果受害一方缺乏积极性和可能性处罚失信的一方，就会助长失信一方的欺骗行为。这里的惩罚不仅仅是中断与之的交易，也包括将其失信行为传播给其他交易方，从而使其他交易方也不与失信的人交易。

在上述要素中，核心的是信息的传播速度。而信息传播速度的快慢实际上反映了市场的发育程度。为了保证从以原始支付手段为主流的市场交易方式向以信用交易为主流的市场交易方式的健康转变，一方面，我国应尽快建立以信用管理相关立法为基础的国家信用管理体系，并不断完善，以便为企业和个人创造一种适应并规范信用交易发展的市场信用环境；另一方面，个人和企业也应做到诚实守信，并提高自己的信用管理水平，树立信用风险防范意识。

4.物流信用交易的利弊

信用销售是一把双刃剑，一方面能帮助企业扩大市场，增加销售量；另一方面其本身也存在很大的风险，如果买方到期不支付货款或推迟支付货款，就会给卖方造成坏账损失或增加企业利息负担。

（1）物流信用交易的优点

①有利于企业开发更多的客户，提高销售量。信用销售会刺激客户需求，增加销售

量。对那些资金暂时有困难的客户，赊账无疑具有强大的诱惑力。

②可取得高于现款结算的价格。物流企业提供信用销售，固然会延长账款的收回时间，但企业可以要求客户以较高的价格购买，不予打折。

③能够起到稳定客户的作用，并促进长期合作和共同发展。对于信誉好、实力强的客户以提供赊账作为优惠条件，为保持长期稳定的客户关系提供了保障。

④能够提高物流企业的竞争力。随着经济全球化和我国经济的高速发展，物流买方市场已经形成，物流信用销售（赊销）正在成为企业竞争的主要手段。一家有能力赊销的物流企业显然比没有赊销能力的物流企业具有更强的市场竞争力。

⑤能够减少物流设备设施的闲置和提高其利用率，从而形成生产和销售的良性循环。

由此可见，企业要回避的并不是赊销方式的本身，而是由赊销带来的风险。

（2）物流信用交易的缺点

目前，物流市场竞争十分激烈，在这种情况下，物流企业的收入几乎全部来自赊销，尤其是对长期合作的大客户，还给予较长时间的优惠付款期限。在赊销的情况下，就必然存在物流费用不能回收的风险，最终会造成流动资金紧张，甚至产生经营亏损。

①销售资金回笼慢，应收账款比例高，影响企业自身融资，业务难以做强做大。

②赊销是由物流企业提供的，物流服务质量有问题或服务不到位，都可能造成客户以此为由拒付应付款项。

③赊销是用物流企业的资金或信用来促销的，一旦信用和资金用完，就会使企业陷于恶性循环之中，很难有较大和持久的发展。

④赊销是一种赊账行为，不是严格意义的融资，企业之间不允许结算利息，因此，此时的资金是没有时间价值的。但物流企业使用的资金大都是有时间价值的（需要为资金的使用时间支付利息），一旦拖欠，造成的利息损失远大于销售的收入，企业就会难以维持正常的发展。

⑤赊销的管理最难协调，销售人员为扩大销售而不考虑应收账款风险，财务管理人员则强调风险控制而可能失去很多市场机会。因此，对物流企业而言，销售最大化与风险最小化是一对矛盾，物流信用风险管理的任务，就是要妥善地处理、合理地解决这对矛盾。

4.2 物流信用风险概述

4.2.1 物流信用风险的含义与特点

1. 物流信用风险的含义

如前所述，目前，无论是对信用还是对风险的含义都存在不同的理解，因此，信用风险至今也无一个公认的定义。

(1) 狭义的物流信用风险定义

与狭义的物流信用交易相对应，狭义的物流信用风险，是指在以信用关系为纽带的物流交易过程中，物流交易一方不能履行给付承诺而给另一方造成损失的可能性。其最主要的表现是企业的客户到期不付款或者到期没有能力付款所造成的经济风险。

(2) 广义的物流信用风险定义

与广义的物流信用交易相对应，广义的物流信用风险，是指在以信用关系为纽带的物流交易过程中，物流交易一方不能履行给付承诺而给另一方造成损失的可能性，以及物流交易一方无法履行责任而使另一方蒙受担保责任损失的可能性。

如前所述，在信用交易过程中，物流企业既可能成为授信方，也可能成为受信方，因此，物流信用风险也可以简单地定义为：在物流信用交易过程中，因物流企业的客户（授信）或物流企业自身（受信）存在信用缺失，而引起物流企业出现损失的可能性。

2.物流信用风险的特点

(1) 信用风险的基本特征

信用风险除了具有风险的一般特征外，还具有自己的特点。

①信用风险具有明显的投机风险的特征，也是信用交易中必然存在的

信用风险是伴随着信用销售而产生的风险。根据信用交易的特征，我们不难发现，信用风险具有明显的投机风险的特征，而且也是信用交易中必然存在的产物。换言之，只要采取信用交易方式，授信人必然要面临受信人的信用风险。

②信用风险的货币性与集中性

信用风险的货币性，是指信用风险以价值形态表现的，具体表现形式是资金上的呆账。

信用风险的集中性表现在以下两个方面：其一，信用风险的利害关系影响着整个企业的资金运转，严重的信用风险会导致整个企业的停顿和破产。其二，信用风险集中于销售部门与财务部门，信用风险的控制需要由销售与财务两个部门来共同完成。

③道德风险在信用风险的形成中起重要作用

由于信用交易存在明显的信息不对称性，信用风险承担者掌握的信息较少而处于不利地位，从而会产生所谓道德风险的问题。道德风险成为信用风险的一个重要原因。而对于市场风险，除非有非法的内幕交易，交易双方所拥有的信息基本上是对等的，基本上不存在信息不对称的问题，因此，道德风险在市场风险的形成过程中的作用远没有信用风险那样突出。

④信用风险承担者对风险状况及其变化的了解更加困难

信息不对称的另外一个结果表现为授信对象（客户）信用状况的变化不如市场价格变化那样容易观察，因而授信人对信用风险的了解不如市场风险那样及时、深入。授信人对受信人信用状况及其变化的了解主要有两条渠道：一是通过长期业务关系自己掌握的有关

信息；二是外部信用服务机构公布的评级信息。然而，这两条渠道都有很大的局限性。前者明显受自身业务范围的局限，而后者只能覆盖有限的大企业，对于众多的中小公司则不能提供相应的信用信息。这一特点造成了计算两个或更多企业间信用风险的相关系数远比计算两个市场产品价格相关系数困难得多。

⑤信用风险具有明显的非系统性风险的特征

信用风险的非系统性风险特征明显，而市场风险则表现出较强的系统性特征。尽管受信人的还款能力也会受到诸如经济危机等系统性因素的影响，但多数情况下还是取决于与受信人明确相联系的非系统性因素的影响，比如，受信人的投资方向、经营管理能力、财务状况甚至受信人的还款意愿等等。因此，多样化投资分散非系统性风险的风险管理原则更适合于信用风险管理，尤其是在信用风险管理缺乏类似于市场风险管理中那些对冲手段的情况下，多样化成为信用风险管理的主要手段。

（2）物流企业信用风险的特点

物流企业既不同于工业企业，也不同于商业银行。它实际上既具有物质生产的性质，同时在一定程度上兼有商业服务的性质。从目前实际状况来看，物流企业的信用风险除了具备前述信用风险所共有的特征外，更具有风险性大的特点，其主要表现如下：

①物流服务产品质量不易控制

由于物流企业的产品及其生产的特殊性，使得物流服务产品的质量不易控制。以海上货物运输为例，表面上，航运企业所提供的产品只有一种，即货物的位移。然而，这种产品却需要从承运对象、承运时间、空间位移和承运船舶等四个方面来描述，即由承运货物的种类、数量，始发时间和运行时间，方向、距离、装卸港口，载运船舶等指标来描述。换言之，运输产品实际上是这些指标的集合，客户要求的指标不同，航运企业所提供的运输产品也将有所不同。从这个意义上讲，与生产有限个产品的生产型企业相比，航运企业提供的产品更多、更复杂，由此所面临的信用风险也更大、更复杂。另一方面，航运企业的生产场所分布在与海上运输相联系的广阔的空间里，其生产过程实际上一直暴露在外部环境之中。这种生产过程的空间性与开放性特征使得航运生产过程不仅随时有可能遭遇非人力所能抗衡的自然灾害，而且还会受到自身无法控制的诸如协作单位、各口岸联检机构等其他外在因素的影响，所有这些因素都极易造成运输事故。一旦发生货损货差或延迟交付事故，则极有可能导致客户拒绝支付运费或扣减运费。由此可见，航运企业产品难以控制的特点，极易诱发客户违约，从而使得航运企业信用风险更大。

②物流服务交易中重复博弈概率下降

在物流服务交易中，各种物流企业虽然使用不同的技术装备，具有不同的技术经济性能，但生产的是同一的产品——有形产品的位移和/或储存，它对社会具有同样的效用。而工农业生产部门工艺不同，其产品有很大差异。由于物流企业提供的产品不具有独占性、独特性，在物流供给过剩、信息传递较差的情况下，客户违约后能很快找到新的交易伙伴。由此可见，物流产品的同一性极易造成重复博弈的概率下降，诱发客户违约，从而使物流企业信用风险增加。

③物流服务交易中的赊销期加长

在工农业产品信用交易中，赊销期通常较短，一般在商品交付后若干天内即应付款。而物流服务交易中的赊销期较长，这在国际物流中表现得尤其明显。这是因为物流企业采取“先销售后生产”的方式，当在采取“到付运费”交易时，物流企业只有在完成物流生产后才有权收取运费。特别是随着物流市场上供给能力的不断增加，卖方市场转化为买方市场，物流企业为扩大市场份额，往往以优惠的条件吸引客户，而优惠的付款方式是一种普遍运用的策略。一般情况下，国际物流企业给客户的付款期为25~30天，但随着竞争激烈程度加大，付款期逐渐延长至45~60天，甚至更长。在当今市场变化很快的情况下，给客户的赊销期较长，是造成信用风险的主要因素之一。

④物流信用风险涉及面广、应收账款数额越来越大

目前，许多物流企业已形成以运输产业链为背景的综合物流企业，涉及运输、仓储、配送、货运代理、车辆维修、集装箱租赁、国际贸易、配件及油料销售等相关业务，因而，其应收账款的涉及面越来越广，数额也越来越大。随着物流市场竞争程度加深，物流企业的信用销售比例也不断上升，由此而产生的信用风险也越来越高。比如，综合性较强的第三方物流公司的应收账款余额占总资产的比例已有1/3强，也就是说年销售额1亿元的公司，就要占用3 000万~4 000万元的流动资金，仅利息负担就可想而知，而且逾期一年以上的账款占相当高的比重。

⑤客户资信状况不一且不易核查

物流企业的客户有相当数量是贸易公司。由于贸易公司的贸易额度一般较大，被迫从事与自己资产状况不符的交易。同时，贸易公司受市场变化的影响较大，因此，在信用管理中一般认为专业贸易公司是高风险企业。而国际物流企业的主要客户大多数是贸易公司，这是国际物流企业不可避免的风险，是国际物流企业信用风险管理中最大的风险因素。此外，由于地域、信息传递等因素使得大多数国际物流企业不能对国外公司的资信状况有较深入的了解，这也是造成信用风险的一个主要因素。

⑥缺乏有效的信用风险防范手段

目前，有关信用风险的防范手段十分有限，但相比之下，物流领域内的信用风险防范手段最差。

在金融领域，随着衍生金融工具[①]，比如，信贷衍生（credit derivatives）和保险衍生（insurance derivatives）工具，以及衍生金融市场的发展，使企业有可能既可以通过保险合同进行风险转移，也可以通过衍生工具进行信用风险交易，从而使企业有可能实现物质性

① 它可以被简单地定义为一种其价值取决于另一种或多种资产，被称为基础资产（underlying asset）或原生资产（primitive asset）或指数的价值的金融合约。根据这种基础资产的不同，它可分为股票衍生物、利率衍生物、货币衍生物、商品衍生物和信用衍生物等。根据合约和交易的性质，它可以分成远期（forward）、期货（future）、期权（option）、互换（swap）等四种合约并由这些合约加以复合或变化而形成其他各种形态。

风险防范和金融性风险防范的趋近、结合。①

在工商领域，卖方可以采取担保、抵押、停止供货、保留货物所有权、信用保险、期货套期保值等手段防范信用风险。

而在物流领域，物流企业虽然可以采取担保、抵押、留置货物和期货套期保值等手段防范信用风险，但实务中很难真正奏效。一方面，尽管从20世纪80年代在国际航运市场中出现了运费期货市场，但也仅限于不定期船市场，而且不能精确反映某一特定航线的变化，因而难以真正凭借运费期货市场进行有效的信用风险防范。另一方面，在很多情况下，航运企业实际上无法行使货物留置权，原因有二：其一，虽然提单上约定"运费到付"，但也可能因货物灭失、货损或港口所在地法律等因素的制约而无法在卸货港有效地行使货物留置权；其二，在航运信用交易中采取更多的不是"运费到付"方式，而是在未收取运费之前即签发"运费预付"提单。在这种情况下，对于善意的提单持有人而言，提单上的记载已构成绝对证据，因此，航运企业无法在卸港以尚未收到运费为由行使货物留置权而要求其支付运费。

⑦缺乏信用意识，信用管理制度尚未建立

目前，信用风险管理的理论研究与实践主要局限于金融、工商领域，比如，在金融领域，客户贷款之前向银行提交有关资料，接受银行对其资信评估已成为所有银行的惯例。在物流领域，由于尚未形成这样的制度，致使国际物流企业因担心客户流失或因缺乏客户资料而难以评估客户信用，从而造成物流领域信用风险管理水平较低。

⑧无法采取定量模型评估信用风险

由于数据缺乏等方面的原因，在物流领域还无法采取定量技术进行信用风险管理，其管理手段仍然处于定性管理阶段，这与金融领域已开发出若干种信用风险管理模型并已投入使用有较大的差别。

4.2.2 物流信用风险的分类

在实务中，可以从不同的角度对物流信用风险进行分类，比如，按信用交易的对象分类。限于篇幅，以下介绍常见两种分类。

1.按物流企业在信用交易中的身份分类

在信用交易中，物流企业既可能是授信人，也可能是受信人，相应的，物流企业信用风险可分为物流受信风险和物流授信风险。

(1) 物流受信风险

物流受信风险是从物流企业作为受信人的角度讲的，主要是指因物流企业自身存在信用欠缺或缺失，造成可能无法取得或再次取得相对人授予信用的风险，即无法取得相对人授予信用的风险。

以物流企业参与物流项目投标为例，其受信能力（资格）存在信用缺失的事实主要是

① 比如，信贷风险，既可以通过保险市场以信贷保险的方法来规避，也可借助于信贷衍生工具来管理。又比如，在美国出现的保险衍生工具——灾害债券即可以在衍生市场实现对可保风险进行管理。

在招投标及合同履行过程中存在的信用缺失。详见表4-1。

表4-1 物流企业信用缺失情况

序号	信用缺失的表现	表现比例（%）		
		多或很多	一般	少或没有
1	不计成本低价抢标	30.5	23.4	46.2
2	无法履行投标时对人员、设备、资金的承诺	29.2	26.5	44.3
3	出借企业资质、人员资质	27.7	28.3	44.0
4	向其他单位借用企业资质、人员资质非法挂靠承揽工程	24.3	28.6	47.4
5	将工程非法转包或将工程主体违规分包	24.0	28.6	47.4
6	将工程分包给不具有相应资质的分包单位	22.4	26.2	51.4
7	靠贿赂、围标、串标等手段中标	21.5	23.7	54.7
8	靠中介中标	14.7	26.8	58.5
9	提供虚假材料骗取中标	16.0	21.8	62.1
10	违规使用工程预付款	11.0	22.8	66.2

除表中所述的内容外，还有一些失信表现虽然发生的概率较低，但影响后果大。例如：

①承包负责的工程质量达不到合同要求。

②实际工期超过合同规定工期。

③质量保证期内不履行质量保证责任。

④不支付实际施工人员（民工）的工资，引发群殴、上访甚至刑事治安事件。

另外，受信风险还存在于其他受信合同中，并且在不同的受信合同中所表现的信用缺失形式有所不同。受信合同履行过程中存在的信用缺失主要表现在以下方面：

①在与银行的借贷合同履行过程中，不能按期偿还贷款。

②在与燃油、物料等赊购供应商的买卖合同履行中，不能按期、按数支付货款。

③在与物流设备供应商的买卖合同履行中，不能按期支付赊购的设备款。

④在与物流设备出租商的设备租赁合同履行中，不能按期支付租金。

⑤在与物流分包商的分包合同履行中，不能按期支付分包费用，包括预付款、货损货差责任等。

（2）物流授信风险

物流授信风险是从物流企业作为授信人的角度讲的，主要是指因对方存在信用欠缺或缺失，造成授予对方的信用可能不能得到相应回报的风险。

物流授信风险，通常也称为物流客户信用风险。基于不同的角度，物流客户信用缺失的表现形式也有所不同，表4-2显示了物流客户在项目招投标中信用缺失的表现情况。

表4-2 物流客户信用缺失情况

序号	客户信用缺失的表现	表现比例（%）		
		多或很多	一般	少或没有
1	在招投标中有地方保护主义	29.9	24.6	45.5
2	不及时批准合理的设计变更	24.0	21.5	53.4
3	为搞形象工程、政绩工程不顾工程的质量、实用性及经济性	18.4	21.8	59.7
4	不合理地收取保证金，不支付或不按时支付预付款，不按时支付工程进度款	17.5	17.2	65.2
5	强行分包或指定材料供应商	12.0	27.7	60.3
6	强行要求工程承包单位垫资建设	13.5	22.2	64.3
7	随意更改合同条件，附加苛刻条件	11.7	17.2	71.1
8	招标单位招投标资格不具备或程序不合法或有其他越权行为	5.5	22.2	72.3
9	为获更多不合法利益，将工程肢解分包	7.0	18.2	74.8
10	不及时组织交竣工验收	10.4	15.1	74.5

作为现代物流企业，既应重视受信风险，也应重视授信风险。一方面，物流受信风险的大小，关系到企业竞争力的大小、关系到企业业务的拓展；另一方面，物流授信风险的大小，关系到企业经济效益的高低、关系到企业的发展潜力。因此，物流企业应该对这两种信用风险均予以足够的重视。

限于篇幅，本书以下重点分析物流授信风险，也就是说，除非特殊说明，以下所称的物流信用风险均是指物流授信风险。

2.按物流信用风险的表现形式分类

物流信用风险具有复合性特征，具体表现为物流成本风险、物流流动性风险和物流经营风险。

（1）物流成本风险

由于客户的付款迟于规定的时间，企业可能会发生比预期更高的机会成本和收账成本，甚至导致坏账损失。

①财务费用及利息成本。赊销所占用的流动资金是企业自己的钱或企业借来要还的钱。应收账款过大导致企业为了维持经营弥补拖欠不得不过度贷款或融资。

②收账成本。应收账款的催收会发生通信费用、人工费用、差旅费用、交际费用等，有时小额欠款的金额甚至不足以抵偿上诉催款的费用。

③其他费用。比如，占用企业自有资金的存款利息、按税法规定提前开票时税金的占

用以及个别情况下为清欠发生的诉讼费用等。

④坏账风险。由于改革开放以来我国海运企业迅速发展，网点铺设过程中管理不严，使不良客户有机可乘，恶意拖欠甚至卷款而逃的案例屡屡发生，坏账风险较大。据专业机构统计分析，在国际海运市场中，海运企业逾期应收账款占应收账款总额一般不高于10%，而我国海运企业的这一比率高达40%以上，甚至有的海运企业一年以上的应收运费达到10%，实际已经形成坏账。

（2）物流流动性风险

不合理的应收账款的存在，使企业营业周期延长，影响了企业资金循环，致使企业现金短缺，严重影响了企业的正常生产经营。目前，海运企业和货运企业、港口服务以及燃料供应企业之间相互拖欠货款、逾期应收账款居高不下，已成为经济运行中的一大顽症。

（3）物流经营风险

①经营效率下降。由于我国信用意识与信用体系的不健全，使得企业的过期应收账款大量存在。为了收回这些欠款，业务人员要将大部分时间用于催收工作，一批欠款往往需要电话、信函、传真、出差反复催要，他们几乎没有精力去开发市场、指导经销商，并害怕因催款与经销商或用户发生矛盾，影响双方的合作关系。此外，企业派出的催款人员往往是业务骨干，财务部门也必须参与其中予以配合，同样牵扯了精力，使得整个企业的经营效率低下。

②管理难度增加。在物流信用交易下，一是增加了物流企业协调销售最大化与风险最小化这一对矛盾的难度，二是一旦物流服务质量有问题或服务不到位，就可能造成客户拒付或扣减欠款，因而增加了物流销售、物流财务与物流质量、物流服务之间协调的难度。

③影响企业商业信誉。应收账款的大量存在，会导致企业面对优质客户的需求也无法组织生产，新签合同不能兑现，减薪、裁员，不良的缴税记录以及在银行的还款记录，这些都会对企业商业信誉造成伤害。

【知识拓展】 集团授信风险分析

集团统一授信的实际做法是将物流企业作为一个整体，同时将集团客户作为一个整体，按照统一的标准识别、评价客户的整体信用风险，核定客户最高综合授信额度，并据此控制单一客户的整体信用风险，通过控制所有客户的最高综合授信额度之和，来控制物流企业的整体信用风险。统一授信制度较好地解决了物流企业对集团客户的多头授信问题，弥补了物流企业多个分支机构分散管理信用的缺陷。

为了增加销售量，统筹客户资源，加大对大客户的一体化管理，促进企业经营资源优化，许多物流企业实行集团授信。然而，由于集团客户中普遍存在的混用资金、关联交易、股权与资本运作、过度融资、主业偏离、跨地区经营等现象，从而不可避免地会形成集团客户授信风险。集团授信风险主要表现在以下几个方面：

第一，识别风险。对集团客户甄别缺乏规范有效的程序和手段，难以做到准确和全面。集团客户的股权关系复杂，较难实时掌握集团客户的内部公司总数、贷款总额、行业分布及风险状况等情况。由于集团客户的复杂性、隐蔽性以及受各种不同利益的诉求，物流企业难以准确识别集团客户的关联方，准确监控其关联交易，总之，很难实现对集团客户行业发展、组织架构、财务管理、资信状况、关联交易、担保能力、管理能力等各类风险的全面分析。

第二，集中授信风险。与单一客户不同，集团客户的股权关系和公司治理结构复杂，业务多元化，经营地区较为广泛，使得物流企业很难全面、准确地掌握集团客户的信息，容易形成信息严重不对称，以及无法实现对集团客户的信息共享，使集团客户能够在一家物流企业的不同分支机构，或者在多家物流企业过度拖欠应付款。

第三，担保风险。对于企业集团而言，集团客户担保和关联企业互保较为普遍，但由于不少集团企业公司治理和内控水平较低，在财务管理上，无法分清责任和建立必要的防火墙，当一方不能偿还应付款时，极易引起连锁反应，使整个集团陷入困境，物流企业的债权难以获得保证。

第四，逃废债风险。有的企业集团为了逃废物流企业的债务，利用内部关联交易和不合理的转移定价，或通过兼并收购、破产或在关联企业内部转移资产或债务等方式，虚化担保企业的担保能力和承债企业的承债能力，把风险留给了物流企业。

第五，企业诚信风险。集团公司可以与评级机构等联手粉饰财务状况，延缓风险暴露。这种种因素使当前集团客户授信业务风险管理面临着严峻挑战。

第六，合同风险。目前，有的物流企业在对集团客户的统一授信业务中，允许集团内公司使用集团授信，但其公司之间的关系复杂，授信业务品种多样，担保手续烦琐等，涉及的合同当事人较多、法律关系复杂，难以厘清有关当事人之间的法律关系。

4.2.3 物流信用风险的成因分析

从大的方面来看，物流企业信用风险的成因包括内部原因与外部原因两大块。

1.外部原因

（1）信用环境

我国商业市场不健全、法律制度不完善、社会信用体制存在缺陷，还没有建立惩罚机制和制约机制。

①事前：社会信用体系没建立，造成交易双方信息披露不充分，了解掌握的信息不对称。

②事中：社会道德发生偏移，部分客户商业道德低下，对拖欠其他企业货款的现象习以为常，不以违约为耻，甚至认为拖欠有理，拖欠有能耐、有本事，即使有钱也不还，变相借贷。

③事后：立法上还不够完备，在执法上存在地方干预、行政干预的问题，在判决执行上软弱无力。

（2）市场环境

由于受到经济、政策、产业链位置、市场竞争、自然条件等外部条件的影响，会导致信用风险，比如，公共（政府）信用风险，因地震等不可抗力的原因导致客户无力支付拖欠的费用；迫于市场竞争压力，物流企业不得已采取较为宽松的信用政策，由此可能导致应收账款无法收回等。

（3）第三方原因

这主要是指由物流企业与客户以外的人，如物流企业的代理商、分包商或其他第三人的原因导致的信用风险。

(4) 客户原因

这是指因客户自身规模效益、生产经营管理水平、现金流量和资金成本制约等原因导致其拖欠、赖账、诈骗，或者宣告破产等引发的信用风险。具体原因主要有：

①客户经营不善，无力偿还欠账。

②贸易纠纷，主要是对合同中的某些条款，如货物质量、数量等方面的分歧产生的纠纷，导致客户迟付或拒付费用。

③有意占用对方资金，形成企业间“三角债”。

2. 内部原因

内部原因主要是指物流企业由于内部授信决策机制不完善或人为因素（如违反内部操作规程授信、缺乏有效的授信监督机制、法律文件缺乏完整性等），使授信合同得不到法律保护以及因系统因素导致直接或间接损失的风险。主要表现在两方面：

（1）制度方面

企业考核制度不合理，缺乏有效的企业信用管理监控体系。

①企业经营管理目标发生偏离，盲目崇尚市场占有率。企业迫于市场竞争的压力，在其发展上单纯追求销售业绩的增长，简单地采取以销售为导向的经营管理模式，如“销售承包制”和“销售买断制”等，忽视了应收账款上升、销售费用上升、负债增加、呆账坏账增加等问题，偏离了最终利润这一企业最终目标。实际上，企业经营管理的目标是要在业绩增长和风险控制这两个目标之间寻求协调和一致，保证最终利润这一根本目标的实现。

目前，物流企业业务部门有着沉重的揽货指标任务，因而只注重揽货量，对营运资金的管理缺乏必要的重视。有时候，尽管有较为科学的信用管理方法与流程，有完善的激励机制，但是由于销售目标错位，使方法与流程无法实施，最终导致企业的信用风险管理流于形式。

②重利润而轻风险。传统的从揽货销售到收款业务流程，以信用交易为主要的交易方式，对于客户的资信重视不足。为了克服这些弊端，降低信用风险，海运企业应该改变传统的业务流程，强化业务流程创新，重新整合业务流程，有效地将企业销售和收款过程中的各个环节有机地结合起来，实行揽货和收款责任统一的流程设计，实现销售业绩增长和收账风险降低这两个最基本的目标，从而为企业带来较大的利润增长空间。

③过度纵容客户。信用风险管理势必要涉及对客户的评价及追讨应收账款等工作，这些工作多少会令客户不太痛快。企业中常常会有人反对信用管理，尤其是航线销售及客户管理人员，他们认为在这样激烈的竞争环境中要维持客户不易，对于客户过度纵容，客户想拖就拖、想欠就欠，有钱也不给，认为占用企业资源是合情合理的，当这种机制成为一种商业习惯时，客户也就习惯于拖欠运费了，信用风险因此大大增加。另外，企业内部激励机制往往只和销售业绩挂钩，促使销售人员重“销售”而轻收账，这也从另一方面养成了客户拖欠运费的坏习惯。

④信用管理制度不健全。大部分海运企业在信用管理机制上的严重欠缺，使得信用管

理执行不力。授予客户的信用在主观的决策控制下运作，缺乏有效的信用决策系统，没有统一的信用管理制度、客户资信管理制度、客户授信制度和应收账款管理制度，即使有这些制度，也不能有效地执行。同时，由于企业内部的过度集权，缺乏对领导者的制约机制，使企业的信用决策过于集中，风险和责任也高度集中，领导的权威不容置疑，有了某些领导的首肯，信用风险管理完全流于形式，甚至有时连形式也没有。

⑤组织结构不完善。目前，大多数海运企业应收账款的管理职能基本上是由航线销售部和财务部这两个部门承担。由于应收账款控制与销售管理分离，导致职责不清、相互扯皮、效率低下，甚至出现管理真空等问题，因此光靠这两个部门，不可能有效地承担起信用风险管理的职能。许多企业认为，对应收账款的控制是财务部门的职责，而实际上财务部门更多的是事后控制，并不能承担起信用管理的全部职责。

（2）人员方面

①企业经营者。企业某些经营者思想上对应收账款不够重视，认为抓好生产、抓好安全，完成利润指标是其最重要的工作，认为应收款的催收是经办人或会计应做的事；也有一些经营者碍于面子，对朋友、熟人的欠款不急不催，纵容了欠款者不还的心态。甚至还有个别经营者本身利欲熏心，将收回的应收账款中饱私囊。为了扩销，某些企业在事先未对付款人资信情况做深入调查和对应收账款风险进行正确评估的情况下，盲目地采用赊销策略去争夺市场，采用较宽松的信用政策，只重视账面的高利润，对信用风险造成的损失没有足够的重视，这成为应收账款增加的主要原因。

②信用管理人员。企业缺乏经过专门训练的信用管理人员。信用管理是现代企业管理的核心内容。在企业内部管理机制中，信用管理与市场营销、财务管理、信息管理相互交叉、缺一不可，这就要求信用管理人员不仅要掌握信用管理、信息、财务、法律、统计、营销、公关等多方面的综合知识，同时实践能力和工作经历也必须出色。

③会计人员。企业某些会计人员业务素质不高，记账产生错误，把应收账款的收回记作销售收入，而平时又不对账，使错误不能及时发现，导致收入虚增；有的会计人员为了配合经营者操纵利润而故意虚增应收账款；甚至还有一些不法会计人员利用客户不要收据的便利，将收回的应收账款现金收入放入自己的腰包。

④销售人员。企业的某些销售人员，为了完成销售额指标，对客户的信用度不做了解或故意隐瞒客户信用差的信息，向不符合信用条件的客户赊销商品，客观上造成容易呆坏的应收账款。同时还有个别不法经办人员利用工作之便，将收回的应收账款现金收入私吞。某些企业将授信任务的完成情况与绩效工资挂钩，导致一些授信人员为完成任务铤而走险，与客户串通蓄意同谋逃避制度约束，以谋取私利，增大了授信风险。

⑤其他人员。企业内部员工的一些行为也会招致信用风险。比如，员工因对企业不满而实施的诸如泄露商业机密、有意纵容客户拖欠运费等报复行为，员工与客户内外勾结损害企业谋取私利的行为，员工因业务素质不高或疏忽大意的失职行为，因制度、职能和流程等组织运行机制方面的缺陷造成的工作失误，因员工跳槽造成的失密、业务关系中断等等，都会给企业带来信用风险。

4.3 物流信用风险管理概述

1.物流信用风险管理的概念

物流信用风险管理，也称物流信用管理，有狭义和广义之分。

狭义的物流信用风险管理，是指物流企业对其授信活动和授信决策而进行的管理活动。具体讲，就是指物流企业在信用交易过程中，通过制定信用管理政策，指导和协调内部相关部门的业务活动，对客户的信用信息进行收集分析，对其存在的信用风险进行评估，进而确定授信额度、期限，选择适当的债权保障和风险转移方式进行应收账款管理和逾期应收账款处理等一系列管理活动。

实际上，对于物流企业而言，既要从授信的角度制定信用政策，防范客户的信用风险；又要从受信的角度制定相关管理制度，防范企业因自身信用缺失可能造成的经营风险。因此，广义的物流信用风险管理是指物流企业为获得他人提供的信用或授予他人信用而进行的管理活动。

限于篇幅，本书以下所说的物流信用风险管理主要是狭义的物流信用风险管理。

2.物流信用风险管理的主要环节

信用交易是在商品交易基础上衍生的，因此信用管理链也应当与商品交易链环环对应。在图4-1中，上面的一行表示的是各个销售环节，即商品交易链包括客户接洽、商业谈判、合同签订、货物转移、货款回收和逾期追款等环节。下面的一行表示的是企业信用风险管理的基本活动。从中可以看出，物流企业信用风险管理部门的日常工作内容与销售过程的各个环节都有着基本一致的对应关系。

(1) 事前管理——客户资信风险的预测

管理的对象是客户。目的在于形成信用管理的事前保障机制。主要是将管理重点前移到销售业务发生前，针对客户的价值和风险进行统一的评估和预测，从而发现、筛选那些真正有潜力、信用好的客户，并针对不同的客户给予不同的赊销条件和信用额度。

事前管理包括筛选客户、选择信用条件、寻求债权保障三个环节。

环节1：筛选客户。筛选客户是企业销售工作的开始，同时贯穿整个销售工作的全过程。它的重点在于评价客户的信用等级，选择信用良好的客户进行交易。

环节2：选择信用条件。选择信用条件是指与客户一起确定信用条件，包括给予信用的形式（如付款方式）、期限和金额。显然，它实际上是通过从最初与客户的协商直到双方达成一致协议的谈判来实现的。

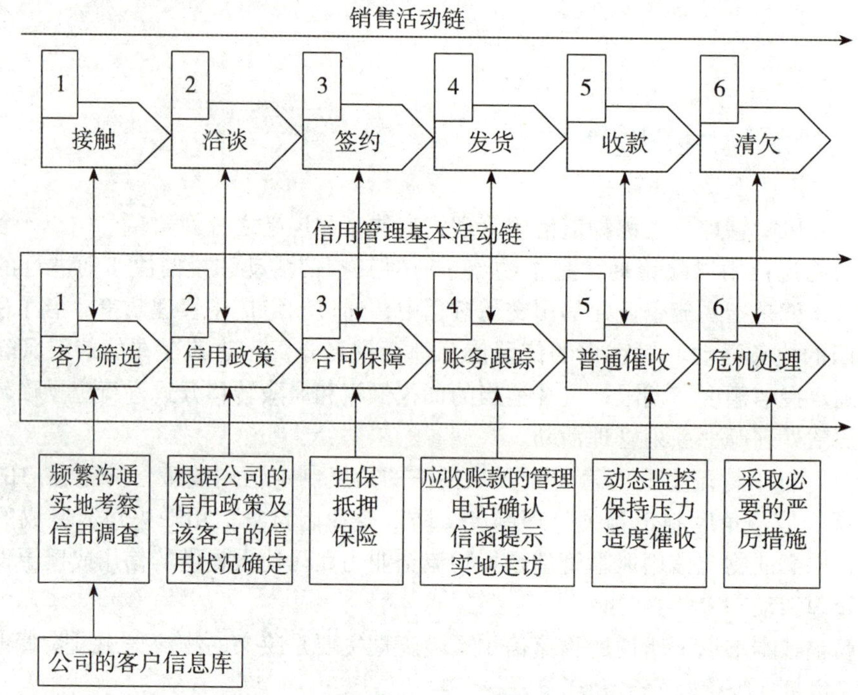

图4-1 物流企业信用管理链

环节3：寻求债权保障。从信用管理的角度来讲，为了确保收回应收账款，往往要在法律允许的范围内，在合同中使用一定的债权保障手段，如担保、保险、保理等。

（2）事中管理——对赊销业务的风险控制

管理的对象是应收账款单据和相关的债务人。主要包括合同履行（按时发运）监督以及交易纠纷的快速处理程序等。事实证明，科学规范化销售业务对于提高客户的认知度、控制风险能够起到非常重要的作用。事中管理主要指账款跟踪环节。

环节4：账款跟踪。销售部门以赊销的形式实现销售之后，面临的一个最直接的问题就是如何对形成的应收账款进行监控，保证及时收回应收款。此时信用管理的目标是如何提高应收账款回收率。在这一环节上，我国物流企业目前普遍缺少有效的方法。

（3）事后管理——对货款回收的全面监控

管理对象是应收账款及债务人。主要是以应收账款为核心实行的一套欠款催收管理方案。经验表明，要使应收账款回收速度加快，必须改变传统在收账问题上销售与财务职责设计不合理的现象，并实行一套有效的管理方法。

事后管理包括常规账款催收、特殊危机处理两个环节。

环节5：常规账款催收。应收款迟付现象不仅影响企业的资金周转，而且极有可能造成长期拖欠隐患。因此，物流企业在货款被拖欠的早期进行适度催收，同时维护良好的客户关系，是销售经理和财务经理较难处理的问题。

环节6：特殊危机处理。当发生呆账或坏账的情况时，企业必须面对追账的问题，这是企业信用管理的事后反馈。

综上所述，物流企业的信用风险管理包括事前管理、事中管理和事后管理，具体包括筛选客户、选择信用政策、寻求债权保障、账款跟踪、常规账款催收、特殊危机处理等六大环节。

3.不同市场环境和交易模式下物流信用风险管理的控制点

【案例4-1】A公司，客户为石油化工行业。该行业惯例为赊销，产品微利，客户风险集中、单笔交易额庞大。因此，对于A公司来说，致命的风险在于坏账的产生，任何一单的损失，都将导致该企业资金链断裂。此时的关键控制点落在了客户筛选环节上。具体做法是：建立合理客户信用评价模型，为客户的风险等级排序，然后严格控制赊销比例，由原来的80%赊销逐渐转变为只有对资金实力雄厚、无坏账风险的个别大客户进行赊销；对私企性质、股东投资转移不易把握的小客户停止赊销；同时加强对每个客户的信用调查和动态监控。

【案例4-2】B公司，客户为工程机械制造行业。B公司采用渠道销售的方式，单笔货物价值大，利润水平较高，但大部分经销商/代销商经济实力较弱，因此信用管理流程中的控制点应着重在信用政策的制定环节上，以设计多元的组合型信用政策，加速货款的回收。例如，对信用等级较高且交易规模较大的客户规定较为宽松的60天信用期，对信用等级较低的客户设定30天甚至更为严格的信用期。同时规定，如客户在B企业发货前一次性全部付清货款，可以获得1.5%的现金折扣，如客户在货物签收后10天内采用现金方式一次性支付，可以获得1%的现金折扣等。

【案例4-3】C公司，客户为快速消费品行业。C公司客户主要是大型的卖场与超市，单笔交易金额不大，但交易频繁、品类多。由于企业交易中缺乏谈判地位，客户经常以各种理由延迟支付货款，严重的也可能出现恶意拖欠的情况，带来坏账损失。此时的关键控制点在于账务跟踪与催收，如在单证的转接、签收、核对，以及系统更新方面制定严格的规范，强化与客户的对账与催收环节，通过各种渠道收集客户的动态信息、监控风险等等。

上述这些案例表明：物流信用风险管理的控制点依市场环境和交易模式而有所不同。

4.4 物流信用风险管理模式与政策

4.4.1 物流信用风险管理模式

国际上通行的信用风险管理模式大致有四种：业务部门主导型、财务部门主导型、信用部门独立型、风险委员会制。参见表4-3。

（1）业务部门主导型。即由业务部门主管赊销和收账，“谁揽货、谁收费”。这种业务模式，使得业务部门在业务过程中集联络客户、报价还价、谈判签约、安排运输发货、催账收账、客户服务于一身，容易造成业务部门不能全身心地管理应收账款，账款管理十分松散和“羸弱”。同时，可能会出现内外勾结和腐败现象。

（2）财务部门主导型。即由财务部门主管赊销和收账。这种模式可有效地防范信用风险，但普遍存在管理水平低下、业务萎缩的问题。

表4-3　四种信用风险管理模式对比分析

模式	优点	缺点	最终适用条件
销售主导	有利于最大限度地调动销售部门的积极性 有利于充分利用销售部门的人力与信息资源以及与客户的良好关系 有利于客户关系的进一步完善与发展	有“自己管自己”之嫌，难以保证信用风险管理功能的真正实现 销售部门的主要精力在于销售，投放到信用管理方面的精力可能会较少 销售部门在信用分析和信用管理的技巧方面可能会比较欠缺	企业管理水平较高，员工易于凝聚在一起，信用思想的教育、灌输以及植入都比较容易操作 销售人员的基本素质较高，能够在销售的过程中有意识地运用信用管理的基本理念，并能借用财务部门在信用分析、决策等方面的技能
财务主导	能够对销售部门起到一个风险制衡作用，更加有利于信用管理职能的真正实现 在信用分析和信用管理的专业性方面比较有优势	可能会出现矫枉过正的情况，易与销售部门、客户服务部门等其他部门形成冲突，影响销售额，增加内部管理协调成本 难以充分利用销售部门掌握的客户信息，难以充分利用销售部门与客户的良好关系服务于信用管理	财务部门在公司中的地位较高、影响力较大，不仅发挥着财务会计的功能，而且发挥着管理会计的功能 财务部门的主管有较长时间的销售背景，对销售过程、如何和客户打交道、如何保持良好客户关系都有较清晰的了解，能够与销售部门进行良好的合作
独立部门	能够站在比较独立的立场上进行信用管理，有利于与公司的利益保持高度一致 有较高的权威，便于信用信息、人才资源以及相关激励约束措施的制定与实施	运行初期的阻力可能会比较大，难以得到销售和财务部门的真正帮助 人力资源、管理流程比较复杂，成本较高	财务部门的地位、影响力比销售部门弱，仅充当一个记账的部门和信息汇总机构，对公司的决策不能起到什么影响作用。 公司信用管理意识比较薄弱，销售部门将销售量作为其追求的最主要的指标，与财务部门的协作不很理想
委员会制	能够把风险管理提升到公司战略的高度 容易取得公司各个部门协调一致的意见 高度的专业性保证风险管理能够发挥积极有效的作用	容易形成官僚作风 流程非常复杂，成本很高 难以监管	通常适用于金融机构与特大型企业。它们每天都会面临诸多风险的挑战，有效的风险管理是该机构或企业生存的基本条件之一 适用于信息化程度较高的企业，要求企业能够快速地处理信用风险等的分析报告，并实现快速的传递

（3）信用部门独立型。即单独成立信用管理部门，形成“三足鼎立”的组织形式。业务部门与财务部门在管理目标、职能、利益和对市场的反应等方面存在差异，在实践中，这两个部门常常出现职责分工不清、相互扯皮、效率低下等问题，甚至出现管理真空。它们都不可能较好地承担起企业信用和应收账款管理的职能。因此，应设立独立的信用管理部门，作为业务部门和财务部门的桥梁，解决业务促销和财务控制这一对矛盾，以期实现分工清晰、职责分明、相互监督。

（4）风险委员会制。在国外及国内的大型外资企业中，比较常见的做法是设一名信用经理，并且在财务部门内辅以一至几名信用管理兼职助理。信用经理直接向企业决策层（如财务或销售副总）报告工作，遇到销售环节对信用管理有异议的情况，副总就会及时出面协调。也有的公司设信用委员会代替财务或销售副总，一般的，风险管理委员会由企业决策层、财务总监和销售总监三方组成，风险管理委员会在某种意义上是将协调从核准后挪到了核准前，这对提高效率大有裨益。

值得注意的是，无论选择哪种信用管理模式，都不应忽视以下两个关键要素：一是为销售部门设计信用风险约束的考核指标，即销售与回款并重；二是规定严格的工作流程，包括信用管理政策、操作程序、相关的表格工具、报告系统等，使信用功能的每一步都有据可考。这些是信用管理职能真正发挥作用的重要保证。

4.4.2 物流信用政策

1.物流信用政策的内容

物流信用政策（credit policy）是某一物流企业用于指导其信用管理的纲领性文件，它规定了该物流企业信用管理的目标、组织结构、工作流程、职权划分、协调控制等基本内容。

一般而言，信用政策的形式和内容会因企业的目标、组织结构、业务内容的不同而不同，但基本内容应包括信用管理的目标、组织结构及职责、信用管理政策、商账追收政策等部分。另外，企业可以根据其所在行业的特点，以及流程的具体需要加入相关的内容，说明工作的具体流程。

（1）目标

物流企业欲提高销售、降低风险，就应设立相应的指标来描述。指标要具有可操作性，通常信用政策设定的目标有：通过合理的信用销售支持公司的销售目标；合理的回款速度；低于行业平均水平的坏账率；提供高质量的客户服务。

例如，本企业的信用目标是：每月的逾期应收账款控制在9万元以内，逾期天数不要超过35天，货款回笼周期（信用周期）不超过55天。

（2）组织结构

信用政策要规定信用部门的构成、组织图表、工作范围、权责界定，同时还要界定信用部门与其他部门的权责划分以及特殊情况下的处理。

例如，信用部门由财务副总监直接管理，财务副总监则需对公司总经理负责。信用部门内设四个岗位：公司信用经理，全面管理信用部门的应收款项和商账追讨，信用额度审批权限为50万美元，高于50万美元的需经财务副总监同意；区域信用经理，负责各自管辖区域内的应收款项和商账追收，审批权限由公司信用经理赋予；在任何情况下，信用额度审批权限都不得超过10万美元；商账追收员，协助区域信用经理开展商账管理业务，通常情况下，对小额的商账追收和折扣有直接决定权；信用调查员，协助区域和公司信用经理调查新、老客户的信用状况。

（3）信用管理政策

这部分将规定信用管理的一系列具体条款，包括信用申请、信用标准、信用额度、信用期限、现金折扣的确定等。

①信用申请

通常，所有客户都必须通过填写信用申请表来申请建立信用账户。对于首次申请的客户，信用部门必须要先调查该客户的信用状况，调查途径可以是获取银行报告或了解以前的交易记录，也可以向信用调查机构和行业信用协会购买该客户的信用报告。区域或公司信用经理根据所获得的信用信息确定该客户的信用额度。若申请的信用额度高于5万美元，应要求对方提交最近月份（年度）的财务报表。公司一旦决定授予该客户信用期限（如30天），那么以后的任何变动都必须经公司信用经理和销售经理审核同意。只要客户的应收账款在信用期内并不超过其信用额度，那么他可随时获得产品和服务。但是，一旦客户新下的订单使得其应收账款超过同意授予的信用额度，就必须经区域和公司信用经理的审核才能决定是否成交。

②信用标准

信用标准是指企业给予客户信用时所要求的最低标准，如果客户达不到此信用标准，则不能享受企业的信用或只能享受较低的信用优惠，通常用客户的信用等级来衡量。如某企业只对信用等级在三级以上的客户提供信用销售，则三级即为信用标准。制定信用标准要符合企业的实际情况，过高或过低都不利于企业的发展。

③信用额度

信用额度又称信用限额，是企业根据客户的偿付能力给予客户的最大的赊销限额，即授予某客户在一定范围内可以赊购的权利，超过此范围，必须用现金购货。它实际上也是企业愿意为某一客户所承担的最大风险额。

根据时间长短，信用额度可分为长期信用额度和短期信用额度。长期信用额度往往以一年为限，也有超过一年的，长期信用对于稳定公司客户关系和销售量是很有好处的。短期信用往往不超过一年，多数在一两个月以内，短期信用有利于促进公司当期销量的提升。短期信用的发放是长期信用的基础，一个不能享受短期信用的客户，是不可能享受长期信用的。

【知识拓展】 信用额度的授予办法

◎历史经验法。即参照历史经验确定信用额度。如果在以前的业务来往中给予过客户某一信用额度，客户能及时结清货款，而客户的财务状况没有发生大的变动，则可以原来的信用额度为基础，进行适当调整重新确定。

◎销售额法。这种方法以销售额作为计算依据。客户上月的销售额（或预期销售额）乘以赊销比率，可得到客户下月的信用额度。利用这种方法的好处是迫使客户达到某一销量，避免出现赊销额和销售额不匹配的情况。

◎利润法。这种方法以利润作为计算的依据，即通过预测客户在信用期限内的销售量，以及公司的销售利润率，可以算出客户对公司的利润贡献，客户所享受的信用额度不超过他所贡献的利润。这种方法在发放长期信用时常用。另外，有的公司在每笔交易中，以利润率为依据，要求客户在支付现金时，不得低于某一百分比，以确保自己的利益。

◎参照其他公司法。这种方法的前提是能够获得其他供货商对客户的授信额度。可以通过测算客户销售若干产品必备的资金额，向其提供低于这一资金额的信用额度。另外，若其他公司已向目标客户提供了信用，则本企业提供的信用额度最好不超过对方的信用额度，除非有充分理由相信这样做是对的。这时要注意，各公司向同一客户提供信用，会弱化客户的偿债能力。

◎递增法。不论是否评估客户等级，均按规定逐步放宽信用标准。这是一种普遍采用的方法，即首次授信额度较低或仅照顾第一次业务，当对客户的账户经验增多了，确定客户有能力支付更大的金额后，再增加授信额度。如在此过程中，证明客户不能支付更大的金额，则要限制甚至降低授信额度。

◎授予一定时期内的信用总额。有的企业试图把对客户的授信按时间段划分，即确定在某个时期内的信用总额。如客户每月的购货量是10 000美元，则授予的信用额度是30 000美元，即在3个月内的购货量。这种方法的优点是简单，它实际是强调增加销售量，因为购货量增大的客户得到的信用额度也大。

◎小额试贷法。向某一客户提供信用额度往往要涉及多个部门，需要很长时间。有时为了便于业务的迅速开展，可向客户先提供一个很小的信用额度，以建立合作关系，即使有很大的风险，这一额度也不会影响公司的大局。随着交往的增多，再重新设定信用额度。

◎综合评估法。公司的财务人员、信用管理人员和业务人员一起对客户所展现的各种资讯进行分析，确定信用额度。这种方法在推广新产品时常常采用，而且在数额巨大时，往往要求对方出具第三方担保。

◎信用评级法。比如，通过自身或根据权威征信机构对客户的评级，最终确定客户的额度。其优点是比较客观，但评估过程复杂且缺乏灵活性。

④信用期限

信用期限，也称赊销期限，是指企业允许符合信用标准的客户赊销账款的最长期限，即延期收款期限。企业的产品销售量与信用期限之间存在着一定的依存关系。信用期过短，对顾客的吸引力下降，相应的销售额下降；信用期过长，会增加销售额，同时也会增加相应的费用，这是一种此消彼长的关系。因此，企业在确定信用期限时，必须权衡延长信用期限的收益与费用，确定出恰当的信用期限。

⑤现金折扣

现金折扣，是指给予提前付款的客户的优惠安排，包括两个要素——折扣期限和折扣率。折扣期限是提供优惠安排的有效期限；折扣率是提供优惠的程度。现金折扣的优点是可以加快资金周转，有利于账款回收，减少坏账，而缺点是利息损失巨大。

制定现金折扣政策，就是要求给出针对客户具体的提前付款的时间最多能给予多少折扣优惠。因此，现金折扣政策与信用期间决策是相联系的，因为折扣期限只能比信用期短，即客户只能在既定的信用期内提前付款才能享受折扣，否则，给客户提供商业信用就会负担额外的风险，信用期间决策也会失去意义。

在实践中，一般把信用额度、信用期限和现金折扣统称为信用条件，如“3/10，N/30”表示客户如果在10天内付款可按发票金额给予3%的折扣，超过10天不再享受折扣，但付款总期限不得超过30天。

（4）商账追收政策

这部分主要是制定商账追收的一系列规则，包括什么时候应该与客户联系，通过什么方法联系，为什么把产品出售给账款逾期的客户，如何处理商账追收问题，委托商账机构追收逾期账款，以及坏账核销等。

例如，信用部门通过电话等途径与逾期15天以上的客户进行有效沟通，为确保及时收回未付的应收账款，沟通时的态度应该是有礼貌并富有责任心的。

一旦应收账款逾期15天，就要对客户的订单有所控制，当然在与客户进行积极的沟通之后，仍然可以考虑发送货物。然而，当客户的应收账款逾期30天，那么在其货款没有汇出前，不能发送新订单上的货物。当客户的应收账款逾期60天，则必须在收到货款之后才能发送其新订的货物。销售折扣应当和逾期货款一样要谨慎处理，不能单纯地依赖销售折扣来控制货款的回收。

如果客户不能或不愿意支付他未付的应收账款，那么信用部门可以考虑在征得公司信用经理的同意后，向公司授权的商账追收部门或商账追收律师汇报有关情况，并请销售人员形成书面报告文件。财务总监对所有这些决定负全部责任。

当客户申请破产倒闭，或经商账追收部门和商账追收律师努力，仍未能在6个月内清算的应收账款，可以核销为坏账。

（5）内部工作报告

此部分规定信用部门应提交的工作报告的内容、程序与时间等，比如，信用管理报告、赊销产品市场供需情况报告、分客户赊销量实时报告、货款回笼报告、应收账款周转率分析报告、赊销合同执行情况报告、坏账损失分析报告等。

（6）附加政策

不同的企业可能会根据实际情况增加一些其他内容，比如，信用管理规则，信用信息的相互交流记录保留，客户来往和回访，衡量信用部门业绩的方法、罚则等。

2.物流信用政策类型及其选择

（1）物流信用政策的基本类型

一般而言，企业的信用政策可以分为保守、激进和中庸三种类型。

①保守型/财务型信用政策。采用此种类型信用政策更注重降低坏账和拖欠带来的风险，但企业发展可能受到制约，比如失去现有/潜在的关键客户。它适于在竞争市场中占主导地位的成熟性企业，这样的企业通常追求稳健的成长战略。

②激进型/销售型信用政策。采用此种类型的信用政策以优惠的付款条件和宽松的拖欠处理方式来促进销售，相应地，企业发展速度快，但也伴随高风险，资金周转慢，甚至可能面对突发性的危机。它适于资金实力强、信用管理制度非常健全的市场进入型/成长型企业，那些谋求迅速成长和占领市场的企业最可能采取这种信用政策。

③中庸型/均衡型信用政策。采用激进型信用政策的前提是强化信用管理体系，尤其是收账体系；而采取这种信用政策的企业信用风险高于保守型信用政策，低于采取激进型政策的企业。它通常允许存在一定数量的购买商延期（如延迟20~30天）付款。

（2）物流信用政策类型的选择

物流企业信用政策类型的选择需要考虑外部环境、企业自身以及客户三大方面的因素。

①环境因素。环境因素包括市场供需状况、经济周期波动、竞争对手情况、整个社会信用状况等。比如，在经济处于上升态势时，信用能够促进经济发展，故宜采用扩张的信用政策。但当经济衰退时，巨大的信用则是隐患，此时企业就应采取紧缩的信用政策。企业的信用政策应该与经济周期的波动保持同步。

②企业竞争战略。竞争战略是企业的竞争定位，企业竞争战略目标是扩张、防守还是退缩将直接影响到企业信用政策的倾向性。比如，如果竞争目标是扩张，则需要更多的赊销客户、更高的赊销额度。

③企业财务因素。企业的财务状况（尤其是现金状况）将决定允许多大规模的赊销，它会影响企业对信用风险的承受能力，因此，是企业制定信用政策的基础。

④企业风险的容忍度与管理能力。对于一个企业来讲，必须确定它愿意承受多大的风险，只有在安全风险范围内，才能在竞争利益和优先目标之间做出抉择。企业的高层管理者在制定信用政策时必须明确企业准备承担风险的范围，即风险容忍度，并确保组织中的成员对此有一个充分的理解，同时通过信用政策中的管理和激励措施确保企业员工的风险态度与此相一致。同样，如果企业具有较强的信用风险管理能力，则可以采取扩张的信用政策。

⑤企业的剩余生产能力。如果企业存在较多的剩余生产能力，则企业会愿意提高信用额度；反之，则可能不太愿意提供赊销。

⑥企业产品的利润与变动成本。一般而言，对利润高、变动成本低的产品，企业愿意提高信用额度；而若产品利润较低、变动成本较高，则企业可能不太愿意提供赊销。

⑦企业产品质量。除非是市场上的绝对垄断者，一般而言，质优产品企业要利用信用期限作为质量信号传递的机制，让购买者有充分的质量评估期；而劣质产品企业则不然，它宁愿以较低的价格现金交易，也不愿意采取信用销售的方法。因此，相对于劣质产品，质优产品更倾向于采用信用销售方法。对产品质量相似的同类产品，相对宽松的信用政策能在一定程度上强化质量信号的传递，它能使对产品的相关承诺更为可信。

⑧企业历史。新建企业或成立时间较短的企业的产品质量还没有得到市场的认可，如果新建企业对自己产品的质量确实很有把握，它必定会倾向于采用信用销售这种强有力的质量信号传递机制，让市场和购买者可以从容地检验、确认、评定其产品的质量；相反，新建企业如果强烈要求现金交易，而宁愿价格低一些，这里可能就包含着其产品质量问题的信号。当然，信用销售是一把“双刃剑”。一方面，为了充分传递产品质量信号，新建企业应该选择信用销售这种强的质量信号传递机制；另一方面，信用销售对企业的现金流及面临的风险会产生负面影响，这就要求新建企业在选择客户时慎之又慎，要确信购买者在确认产品质量之后一定会履约还款。这样做就可以双赢：一方面采用了强的质量信号传递机制，可以让市场及购买者充分地评定和认可；另一方面又减少、降低了出现坏账的风险。

相反，对于已成立较长时间的企业而言，由于市场对它们的产品质量已经有固定的评价了，此时，信用销售在质量信号传递方面的功能就减弱了。

⑨企业规模。大型企业通常不再过分倚重信用销售的质量信号传递功能，因为大型企业的品牌、声誉、产品质量早已得到市场的认可；相反，小企业的情形则不同，它的品

牌、声誉、产品质量以及口碑等仍处在逐渐积累的过程中，市场还需要对它进行进一步评定、确认，才能认可它的产品。在这个过程中，信用销售既然是一个强有力的质量信号传递机制，小企业自然会充分加以利用。因此，小企业与大企业相比，更倾向于采用信用销售，小企业给予的交易信用通常也比大企业的多。

⑩企业产品所处的生命周期。所谓产品生命周期是指一种产品从进入市场到被市场淘汰所经历的全过程。典型的产品生命周期分为投入期（导入期）、成长期、成熟期、衰退期四个阶段（参见图4-2）。

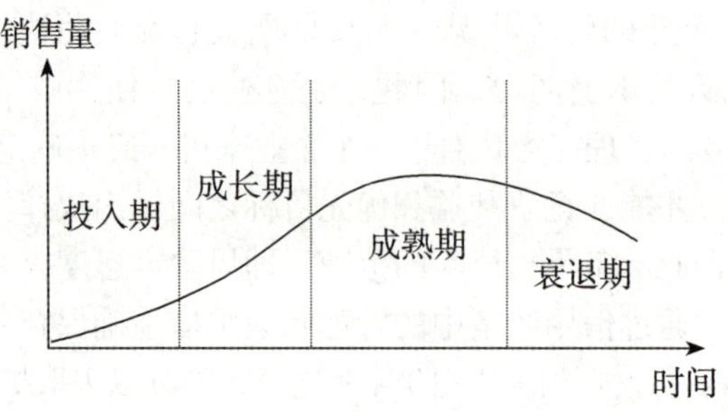

图4-2 产品生命周期曲线

由于产品生命周期的各个阶段的特征不同，因而企业应设定不同的生产目标、营销目标与信用政策。一般而言，在产品导入期、成长期，因为推广的需要，要有较高的信用额度，而在成熟期和衰退期，则可以降低信用额度以求得更多的现金。

【知识拓展】 产品生命周期各阶段的特征、营销目标与信用政策特点

表4-4显示了产品生命周期各阶段的特征、营销目标与信用政策特点。

表4-4 产品生命周期各阶段的特征、营销目标与信用政策特点

		投入期	成长期	成熟期	衰退期
基本特征	销售额	低	迅速上升	达到顶峰	下降
	成本	单位成本高	单位成本一般	单位成本低	单位成本低
	利润额	无	上升	高	下降
	顾客	敢为先者	早期使用者	中期大众	滞后使用者
	竞争者	少	渐多	稳中有降	减少
营销目标		建立知名度、提高使用率	市场占有率最大化	保持市场占有率，力争利润最大化	压缩开支、榨取品牌价值和市场影响力利益
信用政策特点	信用标准	较宽松	严格	较为严格	最严格
	赊销比例	高于通常标准	按通常标准	逐渐紧缩	严格控制
	信用额度	按通常标准	按通常标准	逐渐紧缩	严格控制
	现金折扣	一般不使用	加大力度	最低限度或不使用	几乎不使用
	现金折扣期	一般不使用	加大力度	最低限度或不使用	几乎不使用
	信用期限	高于通常标准	按通常标准	逐渐紧缩	严格控制
	收账措施	相对宽松	逐渐严格	严格管理	日常工作核心

◎投入期。产品在导入期设计尚未定型，质量不稳定；大批量生产能力还未形成，生产成本高，产量相对少。由于产品刚进入市场，客户对产品不了解，只有少数试新者购买，销售量较小，销售额上升缓慢。这个阶段的信用政策主要服务于市场的拓展。从信用政策作为产品质量信号的传递机制这个原理来看，在产品导入期，产品的质量尚未得到客户的认同，因此，为了让客户有一个相对较长的质量评估期，对新产品的质量有充分的了解，在导入期应该采用相对宽松的信用政策，尤其在赊销比例、赊销期限两个方面要相对宽松。一般的，在产品导入期，现金折扣与折扣期这两个信用政策变量对客户的影响不会太大。所以，在产品导入期，一般不使用这两个变量。

◎成长期。市场增长率很高，需求高速调整，技术渐趋成熟，行业特点、行业竞争状况及用户特点已比较明朗。这一阶段产品已为市场接受，产品质量、品种、服务、价格已经稳定，购买群体逐渐增多，有相当大的利润空间，但同时竞争也逐渐升温。这个时期的信用政策主要服务于企业竞争力和市场地位的提高。从信用政策作为产品质量信号的传递机制这个原理来看，由于产品成长阶段产品质量的市场认可程度已经较高了，所以，这个时期的信用政策总体上处于整个产品周期的平均水平上，在赊销比例、信用额、信用期限等方面应该采取温和的政策，既不激进也不过于保守，对信用标准要比导入期严格。同时，更加灵活地使用现金折扣这个杠杆，优化客户的结构，而且收账程序要从严。总之，这个阶段信用政策的总体特点是：严格信用标准、优化客户结构、严格执行收账程序。

◎成熟期。此时市场增长率不高，需求增长不多，技术上已经成熟，行业特点、行业竞争状况及用户特点非常清楚而稳定，买方市场形成，行业盈利能力下降，新服务类型的开发更为困难，企业进入的壁垒很高。在产品成熟期，市场上的整体利润空间很小，每一笔坏账、每一个拖欠的客户对企业来说都将形成很高的财务和销售压力。因此，这个阶段不宜采用销售导向的信用政策，而应该逐渐向紧缩型的信用政策转变。信用标准要比成长阶段更加严格，采用更严格的客户信用审查流程，额度较大的信用决策要由层次更高的决策者来做出。现金折扣政策的使用要降低到企业可接受的最低水平，不要指望这个政策的杠杆作用。客户的结构控制主要依靠信用标准与信用审查。收账程序成为此时最主要的工作之一。总之，这个阶段信用政策的总体特点是：逐渐紧缩的信用政策、更严格的信用标准、更严格的收账程序。

◎衰退期。市场占有率下降，需求下降，有新的服务业态出现，服务种类和竞争者数量减少。在产品衰退期，基本已经无利可图，每一笔销售对公司来说未必是净利润的增加，而很可能是净成本的增加。在这样的情况下，如果再出现坏账或拖欠问题，对公司来说无疑是雪上加霜。基于此，这个阶段应采取“收割型”的信用政策，尽可能地少赊销、非常严格地控制客户质量、尽可能地防止坏账的发生、尽可能地将平均回款期降到最低限度、收账程序从发票开出时就开始。收账是信用部门工作的重中之重，应加大人员配备、加大奖励与惩罚的措施力度，促进收账效率的提高。总之，这个阶段信用政策的总体特点是：最谨慎与严格的信用政策。具体而言就是，信用标准是整个产品生命周期内最严格的；对信用额度、信用期限、赊销比例等的控制也是最严格的；现金折扣与现金折扣期这两个杠杆在产品衰退期几乎不再使用。

⑪公司采取的价格策略。价格策略与信用政策之间存在着相互依赖与影响的关系，因此，在设计信用政策时，需要考虑价格策略因素。

⑫客户因素。客户因素主要包括客户订单大小、信誉度、企业与客户的关系、客户是否提供了其他信用保障等。

• 客户类型。在实际工作中，公司往往根据客户反映出的资讯，将客户由优到劣分成A、B、C三类。A类客户不存在坏账的风险，而且能满足公司的市场需要，可以给予很高的信用额度；B类客户属控制类型，有一定的信用风险，信用管理工作主要是针对这类客户；C类客户风险较大，能享受到的信用额度应该很低。

• 与客户的关系。客户能不能认同和相信公司，将决定公司产品在客户处的占有率。对于主推本公司产品并能紧密配合公司的各项政策措施的客户，公司可以给予较高的信用额度，以支援其发展；反之，即使企业增加信用销售也无法对其有较大吸引力的客户，则应给予较低的信用额度。

因此，在制定信用政策时，首先采用设定的分类标准对客户进行分类，然后，再根据不同客户细分的信用特点与重要性进行有效的信用政策设计。

在上述影响因素中，企业竞争战略、财务状况及风险容许度是关键因素。企业在进行信用政策的决策时，可以根据某个、某些或全面因素进行决策。不同的因素对不同的企业的影响程度不同，有些因素对某些企业的影响程度很大，对另一些企业的影响程度却很小，因此应该因企业而异，具体分析使用。表4-5列示了部分因素对信用政策类型选择的影响。

表4-5 信用政策的影响因素

影响因素	信用政策类型		
	激进型/销售型	中庸型/均衡型	保守型/财务型
财务战略	可适当地扩张使用	建议稳健	需求紧缩
营销战略	积极采用	稳健采用	消极政策
现金状况	紧张时	正常时	充足时
社会信誉状况	良好	比较差	非常差
商品价值	大	较大	小
订单大小	数量大	数量小	数量很小
产品竞争优势	具有很强的优势	优势不明显	无优势
消费者需求	强	正常	少
客户信用状况	好	较好	差
信用保证情况	有保障	有一定保障	无保障
企业信用管理能力	强	一般	差

4.5 物流客户信用评估

1.物流客户信用评估

物流客户信用评估是指定期采集客户信息，经过模型计算得到客户授信等级的过程。它是企业做出是否与客户交易以及交易方式、交易条件等决策的最重要的依据。物流企业实施对客户信用评估具有如下几点好处：

（1）加强物流企业内部各部门之间的信息沟通和合作，共同解决企业面临的外部信用风险。

（2）帮助物流企业寻找、选择信誉良好、竞争力更强的客户，防范客户的信用风险。

（3）帮助物流企业估测客户发生呆坏账的可能性，提高企业的应收账款管理水平。

2.物流客户信用等级

物流客户授信等级，是指物流企业对客户依据其信用和贡献状况而做出的授信先后顺序及满足程度的差异。物流客户授信等级体现物流企业在授信上对客户实行的竞争、维系、淘汰的价值取向。对物流客户授信等级的评判，除了考虑客户信用等级评判所依据的客户的经营管理、财务运行状况等因素外，还要重视客户对企业收入和盈利贡献度情况，从而实现营利性与安全性的有机统一。

3.物流客户信用评估方法

由于每个企业注重的方面不同，选择的评价内容也就不同，因而评价的方法也有所不同。对于客户信用评估，早期主要采用定性方法，但自20世纪80年代末以来，研究者们开始把统计学、运筹学方法以及现代金融理论引入到物流领域的信用风险度量之中，在传统的信用评级的基础上提出了一批新的信用风险模型。不过，就物流实践领域而言，由于数据缺少等原因，主要仍采用两种定性方法。

其一，5C要素分析法。它是指通过分析影响信用的五个方面来判断客户的信用状况。客户的资信程度通常取决于五个方面——客户的品质（character）、偿还能力（capacity）、资本（capital）、抵押品（collateral）和环境（conditions）。企业通过对客户进行以上五个方面的定性分析，基本上可以判断其信用情况。

其二，信用评分法。它是指对评价内容的指标进行考核，评定信用分数，按每一项目内容给定分数计分，最后得出总分，再按得到的总分确定客户的资信等级。

4.物流客户信用评估实例

如果采用5C要素分析法，则选取的评价指标如下：

（1）客户的信用品质（30分）

它是指客户履约或赖账的可能性。主要通过了解客户以往的付款记录进行评价。

①收账天数，即自开具销售发票、交付提货单日起，至收到银行进账单、货款实际到账日之间的天数。

②过期付款次数，即不按照规定的付款条件付款的次数。

（2）客户的能力（35分）

①购买力，即用户吸纳企业产品的能力，以赊销用户的吸纳量占企业总赊销量的百分比表示。

②边际贡献率，即用户对企业提供的边际贡献率。

边际贡献率=（产品销售收入-产品销售成本）/产品销售收入

③付款能力，即评价客户的偿债能力，包括流动比率和债权人保证比率。

流动比率=流动资产/流动负债

债权人保证比率=净资产/流动负债

④客户吸纳企业产品的稳定性，用以反映“他的客户”对“他的销售”的依赖程度。计算客户每月购买量占平均购买量的比例，以该比例在80%~120%之间的次数作为信用加分条件。

（3）资本（10分）

它是指客户的财政力度，反映客户的经济实力，是客户偿付债务的最终保证。评价指标采用的是“注册资金”。

（4）经济状况（15分）

这是指客户的经济运行情况，包括获利能力、商业活动潜力等，主要指标有：

①销售利润率（销售利润率=税前利润/商品销售收入）。

②客户发展潜力。

③经济性质，以是否“国有”作为信用加分条件。

（5）抵押品或担保（10分）

它是指能够作为信用担保的抵押财产，如票据等，或者具有法律效力的第三方担保合同、信函等。

根据以上指标，可形成某物流企业客户信用评定计算过程及结果，如表4-6所示。

表4-6 客户信用评定计算

评定项目	内部标准指标		实际指标值		权数（%）	关系比例		得分	
	客户A	客户B	客户A	客户B		客户A	客户B	客户A	客户B
客户信用品质					30				
收账天数（天）	25.2	25.2	16.24	30.54	15	1.36	0.79	20.33	11.82
过期付款次数（次）	0	0	0	7	15	1.0	-0.5	15.0	-7.5
客户能力					35				
购买力（%）	4.26	4.26	18.4	2.5	10	4.32	0.59	43.18	5.85

续表

评定项目	内部标准指标		实际指标值		权数（%）	关系比例		得分	
	客户A	客户B	客户A	客户B		客户A	客户B	客户A	客户B
边际贡献率（%）	11.9	11.9	12.06	11.06	10	1.01	0.93	10.14	9.29
付款能力					10				
流动比率	1.23	1.22	3.0	1.22	5	2.44	1.0	12.2	5.0
债权人保证比率	1.36	0.38	1.99	1.45	5	1.46	3.83	7.32	19.14
购买稳定性	3.0	3.0	3.0	2.0	5	1.0	0.67	5.0	3.33
注册资金（万元）			50	500	10	0	1.0	0	10
经济状况					15				
销售利润率（%）	8.57	1.31	26	4	5	3.03	0.03*	15.17	0.15*
潜力（好、一般、差）			好	一般	5	1.0	0.5	5.0	2.5
性质（国有、非国有）			私有	国有	5	0	1.0	0	5.0
抵押品或担保			担保	无	10	1	0	10.0	0
总　分					100			143.34	64.6*

①内部标准指标值为企业现有赊销客户各指标的平均值。

②关系比例：

凡实际值大于标准值为理想的，其计算公式为：关系比例=1+（实际值-标准值）/标准值。

例：客户A边际贡献率指标关系比例=1+（12.06-11.9）÷11.9=1.01。

凡实际值小于标准值为理想的，其计算公式为：关系比率=1+（标准值-实际值）/标准值。

例：客户A收账天数指标关系比例=1+（25.2-16.24）÷25.2=1.36。

③各项指标得分=关系比例×各项权数。

资料来源　孙晓峰. 企业赊销与信用管理［J］. 石油化工技术经济，2004（4）.

注：带星号数字分别订正为3.05、15.27和79.66，其他数字稍有误差，可忽略。

4.6　物流应收账款跟踪管理

物流应收账款跟踪管理分成四个阶段：第一阶段，订单/合同阶段的跟踪管理；第二阶段，发送阶段的跟踪管理；第三阶段，正常账期的欠款跟踪；第四阶段，非正常账期的欠款管理。本节主要描述这四个阶段的工作流程、关键步骤与正常账期内的危险信号管理。①

① 本部分系根据石晓军、陈殿左编著的《信用政策与市场策略》(人民邮电出版社2005出版）一书的相关内容写作。

1. 订单/合同阶段跟踪流程

这个阶段的具体流程如图4-3所示，关键步骤如下：

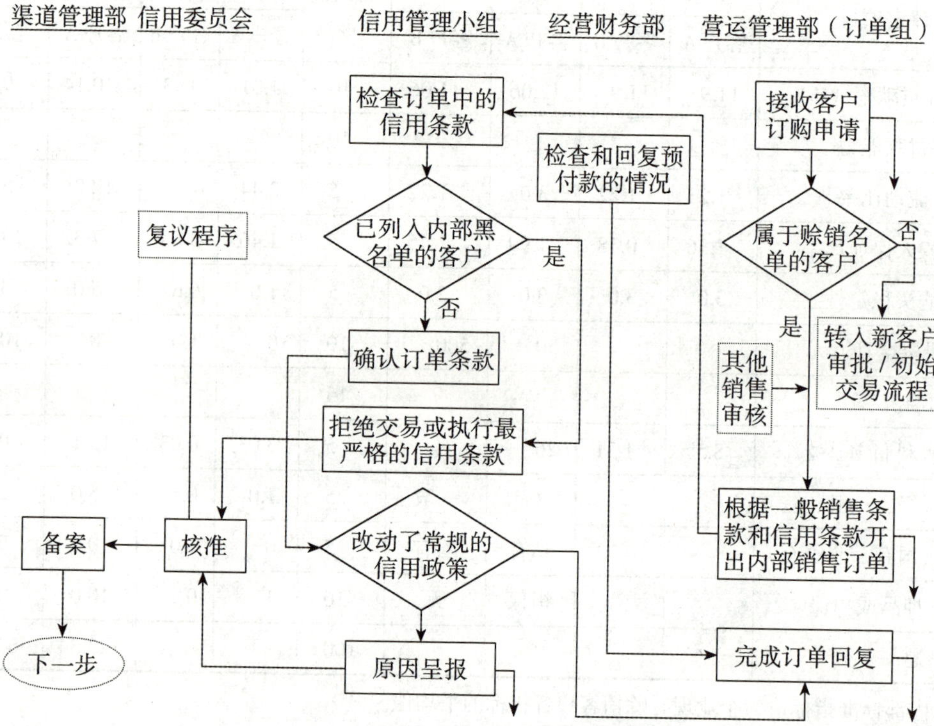

图4-3 订单/合同阶段跟踪管理流程

（1）客户订购申请的电话记录或者是传真件，列明客户名、货名、数量、规格，以及始发地/目的地、运距、价格、时间要求、运送方式要求等。

（2）形成内部订单，同时根据客户数据库的常规信用条款，在订单上抄录信用条款。

（3）信用小组可以修改常规的信用额度、信用期限和现金折扣，但需要说明具体理由。

（4）形成销售订单。

2. 发送阶段的跟踪管理

负责发送阶段跟踪管理的既有财务部门的人员，也有信用管理部门的人员，这个阶段的具体流程如图4-4所示。

此阶段的关键步骤如下：

（1）客户付款证明（银行进账单等）。

（2）预付提示通知。

（3）发运明细（客户名、产品名、数量、发运时间等），同时核准销售订单。

（4）暂停发运批复。如果暂停发货的原因并不是信用规范中列明的，还要书面呈报信用委员会，请求核准；如果暂停发货的原因是信用规范列明的，可以直接下发营运管理部门。

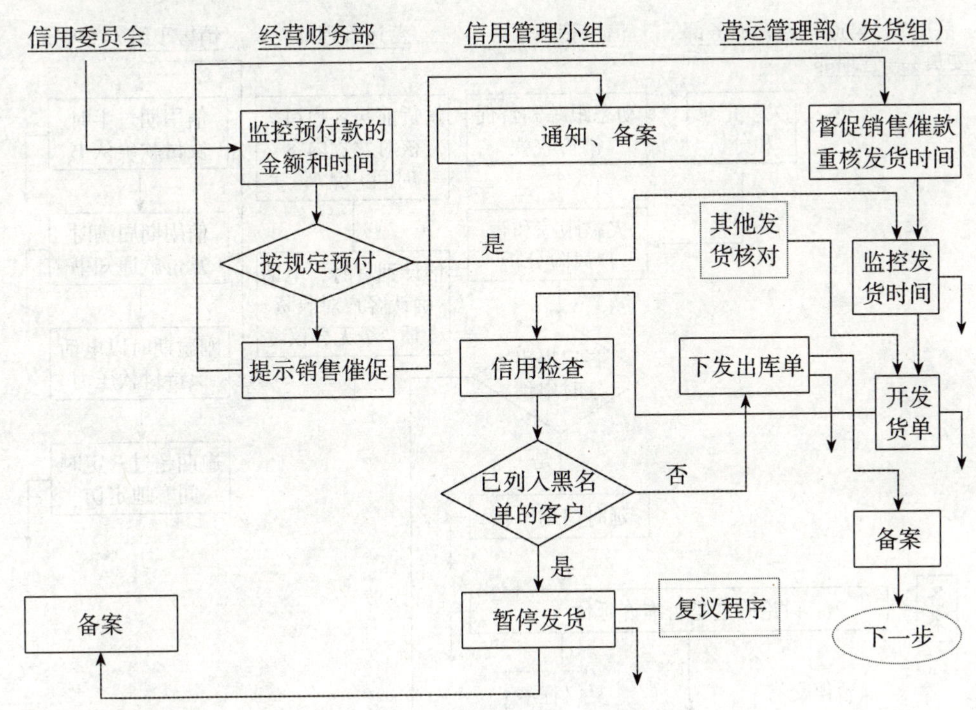

图4-4 发送阶段跟踪管理流程

（5）正式的出库单。

3.正常账期的跟踪管理

这个阶段应该掌握的原则是对不同类型的客户采用有区别的压力控制和提示的办法。这个阶段的具体流程如图4–5所示。

此阶段的关键步骤如下：

（1）要求客户回复付款确认书，是对发运质量和付款金额/时间的双重书面确认。

（2）第一次付款通知书。

（3）催款实地走访记录。

（4）延付申请单，对延付理由做出说明，并附客户延付申请原件。

（5）欠款的各项分析（账龄分析表、利息占用分析、付款行为分析等）。

（6）延付批复。

4.非正常账期的跟踪管理

在这个阶段，跟踪管理的原则是分阶段、分类型地规划好催款计划、安排好催款人员、规定清楚各个人员的责任。这个阶段的流程分成两步：

第一步，规划清欠方案：列明对欠款原因的分析、收款手段建议、收款责任人和时间等行动计划。其具体流程如图4–6所示。

第二步，根据新的信息实现客户的信用重审。其具体流程如图4–7所示。

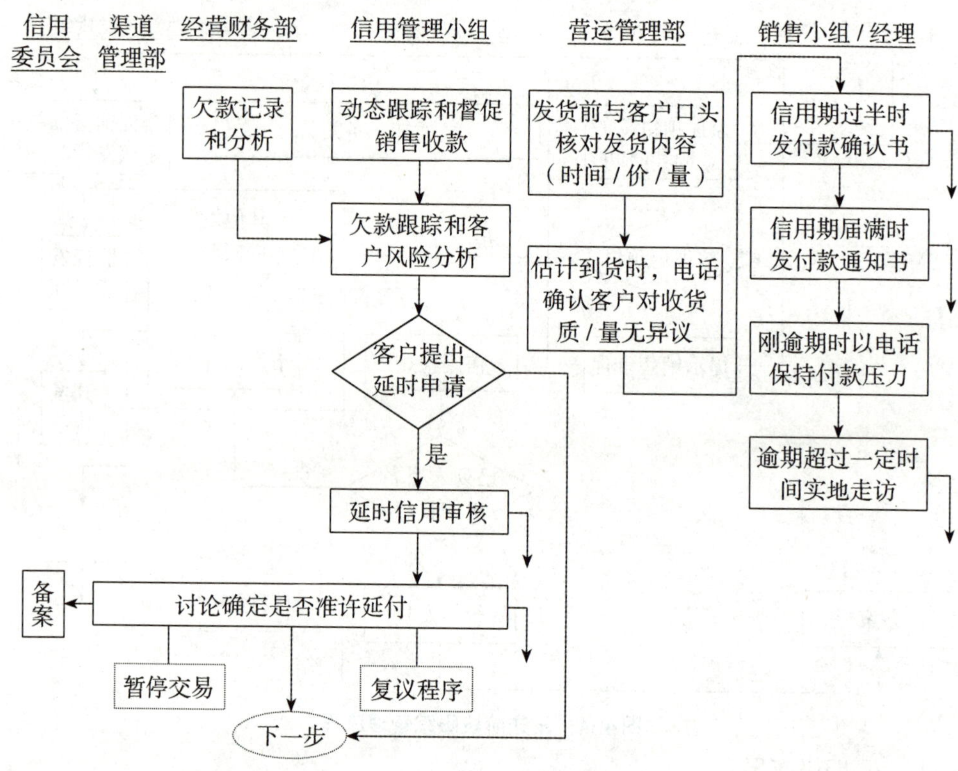

图 4-5　正常账期的跟踪管理流程

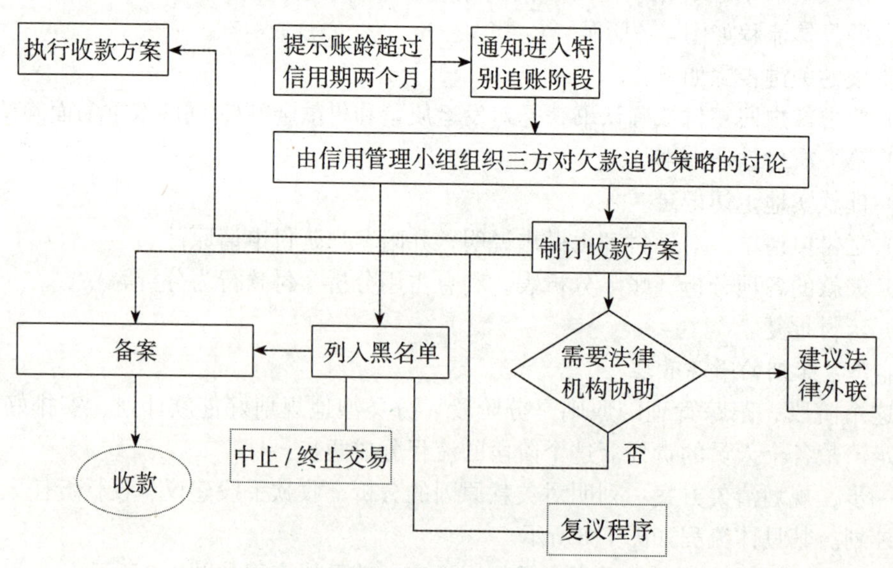

图 4-6　非正常账期的管理流程（1）

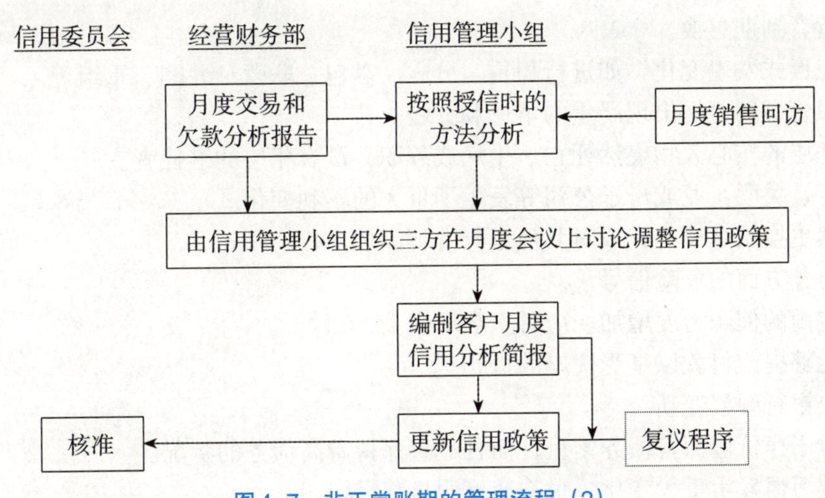

图4-7 非正常账期的管理流程（2）

5.危险信号预警

在正常账期（非正常账期更甚），一定要密切关注合作对方的各种变化，尤其要关注下面的一些信号，如果出现了这些危险信号，说明该企业可能会出现问题，我们称之为"危险信号管理法"。

危险信号预警是信用风险的一种动态监控机制，企业可根据自身的行业特征和实际管理的资源情况，合理设计监控频率与应对策略。

预警信号一方面是在与客户接触过程中获取的，另一方面也可以利用各种外部渠道获得。定期地委托外部机构进行信用调查就是其中一种方式。此外，新华信公司在国内率先推出的"信用监测"服务，也为广大信用管理人员提供了这方面的便捷工具。

（1）行业风险方面的危险信号

①行业整体衰退或属于新兴行业。

②出现重大的技术变革，影响到行业的产品和生产技术的改变。

③政府对行业有严格的限制。

④经济环境变化，如经济萧条或出现金融危机，对行业发展产生影响。

⑤国家产业、货币、税收等宏观经济政策变化，如汇率或利率的调整。

⑥顾客需求发生变化。

⑦法律变化。

⑧多边或双边贸易政策有所变化，如对进出口的限制和保护。

（2）管理方面的危险信号

①频繁的管理层变动。

②拒绝提供能够反映企业信用状况的资料。

③无法接触到管理层。

④对信函和电话都拒绝回答。

⑤经营者到期更换。
⑥组织形式发生变化，如进行租赁、分立、承包、联营、并购、重组等。
⑦高级管理层之间出现严重的争论和分歧。
⑧管理层的核心人物突然死亡、生病或辞职，没有相应的继任者。
⑨股东、关联企业或母子公司等发生了重大的不利变化。
⑩突然更换结算银行，或对其他银行有不满的言行。
(3) 财务方面的危险信号
①供应商的催账力度增加、应诉次数增多。
②不能够提前付款以享受优厚的折扣。
③开户银行频繁变动。
④相对于净价值而言债务繁重，而且一直保持着高债务的状况。
⑤付款习惯发生重大变化，付款速度明显减慢。
⑥违背关于付款条件的承诺，要求更长的还款期限。
⑦销售额连年下降。
⑧利息支付达到极限水平。
⑨销售额增长但是利润却没有出现增长。
⑩自有资本减少。
(4) 企业运作方面的危险信号
①设备拍卖、频繁的资产处理。
②无正当理由退货。
③购买习惯发生巨大的变化。
④过度的快速扩张。
⑤业务性质、经营目标或习惯做法改变。
⑥兼营不熟悉的业务、新的业务或在不熟悉的地区开展业务。
⑦对存货、生产和销售的控制能力下降。
⑧对一些客户或供应商过分依赖。
⑨在供应链中的地位关系发生变化，如供应商不再供货或减少授信额度。
⑩收购其他企业或者开设新销售网点，对销售和经营有明显影响，如收购只是基于财务动机，而不是与核心业务有密切关系。

1. 单选题
(1) 物流信用交易中占主导地位的是（　　）。
A. B-B信用交易　　B. B-C信用交易　　C. C-B信用交易　　D. C-C信用交易
(2) 下列不属于信用风险的基本特征的是（　　）。
A. 货币性　　B. 分散性　　C. 非系统性　　D. 投机性

（3）下列属于企业运作方面的危险信号的是（　）。

A.顾客需求发生变化　B.法律变化　C.销售额连年下降　D.无正当理由退货

2.多选题

（1）物流企业信用风险的外部原因有（　）。

A.信用环境　B.市场环境　C.第三方原因　D.客户原因

（2）物流信用风险事前管理包括（　）环节。

A.筛选客户　B.选择信用政策　C.寻求债权保障　D.账款跟踪

（3）信用额度的授予办法有（　）。

A.利润法　B.递增法　C.信用评级法　D.综合评估法

3.判断题

（1）产品赊销和商品赊销在信用管理方法上是相同的，两种赊销的买方处在相同的征信市场上。

（2）在采取到付运费的赊销方式时，客户通常在航运企业履行运输服务后的一段时间内支付运费。

（3）激进型的信用政策以优惠的付款条件和宽松的拖欠处理方式来促进销售，适于资金实力强、信用管理制度非常健全的市场进入型/成长型企业。

4.简答题

（1）简述5C要素分析法选取的评价指标。

（2）简述物流信用政策的主要内容。

（3）简述物流应收账款跟踪管理的流程。

案例分析　安得物流公司的信用风险管理

安得物流公司作为物流集成商，一方面要及时向上游实际操作物流过程的供应商比如运输公司支付账款，另一方面却要给客户放账，一般都要3个月，公司的年销售额如果做到3亿元，差不多就要8 000万元的流动资金，利息负担很重。为此，该公司强化了应收账款的管理，应收账款的平均回收期一直控制在同行优秀水平。

（1）信用管理措施——三道防火墙之事前评估

各分公司的业务部门在开拓新客户的时候，必须对客户进行信用调查，了解一个潜在客户相关的信用资料并认为值得与其合作且风险在可控的范围内之后，才会进一步商谈合作的意向和合作的具体条款。然后通过公司规定的合同审批流程，各部门在明确的职责范围内对合同和客户进行综合评审。其中运营部将从收益的角度对合同的价格、毛利率等进行评估，如果认为没问题，运营部部长签字确认。然后交由财务部审查，主要是评估回款周期是否合理，如果没问题，由财务部长签字确认后交给支持部进行下一个环节的审查，就是法律风险评估。法律风险评估主要审查合同条款有没有法律陷阱、是否公平，万一不能合作，退出的风险和退出成本有多高，比如余款和押金怎么收回等。这个环节如果没问题，由部长签字确认后交给主管副总经理审查，再没问题才由总经理审查。三个部的部长和两位正副总经理共同组成合同管理委员会，对于合同都是一票否决，除非重新与客户沟通，争取调整相应条款以使公司的利益和风险得到最大的保障。

（2）信用管理措施——三道防火墙之事中控制

一般是在合同执行三四个月后进行，通过各部门组织的跨部门评估小组对该客户进行综合评估。对于价格偏低导致毛利贡献不理想的客户，安得就会一方面检讨自己成本控制是否有效，另一方面对于确实没有合理毛利贡献的客户，就果断停止合作。在合同执行过程中，财务部门根据客户的业务量和信用情况授予一定的信用额度，并随时对客户的信用情况给予监控。如果应收款达到这个额度而客户没有及时付款，就必须督促客户付款并停止向该客户提供物流服务。为保险起见，在合同执行的过程中，财务部门每周都会以内部催款通知书的形式，通知客户经理和分公司负责人客户的欠款和信用状况，并提醒重点关注接近信用限度的客户的动态和经营状况。

（3）信用管理措施——三道防火墙之事后跟踪

在应收账款的管理上，美的集团内部考核所规定的较高的坏账准备金提取率，也迫使经营人员和财务人员尽量防患于未然。按照美的坏账管理制度，业务发生超过3个月尚未收回的应收款就算逾期账款，需要提取30%坏账准备金，预期6个月的坏账准备金提取率高达50%，也是最高的提取率，预期9个月以上，就算是死账。同时，美的集团内部设有财务中心，属下各级法人机构钱款的进出必须经过财务中心。如果像安得这样的属下机构出现逾期账款，财务中心也会向安得公司的管理层施加压力，要求尽快追款。现在市场竞争如此激烈，一般都是买方占主导，安得这样做，其实就是筛选客户，如果没有很强的实力也不敢对客户挑三拣四。

通过推行信用风险管理体系，安得不断调整客户结构，放弃那些信用不好的客户或者比较小的客户，筛选并保留了比较优质的客户，其中包括美的、TCL、康佳等国内家电巨头和东芝、LG、伊莱克斯等国际性公司，因此，业务量仍然稳中有升。对应收账款进行严格管理后的最大好处就是应收款回笼的周期由原来的90多天缩短到70天以下，这就意味着占用资金的减少，利息和风险的降低，也就是利润的提高，公司的经营更稳健，更具备持续发展的能力。

◎试结合本案例说明物流企业信用风险管理体系的构成以及物流企业如何构建与实施信用风险管理体系。

第5章 物流战略风险管理

学习目标

- 了解物流战略风险的概念与分类、物流战略风险管理的含义、物流投资风险的含义与成因。
- 熟悉物流战略存在的问题与对策。
- 掌握物流战略风险管理方案设计与实施。

导入案例

中国码头运营商海外投资风险

港口作为一个行业已经有相当长的历史，但长期以来，鉴于其基础设施的特性，许多国家和地区都把港口作为非营利性行业，由政府机构直接管制和运作，直到20世纪70年代，随着世界范围内经济自由化和民营化浪潮的兴起，港口民营化才逐渐开始，私人部门在港口业的投资与经营才逐渐增加，港口作为一个独立的产业才形成。

对于码头运营商来说，海外投资是“带刺的玫瑰”，若不能在合适的时机以合适的价格收购合适的目标，则不仅不能促进企业的发展，而且会在短暂的辉煌后给企业带来损害甚至是灭顶之灾。从企业本身而言，国际化之路意味着大量的投资。从短期的财务效果看，大笔投资不能改善企业的盈利状况，甚至在很多时候会削弱企业的盈利能力，特别是投资溢价过大时。此外，码头运营商自身无法筹集大额的海外投资，必须利用财务杠杆来实现，这样就会带来巨大的财务风险，甚至危及企业的生存。

在很大程度上，港口是国家的对外门户，具有不同于一般产业的重要战略意义。许多国家对外资收购本国港口都设置了严格的审查程序，甚至在本国企业面临被收购的威胁时还直接出面干涉。比如，美国就通过美国外资投资委员会（CFIUS）的国家安全审核来防止本国企业被收购。2018年7月8日，中国远洋海运集团有限公司（下称“中远海运”）所属上市公司中远海控公司发布公告，公司收购香港东方海外公司的交易已获得CFIUS的批准，但前提是，中远海控将把东方海外实际控制并运营的美国长滩（Long Beach）集装箱码头（下称“长滩码头”）剥离出整体交易事项之外，并在出售前实施相关信托安排。信托安排是指在第三方接手之前，长滩码头的实体由美国信托托管，该信托的主要受托人是由美国政府部门认可的纯粹美国公民且不是东方海外公司的股东，东方海外公司为受益人。在剥离长滩码头的过程中，由于暂时未能确定收购方，在无法卖给中远海运、不能退给东方海外的情况下，交由美国信托托管是一种“过渡性”的安排。据了解，长滩码头不但是东方海外持有的美国优质港口之一，也是全美最先进的自动化码头，其价值号称高达46亿美元，东方海外对其的特许经营权原本将延续到2052年。显然，中远海运放弃长滩码头称得上“断尾求生”，否则将影响东方海外其他美国资产的交割。

目前，“走出去”成为国内很多大型码头运营商的共识。在这种情形下，企业需要格外清醒，在投资目标选择、投资项目调查咨询、投资项目融资等方面必须做好功课，以避免海外投资成为企业发展的“滑铁卢”。

5.1 物流战略风险概述

5.1.1 物流战略风险概念与分类

物流战略风险是指物流企业在追求短期商业目的和长期发展目标的系统化管理过程中，因不适当的发展规划和战略决策可能威胁物流企业未来发展的潜在风险。

战略风险伴随企业战略的始终和企业发展的全过程，而不仅仅只是在战略制定的过程中产生的。它可细分为以下七大方面的风险：

（1）行业风险。包括利润变薄、研发/资本开支成本上升、产能过剩、产品大量普及、政府管制放松、供货商实力增加、经济周期的巨大波动等风险。

（2）技术风险。包括技术更新换代、专利过期、流程过时等风险。

（3）品牌风险。包括品牌变质、品牌崩溃等风险。

（4）竞争对手风险。包括出现全球性的竞争对手、逐步获得市场份额的竞争者和独一无二的竞争者等风险。

（5）客户风险。包括客户偏好的改变、客户实力增强、过度依赖少数客户等风险。

（6）项目风险。包括研发失败、IT项目失败、业务拓展失败、并购失败等风险。

（7）发展停滞风险。包括销量保持不变或下降、销量上升但价格下降、产品难以推陈出新等风险。

此外，一些财务风险、运营风险以及危险事故可能亦会成为潜在的战略风险。

5.1.2 物流战略风险因素

物流战略风险因素可以分为内外两方面。

1.外部因素

来自企业外部的风险因素可以概括为战略环境因素。战略环境因素是指对企业战略可能产生重大影响的外部环境因素。企业战略环境包括政治经济环境、技术环境、行业市场环境等。

2.内部因素

（1）企业的战略资源。企业的战略资源一般包括管理资源、技术资源、市场资源、资产资源、人力资源等。作为支持战略的要素，企业的战略资源是有形资产和无形资产的结合。

（2）企业的竞争能力。

（3）战略定位。

（4）企业领导者。

从系统的观点出发，形成企业战略风险的因素是多角度、多方面的，战略风险的各种因素之间相互制约、相互作用，形成了一个复杂的系统。环境是适应性因素，环境的变化不仅要求企业与之相适应，同时也会引起企业关键资源和竞争能力的变化。企业的资源和能力是决定企业战略的主要因素和竞争优势的来源。因而可以认为，企业的战略资源、竞争能力是企业的重要风险因素。此外，企业的战略定位是企业战略实施的关键因素，企业战略的制定和实施又与企业的领导者密切相关。所以，战略环境、战略定位、战略资源和竞争能力、企业领导者构成了企业战略风险形成的因素。五个因素之间以战略定位为核心，其相互关系如图5-1所示。

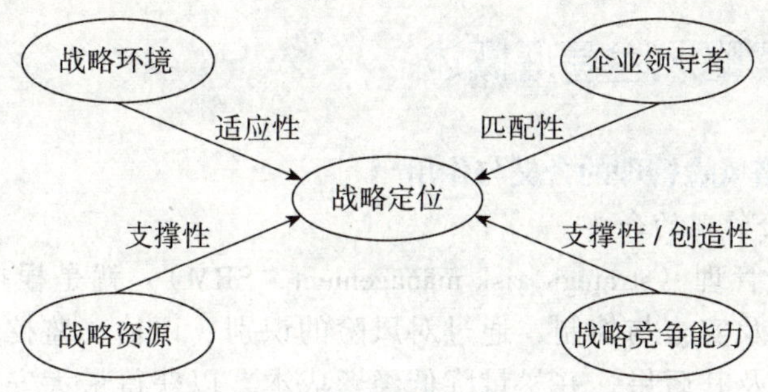

图5-1 战略风险因素构成

5.1.3 物流战略风险形成机理分析

物流企业作为一个完整的系统，只有保持良好的运行才能获得持续的竞争优势，一旦系统的运行出现了问题，就会使企业失去竞争优势，业绩下降，使系统的目标难以达成。所以，战略风险的形成机理就是系统间各因素的不平衡，并最终影响系统目标的实现。这种不平衡可以从两个方面加以分析：一方面是指当其他因素不变，某一战略风险因素发生变化时，引起系统间的不平衡，如环境的改变。环境对企业的战略来说是一个非常重要的因素，往往不受企业的控制，企业与环境不相适应，就会引起战略风险，导致企业经营上的失败，甚至威胁到企业的生存。另一方面，是指在整个企业系统的运行中各个因素的动态变化所引起的不平衡。系统在实际运行中，各因素都会发生变化，它们之间的动态不匹配和不协调会直接影响系统目标的实现，从而引起战略风险。这种动态不平衡对战略环境来说是适应性不足，对战略资源和能力表现为支持能力不够，对企业的领导者则表现为能力的匹配度不够。战略风险形成机理的系统模型框架如图5-2所示。

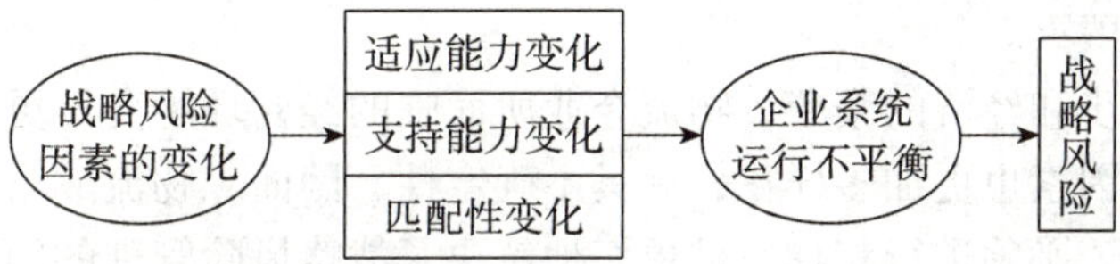

图5-2 战略风险形成机理模型

从图5-2可以看出，当战略风险因素产生变化时，这种变化会导致各因素之间动态匹配性和协调性被打破。而作为一个系统来讲，企业都有自我修复和一定强度的适应能力，企业本身可以调整某些要素的一定程度的变化，避免系统不平衡的发生。也就是说，战略风险的产生是要有一定条件的，只有当诸风险因素在系统中所体现出来的适应能力、支持能力及匹配性都无法通过企业的自我调节和修复达到动态平衡和协调时，才会导致战略风险产生。

5.2 物流战略风险管理概述

5.2.1 物流战略风险管理的含义与作用

1.物流战略风险管理的含义

物流战略风险管理（strategic risk management，SRM），就是根据战略的分析与制定、评价与选择以及实施与控制，通过对风险的识别、评估、监控来妥善预防和处理风险所导致的损失及其后果，并尽量降低经营成本，以获得最大安全保障的动态管理过程。

在企业战略实践过程中，物流战略风险管理可以被理解为具有双重含义：

（1）物流企业发展战略的风险管理。

（2）从战略性的角度管理物流企业的各类风险。

2.物流战略风险管理的基本假设

（1）准确预测未来风险事件的可能性是存在的。

（2）预防工作有助于避免或减少风险事件和未来损失。

（3）如果对未来风险加以有效管理和利用，风险有可能转变为发展机会。

3.物流战略风险管理的结果

（1）企业达到战略目标，取得很好的效益。

（2）没有达到战略目标，没有得到很好的改进。

（3）没有达到战略目标，绩效也下降了。

（4）企业破产。

4.物流战略风险管理的作用

物流业是一个投资巨大、竞争激烈、风险极高的服务行业，一个错误的决策往往就可能导致整个公司的毁灭。

随着社会的进步和经济的繁荣，物流企业所面临的经营环境变得更为复杂和动荡，企业战略选择的影响因素也更加多样化，更具不确定性，因而，物流战略风险已成为企业无法回避的现实问题，必须进行管理，谁更好地解决了战略风险管理的问题，谁就能获得新的竞争优势。

由于企业的经营环境中各种因素的变化，以及企业内部组织管理体系的复杂性，使得企业战略管理的过程受到由此引起的各种风险因素的影响，从而影响企业战略的有效性。因此，如何辨识企业的战略风险因素，并采取措施规避由此引起的风险，成为战略管理的重要组成部分。

物流战略风险管理通常被认为是一项长期性的战略投资，其实施效果需要很长时间才能显现。

5.2.2 物流战略风险管理存在的问题与对策

1.存在的主要问题

目前，物流战略风险管理存在的主要问题是对面临的风险认识不清、对外部环境了解不够、对自身实力认识不足，重大战略决策缺乏依据、缺乏与战略决策配套的管理系统、权力的过分集中。

2.主要对策

（1）理顺公司法人治理结构，建立规范的战略决策程序，形成规范、良好的治理环境。

（2）在企业内部建立起专门的风险管理机构，提供战略风险管理的组织保证。

（3）完善企业战略风险管理体系，形成战略风险管理目标、职能部门风险管理目标和员工风险管理目标的三级目标管理体系。

（4）有效识别、评估、监控战略管理的风险，降低企业战略失败的可能性以及业绩表现的不确定性。

（5）建立合理的战略决策流程和内部控制制度，根据战略决策流程，明确信息的沟通途径，保证信息的准确性、及时性、有效性及保密性。

（6）设计合理的组织架构，使管理层能随时监控战略管理实况，将战略风险管理和监控落实到各职能部门和每个员工，使每位员工认识到，战略风险管理是员工的共同责任而并非管理层单方面的责任，实行全员的风险管理。

（7）确定内部审计在公司的重要地位，明确内部审计组织架构和管理体制，完善内部审计流程。

（8）增强企业战略管理风险意识，建立企业风险管理文化。

（9）促进信息情报机构的设置，向决策层提供准确的信息。

（10）建立战略决策管理系统。

5.3 物流战略风险管理方案设计与实施

物流战略风险管理方案设计与实施流程如图5-3所示。

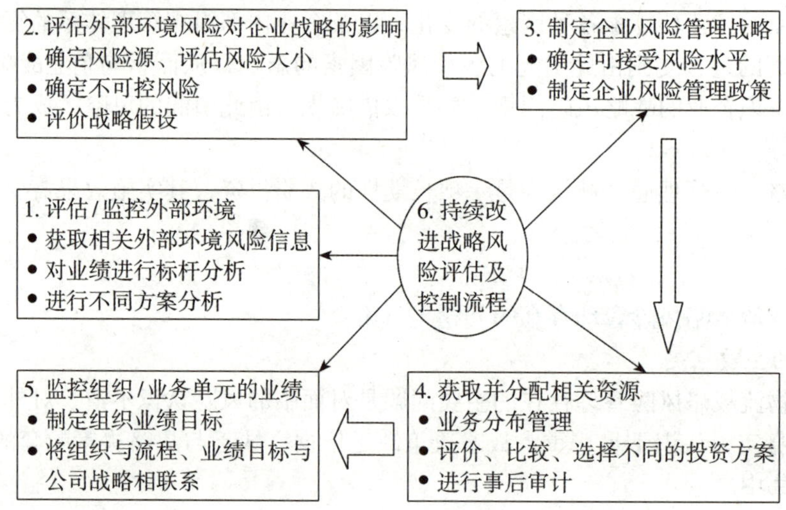

图5-3　物流战略风险管理方案设计与实施流程

1.评估/监控外部环境

外部环境风险在以下两种情况下有可能发生：

（1）企业对外部环境的假设同实际情况不一致，比如实际情况已经发生变化或有可能企业的初始假设就不成立。

（2）企业缺乏一个有效、持续的流程以获取外部环境的相关信息。

为降低该风险，管理层需要建立一套机制/流程用以系统地监控外部环境变化，包括来自竞争对手、市场、监管及其他任何在企业自身组织之外的因素。正因为企业今天的成功并不是明天胜利的保证，所以环境的变化对企业的影响是至关重要的，企业因此必须有能力确保其商业模式所依赖的假设及管理层对公司战略正确性的理解是与环境的变化相一致的。常见的监控方法包括进行行业分析、竞争对手分析、市场分析、标杆分析、不同可能方案分析等等。

2.评估外部环境风险对企业战略的影响

任何企业都需要进行有效的风险评估并确认风险的源头，这一评估过程涉及企业组织架构（即控股公司及业务单元层面）以及业务流程两个层面。关于业务流程层面的评估，我们将在后续章节中再作阐述，这里首先了解组织层面的评估。在组织层面，风险评估是战略性的，因此主要侧重于对环境风险的评估。如若环境的变化影响到企业商业模式所依赖的假设，则企业必须对其战略目标进行重新考虑。为达到这一目的，企业需要一个机制/流程用以确保将组织内部每个人对环境变化的认识转化为公司的行动，而制定一套通用的风险定义就是该流程的一个重要组成部分。在这一评估过程中，管理层应确保每个具体风险责任人：

（1）明确主体环境及流程风险对其责任范围内业绩的影响。

（2）能够将相关的环境风险信息与更高一层的管理者进行沟通。

（3）设计出一套有效的风险管理程序并付诸实施以将风险降至可控水平。

当然，评估外部环境风险所使用的信息可能来自公司内部或外部，决策者不仅要评价这些信息本身，更重要的是评估其对公司的影响，从而采取稳妥的行动，如对已接受或拒绝的风险进行重新评价，对设计不可接受风险的业务行为采取暂停性措施以及对现行风险管理流程进行重新审定并予以改进等。总之，环境的重大改变需要企业重新评估其战略目标。

3.制定企业风险管理战略

企业的经营需要有一个能确保管理层进行合理决策的框架，该框架必须能引导企业管理层识别重大的经营风险，分析出风险的根源，了解所识别的风险同企业资本所面临的风险之间的关系，并可以决定是否接受或拒绝该风险及评估这些风险管理决策对企业整体政策的影响。企业风险管理政策应明确风险管理目标和公司经营哲学。其应该涉及下列重点：

（1）评估和控制经营风险的具体目标。

（2）接受还是拒绝风险的分析框架。

（3）哪些部门负责实施这些政策。

（4）不同经营风险的管理策略，如设立权限用以明确管理层对风险的可容忍度。

（5）风险管理授权部门，即哪些部门或人员经授权并配备公司资源（尤其是面对高风险商业行为时）从而执行具体的风险管理策略。

（6）公司组织结构中每一经理岗位的职能及责任。

（7）业绩考核指标及重大风险汇报机制，包括跨职能部门的汇报，从而使风险管理真正地是在整个企业组织中得到全面执行。

4.获取并分配相关资源

企业的成功离不开对稀缺资源进行有效的分配，即将资源分配至那些可以生成合理回报同时可对所承担风险进行有效管理的投资项目中去。因此，需要建立一套资源分配机制以确保资源的有效分配。此种机制包括：

（1）制定一套一致的项目风险测评、比较和选择方法。

（2）建立一套监督、评价资源分配结果的系统，又称事后复核（post-audit）。

（3）制定业绩评估指标，为资源分配决策提供信息，这些指标如经济增加值（economic value-added，EVA）、可控制盈利水平、投资现金回报（cash-flow return on investment，CFROI）及同行业比较的投入资本。在这个机制中，以下两点关键性风险应该予以考虑：一是投资评估风险，即企业可能缺少足够的财务信息做出长期和短期的投资决策，并将其所接受的风险同所投入的资本面临的风险相联系；二是资源分配风险，即企业做出的资源分配可能无法建立并维持一个比较竞争优势或无法使股东财富最大化。

5.监控组织/业务单元的业绩

企业需要确保其业绩能够达到以下两点要求：

（1）业绩考核的充分平衡。组织业绩考核应通过一系列平衡的指标来进行（平衡计分卡），不能以牺牲长期业绩来换取短期盈利。

（2）需要同公司战略保持一致。如若企业真正地注重其全面质量水平，则有可能不会向为单纯达到生产预算而不顾产品质量的生产部门提供任何奖励。总之，要确保企业的内部和外部行为对顾客而言是有价值的，然后据此采用平衡计分的方法进行业绩考核。

有效的战略层面控制一般会以下列方式对业绩评价风险进行管理：

（1）在组织层面采用与企业战略相挂钩的业绩指标进行评价。例如，联邦快递公司将公司战略同业务流程挂钩而进行业绩考核。

（2）由于公司的战略可能会随外部环境的改变而调整，因此，需要将这一公司战略在每一业务流程及人员的层面以质量、成本及业绩考核时间的具体形式体现出来。

如若不将公司的业绩同战略目标和组织相联系，这本身就是一个重大风险，因为如若不将二者相联系，管理层永远无法认识到公司的战略是否有效得以实施。制定高标准的考核指标是很关键的，如若这些指导不具有竞争性，则公司的经营风险势必会增大。

6. 持续改进战略风险评估及控制流程

与其他商业流程一样，战略层面的风险管理流程亦是需要持续改进的。管理层应持续地提出下列问题：

（1）在决策过程中什么信息是最有用的？

（2）过去发生了哪些错误？哪些事项的发生管理层并未预见到？

（3）过去进行战略风险管理并未使用到的哪些外部环境信息在将来可能会更有帮助？

（4）如若获取了该项信息结果有什么不同？这意味着公司现行信息获取流程出了什么问题？

（5）公司如何改进目前的战略风险控制机制？

5.4 国际物流投资风险管理实践

5.4.1 国际物流投资概述

1. 国际物流投资的概念与类型

国际物流投资（international logistics investment），又称对外物流投资（foreign logistics investment）或海外物流投资（overseas logistics investment），是指跨国物流公司等国际投资主体，将其拥有的货币资本或产业资本，投资于国外物流行业，以实现价值增值的经济行为。

基于不同的角度，国际物流投资可分为以下类型：

（1）以时间长短为依据，可分为长期投资（long-term investment）和短期投资（short-term investment）。

（2）以资本来源及用途为依据，可分为公共投资和私人投资。

（3）以有无投资经营权为依据，可分为国际直接投资（international direct investment）

和国际间接投资（international indirect investment）。

值得注意的是，上述国际直接投资，可细分为以下方式：

（1）股权参与方式

股权参与是指以所有权为基础，以决策经营权为途径（持有普通股），以实现对企业有效控制或影响的直接投资方式。具体有两种形式：

①拥有全部股权——独资企业。

②拥有部分股权——合资企业（包括多数股权、对半股权、少数股权三种）。

（2）非股权参与方式

非股权参与（non-equity participation）方式包括以下四种方式：

①合作经营（contractual joint venture，契约式合营）。

②国际技术转让与技术投资。

③国际租赁（international leasing）。

④国际工程承包。

2.国际物流投资的动因

（1）投资回报丰厚。以国际港口投资为例，国际港口投资市场是回报丰厚的市场。首先，集装箱港口本来就是获利丰厚的产业，同时，港口是物流网上重要的节点，集装箱港口更是如此。因此，投资者还可以以港口为依托，开展增值服务，向现代物流服务业转化。

（2）支持主业、降低成本、提高效率。在独立跨国港口投资经营人崛起的同时，目前几乎所有的大型班轮公司都加大了向港口投资与经营的步伐。而且，马士基海陆公司的港口开发子公司把自己定位为公用码头经营人表明，班轮公司也在向独立跨国港口投资经营人转化。之所以吸引班轮公司积极参与，除了高额的投资回报以外，还有以下一些原因：一是班轮公司大型化、联盟化后，一家公司或一个联盟所生成的箱量足够建立一个新的中转枢纽，即建立自己的基地港。开辟新基地港不仅可以减少产品的同质性，减少竞争的压力，还可以避免在自己航线中产生内部竞争。二是到一个未经充分开发的港口进行投资和经营，容易受到当地的欢迎，可以享受更优惠的政策。三是在集装箱船舶大型化的同时，运力供大于求的矛盾越来越严峻，使班轮公司经营风险越来越大。因此，班轮公司从事港口经营有利于分散经营风险。四是全球经济一体化的发展大大激发了生产商对降低物流成本、缩短物流时间的需求。班轮运输是整个物流链上占用时间最多、占用资金最多的环节，也是物流费用最高的环节。因此，班轮公司最具有向第三方物流服务供应商转化的有利条件。而班轮公司与港口关系密切，往往把投资和经营港口作为向第三方物流转化的起步。五是在独立的跨国港口经营人大力拓展自己市场的今天，全球港口市场出现了垄断的前兆，为此，班轮公司应扩大自己的码头经营，以免受制于人。

（3）可取得国外政府提供补助的利益。为了吸引科技产业、就业机会及外汇，许多国家对外国公司提供特殊税负优惠、关税保护或低于市场利率的融资。这些补助，在企业评估国外地点时，经常是重要条件。如果没有这些额外的吸引力，投资计划可能无法成立。但是，有了适当的吸引力，计划就可被接受。

（4）分散其财富的分布地点。现代财务理论已显示，持有分散式资产组合的利益，犹如进行跨产业的多元化经营，具有潜在利益，跨国作业也有利可图。

3. 国际物流投资的发展趋势

随着全球经济一体化步伐的加快，国际资本的跨国流动日趋活跃，并表现出许多新的特点。

（1）增长速度加快，规模连创历史纪录。

（2）跨国投资由发展中国家逐步转向发达国家。

（3）发展中国家吸收外国直接投资由东亚地区向拉美地区转移。

（4）投资自由化趋势日益明显。

（5）跨国并购已成为国际投资的主要形式，并仍然成为今后外国直接投资迅速增长的主要动力。

（6）跨国投资向金融、保险、电信、流通等行业转移。

5.4.2 国际物流投资风险

1. 国际物流投资风险的类型

国际物流投资会面临各种各样的风险，包括系统风险和非系统风险，但这些风险往往不是因经济因素而是由于政策因素所致，即以政治风险最为突出，而且在不同的国家与地区，其表现程度也不尽相同。在发达国家，其经济市场环境比较好，相对比较而言，新兴市场国家和发展中国家的政策环境更为复杂，企业遇到的政治风险和制度、政策障碍更为突出。

（1）西方发达国家

①政治风险。西方发达国家的市场环境、投资环境总体比较好，但由于意识形态的差异，在中国投资于其基础设施、能源行业等时，它们会将中国作为第一竞争对手，这主要表现为中国企业的投资经营会遭遇经济问题政治化，因而，中国企业海外投资面临的风险主要是政治与政策风险。例如，一家浙江企业欲收购一家德国企业，因该德国企业掌握着关键技术，结果遭到德国当地政府的干预，导致收购失败。

②制度成本。在雇用劳动力方面，严格限制中国企业的劳务人员入境，导致出现劳动争议。另外，会计制度、财税制度的不同也产生一些成本。

③技术壁垒。处在苛刻强制性的技术法规环境中，劳动密集型产品的技术标准过高，比如，欧盟出台了三个环保技术标准。

（2）新兴市场国家和发展中国家

①政局不稳、国有化与征税、第三国干预等政治风险较大。如企业与朝鲜、利比亚、叙利亚等开展贸易，会遭到第三国干预，主要是欧美国家施压，使企业蒙受损失。

②市场开放有限，对外资存在限制，包括限制和禁止跨国公司在部分产业和部分投资

领域经营，要求企业有一定比例的本地化，不允许外国企业兼并当地企业，规定当地资本在结构中的比重，限制职工人数。例如，印度禁止外国企业从事零售业，限制外国企业投资基础设施、房地产。

③保护当地人就业，严格控制入境人数。比如，中国企业赴俄罗斯等国就遇到了这些困难。

④限制外汇汇出，使得企业在当地受到很大的限制，因此，政府对人民币在本地的互换给予支持非常主要。

(3) 国际金融危机带来的新风险

国际金融危机，给企业海外投资带来了新的风险，主要体现在三个方面：

①保护主义加大，以实施本国的工业化、发展产业为由限制其他国家，实施保护主义。

②外汇风险上升，部分国家实施了更为严厉的措施，增加了资金风险，加大了回流的难度。

③本币汇率升值，国内物价水平上升，本币相对升值，导致企业无利可图，甚至亏损。

2. 国际物流投资风险的成因

我国企业的海外投资失败率一直很高，这暴露出我国企业"走出去"在风险防控、人才培养、文化沟通等方面还存在很多问题，虽然我国的很多企业有"走出去"的实力，但是从总体上来说，我国企业的海外投资还处于初级阶段，对国际市场缺乏深入的认知和全面的把握，对于国际惯例、通行规则不够熟悉，不太善于与当地开展公共外交等限定因素，使得我国企业的海外投资业务面临种种困难。

国际物流投资风险主要来自投资、技术、财务、利息、政治、汇率等诸多方面的因素。

(1) 政府层面

①政府缺乏对企业海外投资的规划和指导。对于中国企业对外直接投资的区域、产业、方式等没有明确的规划，造成中国企业对外直接投资存在投机性、盲目性、无序性，在一定程度上导致了中国企业对外直接投资区域、产业过度集中的现状。

②管理机构之间缺乏有效沟通、效率低下。目前中国对外直接投资由商务部、国家发改委、财政部、海关总署、外汇管理局、产业主管部门等共同管理，各个部门在实际操作中往往只从各自的管辖权和管理目的出发，缺乏沟通联络，导致审批事项重叠、内容烦琐、过程复杂、管理低效。

③对外直接投资法律体系尚待完善。到目前为止，我国出台的对外直接投资的相关法规主要有1985年外经贸部制定的《关于在国外开设非贸易性合资经营企业的审批程序和管理办法》、1989年国家外汇管理局制定的《境外投资外汇管理办法》(已于2011年1月8日起废止)、2004年国家外管局发布的《境外投资外汇管理办法实施细则》，以及2017年国家发改委发布的《企业境外投资管理办法》(国家发展和改革委员会令第11号)，该办法用以替代《境外投资项目核准和备案管理办法》(发改委令第9号)。这些法规与中国高

速增长的对外直接投资规模相比仍有待进一步完善与细化。

（2）企业层面

①缺乏相关专业人才，影响对外投资的成功率，对外投资对跨国经营人才在贸易、管理、外语、法律、风俗、财务、营销、金融等各个方面有较高的要求，但是，很多中国企业缺乏高素质的跨国经营人才，盲目对外直接投资，造成企业在海外经营时限于管理者的经营能力而经常做出错误决策，使企业大量亏损。

②投资决策机制不健全，责任不明，容易受“长官意志”的影响，或者因领导人一时头脑发热而盲目拍板，造成投资决策的随意性、主观性、盲目性和独断性。

③为了争上项目，故意把可行性研究报告做成“可批性报告”，有些项目审批部门从地方利益出发，没有从严把关，从而造成重复建设、盲目建设，使项目建成投产后没有市场，企业处于亏损状态。

④缺乏风险意识，盲目追求“热门”产业。在某些行业处于最“热门”的时候才决定进入，结果投资后行业转向低迷，企业深陷其中，进退两难。

⑤对项目仅侧重于技术可行性的研究，对经济可行性的论证不够重视，对投资成本及项目建成后的成本费用和效益测算不准确，从而根据过于乐观的经济估算做出错误的决策。

5.4.3 国际物流投资风险防范

1. 国际物流投资风险防范的原则

在防范海外投资的风险方面，需践行以下基本原则：

（1）以企业自救措施为主，政府保证机制为辅。如果企业过度依赖政府出面事前防范风险、事后化解危机，必然缺乏应对复杂环境的生存能力。

（2）事前安排为主，事后措施为辅。在完善海外投资风险应对体系时，最重要的是通过事前的主动安排，来降低遭遇政治性风险的概率，其次才是在遭遇政治性风险之后，通过施加补偿、索赔之类事后措施来化解。只有这样，才能最大限度地降低我国企业应对海外投资风险的成本。

2. 国际物流投资风险防范的对策

（1）政府层面

物流企业“走出去”必须要有一套清晰的、全面的战略体系，在这套体系的建设中需要相关立法的进一步完善、服务支持体系的健全，也需要资金融通等政策的保驾护航。从政府和社会的角度来说，应当给我国的企业营造一个宽松的氛围。

①构建包括管理监督、服务促进和风险保护在内的海外投资协调机制。如签署双边、多边以及国际投资保护协定，坚持将争议提交缔约国涉外仲裁机构仲裁，以保障海外投资安全和避免损失；鼓励建立海外投资保险制度，充分利用中国出口信用保险平台，解决海外投资融资难等问题，降低海外投资风险。

②充分发挥政府、行业商协会的作用，建立海外投资风险预警机制。加强和完善相

关资信信息服务平台建设，监测和预测海外投资风险，对风险进行分析、报警、预控、处理，对企业进行及时引导，以求将风险降到最低。同时，政府还应针对中小企业普遍面临的信息渠道不畅，成立“走出去”中心，利用使馆的作用，推动政府服务向海外延伸。

③完善财税金融支持政策，完善境外所得税的税收政策，稳步推进人民币汇率形成机制的改革，进一步推进人民币的跨境投融资。增加企业走出去的融资渠道，对中小企业加大支持力度，进一步发挥出口的作用。

④提供经济外交支撑，加强与各国的交流，为企业走出去提供良好的政治政策环境。

（2）企业层面

①采取正确的跨国经营策略，从源头上降低政治性风险发生的概率。如在中国企业参与海外战略性资源开发之前，首先应全面评估政治和政策风险。可以利用政治风险机构，对投资目的国的政治、法律、社会环境进行系统评估。比如，近年来，我国也在尝试建立国家风险体系，针对中国企业最关注的60个国家，中国出口信誉保险公司发布了国家风险报告。其次，要确定参与形式。比如，面临股权安排和非股权安排两种策略的选择。在股权安排中，又有直接投资和迂回投资（即通过自己持股的第三国公司到东道国投资）之分，股权比例也有全资、合资两种。一般说来，在法制相对完备、社会安定、与我国无重大政治冲突的发达国家，可以选择股权安排，以便最大限度地获利。法制越完备、与我国政治冲突越少，就越应该采取直接投资形式，只要企业财力足以支持，股权比例也越高越好。相反，在法制不完备、社会不安定或与我国存在潜在重大政治冲突的国家，我国企业应优先选择非股权安排。东道国法制越不完备、社会越不安定、与我国的潜在政治摩擦越多，我国企业越应当采取非股权安排或迂回投资方式，持股比例也越低越好。

②充分利用境外投资保险。世界银行集团下的多边投资担保机构都提供投资担保。美国的海外私人投资公司、日本的通商产业省贸易局、德国的信托检查公司和黑姆斯信用保险公司等也提供相关保险服务。中国企业应该学会充分利用。

③投资分散化与融资多元化。应该选择不同的国家、不同的行业、不同的产品分别投资。

④在投资的方式上选择合资或合作经营的形式，提高当地雇员在公司的比例。采购东道国的产品，走本土化经营的道路，积极履行企业的社会责任。

⑤加快组织海外华人商会。借助集体力量，增强海外华商抵御政治性风险的能力。

⑥扩大与贸易伙伴国的交流，改善华商在海外的环境。改善华商在海外的政治和舆论环境，归根到底就是要在东道国国内寻找反保护主义同盟军，这些人包括东道国进口商及其团体、东道国当地雇员、信奉自由贸易的学术界和舆论界机构与人士，以及有关政界人士。在这个过程中，特别重要的是与政界、商界、学术界和舆论界精英人士的交流，因为他们对东道国社会舆论能够发挥强大的引导作用，能防止东道国通过对华商和中国商品不利的不公正法规和做法。这种交流不仅要包括与当前的精英交流，也应包括与未来的精英

交流。

【案例5-1】 中国码头运营商海外市场大显身手

随着改革开放和港口管理体制的改革，中国港航企业借助中国经济的快速发展而起飞，羽翼逐渐丰满，已开始将触角伸至海外。

（1）招商局国际：拓展亚洲新兴市场

招商局集团旗下的招商局国际有限公司（简称招商局国际）目前已基本形成全国性的枢纽港口战略布局，旗下港口分布于珠三角的香港、深圳、湛江；长三角的上海、宁波；渤海湾的青岛、天津。

2008年，招商局国际迈出海外投资第一步：当年9月8日，招商局国际与越南国家航运公司Vinalines的一家附属公司成立合营公司；同年12月22日，与越南国家油气公司旗下的PVSB就越南槟庭星梅项目成立合营公司，订立框架协议。至此，招商局国际的港口业务网络由中国延伸至越南，其海外业务取得突破性的进展。

（2）中远太平洋：海外控股经营码头

从上世纪80年代末中远集团就开始关注集装箱码头的发展，并逐步参与码头投资。目前，中远集团旗下的中远太平洋（COSCO Pacific）已经成为与新加坡国际港务集团（PSA）、丹麦马士基集装箱码头公司（APM Terminals）、迪拜世界港口（DP World）、中国香港和记黄埔（HPH）齐名的顶级港口运营商。

在中国码头运营商中，中远太平洋充当了海外投资的领头羊。2003年，中远太平洋获取了新加坡两个泊位49%的权益；2004年，中远太平洋收购比利时安特卫普港25%的股权；2007年，中远太平洋收购苏伊士运河码头20%的股权；2008年，中远太平洋以8.31亿欧元获得希腊第一大港比雷埃夫斯港2号码头现有土地设施和新3号码头东面部分土地的35年独家使用及商业经营权。此外，中远太平洋还将在未来投入2.36亿欧元扩建及建设2号和3号码头。

比雷埃夫斯港是希腊第一大港，是东地中海的门户港口，对于中远集团在欧洲的版图扩张具有重大意义，更别说是中远太平洋自身来经营运作的海外港口了。这是中远太平洋向欧洲扩张战略的重要一步。一方面，缘于比雷埃夫斯港的天然优势，作为希腊和东地中海重要港口，通过该港向内陆可延伸至巴尔干地区，海上则可以辐射至地中海、黑海以及北非；另一方面，随着全球经济的逐步复苏，航运运价正在向合理水平回归，拥有自己运营的国际港口显然有助于在未来的航运市场抢得先机。而比雷埃夫斯港项目对于中远太平洋的重要意义还在于，这是其投资战略的一个转变，即由投资参股战略转向投资控股经营战略。

（3）上港集团：国际化战略第一步

上港集团是上海国际航运中心建设的主力之一，完成长江布局后重启海外战略，与上海“两个中心”建设高度契合。

作为中国第一大港的主要运营商，上港集团国际化的第一步走得十分谨慎。早在2006年，上港集团曾就投资泽布吕赫码头的项目与马士基集团签署框架协议，但之后由于金融危机的爆发而搁置。随着金融危机的逐渐消退，2010年5月28日，上港集团与马士基旗下的APM码头公司在上海共同举行了比利时APM码头泽布吕赫公司揭牌仪式。上港集团比利时泽布吕赫码头公司的成立，标志着上港集团正从一家单一的码头经营商向国际化码头运营商转变。据悉，上港集团将向马士基集团收购其在泽布吕赫码头公司中25%的股份，成为该码头公司第二大股东。同时，上港集团将向该码头公司派驻包括副总经理在内的部分高级管理人员，实际参与该码头公司的日常运作。此前，APM码头公司持有泽布吕赫码头公司100%的股权。

泽布吕赫港是欧洲大陆北海海岸4个深水港口之一，是欧洲最大的煤气转运港和液化气进口港，同时也是欧洲第六大集装箱港。泽布吕赫码头公司是泽布吕赫港的集装箱码头之一，该码头前沿水深15.2米，岸线长度900米，堆场面积45万平方米，配置了7台超巴拿马型桥吊，设计能力85万TEU/年。

上港集团国际化的第一步异常关键，为何最终落子比利时泽布吕赫港？从投资金额和获取股权来说都是“重在尝试”。欧洲港口作为非常成熟的市场，较为规范；同时，上港集团又是和马士基集团进行合作，作为全球排名第三的码头运营商，马士基集团的经验是值得学习和借鉴的。

此次投资比利时泽布吕赫，只是上港集团国际化战略迈出的第一步，上港集团希望通过继续推行国内外码头投资与并购，成为一个全球性的码头经营商。

【知识拓展】 **港口投资多元化及其风险**

近年来，港口投资日益呈现多元化，具体体现以下几个方面：

（1）国内资本与港口企业合作或自建自营。主要有两大类型：一是中海集团、中远集运等航运企业与港口企业股份制合作经营码头业务。二是以神华集团、宝钢集团、中石化等工业、原材料开采加工和进出口企业为代表的内资，加大了散货及油品码头建设的投入。

（2）中外合资形式。目前，中国沿海和内河集装箱码头合资率分别占集装箱泊位总数和总通过能力的64%和72%。还有一些境外资本在参与中国工业企业合资经营的同时，以货主码头的形式进行投资建设，并以自身企业的产品运输为主，主要是油码头和化工码头，如新加坡在江苏省常熟港的投资就属于此类。

（3）民营资本通过股份制改造或收购国有资本参与港口建设与营运。辽宁省锦州港就是第一个由民营资本控股的沿海港口，哈尔滨东方集团就是通过港口股份制改造而进入锦州港并控股经营的。在锦州港务股份有限公司的总股本中，原国有港口资本仅占22%，民营资本则占33%，加上员工持有的股份，私有资本股权超过50%。

（4）原国有港口企业改组为上市公司。大型国有港口企业通过上市改制运营，也是我国港口投资主体多元化的一种行之有效的方式。

此外，目前许多港口企业不仅投资建设内陆港，而且还尝试跨行业投资和海外投资，由此必将产生大量的投资风险。

思考与练习

1.单选题

（1）不属于物流战略风险内部因素的是（　　）。

A.企业的竞争能力　　B.战略定位　　C.战略环境　　D.企业的战略资源

（2）国际物流投资面临的最大风险是（　　）。

A.运营风险　　B.政治风险　　C.自然风险　　D.技术风险

（3）物流战略风险管理的结果包括（　　）。

A.企业一定达到战略目标　　B.企业没有达到战略目标

C.企业绩效一定上升　　D.企业破产

2.多选题

（1）物流战略风险包括行业风险、技术风险、品牌风险以及（　　）。

A.竞争对手风险　　B.客户风险　　C.发展停滞风险　　D.项目风险

（2）除了战略定位，物流战略风险形成的因素还包括（　　）。

A．战略环境　　B．企业资源　　C．竞争能力　　D．企业领导者

（3）物流战略风险管理存在的主要问题包括（　　）。

A．对面临的风险认识不清　　B．对外部环境了解不够

C．对自身实力认识不清　　D．重大战略决策缺乏依据

3．判断题

（1）物流战略风险伴随着企业战略的始终和企业发展的全过程，不仅仅是单一在战略制定过程中产生的。

（2）物流战略风险是系统性风险。

（3）国际物流投资风险产生的根源在于企业自身因素。

4．简答题

（1）简述物流战略风险管理的内涵与作用。

（2）物流战略管理方案设计与实施步骤。

（3）简述防范国际物流投资风险的对策。

案例分析　　招商局5亿美元投资斯里兰卡港口

招商局集团有限公司（China Merchants Group，简称招商局）创立于1872年12月26日，1873年1月17日在上海正式开业，是中国民族工商业的先驱，被誉为“中国民族企业百年历程的缩影”。招商局现为国家驻港大型企业集团、香港四大中资企业之一，总部设于香港。其主要经营活动分布于香港、内地，以及东南亚等地区。

招商局作为中国近代民族工商业发展的先驱，在140多年的发展历程之中，在交通运输及相关基础设施建设、经营与服务（港口、公路、能源运输及物流）、金融投资与管理、房地产开发与经营等核心产业方面均处于中国乃至全球的领先地位。尤其在交通基建产业方面，作为重要的投资者和经营者，招商局现已基本形成全国性的集装箱枢纽港口战略布局，旗下港口分布于珠三角的香港、深圳、湛江；长三角的上海、宁波；渤海湾的青岛、天津。招商局是全球位列前三名的公共码头运营商，是全球四大集装箱港口（香港、新加坡、上海、深圳）中的三个港口的重要投资者和经营者。

2011年12月16日，招商局投资科伦坡港南集装箱码头BOT项目正式开工。科伦坡南港集装箱码头是斯里兰卡最大的外商投资项目之一，码头建成后将成为斯里兰卡唯一能接卸14 500标箱超大集装箱船的码头。

科伦坡国际集装箱码头有限公司（CICT）是由香港招商局国际有限公司、斯里兰卡Aitken Spence Plc公司以及隶属于斯里兰卡政府的斯里兰卡港务局组成的合资公司。按照股东协议的相关规定，招商局国际占股55%，Aitken Spence Plc占股30%，斯里兰卡港务局占股15%。CICT项目总投资超过5亿美元，是斯里兰卡迄今为止单一最大的外资项目，由招商局国际主导科伦坡港南集装箱码头的融资、设计、建造、运营及管理，特许经营期为35年，营运期满后码头将被交还给斯里兰卡政府。该码头岸线总长1 200米，陆域面积58公顷，码头前沿水深18米，设计吞吐量为240万标准箱。项目将分为两期工程展开，首期工程于2014年中期建成并投入使用。

上世纪80年代末90年代初，全球港口市场出现了跨国港口投资人，他们与班轮公司投资经营港口的目的不同，班轮公司投资经营港口是为了支持主业——班轮运输，而这些跨国港口投资经营人就是为了追求高额投资回报，从而形成了国际港口投资市场。近年来，我国政府也鼓励港航物流企业走出去，

参与国外港口的建设和经营。目前，我国物流企业海外投资才刚刚开始，除了应当激发企业的投资热情外，还应该越来越多地关注过度激进和考虑不周的海外投资可能带来的风险。这种风险不仅有可能令企业在未来轰然"倒塌"，而且有可能贻祸于国家。因此，我们需要更多地强调遏制企业非理性的盲目投资冲动，以防范海外投资风险。

◎试结合本案例说明港口企业海外投资面临的风险与其规避策略。

第6章 物流操作风险管理

学习目标

- 了解物流操作风险管理的意义及面临的挑战。
- 熟悉物流操作风险的概念、特点、类型，物流操作风险管理方案设计与实施。
- 掌握物流项目投标、物流金融、国际物流三大业务操作所面临的风险及防范策略。

导入案例

航空物流招投标的困惑

一家外商独资高科技企业，经过近10年的经营，在深圳、上海等地设有海关监管的保税仓库，进出口手机和基建设备，拥有几十个规格品种的产品，年营业额达2亿元人民币。每周，该企业总部的计划部门会根据各地区的销售预测、部门设定的库存目标、生产基地的供应周期和当前的库存，向海外的生产商下达补货计划。每年，除了管理人员的薪酬、办公费用和IT系统的支出外，大部分的物流支出（约2 000万元）是在仓储、航空运输领域。目前，航空运输费用占了其整个物流支出的80%左右，约70%的业务量来自空运进口。由于中国航空货运执照并没有开放，致使许多国外的物流服务商受到中国政策的限制或中国合资方的拖累，无法提供在中国境内的全程统一的服务，该企业只好寻找国内的物流服务商。为此，每年六七月份，该企业都会举行航空物流服务商总包招标会，确定下一年度的物流服务商。但在招标过程中，该企业却时常面临如下困惑：一是选择大的还是小的物流商？大的物流商实力强，但有时店大欺客，物流价格高居不下；小的物流商虽然价格低廉，但明显存在着运力不足、舱位不够、航线单一等问题。二是外包给一家还是外包给多家？外包给一家，会不会是先报低价胜标，再等日后找各种借口要求涨价？或者实际上难以胜任物流工作。真要那样，招标岂不是白搞了，或届时再搞？三是每年招标还是签订长期合同？通过频繁招标，虽可不断压低物流服务商的收费，但最终必然招致反弹；虽然更应该考虑长期的物流外包，但在现有物流服务商水平参差不齐的情况下，选择长期物流服务商，如何避免物流服务商难以胜任等诸多风险？

相应地，拟投标的物流服务商也有一肚子委屈。一是现在在很多生产企业的物流招标文件中，往往只简单描述了未来一年的业务量，要求航空物流企业提交的报价也主要是依据该业务量来计算的。先不提这个预测的未来一年的业务量是否真的科学，仅就市场而言其变化就是无法预计的，在日后实际运营时，业务量不够该怎么办。一旦业务规模下滑，物流企业原先报价计算中分摊的固定成本将不成立。此外，在招标中还往往要求，所有航空物流企业服务的报价是按每月每箱的量报价，这意味着合同和实际运营结算时，均按此业务量核算。这对物流提供商来说，其实蕴藏着巨大的风险！因为，航空货运具有季节变化的规律，每年的圣诞节和三四月份（复活节）是运输高峰。一方面，如果此时运力和仓储容量不够，则许多货物都会露天堆放，因而其损坏率很高；另一方面，由于每月的库存是不稳定的，淡季时由于出货量少而库存有可能增加，因而会导致当期的收入少而支出大的情况。二是与过去投标的报价单不同的是，现在的解决方案报价要求明明白白地列出物流企业的成本底线，细化到每个环节，成本如此透明且没有任何弹性空间，一旦遭遇淡季或是其他原因引起销量变化，物流企业就面临亏本的风险。因此，物流企业报价时必须包含可能面临的风险因素。三是现在招标的都是单张合约下货主与航空物流商之间的门到机场（机场到门）运输服务，在整个航空物流价值链上，航空物流商的角色只不过是选择运输方式、货代或者航空公司、确定运输计划、进行订单处理、协助仓储管理以及进行运输单证管理，因而，航空物流商实际上对整体货运成本和货运时间的控制能力相当薄弱。这是因为，整个航空物流的价值链系由“货主→航空物流商→始发货代→始发机场→始发货站→航空公司→目的地机场→目的地货站→目的地货代→收货人”所组成，由于存在众多的瓶颈和不透明环节，从而导致货运收入被整个航空物流价值链中的各个环节所瓜分，而且整个货运时间也往往受制于机场的操作和航空公司是否准时运输等诸多条件。

由此可见，与一般工程项目不同，物流项目招投标面临着招标任务难精确、评标方法难确定等诸多问题。因此，一场物流项目招投标活动，招方投方各有算盘：招的人担心报价有假，服务难以保证，投方还可能会借机涨价；投的人担心合作难以持久，成本不好换算，资金压力太大。显然，如何防范招投标风险，已成为物流项目招投标双方面临的共同问题。

6.1 物流操作风险概述

6.1.1 物流操作风险的概念与特点

1.物流操作风险的概念

操作风险（operational risk），也称运作风险、作业风险等。巴塞尔银行监管委员会认为，操作风险是指由于不完善或有问题的内部操作过程、人员、系统或外部事件而导致的直接或间接损失的风险。

参照以上定义，物流操作风险可以定义为：在物流业务运作过程中，因企业不完善或失灵的内部流程控制、人为的错误、制度失灵以及外部事件所产生的直接或间接损失的可能性。

2.物流操作风险的特点

与信用风险、市场风险等相比，物流操作风险具有以下特点：

（1）内生性。除自然灾害、恐怖袭击等外部事件引起的物流操作风险损失外，物流操作风险中的风险因素很大比例上来源于物流企业的业务操作，属于企业可控范围内的内生风险；而信用风险是指客户到期不支付物流报酬或者没有能力付款的风险，它是由客户的主客观情况所决定的违约风险；市场风险是指因物流市场供需变化而给企业带来的风险，它与物流市场价格波动相联系。可见，信用风险与市场风险都产生于企业的外部，它更多的是一种外生风险。

（2）不对称性/非营利性。物流操作风险是一种纯粹的风险，物流企业不能保证因承担业务操作风险而获得收益，而且在大多情况下，物流操作风险损失与收益的产生没有必然的联系。而信用风险和市场风险存在着风险与报酬的对应关系，是一种投资风险或带有投机性的风险，一般原则是风险高收益高、风险低收益低，存在风险与收益的对应关系。

（3）可转化性。任何损失事件的发生往往都不是单一风险造成的，许多物流操作风险与市场风险和信用风险密切联系，前者与后两者之间往往是原因和结果的关系，而并非是相互独立的三种风险。比如，定期结算的运费损失并不是单由信用风险造成的，它可能是由于信用管理流程关键环节人员的失职、欺诈、违规操作、内部控制制度不严密等造成的，显然，业务操作风险很大程度上引发和放大了信用风险。因此，从风险管理的趋势看，国际范围内越来越倾向于将信用风险、市场风险和操作风险等合并起来在整个企业范围内一并考虑。

（4）多样性。从覆盖的范围看，物流操作风险几乎覆盖了企业运营过程的诸如财务、营销、人力资源等各方面操作所产生的各类风险，比如，执行风险、信息风险、关系风险、法律风险、人员风险、系统事件风险等。而信用风险和市场风险的构成则相对较为简单。

（5）难以测定性。由于单个物流操作风险因素与操作损失之间并不存在清晰的、可以界定的数量关系，因此，物流操作风险至今仍没有普遍认同的衡量标准，也没有可以公开获取的数据库，以及成熟的控制技术和相应软件等。

（6）难以控制性。物流操作风险难以控制的原因在于它跟人的关系密不可分、相互关联，而人的道德风险、行为特征又相当难以控制，因此，人文环境的差异、地方文化特征、商业氛围会对物流操作风险管理产生很大的影响。

（7）具体性。每个物流企业都有其自身的、独立的和独特的操作环境，因此，必须考虑企业具体情况来对物流操作风险进行分析与管理。

（8）并存性。物流操作风险，既包括发生频率高但损失相对较低的日常业务操作上的风险，也包括发生频率低但一旦发生就会造成极大损失甚至危及企业生存的风险，如船舶碰撞、预借提单、无单放货等风险。

6.1.2 物流操作风险的类型

基于不同角度，物流操作风险的表现形式有所不同，以下介绍常见的两种分类：

1.按风险因素分类

参照物流的业务特点，按照风险因素，可将物流操作风险分为四种类型：

（1）人员因素引起的风险

狭义的人员指的是物流企业的员工，广义的人员还包括客户、第三人等外部人员。

员工：操作失误、违法行为（员工内部欺诈/内外勾结）、越权行为、泄密、违反用工法、关键人员流失等。

客户（包括收货人、发货人、物流供应商、物流分包商、物流代理）：操作失误、违法行为（客户欺诈/内外勾结）、越权行为等。

第三人：因第三人侵权给企业所造成的损失。

（2）物的因素引起的风险

这主要包括物流企业、客户或第三方所拥有的物流设备设施（载运工具、装卸搬运工具、港站设施、仓库）或其他设施的不当操作、企业计算机系统失灵和系统漏洞以及因所承运或储存的商品自身特性而给物流企业带来的损失等。

（3）制度/流程因素引起的风险

这主要指管理制度不健全、岗位设置不合理、内部流程不健全、流程执行失败、控制和报告不力、文件或服务合同缺陷、抵押担保管理不当、服务产品存在缺陷、服务质量不规范、与客户纠纷等。

（4）环境/外部因素引发的风险

这主要是指包括无法预料的外部事件、自然灾害、市场供需变化等所引起的风险。

【知识拓展】　巴塞尔委员会对物流操作风险的分类

按照发生的频率和损失大小，巴塞尔委员会将物流操作风险分为七类：

（1）内部欺诈。有机构内部人员参与的诈骗、盗用资产、违犯法律以及违反公司的规章制度的行为。

（2）外部欺诈。第三方的诈骗、盗用资产、违犯法律的行为。

（3）雇用合同以及工作状况带来的风险事件。由于不履行合同，或者不符合劳动健康、安全法规所引起的赔偿要求。

（4）客户、产品以及商业行为引起的风险事件。有意或无意造成的无法满足某一顾客的特定需求，或者由于产品的性质、设计问题造成的失误。

（5）有形资产的损失。由于灾难性事件或其他事件引起的有形资产的损坏或损失。

（6）经营中断和系统出错。例如，软件或者硬件错误、通信问题以及设备老化。

（7）涉及执行、交割以及交易过程管理的风险事件。例如，交易失败、与合作伙伴合作失败、交易数据输入错误、不完备的法律文件、未经批准访问客户账户，以及卖方纠纷等。

2.按物流作业环节分类

物流操作风险可分为咨询与设计类风险、运输类风险、仓储/配送类风险、增值服务类风险、报关报检类风险、货代船代类风险等（参见表6-1）。限于篇幅，本书仅介绍部分操作风险及其防范，至于其他操作风险，请参见作者编写的《国际物流操作风险防范——技巧·案例分析》（中国海关出版社，2009）和《国际货运代理风险规避与案例分析》（科学出版社，2009）两书。

【知识拓展】　操作风险的另外一种分类方法

（1）客户满意度风险。缺乏对客户的关注会威胁到企业满足并超越客户预期的能力。

（2）人力资源风险。在企业的关键人员中缺乏必备的知识、技能与经验，会威胁到企业执行其经营模式以及实现关键性经营目标的能力。

（3）知识资本风险。在企业内进行学习并使其制度化的过程如果不存在或不能有效运转，则会导致企业反应迟缓、成本高、重复犯错、发展缓慢、增长受到限制，雇员的积极性也会受到打击。

（4）产品开发风险。产品开发效率低下会威胁到企业长期内满足客户需要与希望的能力。

（5）效率风险。低效率的运作会威胁到企业按照或以低于其竞争对手或世界级公司的成本水平生产产品与服务的能力。

表6-1 **物流各环节主要操作风险**

环节	主要操作风险	环节	主要操作风险
运输	1.运输合同主体资信不足，导致合同无效或无法履行，甚至被诈骗 2.运输合同条款约定的权利义务不合理，导致承运人承受不合理的风险 3.合同履行中未及时检验、移交，接收及接受货主特殊指示而产生的违约风险 4.道路交通事故、船舶碰撞损害赔偿风险，包括车辆转卖未过户的可能被判承担连带责任；车辆内部承包的公司同样要对外承担连带责任 5.因货物运输、保管不当造成货损、灭失的损害赔偿风险 6.货物迟延交付、误交付的违约赔偿风险	装卸搬运	1.货物误交风险 2.交接时未及时检验、通知的风险 3.装卸货物损害赔偿风险 4.装卸安全事故赔偿风险
		仓储	1.仓储物验收不明的风险 2.仓储物变质、损毁、灭失赔偿风险 3.存货人欺诈风险 4.交付不当风险
		流通加工	1.擅自转包风险 2.临时雇工人身损害赔偿风险 3.加工物交接验收不明的风险 4.物流加工外包欺诈风险
物流代理	1.越权代理风险 2.成为当事人的风险 3.委托人欺诈的风险 4.单证风险 5.转委托风险 6.授权不明的风险	配送	1.配送迟延、误送赔偿风险 2.配送货损赔偿风险
		包装	1.包装条款不明确的风险 2.包装条款履行不当的赔偿风险 3.危险货物包装不明的风险 4.包装检验检疫不合格的风险
物流保险	1.保险合同无效的风险，比如，无保险利益 2.保险免责条款风险，比如，无单放货、倒签提单等不预赔付的条款 3.保险索赔证据不足、手续不全被拒赔的风险	物流信息	1.信息系统故障导致操作失败 2.信息服务未及时或无法提供的风险

（6）能力风险。能力不足会使企业难以满足客户需要，而能力过剩又使企业难以形成竞争性的边际收益。

（7）业绩缺口风险。由于内部运营水平低下或外部联系不足所导致的企业无法在质量、成本、周转时间等指标上表现出世界级的业绩，会降低对企业产品与服务的需求。

（8）周转时间风险。不必要的行动会延长开发、生产与运输产品的时间。

（9）来源风险。能源、原材料、中间产品与零部件的来源受到限制，会影响到企业及时地以竞争性价格生产高质量产品的能力。

（10）渠道效率风险。低效率的营销、分配渠道会影响到企业有效地接触现有及潜在的客户与最终消费者的能力。

（11）合作伙伴风险。企业的战略联盟、合资企业、子公司和其他外部联系的效率低下，会影响到企业的竞争力；当企业选择了错误的合作伙伴与合作模式，在合作中额外多获得了收益（导致合作伙伴受损）以及没有利用合作机会的时候，这种不确定性就会提高。

（12）服从（监管机构或其他要求）风险。如果不服从客户需要、企业政策与程序，不遵守法律与规章要求的话，就会导致低质量、高成本、丧失收益，出现不必要的延迟或受到处罚等等后果。

（13）业务中断风险。由于无法得到原材料、信息技术、有技能的工人、相应便利条件或其他资源而导致的业务中断，会威胁到企业继续运营的能力。

（14）产品/服务失败风险。产品或服务方面的缺陷会使企业受到客户的抱怨、品质投诉、修理、退货、承担负债、诉讼等方面的威胁并会损失收益、市场份额与商誉。

（15）环境风险。对环境有害的行为会使企业可能承受对健康伤害的赔偿、消除损害所支付的成本以及财产赔偿和惩罚性赔偿等。

（16）健康与安全风险。不能为其员工提供安全的工作环境会使企业额外做出补偿、丧失声誉及承担其他成本。

（17）商标/品牌侵权风险。长期内，商标或品牌的侵权行为会威胁到对企业产品与服务的需求，并损害其实现增长的目的。

6.2　物流操作风险管理概述

6.2.1　物流操作风险管理的意义

近年来，随着物流市场竞争日趋激烈，竞争能力成为企业生存与发展的核心，而竞争必然带来风险。由于物流市场竞争环境日趋恶化，物流企业面临更多的风险。过去，市场风险、投融资风险、载运工具碰撞风险是企业最关心的风险，而操作风险却往往被忽视。如今，企业越来越庞大，它们的产品越来越多样化和复杂化，物流业务对以计算机为代表的IT技术的高度依赖，以及物流的全球化趋势，使得物流活动日趋复杂，一些“操作”上的失误，就可能带来很大的甚至是极其严重的后果。这促使物流企业不得不把操作风险与其他风险同等看待，并实施有效的防范。

根据物流操作风险的定义可知，物流操作风险要素主要包括组织/人员、流程、系统（物流设施设备与电脑系统）等，而这些要素恰恰构成了企业的主要管理要素。众所周知，一个物流企业，如果没有组织或人员，就不能成为物流企业，而组织和人员又会按照不同的职责被分配到各项物流业务活动中，为了使物流业务活动更加高效、优质，便引用了现代化的物流设施设备及信息系统对业务活动加以支持或进行流程的自动化，最终通过这些业务流程向客户提供优质的物流服务，换回物流企业持续发展的血液——资金。因此，组织、系统、流程中的任何一个环节发生问题，都会造成物流企业系统“供血不足”，甚至因“失血过多”而死亡。显然，从一定意义上讲，物流操作风险防范过程实际上就是对企业主要管理要素进行有效管理的过程。

6.2.2 物流操作风险管理面临的挑战

1. 操作风险意识的挑战

（1）国内物流企业对操作风险的关注时间较短，尚未真正认识它。

（2）在操作风险管理理念上存在缺陷，导致操作风险管理框架不健全、管理措施不到位、管理技术单一。这表现在，“重事后管理，轻事前防范”“重个案查处，轻全面分析”“重基层操作人员管理，轻高层管理人员管理”，以及“重审计稽核，轻全面管理”。

（3）物流企业内尚未形成良好的操作风险文化。操作风险的一些特殊性决定了企业要想有效管理操作风险就必须在企业内部建立起以“上至高层管理人员下至普通员工，人人讲操作风险”为主要内容的操作风险文化。特别要注意的是，在风险文化的形成过程中，高级管理层的作用更为关键，他们必须高度关注操作风险，并积极参与和大力支持操作风险管理活动。

2. 操作风险管理人才的挑战

操作风险管理的核心，仍然是对人的管理，包括对人的道德、能力的关注以及一个良好的激励框架的实施等。目前企业普遍缺乏既熟练掌握现代物流专业知识，又对操作风险有充分了解、熟练掌握风险管理知识的风险管理人员。因此，提高物流风险管理人员的业务素质是物流企业有效管理操作风险的基础和前提。

3. 操作风险管理架构的挑战

目前，在操作风险管理方面，企业存在的主要问题是职责分散，缺乏负责统一协调和完善内控制度的机构，大多是分散地由各职能部门或分支机构执行。要想有效管理企业所面临的操作风险，企业必须建立起全面风险管理架构。

4. 操作风险管理技术的挑战

从目前物流企业的情况来看，普遍存在着操作风险管理方法单一、管理方法落后、信息技术的运用严重滞后等问题，因此，如何加快引用先进的操作风险管理技术是当前物流企业操作风险管理实践中的当务之急。

5. 操作风险损失数据的挑战

由于大多数物流企业成立时间较短，加之缺乏对操作风险管理的重视，因而，物流企业缺乏一定时间段内的操作风险损失数据。操作风险损失数据的缺乏正是阻碍物流企业采用操作风险量化技术的主要障碍。

6. 外部环境的挑战

物流操作风险防范是一项系统工程，不仅是物流企业自身的事情，还需要诸如保险市场、政府监管机构、信用评价机构等一系列外部环境因素的支持，更需要具备良好的信用环境。而这些方面恰恰是物流企业最为缺乏的，这大大增加了操作风险管理的难度。

6.2.3 物流操作风险管理方案设计与实施

1.管理层面风险管理方案设计与实施

管理层面控制驱使了风险评估及控制程序在整个组织中得以运作，因为管理层在日常所采用的管理方法、流程和业绩评价方法对员工行为的影响极大。物流管理层面风险管理方案设计与实施流程如图6-1所示。

图6-1 物流管理层面风险管理方案设计与实施流程

管理层首先必须通过阐述公司的目的、共同价值理念及目标等信息以展示其领导才能并获取信任。这离不开权限的明确设置。接着应选出最佳人选，并使他们对经营结果负责。而整个过程离不开信息的沟通和共享，于是有效风险管理机制（包括政策、通用风险语言/定义、标准等）就得以建立起来。

（1）沟通组织目标。一个可持久成功地发展的企业往往都有自己的明确理念、总体目标、具体目标及共同价值观，正是这些才可以激励其员工从而凝聚人的力量。缺乏具有领导能力的管理层的企业往往无法引起其顾客的关注，组织机构内也往往表现出缺乏激情、相互信任不足及信用低下等不良现象。企业价值理念如若不明确地得以沟通并真正地付诸实施，企业则往往无法针对快变的外围环境做出反应，也就无法保持竞争优势。

（2）设定权限。权限清晰设置是至关重要的，员工们在知道自己的目标时必须同时清楚地认识到什么不能做。

（3）选择/发展最佳人选。公司高管层首先需要具备某一具体职能的知识和专业能力，因此，公司需建立一个有效的人力资源部门以确保所选人员达到这些要求，同时，人员的发展（员工培训）亦是一个重要的持续性过程。

（4）明确责任。公司需要确保其组织结构中每一层次的员工都有明确的责任，这些责任将其业绩表现期望值同奖励机制相联系，并及时进行评价。

（5）信息沟通及共享。公司业绩、风险及风险控制措施等信息需在公司组织内部从上至下再从下至上地全面沟通。

（6）全面实施有效的风险评估及控制程序：

①有明确政策以确保每一经理层及员工参与风险评估及控制过程。

②有一套通用的风险语言/定义。

③有领先的风险控制实践。

④有成本效益原则的考虑。

⑤管理高层有领导能力及参与力度。

2. 业务层面风险管理方案的设计与实施

物流业务层面风险管理方案设计与实施流程如图6-2所示。

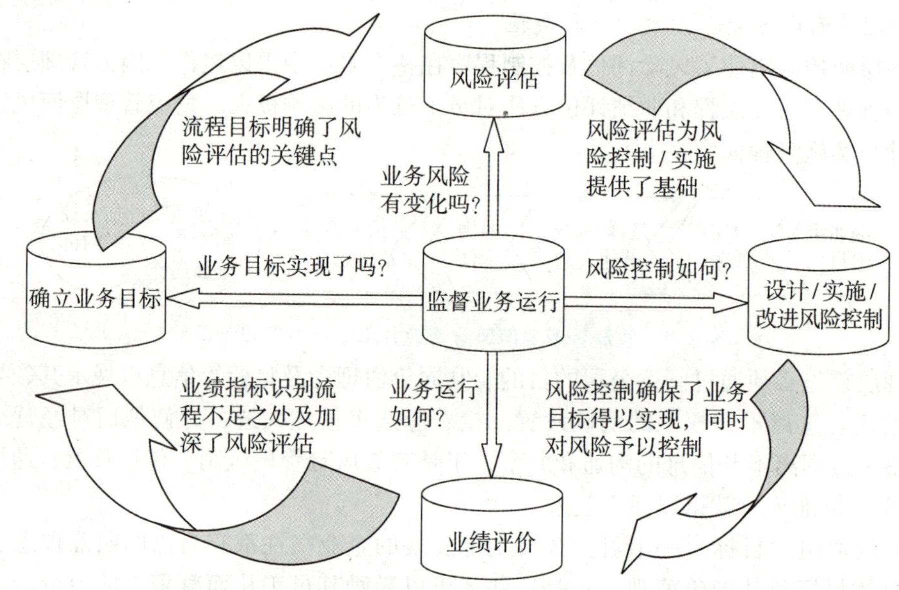

图6-2 物流业务层面风险管理方案设计与实施流程

（1）确立目标。在设计业绩评价指标、评估企业风险及设计风险控制这些过程中，都需要考虑所有流程的目标。这些目标包括运作的效率、效果、流程信息可靠性和相关性及合规性。与企业战略相符的流程目标将会更符合风险控制的成本与效益原则，而流程风险控制则为流程目标的实现提供合理保障。这些流程的目标可举例如下（并非所有目标都适应于每一个流程）：

①安全性目标：包括实物及财务资产保全、信息/数据保护、人力资源保护、适用系统的保护等。

②效率及效果目标：客户满意度、质量的提升、成本降低、及时性等。

③为决策提供信息目标：相关性、及时性、有用性、可靠性、恰当授权、完整、真实、精确、计量可靠等。

④合规性目标：监控外部法律、评估环境变化的影响及监管环境、合规性监控等。

（2）风险评估。正如第2章所述，它包括风险识别、风险评价等环节。

（3）风险控制的设计、实施与改进。当风险识别并得以衡量之后，企业就应该设计出一套可行的风险控制程序，并加以实施和改进。企业在设计风险控制程序时，管理层首先需明确企业可承担/容忍的风险程度（limits of tolerable risk）。例如，多少的意外事件或何种错误及错误率是在公司可接受的范围之内？每一单个交易在一定期间可接受风险的程度、风险的易变程度与广泛程度、公司评估风险的能力大小及成本效益原则等这些因素都会影响企业可容忍风险程度的确定。

（4）业绩评价。业绩评价必须同企业的战略目标、整个组织的业绩评价及业务的目标相联系。业绩评价指标由于其可以显示业务运作的状况，因此也往往就是企业经营风险的迹象（risk indicator）。如果这些数据显示某一流程的运作并未达到设定的目标，则业绩指标数据则可以协助业务责任人进行其业务运作状况的自我评估，了解业务运作是否同公司质量要求相一致，是否达到及时性和成本效益性目标。而针对人的业绩评价指标则是侧重于报酬、员工发展及激励、技能、责任心和灵活性。总之，如若企业在整个组织内部使用一致的评价指标，且这些指标同企业战略相联系，则管理层就拥有了其对企业战略实施及财务流程进行监督所需要的信息。例如，公司的重要战略目标之一是发展新业务，那么相对应的组织层面的业绩评估指标，可以是新业务增加百分比，而在业务流程所采用的规则可以是计划销售与实际销售的比率。

(5) 业务运行监控。业务运行的关键除了有效业务流程设计及选择相关业绩评价指标之外，还包括对业务运行进行监督。而这一监督行为应该关注如下问题：

①业务流程是否实现其设计目标。

②企业/流程的风险是否改变了。

③风险控制过程运作情况如何。

④业务流程的运作情况如何。

虽然企业会由内审部门对风险控制进行独立评价，但审计并不能代替监督，因为负责进行监督的是业务责任人而不是审计师。每个业务负责人应该对相关业务的运作风险负责，而监督正是其主要工作，包括进行业绩评价、定期对业务风险进行自我评估及日常的沟通。

【案例6-1】　全程/环节操作风险管理

1.在业务开始前

(1) 问题：没有合同具体约定或委托书不完整。

(2) 对策：加强合同管理及委托书的审核。加强业务人员对“有合同做业务，无合同付款买单”原则的认识；完善合同审核流程，做到100%合同审核及合同“三级审核”，即业务合同需经过业务对操作条款的审核，财务对结算条款的审核以及商务对法律条款的审核；完善合同范本，制定委托书格式，将委托书格式作为合同范本的附件共同签署。

2.在业务操作中

(1) 问题：对内各部门沟通未能做到信息闭环，对外和客户沟通不够及时、准确。

(2) 对策：销售与操作职能分离，加强部门的及时有效沟通，做到信息闭环，将风险防范完成在公司可控范围内。

3.在业务完成后

(1) 问题：单证的归档管理处于被动，缺乏事后的监督机制。

(2) 对策：及时将单证收齐存档以避免单证遗失，控制上交单证的时间。加强事后监督体制。通过自查和检查组的实地检查，弥补风险防范方面的不足。

6.3 物流项目投标操作风险

【预备知识】 物流项目招投标概述

1.项目概述

“项目”一词最早于上个世纪50年代在汉语中出现，是指在一定的约束条件下（主要是限定时间、限定资源）具有明确目标的一次性任务。比如，安排一个演出活动、开发和介绍一种新产品、策划一场婚礼、设计和实施一个计算机系统、进行工厂的现代化改造、主持一次会议等等，这些在我们日常生活中经常可以遇到的一些事情都可以称为项目。

项目组成包括五个要素：

(1) 范围（项目的边界在哪里）

(2) 组织结构（用什么样的组织建设施工）

(3) 质量（用哪些指标衡量质量）

(4) 费用（用哪些指标衡量成本）

(5) 时间进度（用什么指标衡量进度）

在这五个要素中，项目的界定范围和项目的组织结构是最基本的，而质量、时间、费用可以有所变动，是依附于项目的界定和组织，甚至变化于项目的执行中。

项目与日常运作（ongoing operations）有着本质的区别（详见表6-2）。

表6-2 项目与日常运作的主要区别

	项目	日常运作
目的	特殊性	常规的
责任人	项目经理	部门经理
时间	有限的	相对无限的
管理方法	风险型	确定性
持续性	一次性	重复性
特性	独特性	普遍性
组织机构	项目经理	职能部门
考核指标	以目标为导向	效率和有效性
资源需求	多变性	稳定性

由此可见，项目具有以下几个典型特征：

(1) 一次性

这是项目与日常运作的最大区别。项目有明确的开始时间和结束时间，项目在此之前从来没有发生过，而且将来也不会在同样的条件下再发生；而日常运作是无休止或重复的活动，如食品厂每天制作蛋糕、邮递员每天送报纸等活动都是反复进行的日常运作。

（2）独特性

每个项目都有自己的特点，每个项目都不同于其他的项目。项目所生产的产品、服务或完成的任务与已有的相似产品、服务或任务在某些方面有明显的差别。项目自身有具体的时间期限、费用和性能质量等方面的要求。因此，项目的实施过程具有自身的独特性。

（3）目标的明确性

每个项目都有自己明确的目标，为了在一定的约束条件下达到目标，项目经理在项目实施前必须进行周密的计划，事实上，项目实施过程中的各项工作都是为实现项目的预定目标而进行的。

（4）组织的临时性和开放性

项目开始时需要建立项目组织，项目组织中的成员及其职能在项目的执行过程中将不断地变化，项目结束时项目组织将会解散，因此项目组织具有临时性。一个项目往往需要多个甚至成百上千个单位共同协作，它们通过合同、协议以及其他的社会联系组合在一起，可见项目组织没有严格的边界。

（5）后果的不可挽回性

项目具有较大的不确定性，它的过程是渐进的，隐含着各种风险。它不像有些事情可以试做，或失败了可以重来，即项目具有不可逆转性。

2. 物流项目概述

目前，物流项目并无统一的定义，一般而言，物流项目有广义与狭义之分。

广义上的物流项目，泛指物流领域发生的独特的、不具有重复性的项目，以及以项目形式进行管理的物流活动。

基于项目的载体不同，广义上的物流项目可分为“硬”项目、“软”项目和“混合型”项目，即物流工程项目、物流服务项目及混合型物流项目三类。

（1）物流工程项目

物流工程项目，是指与物流设施与设备有关的工程项目，比如物流园区、物流中心、配送中心、仓库的建设工程等。换言之，它是以物流工程建设为载体的项目，是作为被管理对象的一次性物流工程建设任务。它以物流建筑物或构筑物为目标产出物，需要支付一定的费用、按照一定的程序、在一定的时间内完成，并应符合质量要求。

根据不同的划分标准，物流工程项目可分为不同的类型。比如物流线路（铁路、公路、水运航道、管道等）项目、物流节点（铁路车站、公路货运站、水运码头、仓库、物流园、物流中心、配送中心等）项目；物流基本建设工程项目（简称建设项目）、物流设备更新和技术改造工程项目；物流新建、扩建、改建、恢复和迁建项目；宏观项目、中观项目、微观项目。

一般而言，物流工程项目具有以下特点：

①物流工程项目是为满足社会的需求而对物流土建工程和设备进行投资的方案。

②物流工程项目是为实现一定物流功能而设计的物质系统。比如，物流园区、物流中心、物流配送中心等。

③物流工程项目是通过一套完整的知识体系来实现其预期目标的。比如，建设前期的可行性研究，建设时期的工程技术设计、施工组织监督和控制，生产时期的组织、管理和经营等。

④物流工程项目需要大量的投资，对投资者的技术能力要求较高。

（2）物流服务项目

物流服务项目，是指与物流服务有关的项目。它主要分成两大类：

一是规划、咨询、培训类项目，比如，物流园区规划、物流方案设计等。

二是运营类项目，即以物流运作与管理为核心的项目，它可具体细分为“产品物流”和“工程物流”两大类型。

①产品物流，是指物流企业所提供的与某一类产品有关的设备、设施、原料等物品的运输、仓储、组装及其全过程所要求的部分或全程专业物流服务。

②工程物流有广义与狭义之分。广义上的工程物流，就是指具有工程特性的一切物流活动。按照这一定义，它所研究的范围可涉及工程项目物流、会展物流、奥运物流、应急物流和战时物流等。狭义上的工程物流，是指工程项目物流（project logistics），即围绕工程项目，由物流企业提供某一环节或全过程的服务，目的是通过物流的专业技术服务，给予投资方最安全的保障和最大的便利，大幅度地降低工程成本，保证工程项目的如期完成，它可以包括工程项目的设备采购、拆卸、包装、移动、装箱、固定、海运、空运、陆路运输、拆箱、安装、调试、废弃、回收的全过程。

工程物流与产品物流的区别如下：

①供应链特征不同。这种区别主要表现在供应链的环节和组成两个方面。一方面，工程物流供应链单一，通常不涉及多种物流组合方式的竞争，重点放在运输线路和多式联运的环节上，一些现代物流所具有的分拣、配送等服务功能基本淡化；产品物流一般使其“物”在物流系统中进行不间断的流动，往往包含原材料采购、生产制造、运输、包装、流通加工、配送等环节，最终到达目的地。另一方面，工程物流的供需双方一般仅限于物流服务的提供商和物流服务的需求方，每次物权的转移便意味着物流活动的结束，供应链关系也基本解除；而产品物流在供应链中是不断地向前传递的，从制造商、批发商、零售商最终到达消费者手中，供应链一旦形成就比较稳定。

②运作模式不同。产品物流的服务模式一般有“第一方物流”、“第二方物流”及“第三方物流”等形式，并以“第三方物流”为主要的发展趋势。但在工程物流中，由于工程物流项目自身具有的特点和属性，需要大量外协性、组合性、协调性的物流服务，其运作往往需要或不可避免地采用第四方物流的运作模式，因而具有更为明显的系统工程特征，是现代物流运作模式的高端层次。工程物流的一次性特点导致了这类物流作业的实施不能照搬传统的模式，需要具备资源整合和解决突发事件能力的服务商。因此，工程物流更需要第四方物流服务商利用强大的信息系统网络，通过整合、综合、集成的方法，充分利用社会资源来完成这类复杂的物流活动。

③管理的核心内容不同。工程物流能够为物流服务商创造出比产品物流更丰厚的利润，但是高利润与高风险并存。产品物流周而复始，操作上具有借鉴性、可重复性，供应链也比较稳定，实施过程中潜在的风险性相对较小；而工程物流是一次性的物流活动，而且往往项目投资巨大，有时有着浓厚的社会色彩，安全要求高，从最初的方案设计、实施到任务结束的整个过程都存在很多不确定情况，问题随时会出现，这就要求物流服务商必须对项目进行充分、全面的风险评估，将风险管理贯穿始终。

④决策的方法和技术不同。在工程物流项目实施之前，制定出较为可行的方案是工程物流成功运作的关键。尽管产品物流在运作之前也要有物流方案的支撑，但因时间、效益、成本、利润及供应链组成等因素相对比较确定，形成的方案有着很强的确定性，具有明显的静态特征，制订这类方案的决策手段一般是利用横道图或网络计划法。工程物流项目的方案形成十分复杂，不仅需要由多家企业合作完成，同时还存在多种方案，具有很大的不确定性，这就需要相应的设计方案，在实施过程中具有良好的应变能力。这种方案设计的方法显然不宜使用横道图或网络计划法，而是应使用类似决策网络计划法（DN技术）的方法进行决策。这一方法在网络计划法的编制中加入决策点和不同情况出现的概率，因而能够提供在不确定情况下具有动态和概率特征的优化方案。

⑤对特种设备和技术的要求不同。工程物流运作的一个最大特点，就是作业的非标准化，这也是工程物流与产品物流实施过程中的重要区别。工程物流往往需要应用特殊的、大型甚至是超大型的技术设备及综合交通运输设施，需要大量的工程技术人员作保障。而产品物流通常需要的是常规性设备，技术上也相对成熟。

（3）混合型物流项目

混合型物流项目，是指物流项目中同时包含了工程与服务的内容。比如，某项物流建设工程既包括工程咨询、设计，又包括材料设备采购、运输等；某企业物流招标项目既包括物流运作方案设计，又包括相关仓储设备的投资与改造等。

在实践中，当物流项目同时包含工程和服务时，一般按价值比例来确定项目的性质，以价值高的为准；在彼此价值相当时，视合同的主要目的而定。

综上所述，物流工程项目实际上属于“房地产”项目，在管理与运作上，与一般的工程项目并无多大的差别。当然，物流企业也没有资格与能力投标与管理此类项目。因此，狭义上的物流项目应该是指物流服务项目和以物流服务为主的混合型物流项目。限于篇幅，如不作特殊说明，本书以下所称的物流项目均指物流服务项目。

3．物流项目招标概述

物流项目招标是指招标人（货方）标明其拟发包物流项目的内容、要求等，以招引或邀请某些愿意承包并符合投标资格的物流公司对承包该物流项目所采用的技术方案和要求的价格等进行投标，通过比价而达成交易的一种经济活动。

（1）物流服务项目招标的特点

以物流服务项目为例，由于物流服务产品的“无形性”，使物流服务项目招标与物流工程项目招标相比具有以下几个特点：

①任务范围：物流服务招标的招标文件或邀请书中提出的任务范围不是已确定的合同条件。物流服务是一个高质量的服务，任务范围只是合同谈判的一项内容，投标人可以而且往往都会对其提出改进性和建设性意见，每一份标书内都会由投标人提出独特见解或创造性的实施建议，体现了物流服务招标是一种对知识、技能和经验等方面综合能力的选择，这是物流服务招标的特性。而物流工程招标的招标文件中的工作内容是正式的合同条件，双方都无权更改，只能在必要时按规定予以澄清。

②选择原则：物流服务招标是基于能力的选择，以技术、质量（这主要由供应商或承包商的技术和专门知识决定）方面的评审为主，选择最佳的物流服务公司，不以价格最低为主要标准。而且，越是智力投入高、对专业技术水平有特别要求的招标项目，价格因素在评审中所占的比例就越低。所以，物流招标人应在能力相当的投标人之间再进行价格比较。投标人的报价应作为物流服务招标的第二评价因素。而物流工程招标是以技术上达到标准为前提，提倡将合同授予经评审价格最低的投标单位。

③投标文件的编制要求：物流服务招标可以对招标文件中的需求建议书提出修改意见，提出技术性或建设性的建议。物流工程招标中则要求投标人必须严格按招标文件中要求的格式和内容填写投标文件。

④邀请的投标人数量：物流服务项目招标中邀请的投标人的数量一般以3～5家为宜。这是因为物流服务招标是对知识、技能和经验等方面综合能力的选择，每一份标书内投标人都会提出具有独特见解或创造性的实施建议，但又各有长处和短处，不大可能有十全十美的投标方案。如果邀请过多的投标人参与竞争，不仅要增大评标工作量，而且在众多投标人中好中求好，往往会事倍功半。

⑤招标方式：与物流工程招标需要发布招标通告，使尽可能多的投标者参加不同，绝大多数物流服务项目不一定采用法定招标形式，而是在一定范围内通过发布征求建议书、参加竞争性谈判等方式进行。

有关招标方式将在后面予以说明。

（2）物流服务项目招标的难点

①投标人资格确认难。投标人涉及面广，其资格是否真实、资质是否有效，难以辨认和界定。

②招标文件编制难。在编制招标文件时通常要涉及项目说明、设备清单、服务内容、质量要求、验收标准、完成时限、付款方式等多方面内容。而以上内容中有些是“软指标”，难以量化。

③评标方法制定难。因物流服务项目具有非物质形态性，项目完成后才会产生结果，因此，有时难以用明确具体的指标进行评审。同时，多数服务项目的确定也不能仅仅靠经济指标这一个标准来衡量，评标方法中的“项目价格、技术标准、服务方案、服务质量、服务措施”在该项目招标中所占的权重须慎重研究。

④招标风险预测难。物流服务招标隐藏着较大的风险，比如，招标预期目标与实际结果相背离，供应商高价围标、低价抢标，行业垄断强买强卖（1个地区只给1～2家授权）等。由于物流服务招标与物流工程招标相比起步较晚，可以借鉴的成功经验不多，因而，对这些风险的预测和防范难度较大，且不好把握。

【案例6-2】2003年，小天鹅集团决定将近300万台洗衣机的33条线路的运输业务进行委托招标，此间首先遇到的是操作标准问题。没有统一的标准，就无法进行委托招标。在实际业务流程中，任何微小的违反标准的误差，计算机网络系统都无法确认，并将造成整个物流系统的瘫痪。其次，委托招标也不是简单的报价过程，而是招标方、招标机构、投标方对整个标准体系的确认过程。对于中国企业而言，企业确立行为标准的难度更大的还不是来自技术方面，小天鹅集团委托招标本身也带有排除各种非技术性因素干扰的主观意图。中国企业的采购销售物流往往是家族式的，巨大的隐形利益分配是企业物流改造的一个重要难点。当江苏省国际招标公司依据小天鹅集团和安泰达公司提供的技术标准进行公开招标时，仍然遇到了具有各种背景的“公共关系”的干扰，但委托招标的机制架构排除了这种干扰。例如，某投标方自恃具有官方背景，明显低估了江苏省国际招标公司招标程序的严肃性，因在正式竞标时迟到三分钟而被淘汰出局。

（3）物流项目招标方式

目前实践中所采用的招标方式大体上可分为公开招标、邀请招标、议标和两段招标等四种形式。

①公开招标

公开招标，又称“无限竞争性招标”，是指由招标人以招标公告方式邀请不特定的企业投标，招标人从中择优选择中标单位的招标方式。

公开招标的优点是能充分体现“公开、公平、公正”原则，可以有效地防止腐败行为和不正当交易的发生；缺点是程序复杂、费时及双方投入资金较多。

②邀请招标

邀请招标，又称有限竞争性招标或选择性招标，是指招标人以投标邀请书的方式邀请特定的企业投标，招标人从中择优选择中标单位的招标方式。

由于公开招标方式比邀请招标多了“制作公告”“发布公告”“召开招标会”等程序，因而，与公开招标相比，邀请招标具有省时、省费、操作简单的优点。它主要适用以下情况：

- 只有两三家物流企业可供选择的。
- 项目复杂或有特殊要求的。
- 公开招标的费用与招标项目的价值相比不值得的。
- 涉及专利保护或受自然环境限制的。

• 没有引起有效竞争或者对招标文件未做实质性响应而导致废除所有投标的。

③议标

议标，也称谈判招标（negotiated tendering / bidding）或限制招标（limited tendering/bidding），即通过谈判来确定中标者。实践中主要有以下几种方式：

• 直接邀请议标方式。它是指选择的中标单位不是通过公开或邀请招标，而是由招标人或其代理人直接邀请某一企业进行单独协商，达成协议后签订合同。如果与一家协商不成，可以邀请另一家，直到协议达成为止。

• 比价议标方式。"比价"是兼具邀请招标和协商特点的一种招标方式，一般适用于规模不大、内容简单的工程和货物采购项目。通常的做法是由招标人将采购的有关要求送交选定的几家企业，要求它们在约定的时间提出报价，招标单位经过分析比较，选择报价合理的企业，就工期、造价、质量付款条件等细节进行协商，从而达成协议，签订合同。

• 方案竞赛议标方式。它是选择工程规划设计任务的常用方式。一般的做法是由招标人提出规划设计的基本要求和投资控制数额，并提供可行性研究报告或设计任务书、场地平面图、有关场地条件和环境情况的说明，以及规划、设计管理部门的有关规定等基础资料，参加竞争的单位据此提出自己的规划或设计的初步方案，阐述方案的优点和长处，并提出该项规划或设计任务的主要人员配置、完成任务的时间和进度安排、总投资估算和设计等，一并报送招标人。然后由招标人邀请有关专家组成评选委员会，选出优胜单位，招标人与优胜者签订合同。对未中选的参加单位给予一定补偿。

• 征求建议书的议标方式。它是指由投标人提出方案，招标人进行研究和论证，最终确定投标人。征求建议书是由采购者通过发布通告（征求服务建议书）的方式与少数服务提供者接洽，征求各方提交建议书的兴趣，并对表示兴趣的服务提供者发出邀请建议书。

国际上的招标方式有公开招标、邀请招标（包括两阶段招标）和议标。议标是通过协商达成交易的方式，通常是在非公开状态下采取一对一谈判的方式进行的。

我国的招投标法律规定招标分为公开招标和邀请招标，并没有"议标"方式。这是因为议标的中标者是通过谈判产生的，不便于公众监督，容易产生幕后交易、暗箱操作，因此，2017年12月27日修正的《中华人民共和国招标投标法》未将其列为法定招标方式。

与公开招标和邀请招标要求对报价及技术性条款不得谈判不同，议标则允许就报价等进行一对一的谈判，因此，在实践中，除非法律法规禁止，许多物流项目，尤其是物流服务项目的招标，往往采取议标的形式。这是因为物流服务价格难以公开确定，物流服务质量也需要通过谈判解决。此外，对招标人来讲，通过议标，可以使标价降低或使标书中的其他条件更有利于自己。比如，假设第一中标候选人的标价最低，但在其他方面如延期付款条件却比不上第二低标的候选人，这时，业主就会一方面与第一候选人商议较优惠的延期付款条件，另一方面与第二候选人协商降低标价的问题。对投标人来说，通过议标，可以澄清标书中某些含糊不清的条款，以改善合同条件或增强自身的竞标能力。

④两段招标

除了以上基本招标方式外，在实践中还存在着所谓"两段招标"方式。具体而言，主要有以下两种方式：

• 公开招标和邀请招标综合起来的招标方式。第一段，按公开招标方式进行招标，经过开标和评标之后，再邀请最有资格的数家企业进行第二阶段投标报价，最后确定中标者。

• 公开招标和议标结合起来的招标方式。公开招标后，招标单位在接到各投标单位的标书后，先就技术、设计、加工、资信能力等进行调整，并在取得初步认可的基础上，选择一家最理想的预中标单位并与之商谈，针对标书进行协商，如能取得一致意见，则可定为中标单位，若不行则再找第二家预中标单位。这样逐次协商，直到双方达成一致意见为止。

两阶段招标的特点在于：在第一阶段给予采购者相当大的灵活性，使其可通过谈判与服务提供者拟定有关采购服务的规范和规格的条款；在第二阶段，采购者可充分利用招标程序的高度客观性和竞争性，选定合适的中标者。

（4）物流项目招标的流程与内容

图6-3显示了物流项目公开招标的基本程序。显然，物流项目招标分为准备招标文件、刊登招标通知或发邀请函、对投标人资格进行预审、发售招标文件、投标人投标准备与投标、开标、评标、中标与落标处理等环节。

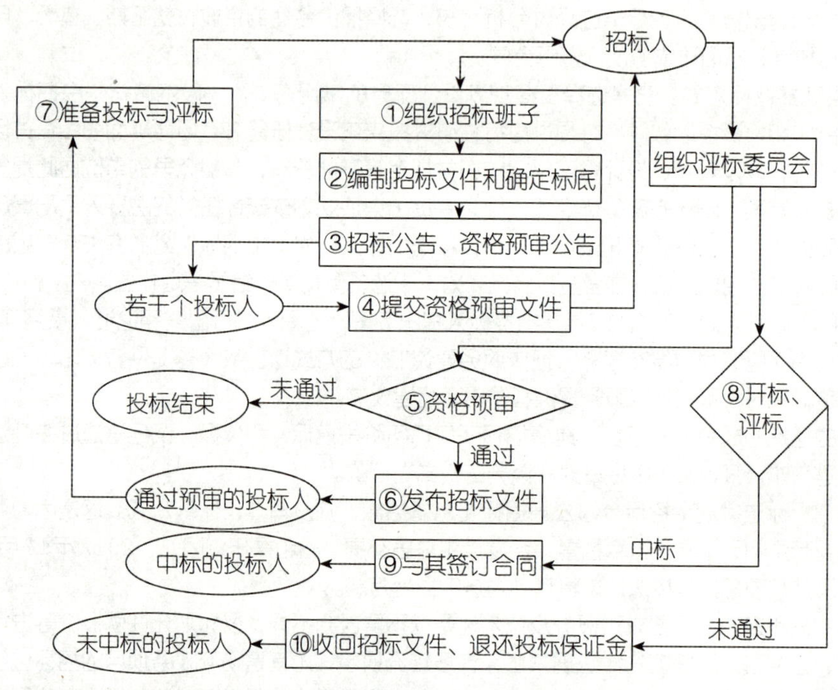

图6-3　物流项目招标程序示意图

①编制招标文件。招标文件又称招标书，是用以阐明所需要物流服务、服务要求、招标投标程序和合同条款的法律文件。每个招标文件大体可分为招标说明或投标邀请书、投标人须知、合同条款及合同协议书格式、招标项目要求及技术规范、投标文件等五个部分。

②刊登招标通知。招标通知由招标人发出，其内容主要包括：招标人名称、招标项目或采购产品的主要性能、规格、数量等，宣布对投标人资格预审的办法，说明索取或发售招标文件的时间、手续、地点、通信及联络方法等。

③对投标人的资格预审。资格预审，是招标人在招标过程中，对参与投标的物流供应商的资质进行审查，以确定该物流供应商是否有能力承包该物流项目。具体地说，资格预审的目的是通过投标前对物流供应商的物流经验、技术力量和财力资源方面进行评价与审查，以便招标工作一开始就从潜在投标人中剔除不合格的承包商，以减少最终必须评估的投标人的数量，并使参与竞争性投标的承包商都有能力承担合同义务。

④发售招标文件。按招标通知上的时间、地点，由招标人发售招标文件。在刊登招标通知前，要结合项目的具体情况，给投标人准备投标书和递送投标书的时间，不宜过短，一般为30~45天，对大型工程，一般以90天为宜。

⑤投标。投标是招标的对称词，是供应商对客户的物流项目招标的响应。为了能在投标中获胜，各投标单位应设置专门的投标工作机构，成员应包括企业领导（决策人）、技术方面的专业人员和财务（预算）部门的投标作价人员。为了保守投标报价的秘密，投标班子的人员不宜过多，最后的决策核心人员更是越少越好。

⑥开标。开标是由招标人在预先公告的地点、时间，当众公开宣读投标文件的主要内容。超期送达的投标文件一律不予开标，原封退还投标人。开标时所有投标袋一律当众拆封和宣读，任何不合规定格式之处，一概不予更正，照读不误；投标文件如有涂改、行间插字或其他订正，均应有授权人签字予以证实。

⑦评标。评标工作由评标委员会全权负责。评标委员会由客户单位代表、招标机构代表，以及受聘的技术、经济、法律等方面的专家组成。评标根据招标文件的规定程序和评标方法进行。

物流项目评标方法，就是运用在物流项目招标文件中已确定的评标标准评审、比较、选择推荐中标候选人的具体方法。实践中主要采用以下评标方法：

- 最低评标价法

最低评标价法，也称为经评审的最低投标价法。它是以价格为主要因素确定中标候选供应商的评标方法，即在全部满足招标文件实质性要求的前提下，依据统一的价格要素评定最低报价，以提出最低报价的投标人作为中标候选供应商或者中标供应商的评标方法。

最低评标价法需要完全按照招标文件的规定计算评标价，评委评标的灵活性和自主性受到限制，因此，就最低评标价法本身而言，在某种程度上体现了“三公”原则，因而它是国际工程招标中最常用的评标办法。

但是，最低评标价法存在以下局限：由于价格对中标结果影响太大，很难体现出技术、质量水平较高企业的优势。另外，采取这一评标方式，招标文件中对技术参数与相关要求必须非常具体明确，否则非常容易导致合同实施过程中的纠纷，而且投标人也可能故意把投标价报得很低，甚至低于成本，以谋取中标。

因此，它一般适用于采购内容比较单一、技术要求相对简单、标准较易统一、所评产品均符合采购要求的物流服务项目，而且就确保采购质量而言，在招标文件中需要详尽地列出技术参数、商务要求，以便设置一定的门槛，将质量不过关但价格很低的投标人拒之门外。

- 综合评估法

综合评估法，也称综合评价法、综合评分法。它是指在最大限度地满足招标文件实质性要求的前提下，按照招标文件中规定的各项因素进行综合评审后，以评标总得分最高的投标人作为中标候选供应商或者中标供应商的评标方法。

综合评估法的灵活性较强，既能在一定程度上避免采购单位的倾向性，又能较好地体现采购人的意图。因而，它是目前在国内运用得最广泛的招标方法，物流服务、物流工程的采购均可采用该种方法。

该法的缺点是很难避免人为因素对中标结果的影响，而且控制尺度很难确定，透明度不高。因此，为尽最大可能地实现“三公”原则和保护投标人利益，使用综合评估法进行评标的项目，其招标文件必须详细规定各项商务要求和技术参数的评分标准，并向政府部门备案，所有评分方法和标准应当作为招标文件不可分割的一部分并对投标人公开。

• 性价比法

性价比法是指按照要求对投标文件进行评审后，计算出每个有效投标人除价格因素以外的其他各项评分因素（包括技术、财务、信誉、业绩、服务、对招标文件的响应程度等）的汇总得分，并除以该投标人的投标报价，以商数（评标总得分）最高的投标人为中标候选供应商或者中标供应商的评标方法。

性价比法的关注点在于标的的性能和价格，在实际操作中，一般强调采购标的的性能且其他不确定因素相对较少的项目适用该评标方法。相对于综合评分法，这种方法更简便、更能突出重点，但切忌把所有因素，如企业实力、投标文件的质量、优惠条件等都作为性能技术部分的得分因素，否则，这种方法就与综合评分法无异了。

在性价比评标法中，价格对中标结果的影响大于综合评分法、小于最低评标价法。此外，性价比评标中价格直接参与评标，不同于综合评分法中既要确定评标基准价又要对价格进行评分的做法，减少了评标过程中的人为和暗箱操作对中标结果的主观影响。可见，将性价比和综合评估相比较，性价比评标有着更多的优势。

• 双信封评标法

它是指将报价、清单标与商务、技术标分别密封，分两次开标，先开商务标和技术标，评出前三名，再开报价标。

采用本办法的评标程序比较复杂、时间较长，但可以消除技术部分和投标报价的相互影响，更显公平。它主要适合规模较大、技术比较复杂或特别复杂的物流项目。

⑧中标与落标处理。经公开开标和评议小组评议，决定中标设备及其供货单位后，招标机构应立即发出正式“中标通知书”，同时抄送给委托招标单位，并组织中标单位与设备需方签订经济合同。“中标通知书”的内容应简短扼要，包括中标设备的名称、数量，签约的时间、地点，作为双方签订合同的依据。同时，招标机构还应通知所有未中标单位，并解释落标原因，同时退回其投标保证金的保函。

中标单位如需将中标设备的竞争内容分包给第三方，就会发生总包与分包问题。不论是几家联合投标还是一家投标而与他人协作，中标合同只能由总承包的一个法人单位与物流项目需方签订并对全部合同实施负责。分包合同则由总包方与各分包协作方签订。物流项目需方不与任何分包单位发生直接关系。

4. 物流项目投标概述

图6-4是公开招标下的物流项目投标工作的一般程序与内容。

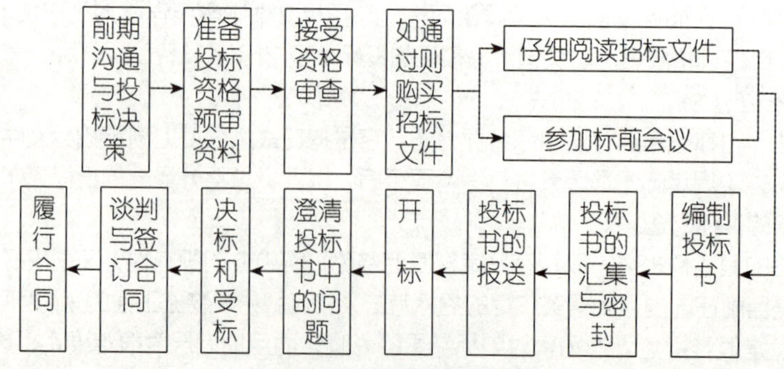

图6-4 物流项目投标程序

显然，整个投标过程中，最重要的是投标书的编制。目前我国还没有统一的投标文件格式或范本，投标书的详细程度取决于项目的复杂程度和招标要求。以运输项目招标为例，一般的运输项目投标书主要包括以下六个方面：

（1）投标函。

（2）法人代表授权书。

（3）投标人资格及资信证明文件。

（4）运输方案及组织设计（包括编制依据、编制原则、运输路线、工作范围、运输准备、运输车辆及仓库的配置、物流装载加固图、设备就位方案等）。

（5）人员配置及质量安全保证系统。

（6）资质证书附件、以往的业绩图片展示等。

6.3.1 物流项目投标决策风险

物流项目投标风险，是指投标人在参加招标、争取中标、谋取利益的行为过程中产生的风险。

按阶段划分，物流项目投标风险可分为投标决策风险和投标过程风险。

【预备知识】 物流投标决策概述

（1）物流投标决策的基本概念。物流投标决策是指物流企业对物流项目是否投标以及采取何种投标策略。它通常包含三个方面的内容：第一，针对项目招标，是投标还是不投；第二，倘若去投标，是投什么性质的标；第三，投标中如何采用以长制短、以优胜劣的策略和技巧。

（2）物流投标决策的阶段划分及其决策内容：

①投标决策的前期阶段。前期阶段必须对是否投标做出论证，并且必须在购买投标人资格预审资料之前完成，其决策的主要依据是招标公告、公司对招标工程业主情况的调研及了解程度。

②投标决策的后期阶段。如果决定投标，则进入投标决策的后期阶段。它是指从申请资格预审到投标报价（即送达投标书）前完成的决策研究阶段，主要研究投的是什么性质的标（如是风险标、保险标、盈利标，还是保本标），以及在投标中采取的策略和技巧问题。

1.物流项目投标决策风险的概念与分类

物流项目投标决策失误往往使投标人不但丧失发展机会，而且还会蒙受巨大损失。投标人所面临的投标决策风险主要有：

（1）信息取舍失误或信息失真的风险。因信息的失真，其决策失误的可能性很大。

（2）中介与代理的风险。中介人（intermediary）通常不让交易双方直接见面。在工程承包过程中，缺乏经验的承包商受中介人欺骗的案例不少，选择不当的代理人或代理协议不当给投标人造成较大损失的例子也不罕见。

（3）联合投标风险。对大型工程项目投标时，投标人一般要组成联营体竞标，而联营体内各家公司是临时性伙伴，彼此不很了解，容易产生单位之间的矛盾，进一步产生联营体内部关系风险。

（4）报价失误的风险。报价过高，面临着不能中标的风险；报价过低，则又面临着利润低，甚至亏本的风险。

2.物流项目投标决策的影响因素

影响投标决策的因素包括主观因素和客观因素两大方面。

（1）主观因素

①物流企业技术方面的实力。主要指有无精通本行业的工程师、会计师和管理方面的专家，有无解决技术难度大和工程施工中各类技术难题的能力，有无与招标项目同类型工程的工作经验，有无具有一定技术实力的合作伙伴，如实力较强的分包商等。

②物流企业经济方面的实力。是指是否具有垫付资金的能力，是否具有一定的固定资产和机具设备，是否具有支付各种担保的能力，是否具有支付各种税费和保险的能力，是否能承担不可抗力带来的风险等等。

③物流企业管理和信誉方面的实力。即承包商必须能够严格控制成本，向管理要效益；同时，遵守法律、行政法规，按市场惯例办事，建立良好的信誉。

（2）客观因素

①物流项目的风险与效益

• 物流项目的风险。是指本项目的复杂程度，即所要求的条件是否能够实现？是否有失败的风险？如果有，风险是来自技术方面还是资金方面？对物流供应商来说，成功的把握大约是多少？万一失败，将会导致什么结果？对风险太大的物流项目，物流供应商即使能争取到，也应考虑放弃。

• 项目任务与物流供应商目标的一致性。要考虑所申请的项目与物流供应商的经营目标是否一致。如果该项目对物流供应商实现长远经营目标有利，即使赚钱不多，也应该争取；如果该项目与物流供应商的经营范围十分吻合，应该当仁不让地去争取；如果该项目不在物流供应商经营范围之内，即使有钱可赚，也应考虑再三，看是否会牵扯太多的精力。

• 对物流供应商能力的扩展。所申请的项目是否会进一步增强公司的实力？如果是这样，就应该努力争取。

②招标人的资信

招标人的信誉和项目资金来源有无保障、投标能否在公平的条件下进行，以及招标人对投标人是否有特殊要求等。

③竞争对手和市场竞争程度

是否投标，必须考虑竞争对手的能力、优势及投标环境的优劣等情况。参加本项目投标的竞争的激烈程度，有哪些物流供应商会提交申请参与投标？这些物流供应商是否具备竞争优势？他们的竞争优势是因为他们与招标人的关系密切还是因为他们对本项目的准备更充分？或者是因为他们以前的工作表现好，在招标人心目中的声望高？如果竞争对手强大得多，竞争明显会失败，就不必去竞争了。

④法律、法规以及风险的情况

对于国内物流项目的投标，要适用我国的法律法规，并且法制环境基本相同，其风险相对要小一些；但如果是国际物流项目投标，则有一个法律适用的问题，同时其风险要大得多。

3.物流项目投标决策的分析方法

在有多个物流项目可供选择的情况下，正确地决定投哪些标、不投哪些标，以及投一个什么样的标，是物流供应商在投标前必须解决的问题。

投标项目选择的分析方法很多，归纳起来有定性和定量两大类。限于篇幅，以下仅对加权评分法和决策树法予以简要介绍。

（1）加权评分法

如前所述，影响投标决策的因素多，而且又大多属于定性因素，因而国际上通常用加权评分法做出定量的描述。这种方法的基本步骤如下：

①选择出评价因素、加权数和可以投标的最低总分。

②根据具体物流项目评定各项因素的得分。

③将各项因素加权总分与可投标的最低总分比较，据以作为投标决策的依据。

例如，某物流招标项目评价因素、加权数、专家打分等如表6-3所示，假设物流供应商根据经验统计确定可投标的最低总分为650分，由于各项因素加权总分为745分，超过可投标的最低分，故物流供应商可以参加该物流项目的投标。

表6-3 某物流招标项目评价因素、加权数、专家打分表

序号	评价因素	评定等级			权数	得分
		上	中	下		
		10分	5分	0分		
1	技术水平能否适应	√			20	200
2	物流设备能力	√			15	150
3	对项目的熟悉程度	√			14	140
4	对信息管理要求		√		11	55
5	对物流质量要求	√			10	100
6	中标后带来的新机会			√	10	0
7	项目风险		√		10	50
8	市场竞争程度		√		10	50
加权得分合计						745

（2）决策树法

决策树法因其运用树状图形来分析和选择决策方案而得名。决策树是把影响各备选方案的有关因素（如自然状态、概率、损益值等）画成一个树状图，这个树状图是从左向右

横向展开的。决策树主要由方块结点和圆形结点以及由这些节点所引出的若干条细支组成，其具体内容参见图6-5。

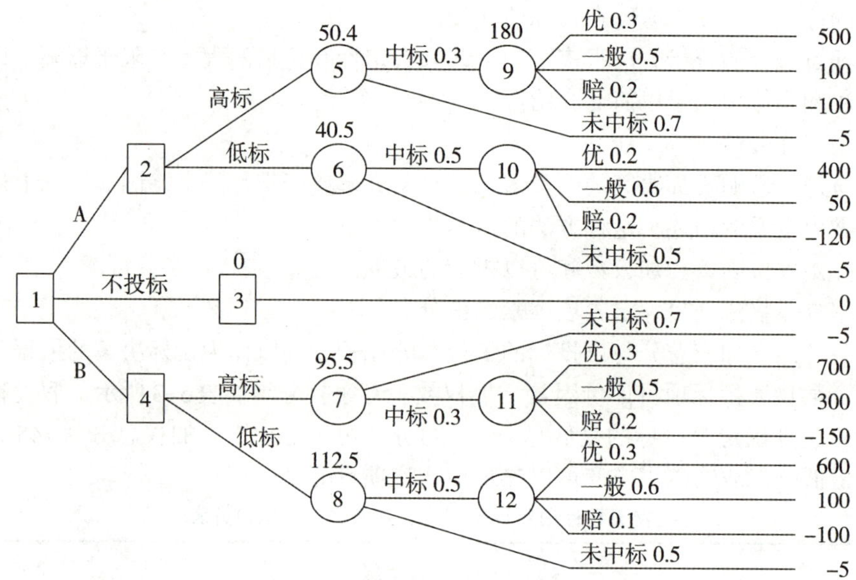

图6-5 物流项目投标决策树

①决策点。它是以方框（□）表示的，是对几种可能方案选择的结果。根据决策者的数量的多少，可分为单级决策和多级决策。在单级决策中，只有一个决策点，整个决策期中只决策一次，就能评选出最优方案；多级决策则是由多个单级决策构成的，因而它与单级决策树所不同的是有多个决策点，分为几段，每一段都是一个单级决策，但要以决策树“根”部的决策点来决策最终方案。

②方案枝。它是由决策点起自左而右画出的若干条直线，每条直线代表一种备选方案。

③状态点。它是画在方案枝末端的一个圆圈（○）状结点，代表备选方案的经济效果，通过对各状态点经济效果的比较，就可以选出最佳决策方案。

④概率枝。它是由状态点画出的若干条直线，代表各备选方案在不同的自然状态下的概率，它的作用是根据不同的自然状态下的收益值和概率，计算出各备选方案在不同自然状态下的期望值，从而制定出各备选方案的状态点。

⑤收益值（损失值）。决策树概率枝的最末端标明各方案在相应自然状态下所达到的结果（收益值或损失值）。

下面结合实例介绍决策树法的基本步骤与要求：

某物流公司根据自身力量，只能在A和B两个物流项目中选择一个进行投标，或这两个项目都不参加投标。根据过去的经验，投高标中标概率为0.3，投低标中标概率为0.5。根据以往类似项目的统计资料，每种方案的即期利润和出现概率如表6-4所示，如不中标损失5万元。试利用决策树方法分析选择投标对象及最佳投标方案。

表6-4 某物流公司即期利润和出现概率

投标方案	效果	即期利润（万元）	概率
对A投高标	优	500	0.3
	一般	100	0.5
	赔	-100	0.2
对A投低标	优	400	0.2
	一般	50	0.6
	赔	-120	0.2
对B投高标	优	700	0.3
	一般	300	0.5
	赔	-150	0.2
对B投低标	优	600	0.3
	一般	100	0.6
	赔	-100	0.1
不参加投标		0	1.0

决策树法的基本步骤如下：

- 绘制决策树

本例中两个物流项目的选择都存在投高标和投低标的问题，加上不参加投标共有五个方案可供选择，故决策树如图6-5所示。

- 计算期望利润值

设A=估计成本，B=报价，P=中标概率，I=即期利润，E（I）=预期贡献，则它们之间的关系如下：

I=B-A；E（I）=P×I=P×（B-A）

根据上述公式计算期望利润值。决策树计算时应由后向前推进，先计算节点（9）~（12）的期望利润值，然后再计算节点（5）~（8）的期望利润值，具体如表6-5所示。

- 分析比较各决策者的预期贡献，选择最佳方案

在投标竞争中选择项目的目的，就是要找出一个既能够保证投标获胜，又能保证获得最大利润的最优报价。因此，选择投标项目的条件就是保证最大的预期贡献。

表6-5 物流项目投标决策树计算结果表

节点	计算过程	预期贡献
(9)	500×0.3+100×0.5−100×0.2	180
(10)	400×0.2+50×0.6−120×0.2	86
(11)	700×0.3+300×0.5−150×0.2	330
(12)	600×0.3+100×0.6−100×0.1	230
(5)	180×0.3−5×0.7	50.5
(6)	86×0.5−5×0.5	40.5
(7)	330×0.3−5×0.7	95.5
(8)	230×0.5−5×0.5	112.5

分析比较时应由后向前推，依次保留预期贡献最大的方案。此例中，决策点[2]比较高标和低标两种情况的预期贡献，可知高标情况下利润较高，故留此分支，舍弃低标分支，即，决策点[2]的预期贡献为50.4万元。同理，决策点[4]的预期贡献为112.5万元。最后，决策点[1]比较两个项目的预期贡献，可以确定投B项目的低标。因此，在A、B两个物流项目中，应选择B作为投标对象，其最佳报价方案应是投低标，可获得的最大预期贡献为112.5万元。

6.3.2 物流项目投标报价风险

1. 物流项目投标报价流程

报价是投标环节的重要工作，通常应由物流企业的财务（预算）部门与业务部门密切配合进行。首先，按照财务的常规预算办法计算出物流项目的基础标价，然后在基础标价的基础上进行多方案比较，并最终根据自身条件、招标者的要求、竞争对手以及市场的条件确定最终的报价。报价的基本程序如图6-6所示。

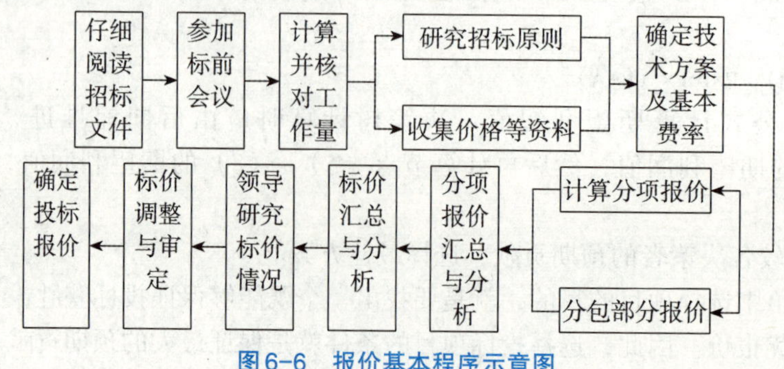

图6-6 报价基本程序示意图

2.物流项目投标报价的特点与形式

为与国际通用的造价计价模式接轨，我国早在2003年7月就出台了《建设工程工程量清单计价规范》，明确规定建设工程造价计价必须推行工程量清单计价模式。

工程量清单计价是由招标人提供工程量清单，投标人根据自己的企业定额对招标人提供的工程量清单进行自主报价，通过竞争定价的一种工程造价计价模式。这表明由招标人承担工程量计算的风险，由投标人承担单价的风险。当然，分部分项工程量清单只列工程主体项目，围绕该工程主体项目的附属项目内容，主要靠项目特征的描述来反映。计价时，投标人首先需要对清单项目进行解剖，将其分解为若干个“可组合的主要工作内容”，再按定额计价模式下的工程量计算规则计算各“可组合的主要工作内容”的工程量。显然，此种情况下，投标人仍需承担部分工程量计算的风险。

（1）工程量清单计价的特点

①单件性计价。对建设工程项目不可能像对工农业商品那样，按品种、规格、质量成批量生产和定价，而只能单件性地计价，即工程造价只能根据每个建设工程项目的具体设计资料和工程当地的具体实际情况有针对性地单独计算。

②多次性计价。根据新计价模式，招标人提供的工程量清单项目中项目特征或工程内容发生变更，可以综合单价为基础，就变更部分相应定额子目调整综合单价。这样，一旦项目特征或工程内容发生变更，投标人可按自己的需要“多算或少算工程量”，来提高综合单价，以增加工程结算。

③按工程构成分部组合计价。新计价模式要求，由招标人提供工程主体项目清单，投标人围绕该工程主体项目的附属项目内容，分项、分部地分解细化到最小的结构部位，形成分项分部工程量清单，并据此进行报价，这样，将各部位的费用按设计确定的数量加以组合就可确定全部工程所需的总费用。

（2）工程量清单计价的形式

目前，计划可分为以下三种形式：

①工料单价法。单价仅包括人工费、材料费、机械费，故又称为直接费单价法。

②完全费用单价法。单价不仅包括人工费、材料费、机械费、管理费、利润、税金，而且包含保险费、临时设施费等开办费。

③综合单价法。单价包含完成规定计量单位项目所需的人工费、材料费、机械使用费、管理费、利润及风险因素，即综合单价包括除规费、税金以外的全部费用。

通常，人们将按“单价”计价与按“项”包干计价两种方式结合使用，综合单价法就是一个典型例子。在结算时只要对该项目进行了工程计量，用工程计量数量乘以综合单价，即可得出该项目的结算造价。选择工程量综合单价计价方式进行招标投标，将分项工程的单价确定下来，这个单价已包括成本、利润、税金，有利于承包单位对施工成本的测算。而且，由于一个分项基本上只包含一个主要工种、一种主要材料和一个主要操作内容或一项主要工程对象，更有利于项目经理对成本的测算。事实上，项目经理往往根据分项工程与各个班组进行结算。因此，采用工程量清单综合单价计价方式，确实可以使建筑工程通过市场竞争定价。

3.物流项目投标报价应考虑的因素

投标人在准备投标书时一定要谨慎定价，不能高估了申请项目的价格，否则客户将会选择其他定价低的投标人。然而，又必须同样小心避免低估申请项目价格，因为那将可能导致尴尬的、损害自己声誉的结局。一般在对申请项目进行定价时，应考虑以下因素：

（1）招标人因素

①了解招标人的预算。如果投标人了解到客户已经为此项目而做的预算，就不应该提出超过客户预算的价格。显然，通过帮助潜在客户确认需求或提交一份附有成本预算的项目申请书，投标人能帮助客户确定项目预算。

②查明招标人确定的评标方法。在实务中，投标人中标与否，并不完全取决于报价的高低，无论是低报价中标还是高报价中标都不是绝对的，这主要取决于采用哪种评标方法。

（2）竞争对手因素

参与投标的人数，以及主要竞争对手的情况（包括产品的价格、关系等因素）。

（3）投标人因素

①投标人的目的和策略。投标人此次投标的目的是以赚钱为主还是以占领市场为主。比如，在如下三种情况下，投标人可能正处于极愿意接受低价格的境况中：投标人目前没有多少业务可做，急需扩大业务量；这个项目能够提供拓展能力或扩展到新领域的机会，对自己的长远经营目标有利；客户的声望比投标人大得多，力图与客户结成长期的战略伙伴关系，提高公司形象和竞争力。

②投标人的优势和劣势。

③成本估算的可信度。对物流项目进行成本估算是投标报价的基础，因此，投标人应当花一定的时间，仔细考察项目并详细地评估成本，而不是只作大约的估计了事。

4.物流项目投标报价策略与技巧

（1）报价策略

①不同条件报价法。施工条件差的特殊工程，报价可高一些；施工条件好、工作简单、工程量大的工程，报价可低一些。

②不平衡报价法。不平衡报价是指在总报价固定不变的前提下，提高某些分部分项工程的单价，同时降低另外一些分部分项工程的单价。不平衡报价有两个方面的目的，一个是早收钱，另一个是多收钱。投标人通过适当提高早期施工的分项工程的单价，降低后期施工中分项工程的单价，可以使前期工作的收入合理地大些，从而达到早收钱的目的。而为了能够多收钱，投标人必须对招标人提供的工程数量进行复核，对于实际施工数量比招标人提供的数量多的或有可能多的，不妨合理地提高报价，反之，则可降低报价。常见的不平衡报价情况如表6-6所示。

表6-6 常见的不平衡报价情况

序号	信息类型	变动趋势	不平衡结果
1	资金收入的时间	早	单价高
		晚	单价低
2	清单工程量不明确	需要增加	单价高
		需要减少	单价低
3	报价图纸不明确	可能增加工程量	单价高
		可能减少工程量	单价低
4	暂定工程	自己承包的可能性高	单价高
		自己承包的可能性低	单价低
5	单价和包干混合制项目	固定包干价项目	单价高
		单价项目	单价低
6	单价组成分析表	人工费和机械费	单价高
		材料费	单价低
7	认标时招标人要求压低单价	工程量大的项目	单价小幅度降低
		工程量小的项目	单价较大幅度降低
8	工程量不明确报单价的项目	没有工程量	单价高
		有假定的工程量	单价适中

尤其要注意，不平衡报价一定要建立在对工程量表中工程数量的认真仔细核对的基础上，特别是对报低单价的项目，执行时工程量增多将造成承包商的重大损失。经验证明，一定要将不平衡报价控制在合理的幅度内，一般在8%~10%之间。

③区别报价法。计日工单价要区别对待，如果不计入总价，可以报高些，如果计入总价，则要分析后合理报价。

④多方案报价法。对于一些报价文件，当工程说明书或合同条款有些不够明确之处、条款不很清楚或很不公正，或技术规范要求过于苛刻时，承包商将会承担较大风险。投标人为了减少风险就必须提高工程单价，这样做又会因为报价过高，增加被淘汰的可能性。多方案报价法是指在标书上报两个价格，即按照原招标文件报一个价，然后再提出“如果技术说明书或招标文件某条款做某些改动时，则本报价人的报价可降低的额度”，从而给

出一个较低价，吸引招标人，规避风险。

⑤增加建议方案报价法。有时招标文件中规定，可以提一个建议方案，投标者应抓住机会，对原招标文件的方案进行仔细研究，提出更为合理的方案以吸引业主，促成自己的方案中标；新方案可以降低造价或缩短工期，但新方案不要太具体，保留关键技术，防止招标人将此方案交给其他投标人。另外，切记原招标方案一定也要报个价。

⑥突然降价法。报价是一件保密的工作，但是对手往往通过各种渠道、手段了解情况，因此在报价时可以采用迷惑对方的手法，即先按一般情况报价或表现出自己对该工程兴趣不大，到投标快截止时，再突然降价。采用这种方法时，一定要在准确投标报价的过程中考虑好降价的幅度，在临近投标截止日时，根据情报信息与分析判断，最后一刻决策，出奇制胜。如果由于采用突然降价法而中标，因为开标只降总价，在签订合同后可采用不平衡报价法调整工程量表内的各项单价或价格，以期取得更高的效益。

⑦低价投标夺标法。又称为“拼命法”，即为了占领某一市场或为了争取未来的优势，宁可目前少量盈利或不盈利，或采用先亏后盈法，先报低价，然后利用索赔手段扭亏为盈。采用此种方法的施工企业必须要有十分雄厚的经济实力，同时还要拥有很强的索赔管理能力，否则可能得不偿失。

⑧优惠取胜法。向业主提出缩短工期、提高质量、降低支付条件，或提出新技术、新设计方案等，以此优惠条件取得业主赞许，争取中标。

⑨以人为本法。注重与业主、设计院以及地方政府搞好关系，邀请他们到本企业样板用户进行实地考察，以显示企业的实力和信誉，求得理解与支持，争取中标。

⑩扩大标价法。这种方法也比较常用，即除了按正常的已知条件编制价格外，对工程中变化较大或没有把握的工作，采用扩大单价、增加“不可预见费”的方法来减少风险。但这种方法往往因为总价过高而不易中标。

⑪联合保标法。这是指在竞争对手众多的情况下，几家实力雄厚的承包商可以联合起来控制标价，一家出面争取中标，再将其中部分项目转让给其他承包商分包，或轮流相互保标。

(2) 投标技巧

①多方案报价与增加备选方案报价技巧

对一些招标项目工程范围不很明确，文件条款不清楚或不公正，或技术规范要求过于苛刻时，要在充分估计投标风险的基础上，按多方案报价进行。如可以按招标文件报一个价，然后再提出“如果条款做某些变动，报价可以降低多少……”来降低总价，吸引业主。有时招标文件规定，可以提出一个备选方案，即可以部分或全部修改原设计方案，提出投标人自己的方案。增加备选方案时，最好不要将方案写得过于具体，要善于保留方案的技术关键，防止业主将此方案交给其他承包商实施。

总之，多方案与增加备选方案报价都要按照招标文件提出的具体要求进行报价，在此基础上提出的新报价方案要有特点，如报价降低，采用了新技术、新工艺、新材料，提高工程整体质量等。同时，多方案与增加备选方案报价应充分发挥投标企业整体优势，调动各类人员的积极性，促进报价方案整体水平的提升。

②费用构成与盈利水平调整技巧

根据目前的招标惯例，有的招标文件要求投标者对工程量较大的项目填报“单价分析表”。这时，投标人可以将单价分析表中的人工费和机械费报得较高，而材料费报得较低。原因是为了在今后补充项目报价时，可能参考选用“单价分析表”中较高的人工费和机械费，而材料费常采用当时的市场价，故而可获得较高的收益。

③信誉制胜与优势制胜技巧

信誉是一件无形的法宝。建筑企业信誉良好，价格就可以高些，比如对于一个施工技术复杂、难度大的工程项目，投标人曾经承担过类似的工程并且取得了信誉，报价就可以稍微高些；若为了打入某地区市场，建立投标信誉，也可以降低报价，以占领市场，谋求将来的发展。同样，也可以凭借投标人在施工质量、施工速度、价格水平和设计方案等方面的自身优势，吸引业主，以获得中标。

5.物流项目投标报价决策

公开投标是一种带有博弈性质的竞争性业务活动，通常在招标中其他条件相同的情况下，报价最低的投标者将会中标，因此，一家承包商要想中标，关键是能够准确地预测竞争对手将会怎样报价，并以低于他的报价竞标。

如前所述，投标报价由估计成本和标高金构成，其中估计成本部分是以本企业的技术管理水平估算得出的，是基本不变的部分，而标高金部分相对说来有一定的可变性和主动性。标高金定高一点，中标的可能性就变小一点，但中标后获益就大；反之，标高金定低一点，中标的可能性就变大一点，但中标后获益却小。因此，如果能判断标高金和中标概率之间的函数关系，就能推算出能够提供最大期望利润率的“最高标高金”。

基于上述原理，1956年，美国弗里德曼（Friedman）提出了通过建立概率投标模型，以帮助投标者找到预期贡献最大值，并据以确定最优报价的方法，这种方法通常被称为弗里德曼模式。

弗里德曼模式是利用投标人过去获胜报价的历史资料判断获胜概率的方法。这种方法有两个假定前提条件：

其一，竞争对手的估价与投标者的估价之间有一个固定不变的关系，即两者采用同一估计成本，而报价的变化仅在于标高金的差别。为了反映这种假定，所有报价不用绝对数表示，而用标价比（B/A）表示。标价比等于竞争对手的报价与投标人估计成本竞争的比值。比如，如果竞争对手对某项目报价是120万美元，投标人对该项目估价是100万美元，则标价比为1.2。

其二，竞争对手将来的做法与他们过去的做法一样。一般而言，尽管企业的报价水平的高低总的说来带有随机的性质，但在一定时期内又具有某种程度的规律性，因此这种假定有一定的合理性。

对于以上方法，基于对竞争者以往投标资料了解程度的不同，存在着具体对手法、一般对手法、不知对手法三种不同的对策模式。

（1）具体对手法

在投标者已经知道了在投标竞争中谁是自己的对手，而且还掌握其过去的投标记录，对其投标报价都有记载时，可采用具体对手法。

根据竞争对手数量的不同，具体对手法可分为一个竞争者对策模式和多个竞争者对策模式两种形式。

一个竞争者对策模式的基本步骤如下：

①收集竞争对手过去获胜投标的历史资料。

②计算竞争对手过去获胜报价的标价比，如表6-7第①栏。

③计算竞争对手过去获胜报价的次数（频数），如表6-7第②栏。

④计算竞争对手过去获胜报价的概率（频率），即各个标价比的报价次数与累计报价次数的比值。以表6-7为例，标价比0.8的报价次数为1，累计报价次数为112，故标价比0.8的报价概率是0.01（1/112）。依此计算的各标价比对应的报价概率见表6-7第③栏。

⑤在计算出竞争对手各标价比的概率后，承包商可以确定其报价对策，即应选择低于竞争对手的标价比，如表6-7第④栏。

⑥计算承包商不同标价比的即期利润（I）。

即期利润（I）=报价-估计成本

=标价比×估计成本-估计成本

=（标价比-1）×估计成本

=（B/A-1）×A

即表6-7第⑤栏等于表6-7第④栏减去1后再乘以A。

⑦计算承包商不同标价比的中标概率（P）。求某个标价比的中标概率，只需将对手所有高于此标价比的概率相加即可，或反过来用1减去对手标价比低于本承包商标价比的概率，即为本承包商的中标概率。比如，承包商标价比定为1.15，而对手高于1.15的报价概率之和为0.66，即承包商标价比定为1.15时，中标概率为0.66。承包商不同标价比中标概率的计算结果如表6-7第⑥栏。

⑧计算承包商不同标价比的预期贡献E（I）。

预期贡献E（I）=即期利润（I）×中标概率（P）

即表6-7第⑦栏等于第⑤栏乘以第⑥栏。

⑨在预期贡献栏中预期贡献最大所对应的标价比即为承包商的最佳报价。从表6-7可以看出，本承包商标价比在1.15时预期贡献最大，最大预期贡献为0.099A，即按1.15的标价比报价最有利。

当承包商与n个对手竞争，并掌握了这些对手过去的投标信息时，首先，可利用前述有关一个竞争者对策模式的第①~⑦步骤，分别求出自己报价低于每个对手的中标概率P_1，P_2，…，P_n。然后，求出它们同时发生的概率。由于每个对手是互不相关的，根据概率论可知，它们同时发生的概率P等于他们各自概率的乘积，即$P=P_1\times P_2\times\cdots\times P_n$。最后，可按只有一个对手的情况，根据预期贡献确定报价对策，即继续第⑧~⑨步骤。

表6-7 竞争对手报价资料及承包商预期贡献的计算过程表

标价比（B/A）（竞争对手）	报价次数（频数）	报价概率（频率）	标价比（B/A）（本承包商）	即期利润（I）	中标概率（P）	预期贡献 E（I）
①	②	③	④	⑤	⑥	⑦
0.8	1	0.01	0.75	−0.25A	1.0	−0.25A
0.9	5	0.04	0.85	−0.15A	0.99	−0.15A
1.0	12	0.11	0.95	−0.05A	0.95	−0.048A
1.1	20	0.18	1.05	+0.05A	0.84	+0.042A
1.2	34	0.30	1.15	−0.15A	0.66	+0.099A
1.3	22	0.20	1.25	+0.25A	0.36	+0.090A
1.4	12	0.11	1.35	+0.35A	0.16	+0.056A
1.5	6	0.05	1.45	+0.45A	0.05	+0.023A
合计	112	1.00				

例如，某物流企业在投标中，有三个物流项目可供选择，这三个物流项目的估计成本为：A项目500万美元，B项目400万美元，C项目350万美元。据调查发现，有甲、乙、丙、丁四家企业参加此三个物流项目的角逐。在该物流企业投标时，这三个物流项目的竞争对手如下：A项目为甲、丙；B项目为乙、丁；C项目为甲、乙。如该物流企业投标不中，在A、B、C这三个项目的损失依次为3万美元、2万美元和2.5万美元。根据历史资料分析，竞争对手资料如表6-8所示。由于力量限制，该物流企业只能在三个项目中选其一投标，请问应如何决策？

表6-8 竞争对手报价概率表

标价比（B/A）	甲	乙	丙	丁
0.8	—	0.05	—	0.05
0.9	—	0.05	0.10	—
1.0	0.1	0.10	0.20	—
1.1	0.5	0.60	0.50	0.45
1.2	0.3	—	0.10	0.40
1.3	0.1	0.20	0.10	0.10

根据具体对手法和决策树法，该决策的计算步骤如下：

①根据竞争对手的标价比，确定本企业的标价比并计算即期利润（表6-9第①、⑥栏）；然后，按具体对手法，在不同标价比下分别计算与各竞争对手竞争的中标概率（见表6-9第②、③、④、⑤栏）。

②分别计算A、B、C这三个项目在不同标价比下的中标概率（见表6-9第⑦、⑨、⑪栏）及预期贡献（见表6-9第⑧、⑩、⑫栏）。

表6-9 具体对手法计算过程表

B/A	P甲	P乙	P丙	P丁	I	A项目		B项目		C项目	
						$P_A=P_甲 \times P_丙$	$E_A=P_A \times I$	$P_B=P_乙 \times P_丁$	$E_B=P_B \times I$	$P_C=P_甲 \times P_乙$	$E_C=P_C \times I$
①	②	③	④	⑤	⑥	⑦	⑧	⑨	⑩	⑪	⑫
0.75	1.0	1.0	1.0	1.0	−0.25A	1.0	−0.25A	1.0	−0.25A	1.0	−0.25A
0.85	1.0	0.95	1.0	0.95	−0.15A	1.0	−0.15A	0.903	−0.135A	0.95	−0.143A
0.95	1.0	0.9	0.9	0.95	−0.05A	0.9	−0.045A	0.855	−0.043A	0.90	−0.045A
1.05	0.9	0.8	0.7	0.95	+0.05A	0.63	+0.032A	0.76	+0.038A	0.72	+0.036A
1.15	0.4	0.2	0.2	0.5	+0.15A	0.08	+0.012A	0.10	+0.015A	0.08	+0.012A
1.25	0.1	0.2	0.1	0.1	+0.25A	0.01	+0.0025A	0.02	+0.005A	0.02	+0.005A

③找出与各项目投标的最大预期贡献相应的标价比，作为对该项目的报价。

④用决策树法（见图6-7），确定投标对象及报价方案，选定最佳投标对象：

B_A=1.05×500=525（万美元） I_A=525−500=25（万美元）

B_B=1.05×400=420（万美元） I_B=420−400=20（万美元）

B_C=1.05×350=367.5（万美元） I_C=367.5−350=17.5（万美元）

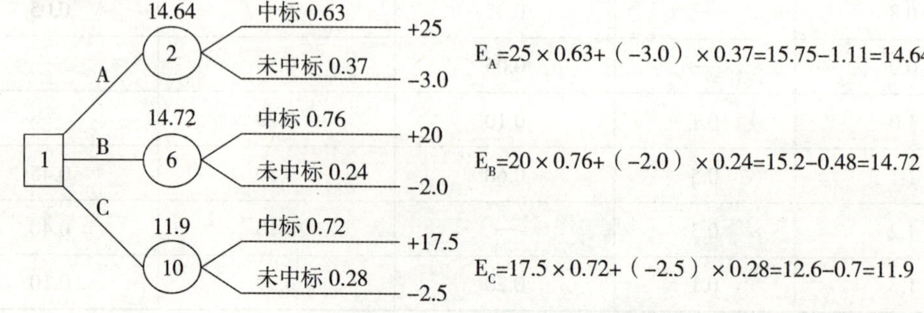

图6-7 决策树法确定最佳投标对象

由此可见，对B项目投标，预期贡献最大，故应选择B项目投标，报价为420万美元，此时中标概率为0.76。

（2）一般对手法

投标竞争中，在只知竞争对手的数量，但并不掌握所有对手以往的投标资料的情况下，可采用一般对手法。

一般对手法的计算原理是假设这些竞争对手中有一个具有代表性的“典型投标人”（也称为“平均对手”），有了这个平均对手的投标资料之后，就可以按具体对手法计算。

下面以假设有两个对手（即n=2）为例，说明一般对手法的基本步骤：

①根据全部已掌握其资料的竞争者的累计投标频率分布，求出一个平均对手的报价概率（见表6-10第②栏）。

表6-10 一般对手法计算过程表

平均对手标价比	平均对手报价概率	承包商标价比	承包商即期利润（I）	承包商中标概率（P）	n=1		n=2	
					$P_1=P^1$	$E_1=P^1\times I$	$P_2=P^2$	$E_2=P^2\times I$
①	②	③	④	⑤	⑥	⑦	⑧	⑨
0.8	0.02	0.75	−0.25A	1.00	1.00	−0.25A	1.00	−0.25A
0.9	0.03	0.85	−0.15A	0.98	0.98	−0.147A	0.960	−0.144A
1.0	0.10	0.95	−0.05A	0.95	0.95	−0.048A	0.903	−0.045A
1.1	0.25	1.05	+0.05A	0.85	0.85	+0.0343A	0.732	−0.036A
1.2	0.20	1.15	+0.15A	0.60	0.60	+0.09A	0.36	+0.054A
1.3	0.20	1.25	+0.25A	0.40	0.40	+0.10A	0.16	+0.040A

②根据平均对手的报价概率，确定低于平均对手的标价比，并求出即期利润（I）和中标概率（P）（见表6-10第③、④、⑤栏）。

③确定低于n家对手的中标概率（P_n），$P_n= P^n$（见表6-10第⑥、⑧栏）。

④计算预期贡献E（I），E（I）= $P_n\times I= P^n\times I$（见表6-10第⑦、⑨栏）。

⑤预期贡献最大者所对应的标价比，即为最佳标价。

（3）不知对手法

在投标竞争中，如果承包商不确切知道有多少竞争对手将要参加某一项合同的投标，就必须估计不同数目的对手的可能性（概率），然后再结合一般对手法确定获胜概率。

假设f是不同数目的竞争对手概率，有i（i=1，2，…，n）个竞争对手，则获胜的概率（P_n）可用下式估算：

$$P_n=f_0+f_1P^1+f_2P^2+\cdots+f_nP^n$$

式中：f_0——估计没有竞争对手的概率；f_1——估计只有1个竞争对手的概率；f_n——估计有n个竞争对手的概率。

6.3.3 物流项目投标过程风险

1.物流项目投标过程风险的类型

（1）公共关系风险

公共关系风险主要指投标人在投标过程中，因未能与主管部门等有关方面建立良好的合作关系而带来的风险。

（2）工程量风险

①工程量复核。目前，许多招标文件上要求投标单位审查工程量清单，若投标单位没有审查，则清单编制有问题，由投标单位自行负责。因此，在接到招标文件和图纸时应认真核实工程数量，防止计算失误。一方面，要认真研究招标文件，复核工程量，吃透设计技术要求，检查疏漏，改正错误；另一方面，通过实地勘查取得第一手资料，掌握一切与工程量有关的因素，包括搜集地质勘查信息和报告。

②工程量增加。招标人提供的工程量清单中的工程量是净工程量，不包括任何损耗及施工方案、施工工艺造成的增量。因此，投标人必须对工程量清单中的工程量在施工过程及最终结算时是否会变更的情况进行分析，同时分析工程量清单包括的具体内容，把握每一清单项的内容范围，做出正确的报价，不然会造成报价不全从而导致失败。另外，还要实地查看现场及答疑——对于招标文件不清或者理解有偏差的地方应主动去查看，或者向招标方提问，要求明确答复。

（3）编制投标文件的风险

投标文件是业主选择承包商的重要依据，投标文件中的失误会直接造成投标的失败。常见的投标失误主要有以下几点：

①文件不全或对招标内容的不实质性响应。投标单位由于对招标文件的理解发生误差，没有按招标文件的要求提供全部资料或递交没有对招标文件提出的实质性要求和条件做出响应的投标文件，从而形成失标风险。比如，投标保证金没有及时到位、投标保函有瑕疵、投标书送达迟到、标书密封不符合要求、授权代表没带身份证、没有区分总价招标与综合单价招标（在综合单价招标时工程量清单的汇总价与投标报价要一致，总价招标无此要求）、对招标文件的付款方式不响应等。

②物流项目组织构成不合理。项目组织由项目经理和各专业技术人员构成。项目经理的个人业绩和技术人员的专业构成是评标的重要考核指标。如果项目经理没有做过类似工程项目，或者项目参与人员构成不合理等都会导致投标失败。

③物流项目方案设计不合理。承包商提出的技术方案不成熟，或者设计方案不够详细具体，以及方案的各项计划安排、现场平面布置不合理等也会导致投标失败。

④投标报价风险。投标报价过高，超出业主的预算或者与标底相差太远，中标的机会

就会大大减少。投标报价过低，会使承包商利润减少甚至亏损，对此，后面专门予以详细介绍。

(4) 投标费用风险

参与一个项目的投标，从购买招标文件到编制预算、组织施工设计、制作标书和装订，需要花费大量的时间和费用，而一旦投标不成，就意味着全部的投入都打了水漂。因此，为了保证合理的投标开支费用，承包商应制定投标活动费用开支标准，适当控制投标办公费用，加强对投标过程中的金融、公证等项费用的管理，尽可能利用网络、电信等高科技手段。

(5) 废标风险

投标文件有下列情况的，经评委会审定视为作废：

①投标文件逾期送达的或者未送达指定地点的。

②投标文件未按规定密封的。

③投标文件未按规定格式填写、内容不全或关键字模糊、无法辨认的。

④投标文件表未经投标单位盖章和法人代表签字或签章的。

⑤投标人在一份投标文件中对同一招标项目报有两个或多个报价的。

⑥未提交投标保证金和诚信保证金的。

⑦违反有关法律法规规定的，以及未实质性响应招标文件规定的其他情形的。

(6) 弃标风险

投标人在定标前放弃投标的，预交的投标保证金不予退还。招标人发出中标通知后，中标的企业擅自放弃中标，则需要承担相应的法律责任。

(7) 违规风险

①特定的物流工程项目必须采用招投标的方式进行，招标单位没有依法进行招投标，物流企业即使与其签订了合同，也可能因违反法律、行政法规的强制性规定而无效。

②投标人不得相互串通投标报价，排挤其他投标人的公平竞争，不得与招标人串通投标，不得以向招标人或者评标委员会成员行贿的手段谋求中标，并且不得以低于成本的报价竞标，也不得以他人名义投标或者以其他方式弄虚作假、骗取中标。

③中标后与招标人签订并履行合同，非经招标人同意不得转让或分包合同。中标人不得向他人转让中标项目，也不得将中标项目肢解后分别向他人转让。中标人按照合同约定或者经招标人同意，可以将中标项目的部分非主体、非关键性工作分包给他人完成。接受分包的人应当具备相应的资格条件，并不得再次分包。

(8) 合同条款风险

①合同中明确规定的承包商应承担的风险。这种风险一般在合同条款中都比较明确地规定应由承包商承担。如合同中规定，工程变更在5%的合同金额内，承包商得不到任何补偿，则在这个范围内工程量的增加是承包商的风险。

②合同条文不全面、不完整、不清楚，合同双方责权利关系不清楚所带来的风险。这样的承包合同在执行过程中会导致双方发生分歧，最终导致承包商的损失。如合同中缺少

业主拖欠工程款的处罚条款，或者合同中对一些问题不作具体规定，仅用“另行协商解决”等字眼，承包商要格外注意这些条款，合理分析自己所将承担的风险。

③业主为转移风险单方面提出的过于苛刻、责权利不平衡的合同条款所带来的风险。例如，合同中规定“业主对由于第三方干扰造成的工程拖延不负责任”，这实际上是把第三方干扰造成的工程拖延的风险转嫁给了承包商。

2. 物流项目投标过程风险防范

（1）通过对招标形式的区分避免企业的经营风险

公开招标由代理机构按招标法进行操作，其相对于邀请招标来说专业性、规范性较强，人为操作的因素较少。邀请招标发生暗箱操作、人情交易的可能性更大。因此，应充分了解情况，避免盲目参与、充当陪标角色而浪费了人力、物力乃至信誉受损，关注招标的形式，认真评估判断，是企业规避招投标所带来的经营风险的重要步骤之一。

（2）建立良好的合作关系

目前，中国的市场经济还处在关系经济和信用经济并存的发展阶段，由于各个环节存在的一些漏洞，还是不能有效规避“关系”这个风险，因而在有些情况下，没有任何关系的投标往往会打水漂，成为别人的陪标对象。

（3）评估招标人的信誉

投标时需要考虑招标人的信誉程度。招标人信誉差则会大大增加投标人的风险。

（4）付款办法

付款办法中规定了付款的比例、时间及付款的形式，需要投标人仔细衡量垫资的可能性以及出现垫资情况时的资金战占用额度及时间。投标人在对企业流动资金运作进行权衡后决定是否进行投标。

（5）加强合同管理

选择合适的合同类型。在工程量清单招投标中，由于工程量统一，使合同类型成为报价人选择投标报价策略的更重要的因素。又由于清单工程量为预计量值，清单工程量与实际必需工程量的差别很大程度地带来合同双方的主要利益风险。所以，恰当选择合同类型有利于取得竞争性报价，也可合理分担合同履行过程中的风险。

关于合同文件部分在招投标过程中形成的补遗、修改、书面答疑、询标纪要、各种协议等均应作为合同文件的组成部分。特别要注意对于作为付款和结算依据的工程量价格清单，应当根据评标阶段做出的修正稿重新整理、审定，并且应表明，其中哪些将按完成的工程量测算付款，哪些须按总价付款。

此外，还应重视以下几类条款：

①程序性条款。目的在于规范工程价款结算依据的形成，预防不必要的纠纷。程序性条款贯穿于合同行为的始终，包括信息往来程序、计量程序、工程变更程序、索赔处理程序、价款支付程序、争议处理程序等，编写时应注意明确具体步骤，约定时间期限。

②有关工程计量条款。要注重计算方法的约定（一般按净值计量），严格确定计量内

容，加强隐蔽工程计量的约定。计量方法一般按工程部位和工程特性确定，以便于核定工程量、便于计算工程价款为原则。

③有关价款的条款。对于大中型工程一般多采用以单价合同为主、总价合同为辅的合同形式，即合同中主体工程项目是单价合同，其他部分项目采用总价合同。对于规模小、技术不复杂、工期短的工程，可采用总价合同。同时，对涉及工程价款的下列14项内容进行约定，以提高价款的控制效果：

- 预付工程款的数额（比例）、支付时限及抵扣方式。
- 工程进度款的支付数额（比例）、时限及方式。
- 工程竣工价款结算支付的数额、时限及方式。
- 工程施工中发生变更时工程价款的调整方法、索赔方式、时限及支付方式。
- 约定承担风险的范围、费用幅度及超出风险约定范围、费用、幅度的调整方法。
- 违约责任及索赔费用、方式。
- 保险费用。
- 不可抗力发生的费用。
- 专利技术使用费。
- 文物及地下障碍物发生的费用。
- 工期及工期提前或延后的奖惩费用或标准。
- 工程保证（保修）金的数额（比例）、预扣方式及时限。
- 支付价款、履行合同的担保事项。
- 发生工程价款纠纷的解决方法。

④双方职责条款。为进一步划清双方责任，量化风险，应对双方的职责进行恰当的描述。对那些未来可预见（并可能影响造价）的事件和情况明确各方的责任，尽量减少索赔和争议的情况发生。

⑤索赔条款：明确索赔程序、索赔的支付、争端解决方式等。

⑥有关通用条款与专用条款。通用条款是根据法律、行政法规规定及建设工程施工的需要订立，通用于各建设项目施工的条款。专用条款是发包人与承包人根据法律、行政法规规定，结合具体工程实际，经协商达成一致意见的条款，是对通用条款的具体化、补充或修改。因此，为了根除隐患，便于合同管理，必须量化、细化、深化合同的专用条款。

6.4 物流金融操作风险

【预备知识】

物流金融概述

1. 物流金融的概念

物流金融是物流与金融相结合的复合业务概念，目前还没有一个统一准确的定义。归纳起来，其概念有广义与狭义之分。

(1) 广义上的物流金融，是指面向物流运营的全过程，应用各种金融产品，实施物流、商流、资金流、信息流的有效整合，组织和调节供应链运作过程中货币资金的运动，从而提高资金运行效率的一系列经营活动。

(2) 狭义上的物流金融，是指第三方物流服务商在供应链运作的过程中，借助银行的支持和帮助，向客户（主要是中小商贸企业）提供结算和融资的物流增值服务。

2. 物流金融的主体的变化趋势

物流金融的参与主体包括贷款方、物流企业、申请贷款企业。目前物流金融主体呈现以下发展趋势：

(1) 贷款方由单纯的商业银行向银行、担保机构、保险机构等联合体方向发展，甚至一些大型企业也间接地提供融资服务。

(2) 物流企业由单纯的拥有仓库资产的企业向第三方物流企业、中介管理公司、特许连锁经营方向发展。

(3) 申请贷款企业则由流通企业向流通、生产企业的更广范畴发展。

3. 物流金融的必要性

物流金融服务使得生产企业通过物流银行有效地解决了资金问题，经销商的货款有了保证，银行也可通过物流企业的信息平台把资金流、信息流和货物流统一起来，这样就形成了银行、生产方、经销商和物流监管方四方共赢的局面。

(1) 供应链上的企业生存发展的需要。企业在发展的过程中面临的最大威胁是流动资金不足，存货占用的大量资金使得企业可能处于这种困境。这种流动资金不足的风险在中小企业的发展中更加明显，往往成为制约其发展的瓶颈。信贷资金的缺乏和在资本市场上融资能力的缺乏使得许多企业产生了利用存货融资的需求。

(2) 降低资金需求方的融资成本。资金流运作过程非常烦琐，供应商和消费者为了规避风险，多是通过银行、借助信用形式进行交易。这种方式不仅手续烦琐，而且还会产生不必要的成本——资金积压产生的利息成本及设立收款中心产生的运营成本，从而加重中小企业资金周转负担。

(3) 降低金融机构风险的需要。在实际融资活动中，对金融机构而言，如何降低风险最为重要。由于企业存在着分立、合并、托管、联营等多种方式的产权、经营权的交易，加之银行也缺乏能力与精力详细了解抵押物与质物的信息，从而增加了银行控制风险的难度。因此，由物流企业为融资企业提供担保，不仅利用了物流企业的信息优势，也降低了银行的金融风险。

(4) 物流企业获取新的竞争优势的需要。物流金融业务使得物流企业可以控制全程供应链，保证特殊产品的运输质量并长期稳住客户。在供应链管理模式发展的情况下，企业逐渐转向强调跨企业界限的整合，这使得顾客关系的维护与管理变得越来越重要。物流管理已从对物的处理提升到对物的附加值方案的管理，可以为客户提供金融融资的物流供应商在客户心中的地位会大幅度提高，物流金融将有助于形成物流企业的竞争优势。

4. 物流金融的类型

(1) 按照融资对象的不同以及产品生产经营的不同阶段和方式，可分为基于存货的物流金融业务模式和基于贸易合同的物流金融业务模式。前者是指需要融资的企业（即借方企业），将其拥有的动产/存货作为担保，向资金提供方（即贷方）出质，同时，将质物转交给具有合法保管动产资格的中介公司（物流企业）进行保管，以获得贷方贷款的业务活动；后者是指企业为了筹措到继续运营的短期资金，缓解资金紧张的局面，以贸易合同为支撑，通过特定的程序取得经营所需资金的行为，如应收账款融资、订单融资等。

（2）按照金融在现代物流中的业务内容，可分为物流结算金融、物流仓单金融、物流授信金融。有关这方面的具体内容，将在后面专门介绍。

此外，实务中还存在融资租赁模式。所谓融资租赁，是指由出租方融通资金为承租方提供所需设备，具有融资、融物双重职能的租赁交易，它主要涉及出租方、承租方和供贷方，并涉及两个或两个以上的合同。在融资租赁方式下，首先是由货主提出关于仓库需求的招标方案，然后是物流企业投标，中标后便进入融资租赁方案的实施阶段。物流企业与货主签订融资租赁协议，筹资时与银行签订贷款协议。签订该贷款协议是物流企业以在建工程做抵押的融资行为，属于物流企业为自身融资，其中的物流融资是指物流企业在为货主提供物流服务的同时，提供仓库租赁服务，集融资与融库于一体。

当一些货物对仓库的现代化和智能化程度要求较高，但同时货主限于实力不能自主建造仓库时，物流企业通过提供融资租赁等一揽子的解决方案来满足这些货主的需求。融资租赁之所以具有融资功能，在于此时租赁行为相当于货主通过物流企业筹得资金后建成仓库，并将仓库所有权抵押给物流企业，货主按期交纳的租赁费可以视为按期还款。租赁期满后，仓库的所有权一般也要转移给货主企业。

6.4.1 物流代收代垫款操作风险

1.物流代收款操作风险

所谓物流代收货款，指的是货物买卖双方之间不直接进行货款结算，而是由物流公司在货物到达时向货物买方代为收取，然后经由物流公司返还给货主的行为。

物流公司“代收货款”的服务方式是为了适应客户的需要发展起来的，目前在公路物流行业使用较为普遍。在交易发达的商品市场，大量批发、零售商贩的规模都很小，他们根据市场行情，对商品的款式、价格、质量的要求复杂多变，不可能批量进货，也不可能与一家或几家供货方建立长期稳固的供销关系，常常是哪一家有看得上的货就从哪一家进，这种零散的发货方式决定了处于异地的供货方不会派人送货上门。很多交易的供需双方并不认识，而仅凭电话联系好商品型号与价格发货，因此，在买卖双方不见面的情况下，“一手交出货物、一手收回货款”这一交易中的关键环节，供货方只能委托物流公司来完成。由于这种方法对发货方来说简单、方便，节省人力与费用，于是在全国各地的货运市场盛行起来。然而，由于物流公司是买卖双方收款的中间人，因而，货主可能要面临物流企业卷走或挪用代收货款的风险。同样，对于物流公司而言，尽管代收货款可以起到扩大货源和赚取一定手续费（实际工作中往往是免费的）的作用，但也面临增加管理成本和货款丢失的风险（比如，当雇用的司机或合作的货运站“卷款潜逃”时，物流公司则需要赔偿货主的货款损失）。

由此可见，物流代收款业务中的不规范操作及由此带来的风险，已成为危及客户货款安全和影响货运公司信誉的难题之一，为此，必须从以下方面采取相应的措施，以防范此类风险的发生。

（1）货主

①在贸易条款方面，取消买方指定货运站条款，以便自己选择可靠的货运站。或者要

求买方预先付款。

②在选择配货站或运输企业方面，应首选规模大、信誉好的企业，最好通过工商、税务等部门核查货运公司的营业执照、纳税凭证等。

③在配货或运输协议方面，应与配货站或运输企业签订书面配货协议，详细约定货物出现被骗情况的相关责任。这样，既可有效防范货主风险，而且可督促配货站或运输企业认真履行自己的职责。

④车辆配备方面，最好选择安装了GPS定位系统的车辆，这样货车动向便可随时掌握，即使发生意外也可及时报警。

⑤验照/证、车方面，应当购置数码相机等设备（有条件的可以配备摄像机），及时留存送货驾驶员及随车人员、货车的照片资料等，并妥善保管，以防不测。必须对三证（身份证、驾驶证、行车证）的真伪进行辨别验证，留下其复印件，并要求承运司机留下两个以上的固定电话（家庭电话、单位电话等），必要时还可以通过公安和交通等相关部门进行调查验证。同时，有必要抄录登记承运人货车的发动机号码和车牌号码。

⑥验收货物方面，装货之前的车辆过磅以及卸货之前的车辆过磅，一定要注意车主做手脚以减轻或者增加车身重量的情况。在验收运输的货物时一定要仔细和耐心，最好做到每车每箱逐个查点，不放过任何一个环节。

⑦代收货款方面，最好不要把货款交给承运人代收，通过银行账户划转现金最为保险。如果收货人要求承运人代收的话，必须通过电话联络确认，避免遭受额外损失。

（2）物流企业

①进行工商、税务登记，获得合法的身份。

②签订协议，明确自己的身份是中介人还是当事人，并约定双方的权利、义务与责任。

③对司机、车主、车辆进行严格审核。要建立详尽、规范的内部操作机制，从接受货物、联系车辆、审验证件等源头入手，建立一整套规范的操作流程。

（3）监管机构

政府及行业协会应该多沟通、多协调，协同解决所存在的问题，具体包括：

①政府有关部门应尽快出台相关政策、法规，搞好物流业务经营审批，取缔无证经营黑户，才能让货运行业逐步走上规模化、规范化。

②公安部门可以建立公开的车辆信息平台，将货车的驾照、车籍等信息公开发布，以便物流公司能全面、真实地查证并获取车辆的档案信息，以此规范运输市场，促进现代物流行业的规范与发展。

③目前，对于类似货运站卷款潜逃的情况，究竟是属于经济纠纷还是诈骗，在法律上尚无明确的界定，因此，公安部门接到业户们的报警后，只能帮助追回货款。所以，尽快制定相应的法律法规，明确“代收货款”的性质、解决监管等问题，以及细化货运站卷款逃跑所涉及的法律条款也是一项迫切工作。

(4) 金融机构

银行应提供更好的货款收取形式，以改变当前代收货款的模式。比如，在物流企业推行货运代理业务交易中运用电子支付的POS技术，实行网上货款交易。其原理是：货物卖方向银联申请一个全省唯一的客户号，货运公司在接货地区的每个分部配一台移动POS机；货物买方在到货运公司取货前，在POS机上用银联卡把货款刷到银行，然后提货；几秒钟后，货物卖方就可以收到货款到账的手机短信，两天后可以到银行提现。如果有问题，货物卖方可以根据手机短信找银联解决，这样货款就不再通过货运公司周转了。

2.物流代垫款操作风险

目前，物流公司垫付费用主要体现在以下两个方面：一是垫付货物款。比如，为发货人承运一批货物时，物流公司首先代提货人预付部分货款，当提货人取货时则交付给物流公司全部货款。二是垫付物流费用。考虑垫付费用大量出现，以下仅说明物流企业作为代理人时，为委托人垫付费用时的风险防范。

(1) 垫付费用的合法性问题

受托人没有垫付费用的义务，当受托人决定垫付费用时，尤其是委托人没有对垫付费用做出明确授权时，代理人自行垫付的行为是否应当受到法律保护呢？

《中华人民共和国合同法》(以下简称《合同法》) 第三百九十八条规定："委托人应当预付处理委托事务的费用。受托人为处理委托事务垫付的费用，委托人应当偿还该费用及其利息。"显然，货运代理为处理物流事务垫付的必要费用，如垫付运费、港杂费、关税等，以及船务代理向船公司垫付的运费，委托人均有义务偿还并给付利息。

①为完成受托事项而自行垫付的必要费用，委托人不得仅以未经其同意为由拒绝返还，但委托人提出相反证据的除外。所谓必要费用，指受托人依指示并尽应尽之注意程度处理委托事务时所需要之费用。确定必要费用的范围，需考虑委托事务的性质、受托人的注意义务以及支出费用时的具体情况等因素，在具体个案中加以认定。受托人主张必要费用的，应当对其垫付事实负举证责任。

②处理委托事务过程中所产生的非正常费用和额外费用，受托人代为垫付之前，应当征得委托人的同意。其不征得委托人的同意擅自垫付，属于超越代理权限，委托人有权拒绝偿还。

③受托人可以同时请求偿还利息。关于利息的起算点，我国《合同法》没有规定。受托人为了委托人的利益而垫付必要费用，实际上是委托人占用了受托人的资金，理应从占有即费用支出之日起计算利息，除非另有约定。

(2) 垫付费用所面临的风险

垫付费用对一些资金相对紧张的委托人而言颇有吸引力，因而它已成为物流代理人承揽业务的主要手段之一，但是在吸引客户的背后却隐含着代垫费用无法回收的风险。

①垫付费用的合法性。可能承担垫付费用被法院判定不合法的风险。

②客户的资信问题。凡是被垫付费用所吸引的客户，大部分都存在资金紧张的问题，

一旦客户的经济状况恶化，代理人垫付的费用可能无从追回。

③诉讼成本问题。如果垫付费用数额不大，则如若委托人逾期拖欠、拒付全部或部分款项，代理人往往陷于被动，因为对金额不大的欠款纠纷采取公力救济如诉讼或仲裁方式，耗时、耗力、耗财，因而，许多代理人面对这种情况常常是束手无策或考虑到诉讼成本、维系客户等问题而放弃权益。

（3）垫付费用风险防范

①尽可能不予垫付，或建立相应的客户档案和信用管理，对信誉好、有实力的客户基于维系需要可以垫付，但在代理协议中应明确垫付运费的授权并约定逾期支付或返还所垫付运费以及代理佣金的违约责任，适当可以约定较高的违约金（通常数额在5‰至3‰之间，具体由当事人约定），以防止或约束货主的违约行为。

②申请支付令。根据《中华人民共和国民事诉讼法》第一百八十九条的规定和最高人民法院的司法解释，申请支付令必须符合下列条件：第一，请求给付的必须是金钱或者有价证券。第二，请求给付的金钱或有价证券已经到期且数额确定，并写明请求人所依据的事实和证据。第三，债权人和债务人没有其他债务纠纷，即债权人没有对等给付义务。第四，支付令要能够送达债务人，债务人不在我国境内或虽在境内但下落不明的，不适用。可见，在证据齐全、法律关系明确的情况下，物流企业可依法向海事法院申请支付令，以便债务人尽快偿还所欠运费，既节约诉讼费用，又节省时间和精力。当然，在债务人提出书面异议导致支付令失效的情况下，还可以向有管辖权的法院提起诉讼。

③只要时间与条件允许，当越权行事时，务必事先征得委托人的同意或事后得到其追认。

④当自己的权利受到侵犯时，应采取法律手段维护自身的合法权利。委托人无理拒绝支付应支付的费用时，货运代理有权留置委托人的货物及有关单证。当然，物流企业也有权向有管辖权的法院起诉该委托人。

【案例6-3】2014年7月16日至9月10日，被告B公司分别数次通过被告C外贸委托原告A储运出运货物从上海至日本。7月25日，货物装船后，被告C外贸函告原告，确认7月25日装船的货物由其委托并要求作电放。7月29日和9月17日，原告分别向被告B公司出具了包箱费、海运费发票，但被告B公司未予支付。10月3日，被告C外贸以货物委托人的身份，委托原告办理退运货物的进口手续，产生了包箱费。为此，原告向法院起诉，要求两被告支付上述欠款及利息。庭审时，原告出示了被告B公司于2014年10月25日对退运货物承诺付款的信函，但这份承诺付款的信函中未加盖被告B公司公章。

本案处理结果如下：

货物的出运是由被告B公司委托被告C外贸向原告A储运办理的托运手续，理应认定被告B公司为委托人。此时与原告A储运建立委托关系的是被告B公司，故其应对此票货物的出运费用承担责任。但是，在货物出运后，被告C外贸向原告A储运发出电函，确认货物与原告A储运的委托关系，因此，被告C外贸对货物的出运费应承担连带付款责任。

6.4.2 物流质押监管操作风险

【预备知识】

物流质押监管业务概述

1．物流质押监管业务的概念与特点

物流质押监管业务，是指拟融资的企业把质押商品存储在物流企业的仓库中，然后凭借物流企业开具的仓单向银行申请授信，银行根据质押商品的价值和其他相关因素向企业提供一定比例的授信额度，并委托物流企业代为监管质押物。

在一般情况下，质权方占有并控制质押货物，但下列因素的存在，使监管方成为这项活动的第三方：

（1）对货物的保管，需要专门机构来进行。财产虽被质押，但质押人仍有货物的所有权，货物一旦毁损或灭失，会给质押人带来损失，则保管方须承担相应的责任。监管方用专业的保管技术确保货物的使用价值，有效地避免损失。

（2）降低质押人取得贷款的成本和质权人的监管成本。质权人要将质押物存放在自己认为安全的地方，必然产生货物的搬运、装卸等费用，这笔费用将转嫁在出质人的头上，从而加大了贷款成本。质权人为防止货物的转移和毁损，要派出工作人员控管，则加大了质权人的费用支出。监管方出现之后，可以减少货物移动的成本支出以及可能由此产生的毁损，出质人的贷款成本便大大降低。同时，监管费用便顺理成章地由质权人支付转嫁给出质人支付。

（3）监管方以独立第三方的角色出现，以公平、公正原则对待出质人和质权人，成为借贷双方的中介，减少了许多猜忌和信用调查工作，使过程变得简单有效。

（4）监管方可以为双方提供更多的附加服务，如对出质人资信状况的把握、货物的市场价值的变动、货物变卖的客户寻找、货物品种的选择、代收货款、代运货物等。

由此可见，物流质押监管业务是物流企业作为监管方所提供的一项以保管为基础的物流延伸服务，是同时服务于出质人和质权人的增值服务，具有以下特点：

（1）物流质押监管业务的性质是物流业务而不是银行业务，是服务于质押贷款的从属性业务。

（2）质押监管业务不同于单一的保管业务，它既对出质人负责又对质权人负责，货物的完好安全是当事双方的共同愿望。货物是否解除质押，要视债务关系是否解除，监管人必须有质权人的指令才能放货。

（3）由于作为监管方的物流企业的介入，使银行的质押贷款业务有了牢固的支撑，并使借贷双方经济成本降低。

2．物流质押监管业务的作用

物流质押监管业务的核心在于监管。质押融资对金融机构来说是一项传统的业务，但由于物流业的进入和参与，则演变成一种新的金融产品，同时，也成为物流延伸服务产品。从某种意义上讲，金融机构是“资金银行”，仓库是“物品银行”，客户是两种“银行”职能转换的需求者和受益者。通过这种方式，金融机构吸收了存款，创造了乘数效应，提高了授信规模；物流仓库增加了吞吐量，扩大了物流规模及延伸收入；客户通过融资实现了规模经营，增强了企业实力，创造了规模效益。这样，金融机构的金融创新、物流企业的物流业务创新和商户的经营创新有机地结合在一起，共同搭建起“三赢”模式。

3．物流质押监管业务的主要模式

（1）仓单质押业务。它是物流企业参与下的权利质押业务。它是指货主企业把货物存储在物流企业的仓库中，然后凭物流企业开具的仓单向银行申请贷款，银行根据货物的价值向货主企业提供一定比例的贷款，同时，由物流企业代理监管货物。仓单质押业务通常称为融通仓业务，其运作流程如图6-8所示。

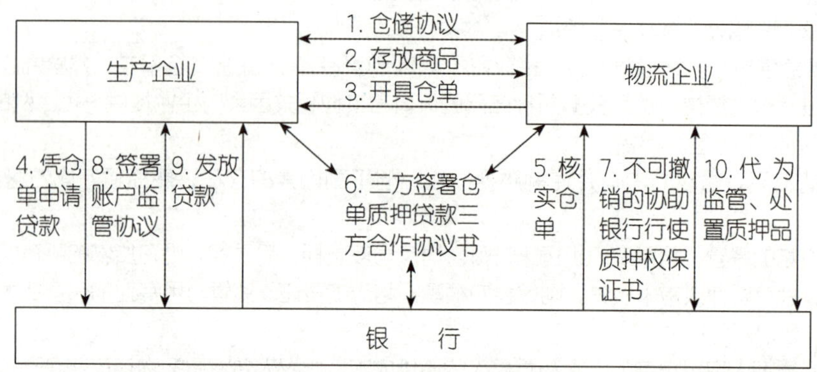

图6-8　融通仓运作流程图

（2）保兑仓业务。所谓的保兑仓业务是指在卖方（生产企业）做出如果在承兑期限内买方（经销商）不能实现承兑金额的销售，卖方（生产企业）承诺向银行退回承兑金额与发货金额的差价的前提下，买方（经销商）向银行申请以卖方（生产企业）为收款人的贷款额度，并由银行控制其提货权为条件的融资业务。其运作流程如图6-9所示。

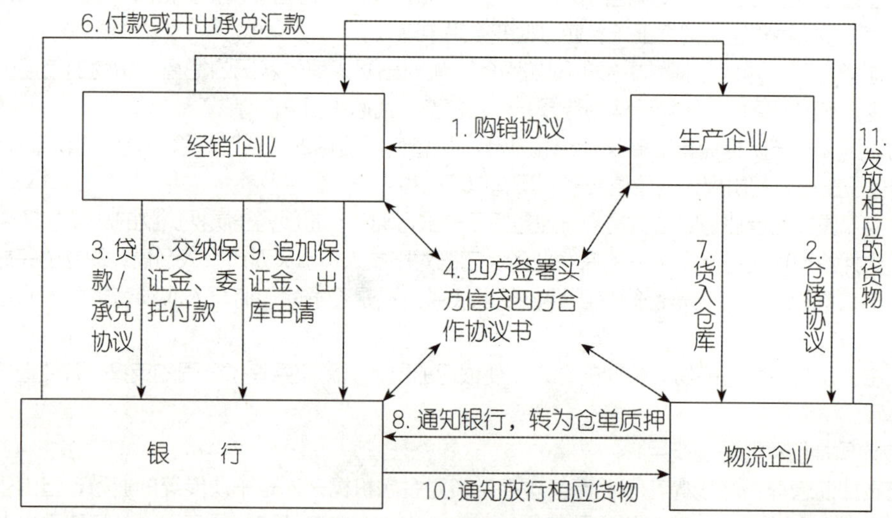

图6-9　保兑仓运作流程图

显然，与一般的仓单质押业务是“先货后票”不同，保兑仓业务实际上是以拟购买货物所进行的仓单质押贷款活动，其特点是“先票后货”，这种模式已由一般仓单质押下的“商银库”三赢扩展为“厂银商库”四赢。对经销商而言，一方面可以缓解经销商自有流动资金的不足，使其享受到大批量订货和淡季打款的优惠政策；另一方面不仅使供货商提前获得生产资金，保证其产品的正常生产，而且能够帮助经销商增加销售渠道，锁定市场销售终端，扩大市场份额。对供货商来说，批量销售增加了经营利润，而且承兑汇票到期兑现即可获得银行的支付，降低资金成本，保障收款，提高资金使用效率。而银行则通过为经销商开出承兑汇票获取了业务收入。物流企业的收益来自两个方面：第一，存放与管理货物向经销商收取费用；第二，为银行提供价值评估与质押监管中介服务收取一定比例的费用。

【案例6-4】 成功的保兑仓案例

某名牌空调经销商日常主要通过不动产抵押和动产质押方式获得银行融资，操作复杂，融资渠道不畅通，可获融资金额不足，束缚了企业的发展。针对其经营特点，某银行向其推荐“保兑仓”服务，业务流程如下：

（1）空调生产商、经销商与银行签订保兑仓业务三方合作协议书，经销商交存一定比例的保证金，银行向经销商开出以生产商为收款人的金额500万元、期限3个月的银行承兑汇票。

（2）生产商将空调存放在银行指定仓库，银行凭经销商存入的保证金签发等额的“提货通知书”，经销商持“提货通知书”要求生产商发货。

（3）经销商实现销售，货款回笼追加保证金提货，如此循环操作，直至足额交付保证金，到期兑付银行承兑汇票。

使用“保兑仓”，该经销商只需付承兑手续费2 500元，假设该经销商回款速度快，30天即存足500万元，则获得约1万元存款利息。如果是传统贷款，则需支出利息近7万元，两者比较节约近6万元。更重要的是申请银行“保兑仓”业务以来，因该经销商资金宽裕，其从生产商处取得了极低的价格，该品牌空调销售量倍增，赚了个盆满钵满。

【案例6-5】 失败的保兑仓案例

中国金属（百慕大）有限公司是在百慕大群岛注册成立的台资企业，在江苏常熟设有常熟星岛新兴建材有限公司等五家子公司，主要生产加工彩涂钢板、镀锌板、耐高腐蚀性铝锌合金板、酸洗宽厚板、冷轧板及其他相关产品。随后，该公司在新加坡主板上市，成为在当地和行业内都非常知名的企业。为了成为全球最大的镀制钢品生产企业，该公司近几年来不断贷款扩张，其扩张速度已经与自身实力不相匹配，最终因宏观形势恶化而资金链断裂。由于无力偿还超过50亿元人民币的巨额债务，该公司约20名台籍高层集体携款逃往境外，旗下五家子公司全部宣告破产并被当地法院查封。

该公司高管集体潜逃及破产事件对常熟市政府以及相关银行和企业都将造成相当程度的冲击，甚至还将引发一系列后续效应，包括可能导致大量员工失业和部分中小型供应商破产等。其中，广发银行就是因为与该公司及包钢股份有限公司操作保兑仓业务，结果最终失手，酿成巨额垫款，好在有实力强大的包钢股份有限公司托底，广发银行才死里逃生。

（3）海陆仓业务。目前，已开展的海陆仓业务，就是针对客户企业在商品生产和贸易过程中普遍存在的对商品流转的空间和时间上的融资需求，借用仓单质押理念，发展成为基于海上在途货物质押，连带发货地和目的地仓库质押的全程点对点质押融资模式。该种模式横跨时间和空间，可以更大限度地满足供应链中各环节企业的融资需求。

这种模式下，物流企业负责从生产地到消费地，以及中间的海运和陆运全程质押监管。该种模式可以结合保兑仓和融通仓（即一般的仓单质押业务）的业务模式，并可以根据客户的需求演化出多种操作方法，如内贸集装箱模式、内贸散货模式、信用证下进口模式、非信用证下进口模式、出口模式等。图6-10显示了内贸集装箱模式的海陆仓运作流程。

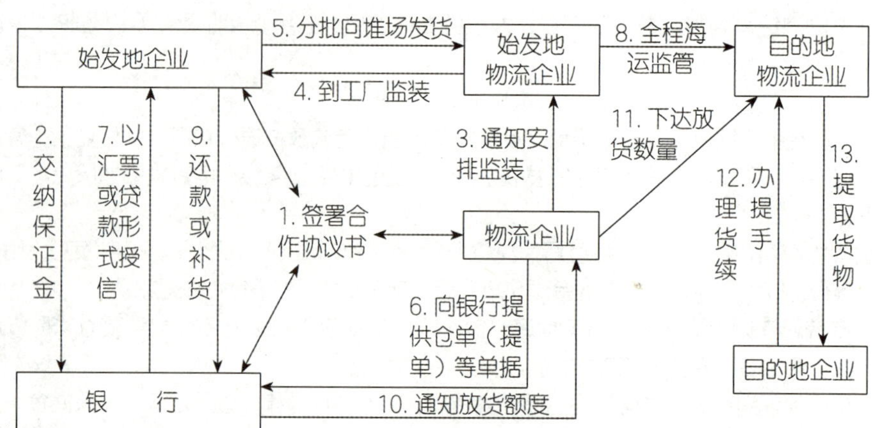

图6-10　海陆仓运作流程图

【案例6-6】　中远物流开展海陆仓业务

中远物流作为国内最大的物流企业，虽然不能发行货币，但是具有良好的信用。信用是一种变相的货币。中远物流既是一个巨大信用的载体，又有完善的控货网络，因此，中远物流利用自己完善的海运、陆运网络优势，把物流金融产品从一个静态的仓单质押变成动态的“海陆仓”，把一个点的仓单质押变成点对点的“海陆仓”，在此基础上，实现差异化竞争，从而给企业带来利润。比如，广西柳州和广东湛江的两个糖厂，计划将糖运到天津的北方糖业批发市场。当时企业资金不足，希望中远物流天津分公司可以为他们提供4 000万元的资金。通过考察分析，中远物流认为糖业市场前景很好，企业也很有生命力，产品较为容易控制，下游处置好操作。当款项到位后，由糖厂的股东之一——华展糖业提供授信，由天津农村合作银行提供融资。最后，中远物流做了代理处置，实际上是变相担保，用中远物流的信用对华展糖业的信用做了补贴。经过补贴，银行直接放款4 000万元。而在操作环节上，是从广西、广东就地开出仓单，由中远物流控货，在这个环节已经把货物变现。从货物装船到运输到天津港的仓库，全程打包。作为海陆仓模式的整体产品，实现了滚动质押。整个操作过程，对客户来讲很方便，他们只需要付很少的保证金，几乎都是用银行的资金来运作。到目前为止，已经做了将近3万吨糖的业务。可以看出，整个过程就是“一点结算、多点交割”，即在天津做结算，在任意的地方进行交割。在这个模式下，海陆仓模式的实质是“点对点”控货。货物的所有权在第一收货地点就转移给物流公司。发货人是物流公司而非客户，比如，提单上显示的发货人是天津中远物流，收货人也是天津中远物流，通知方为客户。显然，对于物流公司而言，除了可以赚取相应的利润之外，也可免除关联的海运与陆运公司的揽货之忧。

当然，海陆仓模式也存在着巨大的风险。为此，中远物流采取了以下风险控制措施：第一，在运营之初对行业进行筛选，使风险系数得到控制。第二，在选择企业时，需要进行全面的评估分析，比如企业的生命力、经营管理模式等。第三，充分考虑企业产品是否容易控制风险，是否容易变现，是否容易变质等。对于某些特殊的货物，需要请担保公司做担保。如果到期客户没有资金还款，就由担保公司还款；如果产品出现了某种问题，或者客户弃货，也是由担保公司先行垫付银行贷款。第四，控货。只要将货物牢牢控制好，风险就可避免。其主要操作手法是，可以针对不同的货物打不同的折扣；根据价格波动，控货量也相应波动。价格低了补货，价格高了就减少出仓货物。第五，防范内部风险。该模式涉及公司内部很多的环节，如果某一个环节出现了纰漏，如责任心不够、跟客户联手操盘等，都会出现问题。所以，最主要的是处理好内部管理，一方面提高员工的业务能力，另一方面提高员工道德素质，做好内部控制，提高自身的诚信度。

（4）物流授信金融业务。是指金融机构根据物流企业的规模、经营业绩、运营现状、资产负债比例以及信用程度，授予物流企业一定的信贷额度，物流企业直接利用这些信贷额度向相关企业提供灵活的质押贷款业务，由物流企业直接监控质押贷款业务的全过程，金融机构则基本上不参与该质押贷款项的具体运作。图6-11显示了物流企业在仓单质押业务的基础上，通过加深与银行、生产企业的合作，利用生产企业产成品进行金融授信，为生产企业提供包括原材料采购、运输、仓储、代收货款等业务的一体化全程物流服务。

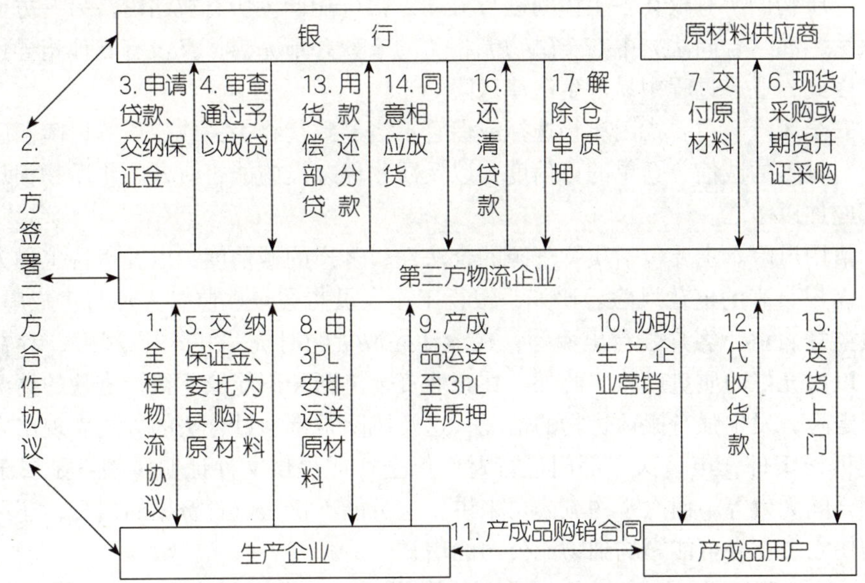

图6-11 物流企业金融授信运作流程图

物流金融的授信模式有利于企业更加便捷地获得融资，减少原先质押贷款中一些烦琐的环节；也有利于银行提高对质押贷款的全过程监控能力，更加灵活地开展质押贷款服务，优化其质押贷款的业务流程和工作环节，降低贷款风险。对于物流企业而言，其盈利（即赚取的授信“差价”）会更高，但值得注意的是，一方面，物流企业的身份已由“中介”“代理”变成独立承担责任的“当事人”，因而，也将面临更大的操作风险和责任风险；另一方面，在我国现阶段，还存在一定的法律障碍。我国法律规定，专门经营基础性融资服务的机构只能是以银行为主的金融企业，其他企业并不能染指金融业务。当然，也包括不能收购金融企业。在国外，UPS公司通过收购美国第一国际银行（First International）并将其改造成UPS金融部门（UPS Capital），以此为基础向客户提供金融服务属于个案，应另当别论。因此，现阶段，物流企业还不具备开展此业务的法律条件。

1.物流质押监管操作的主要风险

在开展物流仓单质押过程中，物流企业将面临诸多风险，这些风险可以归纳如下：

（1）市场风险。主要指因政策、经济等方面的变化，导致质押物市场价格的波动、变现能力改变，甚至被认定为非法物等。

（2）技术风险。主要指物流企业因缺乏足够的技术支持而引起的风险。比如，价值评估系统不完善或评估技术不高，网络信息技术的落后造成信息不完整、业务不畅、操作失误等。

（3）操作风险。主要指物流管理方面产生的风险，包括组织机构陈旧松散，管理体制和监督机制不健全，工作人员素质不高，管理层决策发生错误等等。

（4）法律风险。主要是指当事人之间订立的各种合同有明显瑕疵，给当事人造成某些损失或给不法分子留下可乘之机，如合同中约定的货物质量验收条款不明确、监管合同与借贷合同不一致、要求仓储方放弃留置权、免责条款含糊不清等。一方面，质押业务涉及多方主体，质物的所有权在各主体间进行流动，很可能产生所有权纠纷。另一方面，中国的《担保法》和《合同法》中与金融物流相关的条款并不完善，又没有其他指导性文件可以依据，因此，业务过程中易产生法律风险。

（5）安全风险。主要指因质物选择或保管不当导致货物丢失或变质等风险。因此，仓库的安全、员工的诚信、仓单的可信度，以及质物保存设施能否有效防止质物损坏、变质等问题都应加以考虑。

（6）信用风险。主要包括质物来源的合法性、客户的诚信度，以及银行工作人员、监管人员、客户带来的道德风险。比如，银行工作人员与客户、监管人员与客户串通作弊，监管人员监守自盗，客户强行出库等；在滚动提取货物时提“好”补“坏”，存在着坏货风险以及以次充好的质量风险。此外，在企业资金链断裂不能偿还银行贷款的情况下，有时会铤而走险，发生强行搬运货物的情况，这类风险常常通过合法的方式表现出来，比如制造一起诉讼案件，申请法律部门进行财产保全，或提供文件证明质物不是属于出质人的，质押合同无效等。而对于物流公司来讲，这可能不仅是监管费用的损失，还可能意味着人员的伤亡，更有可能影响到物流公司的信誉。

【案例6-7】 以假乱真

2006年1月23日，上海浦东发展银行沈阳分行因沈阳泰鑫公司拖欠逾期借款，向沈阳市中级人民法院申请，查封了泰鑫公司在中国物资储运总公司沈阳东站仓库的价值1 000多万元的3 365件质押物（家电）。但这次查封却意外牵出了令人震惊的案中案，用于质押的这批家电，有相当一部分竟然是用木头、草袋、空壳机等破烂填充的。

2007年3月17日，随着浦发银行沈阳分行的一纸诉状，中国物资储运总公司被推上了被告席，2008年年初，沈阳中院一审判决中国物资储运总公司依据《质押监管协议》，恢复缺失的1 000多万元的质押物，如不能恢复，则承担相应的赔偿责任。

2008年1月24日，中国物资储运总公司向辽宁省高级人民法院上诉，请求二审法院撤销沈阳中院的一审判决，驳回上诉人浦发银行沈阳分行的诉讼请求，因本案涉嫌合同诈骗，应移送公安机关立案侦查。

事实上，泰鑫公司并没有破产，还在继续运营之中。浦发银行沈阳分行不去盯住真正涉嫌诈骗的出质人，却将诉讼矛头指向作为仓储保管的第三方——中国物资储运总公司。“银行这样做，不是让涉嫌诈骗的公司逍遥法外了?!”一位不愿透露姓名的仓储业内人士深感不解。实际上，银行这样做，是因为中国物资储运总公司相比泰鑫公司更有实力，赔偿更有保障。

既然银行不起诉泰鑫公司，中国物资储运总公司是否可以起诉泰鑫公司呢？尴尬的是，公安机关并不接受中国物资储运总公司沈阳东站仓库关于出质人涉嫌诈骗的报案，因为中国物资储运总公司目前还没有实际损失，唯一可行的是，当中国物资储运总公司赔付了浦发银行沈阳分行后，再以受害方起诉出质人。

目前，物流金融在中国的规模越来越大，估计每年有4 000亿~5 000亿元贷款业务与动产质押有关。发生在中国物资储运总公司沈阳东站仓库的这起案件，给从事物流金融业务的相关人员带来了一个沉痛的教训：高收益下更应注重风险防范。

经查，某借款人（存货人）将货物存入仓储公司并凭仓单向银行办理仓单质押融资。银行接受借款人持有的仓单时，与仓储公司进行了仓单真实性的确认，并与借款人、仓储公司一起签订了《仓储货物监管协议》，该协议中对仓储公司的义务一般规定为：仓储公司应在存储期间对仓单项下的货物负责保管；未经银行同意，仓储公司不得以任何理由接受出质人对仓单的任何挂失、更改、注销等申请；只有经银行签发的解除监管的仓单释放通知书方可给出质人发货。但是，实际上银行并未"实质性"地查验仓单下货物的真实情况，换言之，银行仅仅在仓储公司检查了货物的表面真实性，由于仓储的"冰箱"和 "空调"均包装完好，银行仅核对了外包装与仓单清单是否一致，至于包装中是否是合格的"冰箱"和"空调"，银行并没有实际勘查。

研讨问题：

（1）谁应当承担验货义务：银行还是仓储公司？

（2）仓储企业应该吸取的教训有哪些？

参考答案：

（1）银行。在仓单质押融资中，银行（质权人）负有验货义务。银行以委托仓储公司代保管（监管）仓单的形式转移占有质物时，除非特殊规定，否则作为第三人的仓储公司在验货方面仅负合理注意义务。其理由是：根据合同法第384条的规定，保管人应当按照约定对入库仓储物进行验收。保管人验收时发现入库仓储物与约定不符的，应当及时通知存货人。保管人验收后，发生仓储物的品种、数量、质量不符合约定的，保管人应当承担损害赔偿责任。合同法第394条规定，储存期间，因保管人保管不善造成仓储物毁损、灭失的，保管人应当承担损害赔偿责任。因仓储物的性质、包装不符合约定或者超过有效储存期造成仓储物变质、损坏的，保管人不承担损害赔偿责任。显然，保管人只是应当按照约定对入库仓储物进行验收。当保管人与委托人没有约定或约定不验收的仓储物的，仓储公司仅负合理注意义务，并不负必然之法律义务。可见，法律并不强制要求仓储公司验收货物，特别是当存货人与仓储公司明确在保管合同中约定不验货时，银行如再寄希望于仓储公司的审查，结果只能是所托非人、责任自担。

（2）仓储企业应该吸取的教训：一是客户选择方面。仓库缺失了事前对企业经营状况的监督。当时，该项业务在东北地区还属于比较新的业务，仓库负责人可能急于想开拓这方面的业务，造成了对出质人的审查不够严格。二是质押物选择方面。仓储公司应尽可能地选择直观、价值贬值幅度不会太大，性能稳定且容易变现的货物，而本案质物并不完全符合此种条件。三是质物特性与检查方面。在实际的业务开展中，质押物千差万别，并不完全符合仓储企业的理想的质物标准。而这时，就要根据质押物的特性做出详细的约定。具体到本案中，对货物的检验就应该严格地制订合同条款，究竟如何来检验货物的真伪，按什么比例来检验，检验的程度、方法都应该进行详细约定。

【案例6-8】　青岛港铁矿石仓单重复质押

2014年6月6日，青岛港深陷一起有色金属融资骗贷案，其始作俑者是青岛德正资源控股有限公司的全资子公司德诚矿业公司。该公司将一批矿石货品存于青岛港码头一家仓库，却"一女多嫁"，从不同的仓储公司出具了仓单证明，并利用这些仓单去不同银行重复质押融得巨资。

研讨问题：

对于质押担保过程中的无权处分行为，如何对善意第三人——质权人，即银行的权利进行保护？

参考答案：

一方面，银行应要求出质人提供购物发票、纳税凭证或买卖合同等文件，并据此判断仓储货物的归属；另一方面，可依据善意取得制度进行抗辩。

首先，在动产质押中，一般仅仅是依法律意义上的“占有”来判决借款人是否有权出质。根据《最高人民法院关于适用〈中华人民共和国担保法〉若干问题的解释》第八十四条之规定，“出质人以其不具有所有权但合法占有的动产出质的，不知出质人无处分权的质权人行使质权后，因此给动产所有人造成损失的，由出质人承担赔偿责任”，但质权并不受影响，立法上称之为“动产质押权的善意取得制度”。

其次，在权利质押中，善意取得制度也是为立法所确认的，即仓单所含权利即使不属于名义出质人，在一定条件下，质权仍然受法律保护。根据《中华人民共和国物权法》第一百零六条的规定，在满足以下条件时，质权人接受无权处分人（出质人）的出质仍受法律保护：一是质权人接受仓单（权利）时是善意的；二是存在合理的对价基础；三是仓单已经合法交付质权人，并以适当方式通知仓储公司。其中，“善意”应当以仓单在形式上是否真实、是否合法占有作为判断标准，此时要求接受出质的银行尽合理审查义务。

（7）分包商风险。在质押监管业务中，物流企业可能委托另外一家或数家企业行使监管职权，即必须处理对第三方监管库的选择、回避监管风险等问题，否则将承担相应的风险。

2.物流企业防范质押监管操作风险的对策

（1）加强对客户的信用管理

物流金融服务的前提是物流企业代银行管理客户资信、还贷能力等信息，物流企业责任重大。为此，物流企业通过建立客户资料收集制度、客户资信档案管理制度、客户资信调查管理制度、客户信用分级制度、合同与结算过程中的信用风险防范制度、信用额度稽核制度、财务管理制度等一系列制度，从而达到对客户进行全方位信用管理以及防范和减少风险之目的。

（2）构建银企长期合作机制

大型物流企业要积极创造条件，致力于与有关银行建立长期共赢的战略合作关系。这不仅可使物流企业获取稳定的银行资金支持，也可以有效地解决物流金融服务中的效率问题。前文提及的物流授信金融模式有利于物流企业便捷地处理获得仓单质押贷款中一些烦琐的环节，降低交易费用，同时也有利于银行提高对质押贷款全过程的监控能力，优化其质押贷款的业务流程和工作环节，降低贷款的风险。实践已经证明，统一授信方式正日益受到广大金融机构的认同，并通过与担保公司、保险公司的合作，起到有效地减少金融服务风险的作用。

（3）与客户建立长期的合作伙伴关系

物流企业为客户提供物流金融服务的基础是对客户有充分的了解，与其建立长期的合作关系，这样更有利于提高效率、防范物流金融风险。

（4）实施有效的过程监控

物流企业之所以能从物流金融服务中获得银行融资，正是由于其代银行有效地保管和监管了质押物，可以说，物流监管是物流金融服务的关键成功因素。因此，在物流金融服务中，物流企业必须对质押物的市场价值、货物流向、客户的运营状况等供应链管理的全过程进行充分、严密、科学的监控，才有可能有效防范物流金融服务中的风险。

①树立良好的商业信用和金融信用。这样的第三方物流，企业银行才会选择其作为合作伙伴，也才能为自身的发展提供良好的平台。银行是仓单质押贷款业务的主体，客户是该业务的客体，第三方物流企业处于中介的位置。从目前一些开展仓单质押贷款业务的情况看，仓单质押贷款业务中由于第三方物流企业的诚信问题使得银行与第三方物流企业的合作难以持续的情况时有发生，最典型的莫过于客户串通第三方物流企业骗贷。因此，诚信是第三方物流企业与银行合作的基础。

②强化自身综合物流服务的能力。仓单质押业务开展的必要条件是将第三方物流企业的仓库改造成具有综合功能的融通仓。融通仓是以质押物资仓管与监管、价值评估、公共仓储、物流配送、拍卖为核心的综合性第三方物流服务平台，它不仅为银企间的合作构架新桥梁，也将良好地融入企业供应链体系中，成为中小企业重要的第三方物流服务提供者。该服务使质押物可正常进入市场流通，从而从根本上满足了企业对流动资金的需求。使用融通仓服务，企业可根据自身的经营需要在融通仓内质押存货，在总体价值不低于一定额度的情况下，可以采用以物易物和以保证金置换两种方式，使质押物持续流动更新，企业资产得以正常周转。这一创新为需要扩大流通规模的企业提供了便捷易行的贷款融资、仓储管理、运输配送一体化的综合服务。

③具有价值评估、物资拍卖等资质。物流企业除提供物流和流通加工等传统服务外，还替代金融机构承担部分金融服务业务，如资产评价、资产处理等。因此，能否对质物价值进行准确评估，以及质物能否及时变现的问题，将成为仓单质押贷款业务风险控制的关键点。

④完善物流管理信息系统。对于物流企业来说，其信息化分成两大部分，一是企业内部的信息化建设，二是企业与合作伙伴、业务关联企业的信息化建设。加强企业内部信息化建设，可以改善企业流程，减少企业内部人员作案或操作失误的概率，提高工作效率；加强企业与关联企业的信息化建设，可以为客户和银行等关系企业提供更高效的服务，尤其是可以保障信息的通畅，从而降低各方的经营风险。

⑤加强对质押品种的选择管理。要选择适用广泛、易于处置、价格涨跌幅度不大且质量稳定的品种，如黑色金属、有色金属、大豆等，同时还要考察货物来源的合法性，对于走私货物和违禁物品要及时举报。

⑥加强对质押货物的监督管理。仓储企业在开展仓单质押业务时，一般要与银行签订“不可撤销的协助行使质押权保证书”，对质押货物的保管负责，丢失或损坏由仓库承担责任。因此，为了维护自身利益和履行对银行的承诺，仓储企业要加强对质押货物的监管，保证仓单与货物货单一致，手续完备，货物完好无损。

⑦加强对仓单与提货单的管理。为了维护自身利益和履行对银行的承诺，物流企业应使用固定的格式，按规定方式印刷仓单与提货单。同时，物流企业还应派专人对仓单进行管理，严防操作失误和内部人员作案，保证仓单的真实性、唯一性和有效性。

6.5 国际物流操作风险

6.5.1 国际海运物流操作风险规避实务

1. 国际海运物流操作风险的特点

（1）企业与部门参与多导致风险加大

国际海运物流业务，通常会涉及船公司、船舶代理、港口装卸、外轮理货、场站、陆运与空运承运人、托运人、收货人、货运代理、引航、船检、轮驳、监管查验部门（一关三检、港监、边检）、银行、保险等部门和关系人，不仅信息的交换十分频繁，而且从贸易合同签订开始，到发货地装运货物出口、目的地进口卸货，直到收货人提货的整个过程，每个环节都必须实施有效控制，以便有效地降低其风险。

（2）销售渠道长导致风险加大

航运中间商较多，包括船代、货代、租船经纪人、无船承运人等，而中间环节越多，产生风险的机会也就越多。

（3）独特的单证操作风险

在海运业务操作中，既有涉及诸如托运、箱管及交付等环节的业务单证，更有区别于其他运输方式的、具有物权凭证功能的海运提单，因而大量的风险都是因单证操作不当所致。

（4）易产生货损货差风险

海上运输承运的货物具有种类繁杂、数量大等特点，加之海上运输受天气等不良情况的影响较大，因而易产生货损货差的风险。

（5）人员失误风险较多

海运是国际贸易运输的主要方式，国际贸易的货物80%是通过海运进行的。在所有运输方式中，海运从业人员具有数量多、构成复杂、业务水平参差不齐等特点，因而与人员有关的操作风险也较为常见。

（6）责任风险有其特殊性

国际海运涉及较多的国际海运公约与法规，并且在载运工具适航、责任基础、责任期间、责任限额、诉讼时效等方面有别于其他运输方式的规定，因而承运人责任风险防范与处理有其特殊性。

（7）方便旗船盛行导致海事欺诈增多

大量的国家对船舶实行开放式登记，许多不适航船也就能够参与海上运输，加之海运方式下的国际贸易大部分是以银行跟单信用证的方式结汇，从而使伪造提单也可能顺利结汇。可以说，正是信用证制度和船舶登记制度被诈骗者钻了空子，才使海事欺诈极度膨胀。

2.案例分析

【案例6-9】2017年11月22日，大华公司与某公司签订了4份进口合同，约定大华公司向该公司进口氨纶丝36吨，CNF中国港口。上述货物由中远公司承运。2017年12月4日，货物在韩国釜山装船，中远公司代理签发了已装船提单。提单上记载：收货人凭指示，通知方为大华公司，交货地为福建泉州，运输方式CFS/CY，货物为A级氨纶丝（纺织用），货物装在20ft集装箱内，同时批注："托运人装箱和计数""据说装有"。提单记载重量为36吨。该提单经数次背书后，最终转至福建外贸公司。货物抵达福建泉州并卸至集装箱堆场后，福建外贸公司申请进口报关，经海关查验，发现集装箱内装的是涤纶丝而非申报的氨纶丝，后申请商检对货物进行检验，认定集装箱箱体无损，铅封完好，装载货物的纸箱上标有涤纶丝字样，箱内货物为涂纶丝。福建外贸公司因箱内货物与提单记载不符合而拒收货物。海关则因福建外贸公司申报品名与实际不符，将上述货物予以拍卖，并对福建外贸公司予以处罚。为此，福建外贸公司对中远公司提起诉讼，要求中远公司按照提单及有关单证上记载的货物名称交付货物或赔偿等价的货物损失。

研讨问题：

（1）提单上记载的内容与实物有冲突时承运人的责任如何认定？承运人是否应承担责任？

（2）本案承运人应吸取什么经验教训？

参考答案：

（1）本案例中，根据"托运人装箱和计数"和"据说装有"的批注，表明该货为整箱货，而CFS/CY的批注，则表明该货为拼箱货，显然，提单上记载的内容相互冲突，此时，应遵循对承运人不利解释的原则，即应认定"托运人装箱和计数"和"据说装有"的批注无效，而CFS/CY批注有效。根据CFS/CY的批注，承运人应负有在装货港货运站按件接货并装箱的义务，因此应保证实际货物的信息，比如货名、件数、体积等与提单的记载应完全一致，并有义务按提单表面记载向善意的提单持有人——福建外贸公司交付货物。因此，承运人应承担责任。

（2）一是最好从事整箱业务；二是在从事拼箱业务时，应选择资信良好的装拆箱代理，以便能做好货物的接收、装载与交付，并如实进行提单批注。

【案例6-10】20XX年9月8日，某进出口公司（原告）与国外S公司签订销售合同，约定向S公司提供一批价值为7 564美元的针织裙，支付方式为T/T。进出口公司将货物交于某集装箱储运公司（被告），由上海运至墨尔本。10月16日，被告签发了提单，载明托运人为某进出口公司，收货人"凭指示"。提单同时注明正本份数为3份。11月5日，货物在目的港清关、拆箱。12月14日，原告通过代理向被告的代理询问涉案货物下落，被告知货物已被S公司提走。由于S公司始终没有支付货款，原告遂以无单放货为由，诉请判令被告赔偿货物损失7 564美元及相关退税损失，但原告仅向法院提供了一份正本提单。法院判决对原告的诉讼请求不予支持。

研讨问题：

（1）原告持有正本提单为何败诉？

（2）集装箱公司认为卖方选择以T/T方式结汇，表明提单已不具有物权凭证的作用，故无须凭正本提单交付货物。此种说法是否正确？

参考答案：

（1）原因是原告仅持有一份正本提单，这并不是一个完全、排他的物权凭证。按照航运惯例，货物被运至目的港后，提单持有人可凭一份正本提单向承运人主张提货，承运人在收回该份正本提单后，其余两份正本提单自动失效。在目的港外要求承运人交付货物的，承运人有权收回全套正本提单。本案中，原告在举证了被告放货事实后，应提供证据进一步证明其在未收回正本提单的情况下，将货物交予非提单持有人。但是，原告仅持有一份提单，且在目的港以外的地方主张提单权利，无法排除他人持有提单并持正本提单向承运人主张提货的可能性，以此要求承运人负无单放货赔偿责任，显然不能获得支持。

（2）错误。提单物权凭证性质不受贸易合同的影响。

6.5.2 国际陆运物流操作风险规避实务

1. 国际陆运物流操作风险的特点

（1）国际铁路物流操作风险的特点

①因垄断经营而产生的风险。铁路运输实行集中的计划管理，并由铁路系统独家经营。现有的大部分铁路货运代理企业在人员、资产、业务联系等方面仍然过多地依附于铁路部门，所开展的货运代理业务还是依托铁路，围着运输转，无论是管理者还是工作人员，普遍存在服务意识不强的问题，同时缺乏开展全方位的铁路、公路、水路、航空等多种形式的多式联运与物流服务的能力，因而在开展此方面业务时，无疑会使风险增加。

②违规风险较大。由于货物在运送中要顾及各参加国铁路的设备条件、运输组织方式和相关的法规制度，从而也决定了该项业务的复杂性，特别是有关国际联运的规章条款既繁多又复杂，在办理国际联运时，其运输票据、货物、车辆及有关单证都必须符合有关规定和一些国家的正当要求，否则，极易因违反相关法规规章的规定而承担风险。

③国境站是风险高发地点。国境站设有海关及检疫检验机构以及国际货运代理企业，以办理国际铁路联运货物、车辆和列车与邻国铁路的交接，货物的换装或更换轮对，票据文件的翻译及货物运送费用的计算与复核，以及货物报关报验等项工作。因而，国境站业务较为复杂，如操作不当，极易发生货运事故。

④境外代理失职风险。自苏联解体以来，国际铁路货物联运业务变化很大，其中一个重要变化是，由原来各铁路之间相互清算，改为由铁路认可的各货运代理人之间相互清算。目前，许多国家如俄罗斯、哈萨克斯坦以及蒙古等的铁路部门，均要求发货人通过代理结算费用。在这种情况下，如果发货人在办理托运时未能办理委托代理手续，并且未在运单第4栏和第20栏内做相应的记载，则发货站将拒绝承运，接收国境站也将拒绝接运。因此，铁路货运企业需要承担因货运代理操作不当而产生的风险。

⑤因实行严格责任而加大了风险。在承运人责任方面：一方面，采用统一责任制，即自铁路承运货物起到交付货物或到达某一转发送站时止的全部运送过程，无论国际铁路联运货物的灭失、毁损、短件等或延迟交付的责任是发生在哪一个参加联运国的铁路区段，均按联运国铁路共同签署的国际统一公约或协定、协议对发货人或收货人负责；另一方面，采用严格责任制，即除了不可抗力等法定免责事项外，不论有无过失，承运人对货损货差均应承担责任。

⑥延迟风险加大。在各种运输方式中，目前只有规范铁路运输的国际公约，比如，《国际铁路货物运输公约》（以下简称《国际货约》）和《国际铁路货物联运协定》（以下简称《国际货协》）以法定的形式对运到期限规定了统一的计算标准。表6-11列出了《国际货约》和《国际货协》按托运方式的不同所规定的运到期限标准。

表6-11 运到期限标准

公约	托运方式	零担货物	整车货物
国际货约	慢运	每200 km或不足者为一天	头200 km为一天，以后每300 km或不足者为一天
	快运	每300 km或不足者为一天	头300 km为一天，以后每400 km或不足者为一天
国际货协	慢运	每150 km为一天	200 km为一天
	快运	每200 km为一天	320 km为一天，如随旅客列车挂运的则为每420 km为一天

上述国际公约还对运到期限的起算与到期后的延长、补加运到期限、运到期限的中断，以及各承运铁路间运到期限的分摊等做出了明确的规定。

上述国际公约还规定，若货物全程实际运送天数超过所规定的运到期限，则该批货物运到逾期，对此，铁路向收货人支付运到逾期罚款。表6-12显示了《国际货协》规定的运到逾期罚款的计算标准。

表6-12 运到逾期罚款计算标准

逾期百分率（S）	罚款率	罚款额
S≤10%	6%	运费× 6%
10%<S≤20%	12%	运费× 12%
20%<S≤30%	18%	运费× 18%
30%<S≤40%	24%	运费× 24%
S>40%	30%	运费× 30%

（2）国际公路物流操作风险的特点

①机动车事故是公路运输行业的第一风险。由于人、车、路等多种风险因素的存在，加之运输工具高速运转、快速移动，一旦失控即可能发生事故，并造成重大的人身伤亡和财产损失。因此，公路运输事故的发生具有高频性。

②路运企业送货时代收货款，取货时代付货款。尤其在零担货运业，公司能否从事代

收款业务甚至成为货主选择货运公司时的主要标准。但同时也出现了大量收齐货物和代收代付后卷款“蒸发”的诈骗现象。

③车辆挂靠风险是公路运输风险中独有的现象。在公路运输行业，许多企业或个人是通过车辆挂靠取得了适于营运的法律条件，如客车经营线路、货车各种营运手续等。由于这些企业或个人不具备营运资质、缺少相应的管理制度、从业人员业务水平较低，因而，其发生风险的概率大大增加。

④因超载引发的风险极为普遍。目前，基于多方面的原因，公路运输车辆超载现象极为普遍，而因超载引发的货运事故也大量出现，因而给企业带来了较大的风险。

⑤人的因素引发的风险较高。公路运输企业规模偏小、经营主体分散、从业人员业务水平参差不齐，因而导致服务质量降低、货运事故频发。

⑥风险在空间上具有广阔性。与铁路、航空、管道等其他运输方式具有相对固定的运输路线和活动范围不同，公路运输点多、面广、机动、灵活、适应性强，富有延伸性和方便性，因而，其运输风险在空间上具有广阔性，管理难度较大。

⑦风险因素的多样性与损失范围的广泛性。由于驾驶人员的素质以及运输工具运行的地区和环境各不相同，所以面临的风险因素具有多样性；由于运输工具发生事故导致的损失除了有形的物质损失外，还包括无形的责任赔偿和相关的费用损失，因此损失范围具有广泛性。

⑧服务多元化与身份不确定性的风险。随着各国实行宽松的运输管制政策以及客户服务需求的日益提高，公路运输服务日益呈现多元化趋势。在公路运输行业，既有仍从事纯粹的公路货运代理、中介咨询服务的企业，也有以自己拥有的少量车辆从事实际运输工作的企业，还有一些企业已发展成为物流企业。服务的多元化及身份的不确定极易引发相应的风险。

2.案例分析

【案例6-11】 铁路物流案例

A公司购买B公司价值20万元的货物，合同约定B公司将货物代办托运。B公司遂向当地铁路西站办理了托运货物到C火车站的运输手续，货物保价15万元。B公司填写收货人时将A公司误写为AM公司。货物抵达C火车站后，该站依据与D物流公司的代理合同，将货车调配到D物流公司的专线卸车，并办理了交接手续。当日D公司向A公司发出领货通知。两日后，A公司持领货凭证到C火车站办理领货手续，因运单上收货人与实际不符，未办成。第二天，A公司持领货凭证按C火车站要求出具证明办结了领货手续，向D公司交纳了专线、暂存、卸车等费用，提货时得知货物已在昨天被冒领。经查，冒领人所持运单系伪造。A公司遂对D公司提起诉讼，索赔货损20万元及其他损失。

研讨问题：

(1) D公司的身份：C火车站的代理人还是存在仓储保管关系的保管人?

(2) A公司是否有权向C火车站索赔? 其依据是什么?

(3) A公司是否有权向D公司索赔? 其依据是什么? D公司有过失吗?

参考答案：

(1) D公司的身份是C火车站的代理人。

(2) 有权。以违约为由。因为A公司系铁路运输合同下的收货人，且已办理了提货手续。

(3) 有权。以侵权为由。有过失。铁路运输是“认人不认单”，因而，D公司的过失在于没有认真核实提货人身份。

【案例6-12】 公路物流案例

20XX年1月，台州分公司委托华大公司承担外销打火机的公路运输业务，原告又委托永发公司运输。用于拖运打火机的集装箱为G箱。永发公司所派的驾驶员将集装箱拖至鸿狮公司装货时，错把同一个拖卡上面的C箱（该箱本应装一批鞋子运到日本）交给厂方装了打火机，而在G箱中装入了鞋子。C箱出口通关以后仍运到日本，G箱则运到了巴塞罗那。此后经有关方协商处理，打火机从日本重新运到巴塞罗那，产生了在日本的滞留费用及转运到巴塞罗那的运费，合计46 936美元。台州分公司则在应付给华大公司的运费中扣除了该款，而华大公司又向永发公司进行追偿。

研讨问题：

(1) 分析本案两票货的法律关系。

(2) 华大公司是否应赔偿台州分公司损失？倘若赔偿，之后应向谁追偿？

参考答案：

(1) 台州分公司与华大公司之间是汽车运输合同关系；华大公司与永发公司是转委托关系。

(2) 应该。因属于未经委托人许可的转委托，故应承担责任。可向永发公司追偿。

6.5.3 国际空运物流操作风险规避实务

1.国际空运物流操作风险的特点

(1) 延迟风险易发生。航空运输承运对象主要是一些不宜颠簸、容易受损、货价较高的货物，如精密仪器、服装、海鲜、鲜花、邮件等，因而对时间要求较为严格，而航空运输受天气环境等方面的影响较大，因而货物延误现象时有发生。

(2) 危险品误报风险。对航空危险品运输有严格的限制，托运人或货运代理时常因误报、瞒报而遭退舱甚至罚款。

(3) 违规风险加大。因受飞机机载重量以及货物种类等方面的限制，与其他运输方式相比，航空运输行业对承运的货物种类、价值、重量和尺寸、运费支付方式、预订舱、货物包装、运输单证制作与签发、运费计算与收取等制定了较为严格的规定。如果违反了这些规定，则不仅无法托运这些货物，还需要承担相应的责任。

(4) 因盗窃而使货物灭失的风险增加。由于航空货物具有价值高、体积小、重量轻的特点，因而更易诱发盗窃事件。

(5) 集中托运的危险。在实际业务中，许多空运代理开展集中托运业务，这不仅使空运代理承担了从收取货物开始至交付货物为止的全程运输责任，而且因增加了诸如装拆箱、海外代理介入、航空分运单的制作与签发等环节而使其操作复杂化，风险加大。

2.案例分析

【案例6-13】 2000年2月，大连某公司委托大通公司空运80桶总价值15万元左右的“8-羟基喹啉”（每桶28.37公斤）化工产品从北京至印度马德拉斯，托运时未声明该货物属于危险物品。

2000年3月15日16时55分，北京某空运咨询服务有限公司“取样检查”之后，这批“8-羟基喹啉”按普通货物标准被装上了马来西亚航空公司航班并飞离北京首都国际机场。同一天晚上11时20分左右，飞机抵达马来西亚吉隆坡国际机场进行中转卸货，当装卸工人进入飞机货舱准备卸货时，这批“安全货物”已发生大量泄漏，致使5名装卸工因为吸入有害气体突发晕厥。经检测，这批货物是强腐蚀性化学物品“草酰氯”，其强腐蚀性已经使飞机的众多部位受损，2001年2月28日，法国空中客车飞机制造公司对飞机状况进行了评估，认为修理成本大大超过飞机全额保险金9 500万美元的75%，飞机已无修理价值。因此，2002年3月13日，马来西亚航空公司及曼班通用保险公司等5家境外保险公司将大连某公司等6家中国企业诉至北京市高院，开出了8 000多万美元（折合6亿多元人民币）的“索赔单”。2007年12月5日，北京市高院一审判决大连某公司赔偿5家境外保险公司6 500余万美元，金额创下航空运输索赔之最。虽然判决认定了本案的侵权事实和损害结果，并判决大连某公司承担主要赔偿责任、北京某空运咨询服务公司因不经取样测试出具内容不真实的《空运普通货物鉴定书》而承担补充赔偿责任，但判给后者的赔偿责任与其侵权过错程度本应承担的赔偿责任极不相称。

研讨问题：

本案给我们带来了哪些启示？如何防范此类操作风险？

参考答案：

这个案子得出的教训实实在在——危险品瞒报使不得。究竟是谁在瞒报中起了决定性作用？大连某公司是否吃了个哑巴亏？这都不得而知。可以肯定，对草酰氯这样的高危货物的繁杂的认证程序、高昂的空运运价可能就是大连某公司瞒报的出发点。

为了防范此类操作风险，必须采取以下对策：

（1）加强岗位培训，以增强对危险品危害性的认识和对危险品的识别能力。聘请安全员对公司所有销售、操作人员进行危险品运输的危害性和安全常识的普及教育，使公司上下都能从思想上认识到危险品运输对国家的危害、对公司的危害以及个人应为此承担的责任。聘请专家对接单员、仓库保管员进行化工产品和药品等特殊产品标识、特性等基本知识的培训，提高员工对特殊货物的辨别和识别能力。对仓库的接货人员进行英文字母基本识别能力的培训，使其能正确分辨出单证和货物包装上品名、唛头的差异。

（2）制定一系列的严禁接收危险品的规章制度，以明确各专业岗位的职责以及对违反职责的处理办法。对销售员的规定，内容应涵盖如果销售人员恶意串通客户瞒报危险品，要被开除甚至被追究经济及刑事责任等；对操作员的规定，内容应涵盖如果操作人员违背操作规程，漏检危险品的，要处以警告、罚款、调岗等处罚；对操作规程的规定，内容应涵盖对化工品操作的每一环节、每一环节的责任人的确定等等。

（3）在操作上应对接单、接货、送检进行全面检查，以加强对操作流程是否规范执行的有力监控。检查接单人员是否对客户提交的报关委托书、装箱单、贸易合同、发票与唛头进行仔细核对；检查接货人员是否仔细核查货物包装上的唛头、标记，尤其是对产品的标志核查、产品品名的核查是否严密；对于无法判断的化工产品是否要求客户提供权威部门的技术鉴定，送检样品是否为从托运货物实物当中所提取。对于因化工产品的包装问题等无法从实物当中取样的，要谨慎决定是否告知客户自行办理交运。

6.6 物流事故防范

6.6.1 集装箱海上运输事故的原因与防范

集装箱海上运输始于20世纪50年代中期，因其高效、安全、快捷、便利的优越性已开始逐步取代杂货运输成为班轮运输的主流。近年来，集装箱化率不断提高，但随着箱运量的增长，货运事故也在不断增多。

1.货运事故产生的原因

导致货运事故的原因归纳起来有以下九种：①未装船前已受损或已存在潜在的致损因素；②装卸作业中受损；③载运工具不符合受载要求；④船上积载不当；⑤装船后与航途中及卸船前的期间保管不当；⑥自然灾害；⑦其他事故殃及；⑧盗窃；⑨其他。下面我们介绍一下主要的事故原因：

(1) 货物积载不当。运输的高效率使集装箱船在港时间大大压缩，目前积载的普遍做法是先由岸方和船方分别做预配，再由船方在装卸时根据实际情况来调整。但集装箱的积载不仅要满足船舶稳性、结构强度的要求，还要考虑装卸次序、集装箱类型、堆装系固以及特定货物的特殊积载要求（如危险品要按照《国际海运危险货物规则》(IMDG Code，简称《国际危规》）的要求进行隔离，受热易分解货物要远离热源，易挥发货物需良好的通风等)，加上实际操作中不易兼顾，因而常常导致货运事故的发生。据统计，在所有集装箱货运事故中与积载因素有关的事故占70%以上。全球著名的几大集装箱班轮运输公司如马士基、长荣等都为自己的船队制定了关于集装箱积载的规范条例以预防和减少事故的发生。

(2) 船体缺陷。如船体甲板老化锈蚀，在集装箱装卸和运输过程中受到撞击、重压产生裂缝或船舶输油、排水管道渗漏引起货物湿损污损；通风系统不能正常工作而造成货物汗损等。

(3) 箱体拼装、管理不当。①箱内货物装载、系固不当，如不相容货物装于一箱；箱内货物超重、超量；固定、衬垫不合要求等。②箱体强度结构缺陷，如箱体锈蚀受压破损。③箱体不适货，如怕潮货物使用软顶集装箱装运而造成货物受潮变质。④管货不当，如未对铅封的灭失或箱体破损及时记录；冷藏箱未核对温度设定或未打开箱底排水口以及定期检查其工作情况；货舱通风不利造成货物汗损等。

(4) 货物本身原因，如含水量过高及包装不合要求。

(5) 恶劣天气、海况的影响。比如，强风暴曾造成一条4 800TEU的集装箱船360箱货物全损的重大事故，直接经济损失超过1亿美元。

2.货运事故的防范

以船公司为例，其主要防范措施如下：

（1）合理确定箱位。编制集装箱船配积载计划时，首先要熟悉航次箱源的挂靠港口，平均箱重，特殊集装箱（如冷藏箱）对运输的额外要求等；然后总体划定各挂靠港集装箱在船上的装箱区域；最后按照特殊箱先配、普通箱后配，后到港箱先配、先到港箱后配，重箱在下、轻箱在上的原则，逐一选定合理的具体箱位。在配载时要考虑船舶强度、稳性、吃水差以及巴拿马运河箱容量等因素。

（2）做好集装箱管理工作。装卸前后认真检查箱体状况，特别是铅封状况、冷藏温度设定（冷藏箱）以及箱体是否有漏液、破损等；合理系固并进行强度校核；航行中按时检查集装箱状况，按要求对货舱进行通风，及时发现和消除安全隐患。

（3）根据气象信息及水文资料，制定合理的航线以减少灾害性天气的影响。

（4）了解船舶设备技术状况，做好维修保养工作，保证航行安全。

6.6.2 集装箱箱内货损的原因与防范

1.集装箱箱内货损的原因

集装箱箱内货物不良积载问题，不仅会造成货物、箱体的损害，更严重的还会造成船舶、船员、设备等安全上的问题。由于个别箱体的损坏，还可能导致倒垛，大量箱子坠海，进而导致船舶横倾、稳性损失等，如遇船舶在大风浪中航行是非常危险的。

（1）片面强调节约成本。集装箱化运输的优点就在于可以节约包装材料。正是有些托运人看到了集装箱化运输的这个优点，片面强调了节约包装材料的理念，导致了错误的经济策略，比如，用小块的聚苯乙烯塑料和一些轻薄的收缩性包装纸代替规定的包装材料，导致包装的坚固性被削弱。

（2）不了解海陆运输的风险。集装箱内货损的另一个原因是托运人不了解集装箱运输途中存在的风险，特别是海上风险，所以，轻忽了箱内载物的固定工作，从而导致损失。比如，有一批卷钢装载在集装箱内只用了两个小木楔进行固定，当卡车爬坡时，卷钢在箱中移动撞穿了集装箱箱壁，从卡车上滚了下来，幸好车后面没有人员和别的车辆跟随，否则后果不堪设想。

（3）侥幸和可索赔的因素。集装箱内货损易发生的再一个原因是有的托运人认为货损的概率不高，走了那么多次都没有货损的报告，没必要“兴师动众”花钱做衬垫、固定、隔离和系固。再说，就是发生货损，向承运人索赔就行了，还是省省这些费用和劳动力吧。这种想法导致集装箱内货物的衬垫、固定、隔离和系固变得可有可无，如此一来，不发生货损是侥幸，发生则是必然。

（4）监督不力，导致积载不良。很多的时候，托运人虽然布置了，也准备好衬垫、固定、隔离和系固的材料或者费用，就是缺乏装箱过程中的监督和检查，致使装箱人员或者委托装箱的代理人没有对货物进行妥善的堆装、衬垫、固定、隔离和系固，或者堆装、衬垫、固定、隔离和系固马虎不到位，或者偷工减料没有用足材料，或者没有使用专业的装箱队伍等等原因，如在海上遇到大风大浪就经不起考验了。

可见，造成集装箱内货物损坏的原因，一是有的托运人片面的节约成本的想法在起作用，二是有的托运人不了解集装箱运输途中恶劣的环境，三是有的托运人存在侥幸心理和货损可向承运人索赔的想法，四是装箱监督不到位。上述原因使得集装箱内货物没有得到良好积载，从而造成集装箱内货损现象的发生。

2.集装箱箱内货损的防范对策

（1）托运人应谨慎而妥善地装箱

托运人及其代理人应做到谨慎而妥善地装箱，使之能够抵御一般的海上风险，来规避货损的风险。

①回归正确导向，满足积载需求。托运人及其代理人装箱是集装箱内货物积载的重要一环，对于封闭式集装箱来说，是第一道关口也是最后一道关口，显得更加重要。因此，我们建议托运人或其代理人抛弃不合实际的想法、看法和做法，切实重视集装箱货物的包装、积载（堆装、衬垫、固定、隔离和系固），不能因小失大，要科学理性地对待集装箱内货物积载所需材料的投入；要增强货物包装的强度和韧度，选择合适和足够的衬垫、固定、隔离和系固等材料，满足集装箱内货物积载的需要。

②加强培训力度，打造高素质装箱队伍。货主、托运人要高度重视集装箱装箱队伍的建设。要有适当的投入去建立一支相对固定的装箱队伍（或者固定合作的装箱公司）；要对所有装箱人员进行有针对性的培训，提高他们的装箱素质和装箱质量；要加强对所有装箱人员的装箱训练，提高他们的装箱熟练度和装箱的工作效率。

③指定人员监督，保证装箱质量。为了保证装箱质量，托运人及其代理人应指定专人对装箱的全程进行监装，尽到谨慎妥善装箱的义务。谨慎妥善就是在装箱过程中，对货物的堆装、衬垫、固定、隔离、系固等进行规范化操作，以符合海上运输的要求。要避免发生门面好看，里面一塌糊涂的偷工减料的情况；要对装箱验收情况进行记录存档，对大件、机器设备、笨重和贵重货物的装箱情况要进行拍照或录像存档，以便在以后可能发生货损时提出有力的证据。在装载易移动的货物如卷钢等时，要聘请有资质的公证检验机构，如船级社，进行检验、出证，以达到安全运输的目的，规避可能的风险。聘请专业的、相对固定的集装箱装箱队伍，是确保装箱质量达到优良等级的重要因素。

（2）遵循良好积载的原则

为了防止集装箱内货物相互碰撞、摩擦、滚动、倒塌、串味等造成货物损坏，集装箱箱内货物积载应掌握以下的原则：

①检查箱体和货重。为保证箱子适于装货，首先要检查箱角构件、承重构件的完好性，不应有受伤的痕迹等；二要检查箱体的完整性，应没有损坏和有穿孔小洞等；三要检查箱门的水密性，水密橡皮应没有老化迹象；四要检查箱内的清洁性，看有无异味妨碍本次装货；五要检查箱的安全装载量（一般20尺集装箱24吨，40尺集装箱32吨），配装货物不能超过集装箱的安全装载量。

②重量分布要均匀。集装箱内所装货物的重量要均匀分布在箱体内，若一头重一头轻将导致无法进行装卸作业，一边重一边轻则很容易造成集装箱侧翻。这就要求我们在装箱

前根据货物的体积、重量、件数和集装箱的容积、底面积等做好堆码的列数、层数、行数等的计划；按要求堆码；对重大件要根据货物的重心选择合适的箱内位置积载，保持箱内重量前后左右的平衡。

③堆装整齐不颠倒。在集装箱内装载货物时，要掌握从前往后装、从两边往中间装的原则，保持货物堆装整齐；对多品种包装大小不一的货物要进行合理搭配，保证下重上轻、紧密堆装；要看清货物包装上的标记，不要装反或颠倒。曾发生过一件严重的索赔案件，就是某一厂商将一批桶装危险化学品倒立堆放了，尽管包装上标有清楚的“向上”标记。

④衬垫固定隔离好。集装箱内货物堆装后留下的所有空隙都应该用垫舱物料、空气袋或其他材料填充，以防止货物滑动；集装箱门端的任何空隙也都必须用旧垫板或者其他类似物品固定。所有笨重物件都应该做好固定和隔垫，以防止在运输过程中发生移动；如果装载不同种类的危险品货物，则必须遵守《国际海运危险货物运输规则》中有关货物隔离的规定，对串味等忌装货物必须按照忌装要求进行隔离。

⑤系固（绑扎）不懈怠。系固（绑扎）是为了防止货物在船舶摇摆时移动，因此是非常重要的一个环节。一是要将大件（笨重）货物与集装箱箱底之间衬垫好，增加摩擦系数；二是系固（绑扎）点应选择在货物重心以上或者将系索环绕，切忌只系固（绑扎）底座；三要选择与货物相匹配（强度和韧度）的系固（绑扎）材料；四是系固角度最好在45度以内，不要大于60度；五要有足够的系固（绑扎）道数，保证系固力大于一定条件下的移动力；六是系固松紧要适宜，并且松紧度基本一致；七是系固工艺要正确，对货件的系固前后左右要对称；八是系索与货件接触面要衬垫好，保证货物不受损伤。

⑥防汗湿措施到位。当装运含水量较高的集装箱货物时，要有意识地采用功能强的干燥剂、干燥包装纸，设计和制造自动通风的集装箱，要采用标准箱或者小型集装箱而不是大型集装箱，在集装箱内采用牛皮纸和其他特种防潮湿纸张覆盖内壁，集装箱内壁应粉刷防潮湿油漆，要优化和加快运输速度，缩短物流期限和集装箱在码头及船舶上的最低限度滞留时间，严格从原产地、装箱地、装船地直至交货地的集装箱运输全程质量管理，最大限度地避免集装箱被太阳光直接暴晒和风雨的冲击，提高货物的防汗湿包装质量等。由于装箱用的含水量高的木质托盘和包装货物的纸板箱也常常成为集装箱汗湿货损事故的罪魁祸首，因此托运人要尽量采用塑料制成的托盘，用来包装货物的纸板箱必须置于干燥和防潮湿的仓库内，以免其吸水。

（3）规避装箱风险，出具系固报告

为了规避风险，建议托运人或其代理人就重大件、机器设备、笨重货物等的系固（绑扎）情况向承运人（船长等）提交装箱系固检验报告。报告应由有资质的机构或公证机构出具。系固检验报告需包括以下内容：货物的名称、重量、箱号、箱内装载方式、系固和衬垫方式、系固计算和评估结论。

（4）向托运人的告知义务

封闭性集装箱装箱后无法看到箱内货物积载的状况，为了保证装箱的质量，承运人或其代理人应经常与托运人或其代理人进行沟通，并适时查看装箱的情况，就货物积载中的堆码、衬垫、固定、隔离和系固情况进行交流，以达到最好的积载效果，保证货运的质量。

开放性集装箱装载的都是大件或特殊的货物，因此，承运人或其代理人必须在经过装港、卸港的接受确认（对于中转货物，还须经中转港及其他相关内陆联运部门的接受确认）后才能接受订舱。在订舱时应明确告知托运人或其代理人货物系固（绑扎）的要求，在出运前，所有装入框架箱、平板箱、开顶箱等特殊箱的货物，不论是否超尺寸，都要向托运人索要货物系固合格证书原件，包括绑扎件、紧固件等的破断力和安全负荷证书。

（5）船长的专业判断

承运人或其代理人（船长等）对本航次海况的预见和对货物包装及积载情况，应履行谨慎注意和告知托运人或其代理人进一步采取加固措施的义务；否则，承运人应对货物损失承担相应的赔偿责任。

船长（大副）在船舶靠泊后，应在船舶代理的陪同下，到前沿堆场查验开放性集装箱装载的大件或特殊货物的系固（绑扎）的情况。如果根据船长的专业判断，大件或特殊货物的系固（绑扎）不符合海上运输的要求，必须坚决拒绝将货物装上船舶。船舶代理则应立即通知托运人或其代理人，要求重新（加强）系固（绑扎），直到船长依专业判断确认货物的系固（绑扎）符合海上运输的要求后方可装船。

为避免集装箱内货物受到损坏，托运人及其代理人一定不能持错误的“节约”理念，必须满足积载的需要，要履行监督检查装箱的责任。同时，为了规避风险，对大件和设备等要出具系固（绑扎）证书。承运人及其代理人要履行告知的义务，船长要履行自己的专业判断职责，对不合格的系固（绑扎）要通知托运人及其代理人进行重新加固，直到符合要求为止。

【案例6-14】2013年11月6日，华美公司向海盛公司出具了价值336 000元锅炉的订舱单。海盛公司制作一份自己的提单，运送条件CY/CY，承运船为阳明海运所属的“KUANGMINGKAOSIUNG”轮。华美公司用直径8mm的钢丝绳将锅炉固定在一个敞开式平板集装箱上。海盛公司将该货物以自己的名义向阳明海运进行了托运，海运费9 800元，杂费1 340元。2013年11月24日，阳明海运告知海盛公司，锅炉在大风浪中因系固不牢导致柜货分离，并造成船上其他货物损失，同时要求海盛公司承担由此产生的一切损失。2013年11月25日，华美公司向海盛公司和阳明海运提出索赔。阳明海运以CY/CY条件下托运人对交运之货物的包装、积载、系固等均应符合海上运输及航行安全之规范并负完全责任为由，表示拒绝赔偿。此后，华美公司又提出索赔，在均遭到拒绝的情况下，向厦门海事法院提出诉讼赔偿要求。

法院判决如下：

一审认为，此案系海上货物运输合同纠纷，被告海盛公司与原告运输合同关系成立，被告海盛公司为契约承运人。被告阳明海运为实际承运人。根据被告阳明海运提供的公证报告，案涉锅炉是因船舶航行中遇到10级大风及6米大浪的恶劣气候导致船舶倾斜，使捆绑该货的直径8mm的钢丝绳断裂而发生损坏。恶劣气候并非天灾，不属于免责事由。因原告未能举证反驳，接受8mm的钢丝绳捆绑锅炉不适合海上运输的结论。，因此，货损主要是包装不良造成的，原告应自行承担大部分的货物损失。

一审判决：

1.被告海盛公司应于本判决生效之日起10日内赔偿原告货物损失人民币100 800元、港币5 500元及其利息。

2.被告阳明海运对前项承担连带责任。

二审认为，此案货物运输为集装箱运输，交接方式为“CY/CY”，在二审中并无争议。根据集装箱运输及CY/CY交接方式，托运人应负责集装箱内货物的包装、装载、绑扎和加固并负责铅封。根据公证报告，此案货损系因包装不良及恶劣天气共同而致，按“CY/CY”的交接方式，因包装不良而致的货损应由托运人负责，但承运人在开航前已获悉航程中将发生10级大风及6米大浪的情形下，未采取相应措施即强行开航，主观上亦有过错，也应对货损承担相应的责任。综上所述，此案根据书证材料及合同实际履行情况，海上货物运输合同关系成立。由于托运人采用8mm钢丝绳捆绑锅炉，不适合海上运输，导致遇到风浪钢丝绳断裂造成货损，应当对此承担主要责任。承运人对气候因素造成货损也应承担一定责任。一审判决责任的承担比例并无不当，应予维持。

6.6.3 危险货物运输事故的成因与防范

1.危险货物的概念

国家标准GB 6944-2012《危险货物分类和品名编号》给出的危险货物定义是：“具有爆炸、易燃、毒害、感染、腐蚀、放射性等危险特性，在运输、储存、生产、经营、使用和处置中，容易造成人身伤亡、财产损毁或环境污染而需要特别防护的物质和物品。”

由此可见，危险货物必须同时具备三个要素：一是具有爆炸、易燃、毒害、腐蚀、放射性等性质；二是容易造成人身伤亡和财产损毁或环境污染；三是在运输、装卸和储存保管过程中需要特别防护。像精密仪器怕震动、易碎器具易破损，都需要特别防护，但这些物品不具有特殊性质，一旦防护失措，不致造成人身伤亡或除货物本身以外的财物毁损，所以不属于危险货物。

2.危险货物分类

危险货物包括以下四类物品：

（1）列入国家标准《危险货物品名表》（GB 12268-2012）中的货物。

（2）国家安全生产监督管理局会同国务院公安、环境保护、卫生、质检、交通部门确定并公布的未列入《危险货物品名表》的其他化学品。

（3）国家安全生产监督管理局汇总公布的《危险化学品目录》）《剧毒化学品目录》中规定的化学品。

（4）符合联合国危险货物运输专家委员会《关于危险货物运输的建议书·规章范本》规定的具有危险货物特性的货物。联合国将危险货物分成爆炸品、压缩气体与液化气体、易燃液体、易燃固体与自燃物品和遇湿易燃物品、氧化剂和有机过氧化物、毒害品和感染性物品、放射性物品、腐蚀品和其他危险品等9大类22项。

3.危险货物运输的特点

众所周知，与普通货物相比，国家有关部门对危险货物的生产、仓储、运输、装卸都有严格的规定，工作中涉及的相关部门比较多，如化工品鉴定、包装、商检、海关、运输公司等，严格化、专业化、国际化是危险货物运输业务最鲜明的特点。

（1）危险物品品类繁多、性质各异。现在国际市场上流通的危险物品大约有六七万种，每年至少有1 000多种新品问世，其物理和化学性质差异很大。

（2）危险物品危险性大。危险货物作为一种特殊品类，在运输中具有很大的危险性，容易造成人员伤亡和财产损失。在9类危险货物中，每一类都具有自己独特的危险性，对外界条件有着严格的要求。

（3）运输管理方面的相关规章、规定多。比如，关于确认物品危险性质的法律规定、关于危险货物运输包装的法律规定、关于危险货物运输包装标志和标签的法律规定、关于危险货物运载工具的法律规定等。

（4）专业性强。其专业性主要表现为：业务专营、车辆/船舶专用、人员专业。

（5）安全运输。安全运输是危险货物运输的基点，是区别于其他普通运输的标志，当然，这并不是说其他普通运输不需要注意安全，不需要进行安全管理，而是鉴于危险货物运输的特殊性，安全管理工作对危险货物运输管理显得更为重要和关键。

（6）影响因素多。运输危险品的风险不但依赖于货物的危险性，还依赖于其他很多因素，如运动的频率、有关的货物数量、所使用的路线和运输设备、驾驶员的训练以及对运输程序的管理、管理人员对安全问题的态度等。

4.危险品货运事故的成因

（1）不了解相关的危险货物运输规则，缺乏有关危险货物运输的知识，对所运货物的特性认识不够。虽然常见危险货物的特性可以从《国际危规》和其他相关规则中获得较详尽的资料，但由于船员素质参差不齐、货主提供的资料不详、随着科技发展新的危险产品不断涌现等原因，在货物积载、隔离的过程中常常已埋下事故隐患（如未按照《国际危规》进行隔离，在装卸过程中违章作业等），在事故开始发生时又由于缺乏所需的理论知识而不能及时采取行之有效的措施来控制或阻止事故进一步恶化，进而导致了恶性事故的发生。

（2）运输条件不符合所运危险货物的要求。一些船务公司单方面追求经济效益，为不具备托运条件的危险货物开绿灯，从而导致事故的发生。如用水密性不好的船舶运输碳化钙，用通风设备不能正常工作的船舶运输易挥发的化学品等。

（3）货物本身不符合海运条件或相关规定的要求。一是货物本身不符合运输规则的要求，如鱼粉中的抗氧剂不足或分布严重不均。二是货物单证不全。这类货物往往隐含内在缺陷，切不可为了经济效益而不考虑可能的后果盲目装运。三是货物标志或包装不符合运输规则的要求，如标志不易辨认、包装破损变形等。

（4）船舶适航适载能力差。从事危险品运输的船舶要通过保持设备良好的技术状态来提高运输的安全性，适航适载能力差的船舶本身就是事故隐患，加上运输途中其他因素（如恶劣天气）的影响，往往导致事故的发生。

（5）管货不当。危险货物由于其特殊的性质需要更多的监管，而许多货运事故都源于运输途中缺乏对货物科学的管理而未及时发现和消除安全隐患，如航行在热带水域时未及时对装载有易积热自燃货物的货舱进行测温和通风而导致火灾的发生。

（6）危险品瞒报。个别托运人或其代理人为了少付运费（危险品箱和普通箱的运费大概相差一半）和免除危险品箱申报手续，将危险品箱当作普通箱申报运输，这是托运人或其代理人的故意瞒报行为。近年来，此类现象导致货损和船损的案例逐渐增多。比如，某轮所载货物中有一票5.1类、联合国编号2208的危险化学品漂白粉，被瞒报为“石膏”，装载在第3货舱内。在运输过程中，货物产生大量氧气并聚集在货舱内，造成同一货舱内所装载的极易受氧化剂影响的聚酯切片发生燃爆。虽经过正确而有效的处置，避免了一起船毁人亡的重大恶性事故的发生，但造成的直接和间接损失巨大。

5.危险品货运事故的防范

以船公司为例，其主要防范措施如下：

（1）通过《国际海运危险货物规则》《水路危险货物运输规则》等危险品运输规则来了解承运货物的性质和所需的积载、运输要求，并结合船舶技术设备状况和航线制订积载方案，做好装卸、系固工作。

（2）在确保船舶适航、适货的同时，认真检查危险货物的标志和包装，对不符合运输要求的货物不予装运，切不可为了经济效益或因存在侥幸心理而盲目装运。

（3）航行中，严格履行管货义务。危险货物往往对运输条件有特殊的要求，如环境温度、湿度、通风状况等，因而需要经常性地检查货物和船舱状况，确保航行安全。

（4）开航前根据所装运危险货物的性质制订应急计划，以便在发生意外时采取正确、有效的措施降低危害的程度，减少损失。

（5）注意收集航海气象信息，合理地选择航线，减小恶劣海况和灾害性天气的影响。

6.6.4 汽车物流事故防范

1.运输方式的选择

由于集装箱运输过程中发生货损的概率大大减少，所以建议货方凡小批量的且其尺度为集装箱所能容纳的汽车应尽量采用集装箱托运。一般轿车与小型面包车皆可装入箱内，虽然其运费较高，但货方应该考虑到货损减少、责任分明、时间缩短、交货简便等好处。

如果有两辆轿车或一轿车与一辆面包车即可装入一只40尺箱内，因此平均每箱的运价大大降低，并不比散件货的运费昂贵。

货车由于其尺度大而无法装入集装箱，故只能按散件（break bulk）货托运。无论大小车辆，因其批量大而必须考虑运输成本，故也以散件货托运。

按散件货托运时最好能由专用的汽车运输船来运输，因为它的绑扎设备好，船员对装运汽车有经验，装卸速度快，装卸中发生货损的可能性很小。但这类船只往往只接受大批量汽车的托运，或接受定期、定线的托运，或接受航次租船与期租，而不接受小批量汽车的托运，因此，批量小而体积大的车辆不得不按散件货用散杂货船托运。

2.集装箱运输方式下的货损防范

如果集装箱经营人需要拼箱，则宜派懂行的人，如经验丰富的船长、验货师，去查看所托运的汽车是否在箱内衬垫、绑扎、加固妥当。如果货方自己找拼箱专业户来拼箱，则应先派人观察他们是如何给他人在箱内绑扎汽车的，尤其是一只40尺箱内要装下三辆车的，更需仔细观察，以确信这家拼箱公司是有能力做此项工作的。汽车装入集装箱后，在箱内再有什么货损，除非箱子外表受损而损及箱内汽车，否则很难把货损归咎于船方。因此，拼箱后应由权威机构颁发绑扎证明，以分清收货方与发货方的责任。

此外，货方应将车内的汽油放光，以防箱内油气难以散发而发生危险，并应将电瓶的线头卸下用绝缘布包扎，以防电跑光而在目的地难以启用，然后再将电瓶上的孔盖盖紧，以防风浪中液体溢出，可惜很多货方却不愿这样做。

3.散件运输方式下的货损防范

（1）汽车上船后，应将汽油放出，直至剩下1升左右，以便在目的港从船或船边驶至码头停车场；再将电瓶的线头卸下用绝缘布包扎，若为货车，其电瓶多在外部，应以塑料袋将电瓶罩住，以防海水或海面空气中的盐分腐蚀电瓶表面；然后，再清点车内的备件、配件、收录音机、工作服等；最后将车门锁妥并将钥匙交给大副签收。但是，很多货方将上述工作交给码头方来做，一般情况下是可以信任的，但也有不负责任的，因而常常是在未取得提单前或船未开航前，车内的一些物件就已失窃了。

（2）建议以散件货托运的货方在汽车装船后与卸船前，请验货师上船检验汽车外表是否正常，并出具证明以分清货方与船方的责任。要考虑到虽然发生在出发港码头与卸货港码头库场这两段时间内的货损多系码头方所造成，但要向码头方索赔是很难的，远比向船方索赔难得多。而如果码头方说此货损原已存在，船方又说在船上时此汽车没有任何损坏，此时货方就难以向任何一方索赔。所以，货方除了请验货师在上述时间内检验外，还宜在保险时投保库场至库场的货物险。

（3）装甲板还是装舱内。过去，船方往往在提单上注明：“货方自负风险，同意装甲板。”近年来，船多货少，货方大多不同意装甲板，但甲板上不装汽车对船舶经营人来说损失了相当大的运力，所以绝大部分的船方还是将汽车装在甲板上。当然，装在甲板上的汽车受海浪击损的可能性就大大高于舱内。所以，货方要事先提出不同意装甲板，装后要检查大副收据与提单中有无“装甲板，发货人自负风险”或类似的字句，若有则应绝对拒收且立即交涉。实际上，一般发货人只管大副收据与提单上有无此类字句，而对实际上货物是否装在甲板上并不关心。

（4）其他事项。比如：①汽车油漆稍有些刮痕一般是索赔不到的，即使在法院向船方起诉也较难胜诉，故在绑扎时货方也得关心。②水泥、碱粉与汽车装于一个舱内是不妥当的，这些货物粉尘扬洒在车上再遇潮湿，会有损于汽车油漆与电镀的光洁度，如过分潮湿则这类粉尘还会结成一层薄壳。③船员为了汽车在风浪中不易滑动，增加绑扎效果而稍微放掉轮胎中一点点气是情有可原的，但放得太多则有损于汽车。

思考与练习

1.单选题

(1)物流操作风险(　　)。

A.也称运作风险　　B.具有不对称性　　C.可转化　　D.不属于内生风险

(2)不属于物流企业垫付费用时所面临的无法回收风险的是(　　)。

A.垫付费用的合法性　　B.客户的资信问题　　C.诉讼成本问题　　D.垫付的资金问题

(3)以下不属于影响投标决策的主观因素的是(　　)。

A.物流企业技术方面的实力　　B.物流企业经济方面的实力

C.物流企业管理和技术方面的实力　　D.物流项目的风险与效益

2.多选题

(1)物流操作风险可分为(　　)。

A.人员因素引起的风险　　B.物的因素引起的风险

C.制度/流程因素引起的风险　　D.环境/外部因素引起的风险

(2)物流项目投标报价时应考虑的因素包括(　　)。

A.招标人的因素　　B.竞争对手的因素　　C.法律的因素　　D.投标人的因素

(3)物流企业防范质押监管业务风险的对策是(　　)。

A.加强对客户的信用管理　　B.构建银企长期合作机制

C.与客户建立长期的合作伙伴关系　　D.实施有效的过程监控

3.判断题

(1)在过去,市场风险、投融资风险、载运工具碰撞风险是企业最关心的风险,而操作风险却往往被忽视。

(2)提高物流风险管理人员的业务素质是物流企业有效管理操作风险的基础和前提。

(3)操作风险损失数据的缺乏正是阻碍物流企业采用操作风险量化技术的主要障碍。

4.简答题

(1)简述物流操作风险管理的意义。

(2)简述物流质押监管业务的主要风险。

(3)简述国际海运物流操作风险的特点。

案例分析

秦山核电三期物流项目的风险控制

秦山核电三期的设备需要在世界范围内采购,美洲、欧洲、日本、韩国及东南亚都有工厂在为秦山项目制造设备。就内陆运输方式来讲,不仅有公路运输,而且还有水运、吊装作业;就设备来讲,不仅有散杂件,而且还有重大件,加上设备昂贵,运输技术要求相当严格。作为该物流项目的总承包商——中远货运集合全系统的精兵强将,组成项目公关组,成功中标该项目的全程运输。鉴于该物流项目的运作及其风险控制十分复杂,中远货运采取了如下风险防范措施:

(1)制订应急物流方案。核电设施对安全要求是非常高的。为了确保核电设备的安全运输,中货上海公司对可能发生的事故进行了估计并制订了完善的预防和应急方案,在硬件和软件方面都做好了布置。一是硬件方面:配备了专门的应急车辆、防化服和受过专门训练的工作人员,万一发生事故时可赶往现场配合消防、卫生、交通等部门进行善后处理工作。二是软件方面:其制定的秦山项目防火程序和环保程序，对各种可能发生的事故如车辆倾覆、碰撞、抛锚及危险品的泄漏等情况制定了完善的处理措施。对第一线操作人员定期进行环保和防火程序培训，确保万无一失。此外，还要求客户提供预计运到秦山的所有危险品的资料，并与上海市防震抗灾办公室和陆管会取得了联系，将资料送交备案。

（2）实施风险控制和标准化操作。风险控制体系是秦山项目物流设计得以实施的有力保障，也是其中一个重要的组成部分。由于秦山项目涉及面广、运输环节多，而且客户交付承运的很多都是高精密度、高价值的国家重点工程设备，因此，建立风险控制体系的必要性显得尤为突出。中货上海公司已通过挪威船籍社和中国商检局共同的ISO 9002质量审核，秦山项目风险控制体系正是在此基础上建立的，具体体现在质保方案的制订、标准化操作平台、过程控制和专家评审四个方面。从ISO 9002标准的要求出发，根据秦山项目物流设计的内容，针对其中涉及的所有环节项目人员制订了全面的质量保证方案。随着物流设计的实施，质保方案起到了指导和规范物流作业的重要作用。为了保证其有效性，他们在专家评审的基础上，定期对这些质保方案进行修订，迄今为止，质保方案已经过了三次改版，保证了物流作业的顺利开展。风险控制体系为秦山项目构建了标准化操作平台，公司对物流方案实施了文件化管理，保证物流作业的规范性和标准化操作。公司对作业前的物流设计方案、作业期间的往来信息资料及所有作业记录，均形成了统一的文件，标有版次和编号，由专人保管。所有电子文档也由专人进行管理。对于和业主及分包商有关的文件资料，如每次大件运输的单独物流设计方案，都以文件形式传递给业主和分包商，按既定程序经过三方确认批准后才正式生效。要求分包商以培训或讲座形式，确保物流方案传达到每个相关工作人员，包括船员、汽车和吊车司机。过程控制保证将所有分供方的作业进展情况随时置于控制之下。通过文件化程序，公司对分包商使用的所有运输工具进行审核，并经过保险公司的确认。每次作业前由分包商提供运输工具检验记录。重大件运输时，请国家权威机构对所有吊钩进行无损探伤试验，彻底消除事故隐患。作业时运用信息技术实施货物运输全程信息跟踪，并对大件运输重要环节如绑扎、电焊、覆盖油布、驳运、吊装、大车运输、就位等制订运输检查计划，按照各检查点在码头和工地现场实施现场监督，在重大设备如排管容器运输过程中，派人员在拖轮上全程监控海驳运输，并在陆地通宵值班，保持联络通畅。秦山项目风险控制体系在建立之初由各方专家对其进行评审。其后，为了确保该体系的有效运作，不仅每年进行两次内部质量审核，而且由客户，也就是加拿大原子能公司从事核电质保达40多年的质保专家，会同秦山第三核电有限公司的质保人员，对该体系进行全面的审核。另外，每年一次开展对所有分供方的全面审核，每半年一次对其进行质量检查。通过风险控制体系的运行，公司将秦山项目的作业风险控制在最小范围内。

该项目的运输，创造了中远历史上的四个之最。第一是大件运输路线最远，它的制造地是在西半球的加拿大，运输终止地却在东半球的中国浙江；第二是单件货值最高，排管容器是迄今为止秦山核电工程中造价最为昂贵的设备，单台价值为1 500万美元，运输难度极大，不允许有震动、不允许左右偏移，这就对船舶的可靠性、承载能力、捆扎、稳性、抗风能力等有严格的要求，一旦出问题，工期至少推迟两年；第三是货物体积、重量、形状最为复杂，这一庞然大物重280吨，长8.95米，直径8.53米，其圆柱体外形使运输过程中的稳定性极难把握；第四是操作难度最大，由于该设备的精度极高，给运输途中的防震提出了很高的要求，稍有闪失便会影响整个工程的进行。

在该项目中，中远货运虽不拥有一件运输设备，但却掌控着整个运输过程的指挥权和控制权。在运输之前，就需要事先构筑起一套科学的运输体系，对每一道环节拟定详尽的方案，有的甚至需要准备几套方案，并对每一根钢索的绑扎强度都要测算，以确保这一物流项目的运行万无一失。由此不难看出，现代物流，尤其是项目物流，因其操作过程复杂，而使物流企业面临更大的操作风险。中国物流企业与国外公司相比，在操作风险防范方面仍然缺乏经验，在企业规模日益扩大，纷纷寻求走出去战略的同时，如何避免操作风险已成为刻不容缓的重大课题。

◎试结合本案例，阐述物流操作风险的防范措施。

附录 编制投标书常见错误

一、封面

1. 封面格式是否与招标文件要求格式一致，文字打印是否有错误。

2. 项目名称是否与招标文件一致。

3. 企业法人或委托代理人是否按照规定签字或盖章，是否按规定加盖单位公章，投标单位名称是否与资格审查时的单位名称相符。

4. 投标日期是否正确。

二、目录

5. 目录内容从顺序到文字表述是否与招标文件要求一致。

6. 目录编号、页码、标题是否与内容编号、页码（内容首页）、标题一致。

三、投标书及投标书附录

7. 投标书格式是否与招标文件规定相符，投标单位名称与招标单位名称是否正确。

8. 报价金额是否与“投标报价汇总表合计”“投标报价汇总表”“综合报价表”一致，大小写是否一致，国际标中英文标书报价金额是否一致。

9. 投标书所示工期是否满足招标文件要求。

10. 投标书是否已按要求加盖公章。

11. 法人代表或委托代理人是否按要求签字或盖章。

12. 投标书日期是否正确，是否与封面所示吻合。

四、修改报价的声明书（或降价函）

13. 修改报价的声明书内容是否与投标书相同。

14. 降价函是否按招标文件要求装订或单独递送。

五、授权书、银行保函、信贷证明

15. 授权书、银行保函、信贷证明是否按照招标文件要求格式填写。

16. 上述三项是否由法人正确签字或盖章。

17. 委托代理人是否正确签字或盖章。

18. 委托书日期是否正确。

19. 委托权限是否满足招标文件要求，单位公章加盖完善。

20. 信贷证明中信贷数额是否符合明示要求，如无明示，是否符合标段总价的一定比例。

六、报价

21. 报价编制说明要符合招标文件要求，繁简得当。

22. 报价表格式是否符合招标文件要求格式，子目排序是否正确。

23. “投标报价汇总表合计”“投标报价汇总表”“综合报价表”及其他报价表是否按照招标文件规定填写，编制人、审核人、投标人是否按规定签字盖章。

24. “投标报价汇总表合计”与“投标报价汇总表”的数字是否吻合，是否有算术错误。

25.“投标报价汇总表”与“综合报价表”的数字是否吻合，是否有算术错误。

26.“综合报价表”的单价与“单项概预算表”的指标是否吻合，是否有算术错误。“综合报价表”费用是否齐全，特别是来回改动时要特别注意。

27.“单项概预算表”与“补充单价分析表”“运杂费单价分析表”的数字是否吻合，工程数量与招标工程量清单是否一致，是否有算术错误。

28.“补充单价分析表”“运杂费单价分析表”是否有偏高、偏低现象，分析原因，所用工、料、机单价是否合理、准确，以免产生不平衡报价。

29.“运杂费单价分析表”所用运距是否符合招标文件规定，是否符合调查实际。

30.配合辅助工程费是否与相应的设计概算相接近，降涨幅度是否满足招标文件要求，是否与投标书其他内容的有关说明一致，招标文件要求的其他报价资料是否准确、齐全。

31.定额套用是否与施工组织设计安排的施工方法一致，机具配置是否尽量与施工方案相吻合，以避免工料机统计表与机具配置表出现较大差异。

32.定额计量单位、数量与报价项目单位、数量是否相符合。

33.“工程量清单”表中工程项目所含内容与套用定额是否一致。

34.“投标报价汇总表”“工程量清单”采用Excel表自动计算，数量乘单价是否等于合价（合价按四舍五入规则取整）。合计项目反求单价，单价保留两位小数。

七、对招标文件及合同条款的确认和承诺

35.投标书承诺与招标文件要求是否吻合。

36.承诺内容与投标书其他有关内容是否一致。

37.承诺是否涵盖了招标文件的所有内容，是否实质上响应了招标文件的全部内容及招标单位的意图。在招标文件中隐含的分包工程等要求，投标文件在实质上是否予以响应。

38.招标文件要求逐条承诺的内容是否逐条承诺。

39.对招标文件（含补遗书）及合同条款的确认和承诺，是否确认了全部内容和全部条款，不能只确认、承诺主要条款，用词要确切，不允许有保留或留有其他余地。

八、工程生产组织及生产进度安排

40.工程概况是否准确描述。

41.计划开竣工日期是否符合招标文件中工期安排与规定，分项工程的阶段工期、结点工期是否满足招标文件规定。

42.工期的文字叙述、施工顺序安排与“形象进度图”“横道图”“网络图”是否一致。

43.总体部署：项目组织及主要负责人与资审方案是否一致，文字叙述与“平面图”“组织机构框图”“人员简历”及拟任职务等是否吻合。

44.生产方案与生产方法、工艺是否匹配。

45.生产方案与招标文件要求、投标书有关承诺是否一致。有关临时方案是否按招标文件要求办理。人员数量是否按照招标文件规定配置。

46.工程进度计划：总工期是否满足招标文件要求，关键工程工期是否满足招标文件要求。

47.特殊工程项目是否有特殊安排：在冬季生产的项目措施要得当，工序、工期安排要合理。

48.“网络图”工序安排是否合理，关键线路是否正确。

49.“网络图”如需中断时，是否正确表示，各项目结束是否归到相应位置，作业是否合理。

50.“形象进度图”“横道图”“网络图”中工程项目是否齐全。

51.“平面图”是否按招标文件布置了人员驻地、施工场地等位置，驻地、施工场地占地数量及工程数量是否与文字叙述相符。

52.劳动力、材料计划及机械设备、检测试验仪器表是否齐全。

53.劳动力、材料是否按照招标要求编制了年、季、月计划。

54.劳动力配置与劳动力曲线是否吻合，总工天数量与预算表中总工天数量差异要合理。

55.标书中的生产方案、生产方法描述是否符合设计文件及标书要求，采用的数据是否与设计一致。

56.生产方法和工艺的描述是否符合现行设计规范和现行设计标准。

57.是否有防汛措施（如果需要），措施是否有力、具体、可行。

58.是否有治安、消防措施及农忙季节劳动力调节措施。

59.主要工程材料数量与预算表工料机统计表数量是否吻合一致。

60.机械设备、检测试验仪器表中设备种类、型号与施工方法、工艺描述是否一致，数量是否满足工程实施需要。

61.施工方法、工艺的文字描述及框图与施工方案是否一致，与重点工程施工组织安排的工艺描述是否一致；总进度图与重点工程进度图是否一致。

62.施工组织及施工进度安排的叙述与质量保证措施、安全保证措施、工期保证措施叙述是否一致。

63.投标文件的主要工程项目工艺框图是否齐全。

64.主要工程项目的施工方法与设计单位的建议方案是否一致，理由是否合理、充分。

65.生产方案、方法是否考虑与相邻标段、前后工序的配合与衔接。

66.临时工程布置是否合理，数量是否满足施工需要及招标文件要求。临时占地位置及数量是否符合招标文件的规定。

67.过渡方案是否合理、可行，与招标文件及设计意图是否相符。

九、工程质量

68.质量目标与招标文件及合同条款要求是否一致。

69.质量目标与质量保证措施“创全优目标管理图”叙述是否一致。

70.质量保证体系是否健全，是否运用ISO 9002质量管理模式，是否实行项目负责人对工程质量终身责任制。

71.技术保证措施是否完善，特殊工程项目是否单独定有保证措施。

72.是否有完善的冬、雨季施工保证措施及特殊地区施工质量保证措施。

十、安全保证措施、环境保护措施及文明施工保证措施

73.安全目标是否与招标文件及企业安全目标要求口径一致。

74.投标书是否附有安全责任状。

75.安全保证体系及安全生产制度是否健全，责任是否明确。

76.安全保证技术措施是否完善，安全工作重点是否单独有保证措施。

77.环境保护措施是否完善，是否符合环保法规，文明施工措施是否明确、完善。

十一、工期保证措施

78.工期目标与进度计划叙述是否一致，与“形象进度图”“横道图”“网络图”是否吻合。

79.工期保证措施是否可行、可靠，并符合招标文件要求。

十二、控制（降低）造价措施

80.招标文件是否要求有此方面的措施（没有要求不提）。

81.若有要求，措施是否切实可行、具体可信（不作过头承诺、不吹牛）。

82.遇到特殊有利条件时，要发挥优势等。

十三、组织机构、队伍组成、主要人员简历及证书

83.组织机构框图与拟上的队伍是否一致。

84.拟上队伍是否与组织设计文字及“平面图”叙述一致。

85.主要技术及管理负责人简历、经历、年限是否满足招标文件的强制标准，拟任职务与前述是否一致。

86.主要负责人证件是否齐全。

87.拟上队伍的类似工程业绩是否齐全，是否满足招标文件要求。

88.主要技术管理人员简历是否与证书上注明的出生年月日及授予职称时间相符，其学历及工作经历是否符合实际、可行、可信。

89.主要技术管理人员一览表中各岗位专业人员是否完善，符合标书要求；所列人员及附后的简历、证书有无缺项，是否齐全。

十四、企业有关资质、社会信誉

90.营业执照、资质证书、法人代表、安全资格等是否齐全并满足招标文件要求。

91.重合同守信用证书、AAA证书、ISO 9000系列证书是否齐全。

92.企业近年来从事过的类似工程主要业绩是否满足招标文件要求。

93.在建工程及投标工程的数量与企业生产能力是否相符。

94.财务状况表、近年财务决算表及审计报告是否齐全，数字是否准确、清晰。

95.报送的优质工程证书是否与业绩相符，是否与投标书的工程对象相符，且有影响性。

十五、其他复核检查内容

96.投标文件格式、内容是否与招标文件要求一致。

97.投标文件是否有缺页、重页、装倒、涂改等错误。

98.复印完成后的投标文件如有改动或抽换页，其内容与上下页是否连续。

99.工期、机构、设备配置等修改后，与其相关的内容是否修改换页。

100.投标文件内前后引用的内容，其序号、标题是否相符。

101.如有综合说明书，其内容与投标文件的叙述是否一致。

102.招标文件要求逐条承诺的内容是否逐条承诺。

103.按招标文件要求是否逐页小签，修改处是否由法人或代理人小签。

104.投标文件的底稿是否齐备、完整，所有投标文件是否建立电子文件。

105.投标文件是否按规定格式密封包装、加盖正副本章、密封章。

106.投标文件的纸张大小、页面设置、页边距、页眉、页脚、字体、字号、字形等是否按规定统一。

107.页眉标识是否与本页内容相符。

108.页面设置中“字符数/行数”是否使用了默认字符数。

109.附图的图标、图幅、画面重心是否平衡，标题字选择是否得当、颜色搭配悦目、层次合理。

110.国际投标以英文标书为准时，应加强中英文对照复核，尤其是对英文标书的重点章节的复核

（如工期、质量、造价、承诺等）。

111．各项图表是否图标齐全，设计、审核、审定人员是否签字。

112．采用项目组织模块或摘录其他标书的项目组织内容是否符合本次投标的工程对象。

113．标书内容描述用语是否符合行业专业语言，打印是否有错别字。

114．改制后，其相应机构组织名称是否做了相应的修改。

第7章 物流法律风险管理

学习目标

- 了解物流企业法律风险管理的概念，物流合同的概念与特点，物流合同的性质、内容及法律适用。
- 熟悉物流企业风险的主要形式、签订物流合同时的风险防范。
- 掌握物流各环节的法律地位与责任、物流责任的风险防范。

导入案例

第三方物流致力于供应链创新：收益与风险并存

RSVP是一家为高新技术产品设计制造包装材料的美国公司，打算向亚洲的计算机零部件与其他高值产品的制造商出口其包装产品，问题是公司在亚洲没有设国际销售机构或配送设施。RSVP公司的解决方案是，将其业务外包给Circle公司。Circle公司起家于国际货运代理业，目前已从货运业务成功地拓展到提供供应链服务。在同RSVP签订的合同中，Circle公司从美国采购RSVP的产品，真正地拥有产品所有权。Circle公司的货运代理部门管理产品从美国到泰国的运输，在泰国报关后送至曼谷Circle公司的仓库。然后进行分拨、拣选和储存，当RSVP在曼谷的用户需要包装材料时，则向Circle公司的仓库发出订货单，所需包装材料便在4小时之内按要求送交用户。Circle公司不仅从事海运和储存方面的物流业务，也提供销售支援与地方管理。RSVP的产品用户从Circle公司处收到一张汇总出厂价、运费等物流费用、关税以及其他服务费在内的结算清单后向Circle公司付款，而不是向制造商RSVP付款。这项合同为RSVP及其用户带来财务与服务方面的好处。通过售货给Circle公司，RSVP的现金流动大大加快，不需要在亚洲设立任何生产设施甚至直销机构，货款很快回笼，而且用户在其当地市场就能直接得到产品。

传统上，第三方物流提供商并不是供应链上的成员，它仅仅为供应链成员提供物流服务，并不拥有物品的所有权，而且，一条供应链可以有多个第三方物流提供商为之服务。虽然高质量的物流服务对保证货物的顺畅流动至关重要，但从商流来看，不同形式的物品能否在成员之间转移下去并到达最终市场，物流服务商是不承担责任的，即使该物品存货在第三方物流公司的仓库里积压、陈旧、过时，照样收取仓储费用。由于客户的原因，就算货物被运输到错误的地点，物流服务商在这里需要做的，也仅仅是按客户的指令，提供出色的运输服务并收取运输费用。但在该案例中，第三方物流提供商Circle公司从过去处于客户的产品供应链之外，仅仅提供物流服务发展渗透成为供应链的一员，真正融入客户的实际经营，通过在库存上投入资金、承受货物过时与损失的风险等活动，进一步地超越了常规的第三方物流责任，实现了服务的增值。然而，在面临这种新的发展机遇的同时，也意味着第三方物流企业的法律风险大大增加。

7.1 物流法律风险管理概述

7.1.1 物流法律关系分析

国际物流经营人的法律地位与责任，与其扮演的角色和处理业务的身份有关。一方面，作为委托方的客户通常全权委托国际物流经营人为他们联系办理所有的物流业务，包括受货主委托选择承运人、运输方式和路线，争取优惠运价，代货主办理进出口货物的托运、报关、报验、监装、监卸、装拆箱、仓储，提供咨询服务等等；另一方面，作为受托方的国际物流经营人对委托方所委托的事宜，有些是利用自身拥有仓库、堆场、运输工具的便利条件，直接完成受托事务，而不与第三人发生任何法律关系，有些是以委托方的名义与第三人订立合同来完成的，有些则是以自己的名义同第三人订立合同来完成的，而且这几种不同的方式有时可能被交替采用于为委托人服务的业务中。由于不同的履行方式往往产生不同的法律后果与责任，因此，在确立国际物流经营人在经营过程中的法律地位与责任时，必须考虑他在履行委托人委托的事务中所采取的行为方式。而且，由于国际物流经营人所处的中间人地位，国际物流经营人在业务经营过程中必然涉及两方面的关系：其一是内部关系（internal relationship），即国际物流经营人与委托人之间的关系；其二是外部关系（external relationship），即国际物流经营人与第三人（指与国际物流经营人一同实施法律行为的人，也称相对人）之间的关系。因此，探讨国际物流经营人的法律地位和责任必须从内外两个方面予以考虑。

在实际业务中，基于企业自身的需要，不同货主企业物流活动对外委托的方式和形态差别较大，由此导致第三方物流经营人与货主企业（发货人、收货人）、第三人之间的法律关系也有所不同。因此，我们必须结合货主企业物流活动的对外委托方式与形态来分析它们之间的法律关系。

1.货主企业物流活动对外委托的方式

基于实际需要，货主企业与第三方物流经营人之间的关系既可能是委托代理关系，也可能是当事人关系，或者是二者兼而有之。相应的第三方物流经营人在物流法律关系的延续过程中可能会存在以下三种身份，同时会履行不同的作业义务。

（1）纯代理人身份

第三方物流经营人与物流服务需求企业之间的物流合同约定，在完成物流作业的过程中，第三方物流经营人作为物流服务需求企业的代理人与物流作业实际履行企业订立物流作业合同时，物流作业合同中的当事人是物流服务需求企业与物流作业实际履行企业，第三方物流经营人不与物流作业实际履行企业发生权利义务关系，其只因原物流合同对物流服务需求企业承担代理人的责任。有关各方间的法律关系如图7-1所示。

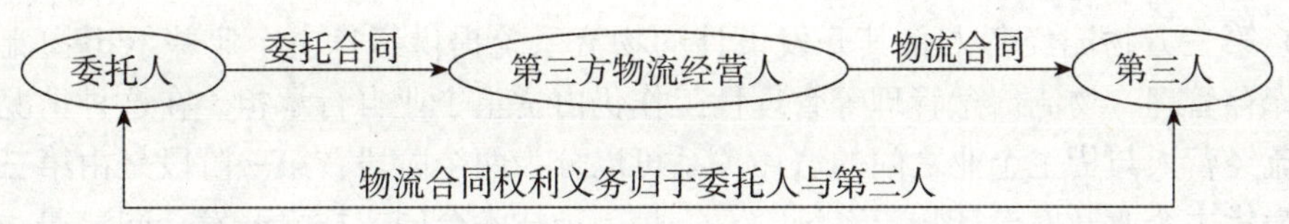

图7-1 第三方物流经营人作为代理人时各方的法律关系示意图

（2）纯当事人身份

第三方物流经营人与物流服务需求企业之间订立物流主合同，约定第三方物流经营人可以采用自己履行或分包作业的方式来完成物流全部作业；而第三方物流经营人又与物流作业实际履行企业订立全部或部分物流分合同，由物流作业实际履行企业完成部分或全部物流作业。此时，物流服务需求企业与第三方物流经营人之间依物流主合同确定权利义务关系，第三方物流经营人与物流作业实际履行企业之间则依物流分合同确定权利义务关系，物流作业实际履行企业与物流服务需求企业则不直接产生权利义务关系。假设在一个物流作业过程中，第三方物流公司与承运人订立了货物运输合同，在承运人责任期间货物发生毁损，此时先由第三方物流公司依据物流主合同对货主进行赔偿，然后其再依物流分合同对直接负有责任的承运人追偿。有关各方间的法律关系亦如图7-1所示。

【案例7-1】上海一家出口公司（以下称第一方）将一批茶叶交由第三方物流经营人安排装运，并与该第三方物流经营人签订物流服务总合同。然后，第三方物流经营人将茶叶交由另一家仓储公司（以下称第二方）装箱，第二方在装箱时将茶叶和丁香配装在同一集装箱内。收货人收到茶叶后对茶叶做质检，质检报告认为：茶叶与丁香串味，已经无法饮用。该批茶叶成交价为CIF，该批茶叶由中国人民保险公司（以下简称人保）承保。第一方凭保险单向人保提出赔偿要求，人保在赔付之后取得代位求偿权，进而向第三方物流经营人追偿。

（3）混合身份（代理人+当事人）

第三方物流经营人与物流服务需求企业在物流合同中约定部分物流作业由第三方物流经营人来完成，部分作业由第三方物流经营人代理物流服务需求企业与第三人，即实际履行企业订立物流合同来完成时，在第三方物流经营人作业过程中，其与物流服务需求企业之间存在合同义务关系。在第三方物流经营人只是作为代理人与实际履行企业订立物流合同的完成物流部分作业的期间，其与物流服务需求方、物流作业实际履行企业之间的法律关系就如前面（1）所述。

在现代物流服务中，第三方物流经营人通常是以当事人身份与货主签订一揽子协议，而以代理人身份出现的情况并不常见。

2.货主企业物流活动的对外委托形态

以第三方物流经营人作为纯当事人为例，基于实际需要，货主企业对外委托的形态有以下三种：

（1）货主企业自己从事物流系统设计以及库存管理、物流信息管理等管理性工作，而将货物运输、仓储等具体的物流作业活动委托给外部的物流经营人。在这种情况下，货主企业与第三方物流经营人签订的就是单纯的货物运输合同或仓储合同，或者是运输合同与仓储合同等的混合体。

（2）第三方物流经营人将其开发设计的物流系统提供给货主企业并承担物流作业活动，但库存管理、物流信息管理等管理性工作仍由货主企业自行承担。在这种情况下，第三方物流经营人与货主企业之间的法律关系可以分为两个阶段：第一阶段是由第三方物流经营人为货主企业开发设计物流系统，双方是一种技术合同或技术开发合同法律关系；第二阶段是由第三方物流经营人为货主提供具体的物流作业服务，双方之间此时的法律关系与上述第一种情况没有什么区别，即双方之间签订的合同要么是单纯的货物运输合同或仓储合同等，要么是运输合同与仓储合同等的混合体。

（3）第三方物流经营人站在货主企业的角度，代替其从事物流系统的设计，并对系统运营承担责任。但第三方物流经营人并不一定实际承担具体的物流作业，其可以自行承担具体的物流作业，也可以将这些具体的物流作业外包给其他物流企业。在这种情况下，第三方物流经营人与货主企业签订的是一种具有特殊性质的新型合同，在该合同中，第三方物流经营人不仅应就货物在具体的物流作业活动中发生的灭失、损坏等对货主企业承担责任，还应对因整个物流系统的运行不当等其他物流系统管理原因造成的货主企业的损失承担责任。

7.1.2 物流企业法律风险的概念与特点

1.物流企业法律风险的概念

物流企业法律风险是一个不断发展的概念，至今尚无一个为各界所公认的权威定义。一般而言，物流企业法律风险，是指物流企业从产生、存续到终结的过程中，由各种违法或者合法的作为或不作为所导致的，与其所期望达到的目的相违背的不利法律后果的可能性。

（1）合法行为也同样存在法律风险。物流企业法律风险不仅仅是违法风险，也包括由于物流企业不懂法律、疏于法律审查等原因，从主观上不知道可以采取法律手段保护自己的权利，或者对自己已经或将要遭受的损失未进行法律救济所带来的经济损失的风险。比如，合同法上的代位权、撤销权的行使；无效民事行为的撤销权；合同中订立了不利于自己的条款等。

（2）不作为同样招致法律风险。导致企业法律风险的因素，既包括作为也包括不作为。

（3）可能性。一定发生或者一定不发生的任何不利法律后果均非法律风险，企业法律风险管理工作就是力图将发生风险的可能性尽可能地降低。

（4）不利的法律后果包括但不限于企业支付的罚款、罚金、赔偿金和企业权益的损害。

2.物流企业法律风险的特点

与自然风险、商业风险相比，物流企业的法律风险具有如下特征：

（1）法律风险发生原因的相对确定性。由于自然风险、商业风险产生的原因分别是以不可抗力和市场因素为特征，具有不可控性。与之相反，法律风险的产生具有相对的确定性，这是因为法律风险主要是由于企业违犯法律或者是没有及时采取法律手段进行救济导致的。这种确定性是相对的，如侵犯他人著作权的行为，如果该著作权人追究侵权人的民事责任，该侵权人就一定会承担民事责任；也可能著作权人没有追究其侵权责任从而使侵权企业的这种法律风险没有发生。但是，这种法律风险的发生是必然的，不发生是偶然的。而自然风险、商业风险的发生正相反。法律风险的相对确定性主要表现在两个方面：一是法律风险的发生具有相对确定性。企业违犯了法律法规或侵犯了他人的合法权利，只要国家机关或被侵权人追究其法律责任，该企业就肯定承担法律责任。二是法律风险给企业带来的经济损失是相对确定的。企业违犯法律进行经营，就会受到行政处罚；企业侵犯了他人的知识产权，应当承担民事责任。法律明文规定了行政处罚和承担民事责任的幅度和方式。由于具有法律的明文规定性，因此，法律风险给当事人带来的损失当事人是可以事先确定的，即使当事人事先确定的数额与法院最终判决确定的数额会有一定的偏差。因此，法律风险在损害结果上也具有确定性特征。

（2）法律风险的可防可控性。自然风险和商业风险虽然也可以通过风险管理，使发生风险的可能性降到最低，但是由于自然风险和商业风险产生的原因是不可抗力和市场因素，因此不可能从根本上避免风险的发生，而法律风险完全可以从根源上加以防范和控制。只要企业建立了完善的法律风险防控机制，在懂法、守法的基础上从事各种生产经营活动，在他人侵犯自己的合法权利时能够及时拿起法律武器，法律风险的发生基本上是可以杜绝的。

（3）法律风险后果的可预见性。自然风险的发生具有突发性，往往使企业措手不及，而法律风险的发生是可以通过法律规定、违法行为等情况加以预测的。法律通过授权或禁止的方式规定了一定的行为模式及违犯该行为模式的法律后果。因此，企业根据法律规定可以判断企业的行为是否违法、会导致什么样的不利后果。

（4）部分法律风险的不可保险性。企业在经营中，完全可以通过保险的方式分散企业的自然风险。然而，具有违法性质的法律风险是不能通过保险加以分散的。

7.1.3 物流企业法律风险的主要形式

在这里，我们按物流企业所涉及的主要法律事务分类：

1. 合同法律风险

合同法律风险指在合同订立、生效、履行、变更、终止及违约责任的确定过程中，合同当事人一方或双方利益损害或损失的可能性。合同法律风险是企业经营过程中的主要风险之一。

2. 企业设立中的法律风险

在设立企业的过程中，企业的发起人是否对拟设立的企业进行充分的法律设计，是否对企业设立过程有充分的认识和计划，是否完全履行了设立企业的义务，以及发起人本人是否具有相应的法律资格，这些都直接关系到拟设立企业能否具有一个合法、规范、良好的设立过程。

3. 企业并购法律风险

企业并购是一个复杂的资产运作过程，它涉及的不仅仅是两个企业本身的利益，还涉及债权人利益、投资者的利益、国家的利益（如税收），这使得并购过程本身不但涉及许多具体的操作技术，更会涉及诸多法律问题。

企业并购中涉及的法律问题包括由于历史的原因所导致的企业的财产所有权并不明确的问题，国有企业的经营者或者受国有资产管理机构的委托对国有企业进行经营管理的经营者将所管理的企业资产进行抵押或租赁的问题，企业法定代表人在任职期间发生的法律责任的追究问题，企业职工权益的保障问题等等。企业在并购前、实施中及整合过程中对法律问题的忽视都有可能严重影响并购企业的正常经营活动，甚至导致整个并购活动的失败。

4. 知识产权法律风险

知识产权法律风险指在商标权、专利权、著作权等权利的取得和行使过程中的不确定因素可能给企业带来负面影响的可能性。

知识产权法律风险体现在没有通过法定程序获取知识产权的风险，没有有效开发与实施知识产权的风险，企业雇员的不当行为所带来的知识产权被侵犯的风险、知识产权被强占的风险等等。如果从企业自身找原因的话，企业法律风险防范意识欠缺可能是最重要的因素之一。另外，由于知识产权具有严格的地域性特征，以各个国家的法律规定为基础，在不同的司法体制下可以获得知识产权保护的水平具有差异性，这更增加了风险不确定性的范围。

5. 人力资源管理法律风险

人力资源管理法律风险是指在企业人力资源管理过程的各个环节中，由于员工或企业本身违反人力资源管理的相关法律法规规定给企业造成的劳动纠纷或经济损失等不良影响。

（1）员工待遇问题的法律风险，包括员工的费用负担，养老、医疗、工伤、失业、生育等项保险的合并缴纳及未缴纳保险等。

（2）员工流动频繁的法律风险，包括对员工欠缺保密约束导致的企业客户资源、商业机密、技术机密的泄漏等。

（3）员工聘用及解除的法律风险。

（4）员工，尤其是管理人员的道德风险。

（5）行政处罚风险，包括企业违反劳动保障制度导致的劳务纠纷、违法用工行为导致的行政处罚等。

6. 其他法律风险

物流企业在生产经营过程中还会因为自身的不规范行为及外界因素，遭受工商、税务、环保等行政管制风险，以及各种侵权纠纷等法律风险。

7.1.4 物流企业法律风险管理的概念与内容

1.物流企业法律风险管理的概念

物流企业法律风险管理主要是从法律角度管理企业战略制定和经营活动中面临的风险。具体而言，是指在物流企业内部建立一种管理法律风险的基础能力（包括流程、技术、组织、文化等），以识别、衡量、评估、处理、监控、沟通各环节和经营过程中的法律风险，使该风险与企业目标和风险偏好协调一致。

为了实施上述管理，企业必须构建完善的法律风险管理体系。所谓法律风险管理体系是指为了合理、有效地管理企业面临的法律风险而建立的由一系列制度、流程、活动组成的有机管理体系。

2.物流企业法律风险管理的内容

物流企业法律风险防范体系由制度、流程、表单、文本组成，这四种体例形式有机结合，形成一个相互联系的统一整体。

物流企业法律风险防范体系主要包括九大模块：

（1）公司治理结构。

（2）公司合同风险防范体系。

（3）公司知识产权保护体系。

（4）公司人力资源法律保障体系。

（5）公司重大重组项目风险防范体系。

（6）公司法律风险预警机制。

（7）公司法律风险救济机制。

（8）公司法律培训。

（9）公司法律风险年度评估报告。

【案例7-2】 山东交通运输集团建立健全法律风险防范机制防控法律风险

一是建立法律风险信息预警报告制度，坚持以“事前防范和事中控制为主，事后补救为辅”的原则，对发现的法律风险早排查、风险隐患早根治，对涉及的重大问题及时向上级领导汇报，并采取积极措施化解风险。

二是全面实施法律意见书制度，进一步完善重大经济活动法律审核制度。在决定重大经济事项、订立重要合同、处理重大经济纠纷、解决重要法律问题等事项时必须进行法律论证，出具法律意见书，并由总法律顾问或法律事务联络员先审查，同时建立法律意见书档案，实现规范化管理。

三是完善经济合同管理制度，严把合同签订关，加强合同管理，避免和减少合同纠纷。

四是完善招标投标管理制度、对外担保管理制度、重大法律纠纷备案处理制度等法律事务管理制度。

7.2 物流合同风险管理

7.2.1 物流合同的概念与特点

1. 物流合同的概念

物流合同有狭义和广义之分。

(1) 狭义的物流合同，是指第三方物流经营人与其他企业约定，由第三方物流经营人为后者进行物流系统的设计和/或负责后者整个物流系统的管理与运营，承担系统运营责任，而由后者向第三方物流经营人支付物流服务费的合同。

(2) 广义的物流合同，是指第三方物流经营人与其他企业约定，由第三方物流经营人为后者提供全部或者部分的物流服务，而由后者向第三方物流经营人支付报酬的合同。

在实务中，通常将狭义的物流合同称为物流主合同，或综合物流合同；而把第三方物流经营人与其他物流作业分包商所签订的合同称为物流分包合同，即物流分包合同是指第三方物流经营人为完成物流主合同而与第三方，即物流活动的实际履行人订立的，以完成主合同中约定的部分作业为目的的合同。物流分包合同主要存在以下几种形式：运输合同、仓储保管合同、港口作业合同、加工承揽合同。物流分包合同的双方当事人为第三方物流经营人与实际履行人，不包括物流过程中的货物利益方。有关物流主合同与物流分包合同之间的关系如图 7-2 所示。

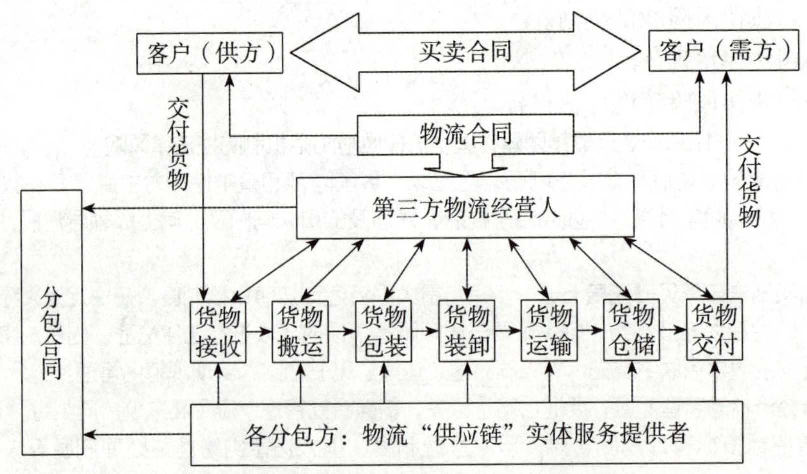

图 7-2 物流主合同与分包合同的关系

由此可见，广义上的物流合同，除包括狭义物流合同外，还包括单纯的货物运输合同、仓储合同，也包括由单纯货物运输合同和仓储合同等简单叠加在一起的混合合同。

考虑到物流分包合同已有专门的法律规定，因此，以下所称的物流合同，如不做特殊说明，均指狭义的物流合同，即物流主合同。

2.物流合同的特点

物流合同除了具有双务性、有偿性、承诺性等特点外，还具有以下特点：

（1）物流合同是提供劳务的合同。物流合同的标的不是物，而是行为，是物流服务提供者向物流服务需求者提供物流服务的行为。所以，在物流服务提供者为物流服务需求者提供服务的整个过程中，货物的所有权并不转移到物流服务提供者手中，物流服务提供者没有处分货物的权利，必须按物流服务需求者的指示将货物交付给指定的人。但是，广义的物流合同却并非全是提供劳务的合同，配送合同是一种商、物结合得非常紧密的合同，其中，销售配送合同的标的既包括物，也包括行为，配送人既将标的物的所有权转移给了用户，同时也为用户提供了配送服务。

（2）物流合同的一方是特定主体。物流合同中的物流服务提供者必须是投资建立的第三方物流经营人，即专为提供物流服务收取报酬而经营的法人或其他组织。

（3）法律关系复杂。具体体现在以下五个方面：一是时间长。物流过程是一个长期的、合作的过程，一项物流外包安排，基本上都被希望能持续三五年甚至10年，因此，合同必须对此加以体现，物流环节出现纰漏时或由于一方的过错导致物流中断时，物流合同需要约定解决办法、费用及责任的承担。二是内容复杂。现代物流不只是简单的代理、运输、仓储、保管、报关等合同的签订，它所出售的是一个方案，是按一定流程管理的设计方案，该流程要解决企业的各种疑难问题，达到简化程序、减低成本、提高管理水平、提高企业经济效益和市场竞争能力的效果，合同涉及的环节多、时间长、要求复杂。三是物流外包涉及两个实体建立起商业合作伙伴关系，而不是一次性交易行为。如此密切的关系，就意味着有更多出错的机会，这就构成了其法律复杂性的本质。四是法律的这种复杂性多半是由双方关系、紧密的日常接触和彼此机密资料的取得所引起的。此外，供应商提供的服务虽不属于购买者的核心业务，如IT和设施管理，但潜在的可能性对购买者的商业活动会产生巨大的冲击。五是尽管物流供需双方达成了某种“合伙人”关系，但物流供需双方仍属不同的实体，他们拥有不同的环境压力、不同的策略、不同的商业导向和不同的工作人员，一旦出错，他们每一方都会优先考虑自己的利益，而牺牲这个“合伙关系”。

（4）物流合同具有两条相互对立的原则。物流服务使用者希望必要时能够立即终止合同与物流服务提供者希望投资能够得到摊提与回收是相互对立的。有时，当公司外协其物流过程时，就要求第三方物流公司购买资产、雇用长期劳动力、进行设备租赁等。第三方物流提供者的服务承诺，常常要付出很高的代价，可能对其财务平衡产生很大的影响，因此，物流服务提供者一般会坚持要求签订长期合同，以规避风险。相反，要求外协物流过程的公司，需要确保在第三方物流提供者不能提供自己所期望的标准服务时合同可以被终止，以便选择别的第三方物流提供者。所以，每项物流合同的签订，都具有以下两条对立的原则：一是物流服务提供者的投资摊提与回收；二是客户（物流服务的使用者）选择是否中断物流服务关系。

（5）物流合同是无名合同。根据法律是否规定一定名称和相应的规范，可将合同分为有名合同和无名合同。有名合同，又称典型合同，是法律规定了一定名称和调整规范的合同，如运输合同、仓储合同、买卖合同、委托合同等，在我国《合同法》中均有明确规定。无名合同则是指法律未确定特定名称和特定规范的合同。从上面的分析不难看出，在我国目前的法律规定中，物流合同不属于任何一种有名合同。也就是说，物流合同是一种无名合同。

(6) 物流合同一般为格式合同。合同的格式条款，是指当事人为了重复使用而预先拟定，并在订立合同时不与对方协商的条款。以格式条款订立的合同一般称为格式合同。格式合同条款具有以下特点：一是合同条款具有预先确定性。即合同条款由一方当事人预先拟定，或者由某些超然于双方当事人利益之上的社会团体、国家授权机关制定，或由法律直接事先规定。二是合同条款形式的标准化。格式合同的条款通常由一方将预先确定的合同条款印制于一定的文件，如保险单、运输单证等之上。三是格式条款的提供者一般是拥有雄厚的经济实力或行业垄断地位的主体，并且往往借此优势规定免责条款以减轻或者免除其责任，而相对人却只能被动地接受合同条款。由于合同格式条款具有上述特点，《合同法》对提供格式合同条款的一方当事人做了诸多限制，以保护对方当事人的合法权益。

目前多数物流服务提供者有自己的物流格式合同，这些合同当然应当遵守《合同法》的相关规定。首先，提供格式条款的一方应当按照公平的原则确定当事人之间的权利义务，并采取合理的方式提请对方注意免除或者限制其责任的条款，按照对方的要求，对该条款予以说明。其次，格式条款具有《合同法》第五十二条规定的合同无效的五种情况和第五十三条规定的免责无效的两种情况，或者免除提供格式条款一方当事人主要义务、加重对方责任、排除对方当事人主要权利的条款无效。最后，对格式条款的理解发生争议的，应当做出不利于提供格式条款一方的解释。格式条款和非格式条款不一致的，应当采用非格式条款。

至于在订立合同时采用何种形式，可以由物流双方当事人协商确定。物流双方当事人对于关系复杂、重要的合同，一般应采用书面形式订立，因为书面形式有据可查，发生纠纷时便于分清责任。

7.2.2 物流合同的性质与法律适用

1.物流合同的性质

(1) 物流合同不是单纯的货物运输合同、仓储合同、加工承揽合同等。狭义的物流合同法律关系中，物流服务提供者不仅站在物流服务要求者的角度为其设计物流系统，还应当承担整个物流系统的管理和运营责任。因此，物流合同提供的是一揽子服务，运输和仓储、加工承揽等仅是这一系列服务项目中的一个环节，它们不足以涵盖物流服务的全过程。

(2) 物流合同具有《合同法》规定的某些合同的特性。具体说明如下：一是物流合同与委托合同。委托合同是指委托人和受托人约定，由受托人处理委托人事务的合同。委托合同的目的是处理或管理委托人的事务。在委托方式上，委托人可以委托受托人处理一项事务，也可以委托其处理数项事务。从委托合同的这些规定看，物流合同是物流服务提供者接受物流服务需求者的委托，为物流服务需求者设计并管理物流系统，提供综合的物流服务的合同，因此具有委托合同的某些特性。二是物流合同与技术、运输、仓储和加工承揽合同。在物流合同中，物流服务提供者通常承担物流系统的设计和管理业务，并就物流系统的整个运营效果向物流服务需求者负责。但当物流服务提供者在按照物流服务需求者的要求和需要完成物流系统的开发、设计时，即具有技术合同的某些特性。而当其作为第三方物流经营人时也可能会拥有一些从事物流业务的设施、设备和作业场所，以完成一些具体的物流作业，从而又具有运输、仓储和加工承揽合同的特性。

2.物流合同的法律适用

物流合同的性质直接影响了该合同的法律适用。《合同法》第一百二十四条规定："本法分则或者其他法律没有明文规定的合同，适用本法总则的规定，并可以参照本法分则或者其他法律最相类似的规定。"具体地说，在不违反法律规定的情况下，物流合同在适用《合同法》总则的基础上，双方当事人的权利义务主要依据双方的约定。其中，关于物流服务提供者为物流服务需求者设计物流系统的部分，可参照《合同法》中关于技术合同和技术开发合同的规定；关于物流服务提供者提供具体物流作业服务的部分，根据服务的具体内容可分别适用货物运输合同、加工承揽合同、仓储合同、保管合同的规定；上述相关规范没有规定的部分，也可参照有关委托合同的规定。如果有关权利义务在现有法律中找不到类似的有名合同规则的，则应根据《合同法》的一般规定和《民法通则》的基本原则，参照当事人追求的经济目的处理。

7.2.3 物流合同的内容

目前，物流合同的内容并无统一的规定，实践中的物流合同一般包含的条款有：

1.服务范围

物流经营人在提供物流服务时可能涉及如下内容：承接物流系统开发、物流策略制定、物流信息管理系统开发与信息管理、数据交换网络功能开发与维护、物流单证设计和物流业务管理、货物运输服务（包括承运人选择、货运代理、进出口报关等）、承接中介、对外谈判和合同签订业务、咨询业务、综合物流业务等。因此，物流经营人与客户第一次合作签订合同时，一定要对"服务范围"给予明确的界定，包括如何为客户提供长期的物流服务、服务的具体内容、服务到何种程度及服务的期限等。服务范围应详细描述有关货物的物理特征，所有装卸、搬运和运输的需要，运输方式，信息流和物流过程中的每一个细节。

2.合作方式和期限

物流经营人以哪种运营模式向物流需求者提供服务，是仅提供运输、仓储等单一或者少数物流功能的组合服务项目，还是提供实物运输、仓储、配送、分销、流通加工、采购、咨询和信息以及其他增值作业等服务，或者是物流需求者与物流服务提供者建立长期物流合同形成一体化供应链物流方案，根据集成方案将所有物流运作以及管理业务全部交给物流服务提供者，这些内容都应在合同中得到反映。

3.服务所应达到的指标

物流服务具有很强的技术性，当事人要么在物流合同中详细规定服务技术指标，要么另外签署服务水准协议书。服务水准协议书不仅能提供衡量服务的标准，它也是服务供应商和客户间一种有力的管理沟通工具，协助两者达成共同利益。服务水准协议书通常作为合同的一部分，合并在合约内。

服务水准协议书通常包括绩效评价指标、评价次数、评价日期和需要提交的报告以及对不良绩效的制裁等。

4.费用结算与支付

物流合同必须详细规定收费模式、发票格式、开立地点、开立频率、每季或每月开票截止日、处理有效发票的方式、审核发票的期间、付款时间、付款方式，以及有关发票和付款发生争议时的处理流程等。

目前，比较通用的模式有：固定价格收费、成本补偿收费以及利润共享或几种形式的混合等。限于篇幅，以下仅对固定价格收费和成本补偿收费两种形式做简要说明：

（1）固定价格收费。在固定价格收费模式中，客户同意付给物流经营人约定的价格，即费用包干。这种收费模式对于客户来说是低风险的，因为不管物流项目实际耗费了物流商多少成本，客户都不必付出多于固定价格的部分。然而，对于物流经营人来说是高风险的，因为如果完成项目后的成本高于原计划成本，物流商将只能赚到比预计要低的利润，甚至会亏损。投标于一个固定价格的物流项目，物流经营人必须建立一种精确的、完善的成本预算制度，并把所有的偶然性成本都计算在内。同时，又必须小心，不要过高估计项目的价格，否则别的物流经营人将会以低价格胜出。

（2）成本补偿收费。在成本补偿收费模式中，客户同意付给物流经营人所有实际花费的物流成本，加上一定的协商利润，而不是费用包干。这种收费模式，对客户来说是高风险的，因为在项目执行时有很多意外的支出，物流经营人的实际花费可能会超过预计价格。例如，物流经营人原来对数据库建设项目的预算可能没有考虑到企业基础数据整理和数据输入的工作，而这些工作必须完成，数据库才能通过验收，于是最后客户不得不因此增加对本项目的预算外的支出。在成本补偿收费模式中，客户通常会要求物流经营人在项目整个过程中定期地将实际费用与原始预算做比较，并通过与原始价格相对照，再预测成本补充部分。这样，一旦项目出现超过原始预算成本的迹象，客户就可以采取纠正措施。这种收费模式对于物流经营人来说是低风险的，因为所有增加的成本都会由客户补偿。物流经营人在这种收费模式下不可能会出现亏损。然而，如果物流经营人的成本确实超过了原始预算，物流经营人的名誉就会受到损失，从而又会使物流经营人在未来赢得合同的机会降低。此外，为了保证成本的真实性，合同中通常规定物流经营人不得谎报成本，否则应受到相应的惩罚。

5.奖金或罚款

有些物流合同规定有奖金条款，如果提前或以高于客户要求的服务标准完成物流项目，客户将付给物流经营人奖金。另一方面，有些物流合同会涉及罚款条款，如果项目到期没有完成或者物流经营人的绩效不良，客户就将减少付给物流经营人的最终款额。在实践中，除了严重违约并造成巨大损失的非常事件可以约定终止合约之外，对于其他轻微失常的事件，合同可以采用计点扣分的方式。所谓计点扣分是指客户在考虑各种失常的性质和严重性、彼此对失常的忍受水准、物流经营人修正的速度和效率，以及此失常是“首次违约”还是普遍发生的状况等因素之后，为每个指定的服务规定某一范围的计分点，这个计分点随着物流经营人未能达到服务标准而累积，客户把这作为物流经营人的服务信用，再从每月应付费用中扣除。因此，如果物流经营人出现过多的问题，将会得到较少的报酬。

6.义务限制

这是为了保护物流经营人的利益而设立的条款。物流经营人在物流合同中轻易不要承担严格责任制条款，而要争取过失责任制条款。换言之，物流合同轻易不要订立那种没有除外责任、没有责任限额的条款，否则可能会发生收取很少的费用而承担无限的责任，甚至赔偿整个货价的现象。

7.对物流经营人财务能力的监控

这是为了保护客户（物流需求者）利益而增加的条款。物流合同本身并不能保障物流经营人不发生财务问题，即使是最佳的合约，也不能防止因人为过错、经济因素或其他可能导致物流经营人财务发生问题。然而，如果合同中规定了监控和分析物流经营人财务状况的一些流程，至少能增加将潜在问题辨别出来的机会，以便客户能采取必要的措施，将不良影响减至最低。这些流程包括规定物流经营人必须提供大量的相关信息，比如，财务报表、商业计划、任何诉讼的细节以及物流经营人其他大型合同的终止细节等。这样，客户可分析这些信息，以判断物流经营人财务是否健全。

8.合同变更

在合同履行过程中，基于需要增加或剔除原先的服务范围、价格调整或者澄清原先暗昧不明的内容等原因，双方或一方可能期待合同随时间变动。而对于期限较长、没有具体外包标准以及IT等软件服务合约，更需要持续不断地协议和变动。因此，合同中有必要对未来变更合约的内容和流程做出相应的规定。具体而言，合同变动控制流程至少应涵盖如下几个方面：

（1）双方代表无法在合同期间取得共识的问题，呈报给个别管理高层的流程。

（2）处于议价强势的一方，不得滥用其优势来对抗较弱的一方的流程。比如，规定物流经营人可以对客户开放账册、展示成本和利润、让客户了解其所提供的报价是合理的等等。

（3）有关合同变更的流程议定，即合同中应注明任一方该如何发起再协议的动议和另一方该如何回应的程序。

9.合同终止

当事人可以在合同中约定何种情况下解除合同（比如，当出现物流经营人在执行项目过程中发生严重错误，或物流经营人因某种原因不能继续履行合同，或客户因特殊原因改变计划等时，客户有权解除合同）以及双方违约责任的承担。此外，合同还应对由此引发和完成合同终止所需的程序，以及物流经营人的退出手续等予以规定。

10.报告和审核

虽然物流业务外包了，但客户仍需对自有的商业活动负责，并负有持续追踪资产的义务。因此，物流合同一般会要求物流经营人向客户提供一定范围内相关事项的定期报告，以及客户拥有对物流经营人的记录进行审核的权利。比如：

（1）物流动态报告。

（2）成本超支或进度计划延迟的通知。在某些电子商务项目，特别是物流软件开发类项目中，成本的超支或进度计划延迟的现象经常会发生，一旦出现实际成本或预期成本将超支或进度计划将延迟的迹象，物流经营人必须通知客户，并提交书面的原因及书面纠正措施计划，以使成本回到预算以内或进度计划回到正常轨道上来。

11.信息的机密性和安全性义务

物流合同需要明确是否禁止任何一方向其他方面透露有关该项目的情况，或把项目有关机密信息、技术或该项目中另一方的工作过程用作其他用途。物流合同一般要对保密资料进行定义，例如，对一个物流项目来说，可能会这样定义："保密资料是指财务资料、企业计划、业务流程、技术资料或其他另外指定为保密的材料。"

合同中除了应该要求签约各方严守彼此信息的机密性之外，还应确保签约各方的员工、承包商和顾问等坚守此项义务，并承担违约责任。同时，合同还应要求签约各方，无论是纸张记载或电子往来的信息，都应严守其安全性。

12.物流经营人派驻人员

某些大型的物流合同中，物流经营人通常会指派某些员工长期派驻在客户的办公室或工作站内，此时合约多半会附带涵盖办公室占用以及派驻在客户工作站内的员工数量和这些员工在客户工作站内因执行公务伤亡或生病时的赔偿责任由谁承担等内容的条款。

13.客户提供的设备及信息

合同条款应注明客户在项目全过程中将提供给物流经营人的所有设施和资料以及客户将这些设施和资料交给物流经营人的日期。这项条款保护了物流经营人的利益，避免了由于客户的设备、信息或其他方面的耽搁而导致的进度计划中时间的推后。万一这种情况发生，责任应由客户负责。

14.专利

这涉及可能在执行项目时产生的专利的所有权问题。合同要写明：客户以什么方式和在什么时候向物流经营人提供工作成果，工作成果是如何被检验、接受或拒绝的；如果工作产生了专利成果，成果的所有权归属于谁；如果在工作中应用了第三者的专利，又由谁向第三方付款。

15. 国际化考虑

对于国际物流合同而言，还应当适应来自国外的客户。为外国客户执行项目的合同或是部分项目在国外执行的合同，可能会要求物流经营人做一些适应性工作，例如：

（1）注意特定的假日和工作习惯。

（2）客户所在国的物价水平以及合同中涉及的劳动力或原材料的成本在该国的对比价格。

（3）用客户的语言文字提交项目文件，如手册或报告。

16. 转移计划

物流合约生效后，客户原先的物流业务将由自营转为外包，这其中既涉及物流业务活动的有效衔接，也可能牵涉到资产或员工的转移。因此，物流合约中必须对这种转移计划的细节进行详细规定。合约中除了包括转移阶段所需的时间表、双方的沟通计划之外，还应包括对物流经营人该如何接管物流服务并达到成效，以及客户该如何做好被转移员工的心理工作和及时转移设备与资料等内容。此外，也包括被转移员工的权利、训练以及被转移设备的保养维护、租购等等。

7.2.4 物流合同签订时的风险防范

为了保证物流合同的履行和双方合同目的的实现，并在发生争议以及解决争议时有所依据，当事人设计合同条款时应当具体、完备和全面。同时，为了追求效率，迅速地确立合同关系，当事人订立合同时不一定要使合同条款一应俱全。

第三方物流不是简单的代理、运输、仓储、保管、报关等合同的签订。它所出售的是一个方案，是按一定流程管理的设计方案，该流程要解决企业的各种疑难问题，达到简化程序、减低成本、提高管理水平、提高企业经济效益和市场竞争能力的效果，合同涉及的环节多、时间长、要求复杂。所以，签订物流合同时应注意：

（1）所签合同要合理。合同中要考虑双方的利益，达到双赢的目标，这点很重要。目前，在我国第三方物流市场环境尚不完善、不成熟的条件下，实践起来很难，会遇到许多问题，但要力争做到，如一时做不到，也要逐步做到。如果只考虑一方赚钱，而使另一方无利可图，这样的合同是很难签下的，即使签下来，履行中也会出现收不到运费或其他费用的情况。物流经营人若采取扣货方式保护自己，又可能会导致未按时交货、未严格履约的问题，客户会因提货不到而不付或者延迟支付运费及物流商代垫的其他费用。实践证明，如双方的理念一致，所签合同的目标相同，履约中一般就不会产生什么问题，即使有问题也较容易解决。

（2）所签合同要完善。物流经营人与客户签订合同是一种非常复杂的过程，任何一方如在签约前考虑不周或者准备不足，都有可能在未来执行合同中出现问题。此外，合同的执行标准及衡量标准，是客户与物流经营人在签约时首先应协商解决的问题，但在实践中，大量的合同根本未对此做出规定。正是由于没有这方面的规定，才导致双方在执行合同或对所提供的服务产生争议时出现纠纷。

(3) 服务范围要明确。许多物流经营人往往忽视服务范围的重要性。物流经营人与客户在第一次合作签订合同时，一定要对“服务范围”给出一个明确的界定，包括如何为客户提供长期的物流服务、服务的具体内容、服务到何种程度及服务的期限等，总之要对服务好到何种程度有一些具体规定。否则，物流经营人对要干什么都不清楚，而客户也不清楚支付的是什么服务费用。“服务范围”应详细描述有关货物的物理特征，所有装卸、搬运和运输的需要，运输方式，信息流和物流过程中的每一个细节。所以，由物流经营人、客户和双方功能领域的代表共同研究并在合同中详细列明“服务范围”是十分重要的，切勿简单草率。

(4) 不误导客户。物流经营人不要为了争取客户而使其产生误解，将物流服务视为“灵丹妙药”，认为物流经营人可将客户所有的“毛病”都连根治愈。应让客户认识到，没有一个物流方案能十全十美地解决企业的全部问题，即使是解决某一方面的问题，也需要详尽的策划、充足的时间，以及付诸实施的过程，最终才能见效。

(5) 避免操之过急。许多企业在尚未做出任何准备的情况下就去寻求物流经营人的帮助，并因对物流商寄予过高期望而匆匆签约，或许他们有太多的、迫在眉睫需要解决的问题，但这样做的结果往往是忙中出错。

(6) 合同具有可行性。对于专业性较强的企业，签约前应向有关专家咨询，甚至请他们参与谈判，分析企业生产、管理中的特殊性、特殊要求及特别需要注意的问题，避免留下难以弥补的后患。而对于物流经营人经过努力仍无法做到的事项，千万不要轻易承诺。一般来说，物流经营人对基本的服务做出承诺时，往往趋向于过分乐观。但倘若没有能力始终如一地满足不现实的、过高的基本服务目标，就会导致更多的运作问题，同时，对不现实的全方位服务轻易做出承诺，还会削弱满足高潜力客户的特殊需求的能力。

(7) 服务具有经济性。物流经营人接受和签订的协议影响最终能产生效益的项目，而适当水平的物流成本开支必然与所期望的服务表现有关。例如，物流经营人100%地承诺一家企业通宵服务的要求，结果会因试图提供或许客户并不需要的服务而白白浪费资源。因此，要取得物流经营人的主导地位，关键是要掌握使自己的能力与关键客户的期望和需求相匹配的艺术。对客户的承诺是形成物流战略的核心，一个完善战略的形成，需要具有对未实现所选方案的服务水平所需成本的估算能力。

(8) 条款具有可塑性。物流经营人在签订协议时，要掌握好一种尺度，即达到何种水平。比较好的尺度是，将合同定位于中间性的、可改进的方案，而非最终方案，以便为今后几年留出调整、改进的余地。合同条款要订好，要有保护措施，轻易不要订立那种没有除外责任、没有责任限额的条款，否则将会像前文所说的那样，收取很少的费用而承担无限的责任，甚至赔偿全部货价；轻易不要承担严格责任制条款，而要争取过失责任制条款。

7.3 物流合同责任风险管理

7.3.1 物流经营人法律责任概述

1.物流经营人法律责任的含义与分类

物流经营人在物流活动中的责任包括行政责任和民事责任两个方面。

物流经营人的行政责任是指国际物流经营人违反国家有关物流监管的规定所应承担的法律责任。

物流经营人的民事责任是指国际物流经营人违反法定义务和合同义务所应承担的法律责任，分为违约责任和侵权责任。前者指对物流合同的违反所应承担的责任，承担责任的依据是合同；后者指在物流活动中侵犯物流需求方的财产，造成财产损害所应承担的责任，承担责任的依据是法律的规定。

物流经营人在其所从事的物流服务过程中，一般是通过签订物流合同进行的。因而，其承担的民事责任主要是违约责任。

2.物流经营人民事责任的确定

在物流服务中，物流经营人民事责任的确定需要遵循国际公约和我国法律的一般规定，但在具体确认其民事责任时，尚需根据其所处的具体法律关系加以判断。物流服务的广泛性决定了物流法律关系的复杂性，因而，对其责任的确认不能一概而论。

（1）物流经营人与物流需求者签订物流合同的。此时，物流经营人与物流需求者处于物流合同双方当事人的法律地位，按照物流合同的约定相互享有权利和履行义务，违反合同的即应承担违约责任。由于物流合同不属于《合同法》规定的有名合同，对违约责任的认定应适用合同总则的一般规定，即应当以严格责任来认定物流服务提供者的违约责任。在物流业务实践中，目前大多数物流合同实行的是“严格责任制”，即物流服务提供者从货物接收到货物交付最终客户手中为止，整个过程无论何时、何地，也无论是否处于其实际控制之下，无论是其自身过错还是分包方人的过错，只要发生货物灭失或损坏，均先由物流经营人依据物流合同对物流服务需求者承担责任。

（2）物流服务经营人将物流合同再行分包的。通常，物流经营人通过与专业公司签订合同的方式将物流合同进行分包。常见的是物流经营人与运输业、仓储业或者装卸业、加工业等签订运输合同、仓储合同、装卸作业合同和加工合同，此时物流经营人分别处在不同的合同关系中，应根据《合同法》以及其他法律对上述合同的特殊规定来具体确定物流经营人的责任。

物流经营人将合同分包后，具有双重的法律地位。一方面，面对物流需求方，物流经营人需承担所有的义务和全部的责任，而不论损坏是否由其造成；另一方面，面对实际履行某环节的专业公司，则根据具体的分包合同承担相应义务和责任。由于物流经营人所处的上述两类合同关系的归责原则并不完全相同，赔偿范围也有所差异，因而，物流经营人对物流需求者承担了严格责任后，再向实际履行的分包方追偿，这无疑增加了他们的经营风险。对此，物流经营人应采取一定的措施，如通过保险的方式，减少和避免风险。

【案例7-3】在2002年1月16日开始实施的小天鹅、安泰达与国内10家物流企业的运输合同中有一项条款：中标方自接到安泰达公司发货计划单之时起，须在6小时工作时间内派车到达指定仓库提货。也就是强调准点发车率（小天鹅公司的产品从走下生产线到发货的最长间隔时间是6小时）、准时到达率（每天物流速度保持500公里）和安全可靠率，这不仅提高了物流的速度和质量，而且降低了隐性损失。然而，对于中标方而言，则意味着风险的加大。

【案例7-4】Z公司委托美商Y公司将一批机翼壁板由美国长滩运至中国上海。实际承运人M公司签发给Y公司提单上载明“货装舱面，风险和费用由托运人承担”。而Y公司向Z公司签发的自己抬头的提单上则无此项记载，同时签单处表明Y公司代理实际承运人M公司签单。货抵上海港后，商检结果确认部分货物遭受不同程度的损坏及水湿。Z公司遂向法院提起诉讼，请求判令Y公司赔偿货损68万美元，并承担诉讼费。Y公司辩称，其身份是货运代理人，不应承担承运人的义务，Z公司遭受货损系由其未购买足够保险而导致，且货损发生与货装甲板无因果关系，据此请求法院驳回原告Z公司的诉讼请求。

7.3.2 物流经营人的法律地位与责任

1.在运输中的法律地位与责任

（1）法律地位

①具有运输作业能力的物流经营人的法律地位。具有运输作业能力的物流经营人即以自身拥有的交通运输工具自行完成物流中的运输活动的企业。物流经营人与物流需求方（即货方）签订物流服务合同，类似于委托合同中受托人的法律地位，可以亲自完成合同约定的运输，也可以对运输事项另作安排。很多物流经营人本身就拥有一定的运输能力，尤其是由运输企业转型而来的物流经营人，他们往往拥有自己的车队、船队，甚至铁路专线。因而，物流经营人要按照物流服务合同的约定承担受托人的义务和责任，这种义务和责任比运输合同中对承运人的要求还要严格。

②不具有运输作业能力的物流经营人的法律地位。不具有运输作业能力的物流经营人即利用他人的交通运输工具，组织物流中的运输活动的企业。运输虽然是物流系统的重要环节，但并不要求物流经营人本身具有完成运输的作业能力。通常，这类物流经营人通过与交通运输工具的所有人签订租用合同，或者以与承运人签订货物运输合同的方式完成运输活动。此时，物流经营人仍然对物流需求方承担受托人的义务，但由于他为了完成运输又与实际履行的运输方签订了分合同，从而，根据所签订的合同不同，具有不同的法律地位。如果物流经营人选择租用他人的运输工具，与运输工具的出租人签订租用合同，它就又具有了承租人的法律地位，即需要承担承租人的义务和责任。如果物流经营人选择与承运人签订运输合同，他就是使自己处于托运人的法律地位，在履行运输合同的过程中，需要承担托运人的义务和责任。

（2）物流经营人对物流需求方所负的运输责任

物流经营人可以选择的运输方式虽然多种多样，但无论使用哪种运输方式来组织货物运输，其对物流需求方（货主）所承担的运输责任却是一致的，即按照与物流需求方签订的物流合同确定，并且，该责任不因运输方式不同而不同。

物流经营人与物流需求方签订的物流合同具有委托合同的某些属性，他作为受托人，要履行受托人的义务并承担受托人的责任。具体到货物运输的环节中，物流需求方作为委托人委托物流经营人为其办理运输事项，物流经营人就要按物流合同约定将货物安全、准时地运送到客户手中。一般来说，物流经营人对委托人负有下列义务和责任：

①使用约定的运输方式运输货物，如果对运输方式未作约定，则应选择最适宜的运输方式和运输路线来进行货物运输。

②保证货物运输的安全，如果给货物造成损失，应负赔偿责任。即使是由于其分合同人的过错造成的损失，也由其负责，除非货物的损失是由于不可抗力造成的。

③保证货物按时送达。物流经营人对由于货物迟延送达所造成的损失负赔偿责任，除非货物的迟延送达是由于不可抗力造成的。

可见，物流经营人对货物运输所负的责任比运输合同中规定的承运人的责任还严格，几乎不享有任何免责事项，更没有责任限制。很多物流服务合同都做了类似的约定："不管何种原因（运输、仓储、装卸）导致货差，为乙方（物流经营人）负责。"而物流经营人在向其分合同人求偿时，则可能遇到承运人以免责事项或责任限制来抗辩，造成不能完全追偿的局面，这是物流经营人面临的一大风险。在我国尚无这方面规定的情况下，物流经营人只有依靠为货物投保并且在签订合同时注意做到物流服务合同与运输合同的协调一致来解决这一问题。

2.在仓储活动中的法律地位与责任

不同的物流经营人参与仓储活动的方式不尽相同，法律地位也不同。以不同的法律关系为根据，实践中各物流经营人参与仓储活动的方式大致可分为以下几种：

(1) 仅为客户提供仓储服务

这类物流经营人主要是指专门从事营业性服务的公共仓库。当然，综合性物流经营人或其他性质的物流经营人，如果具备仓储条件，而客户只需要提供货物的储存和保管服务的，也可以与客户签订这种仓储合同。但无论哪种情况，此时的物流经营人接受客户委托，专门为客户提供货物的储存和保管服务，除所附带的一些搬运、装卸活动外，一般不提供其他物流服务，如运输服务、配送服务等。此时，物流经营人与客户签订的是仓储合同，双方形成仓储合同法律关系，双方权利义务按有关仓储合同方面的法律规定确定。

(2) 为客户提供含仓储的综合物流服务

这类物流经营人一般为综合性物流经营人，或者具有两项（包括仓储）以上的物流服务功能，它们除为客户提供货物的储存和保管服务外，还会根据客户要求为其提供运输或者配送等物流服务。此时，物流经营人与客户签订的是物流服务合同，而不是单纯的仓储合同，物流经营人是物流服务提供者，客户是物流服务需求者，双方的权利义务按物流服务合同双方当事人的关系予以确定。

这类物流经营人与客户之间的法律关系，不因仓储服务在物流经营人所提供的全部物流服务中的比重或重要性不同而有所区别。如在经营合同仓储的物流经营人与客户所签订的物流服务合同中，仓储服务位于主要地位，比重较大，而其他诸如运输、配送等只是其业务的扩展；而在大型的配送中心与客户所签订的物流服务合同中，仓储则可能是作为配送的附带服务；一些综合性物流经营人，如中海物流，其与客户签订的物流服务合同中，仓储、运输、配送等可能具有同等的重要地位。无论哪种情况，均不影响物流经营人与客户之间的法律关系。

（3）以存货人的身份出现

这类物流经营人一般是指没有仓储设备的综合物流经营人，或者虽有仓储设备但库存空间不足的物流经营人。这类物流经营人（下称物流经营人A）与客户签订含有仓储服务的物流服务合同后，由于自身没有仓储设备或者没有足够的库存空间，只能将全部或者部分仓储服务交由其他拥有仓储设备的物流经营人（下称物流经营人B）实际履行。物流经营人B通常为专门提供仓储服务的单位，如公共仓库。此时，物流经营人A与物流经营人B之间通常会签订仓储合同，A为存货人，B为保管人，双方之间的权利义务依据仓储合同规定的法律关系确定。

3. 在搬运装卸作业中的法律地位与责任

搬运装卸经常与运输、仓储环节联系在一起，物流经营人不可避免地会在物流过程中承担搬运装卸的活动。同时，搬运装卸是一项技术水平要求较高的活动，所以物流经营人通常是将搬运装卸业务交给一些专业的搬运装卸企业去完成。由此，在不同的操作方式中，物流经营人具有不同的法律地位。

（1）物流经营人根据合同亲自完成搬运装卸活动的。物流经营人根据物流服务合同的要求需要完成搬运装卸并且亲自完成搬运装卸时，其在搬运装卸过程中即处于搬运装卸经营人的地位。根据搬运类型的不同，可能为港口经营人、铁路搬运装卸经营人、搬运装卸经营人。物流经营人根据物流服务合同及相关法律法规享有权利，并承担义务。

（2）物流经营人需要完成但不亲自完成搬运装卸环节的。物流经营人根据物流服务合同的要求需要完成搬运装卸，但当其不亲自完成搬运装卸时，物流经营人是通过在搬运装卸作业过程中委托专业的装卸公司实际完成装卸作业，从而处于搬运装卸作业委托人的地位。物流经营人根据物流服务合同、装卸作业合同及相关法律法规享有权利，并承担义务。

4. 在流通加工中的法律地位与责任

流通加工是物流过程中的一个特殊的环节，与其他环节不同，流通加工具有生产的性质。流通加工可能改变商品的形态，对物流的影响巨大。流通加工并不是每个物流过程都必须进行的，所以也不是每个物流合同中都含有关于流通加工的规定。当双方当事人在物流合同中约定物流经营人承担流通加工义务时，根据履行流通加工义务所采用的方式不同，物流经营人具有不同的法律地位。

（1）物流经营人按照物流合同的约定提供流通加工服务并且亲自进行流通加工。物流经营人如果有加工的能力，并以自身的技术和设备亲自从事加工的，则物流经营人即是物流服务合同中的物流服务提供者，其权利和义务根据物流服务合同和相关法规的规定予以确定。流通加工法规是与流通加工相关的法律规范的总称。关于流通加工的立法主要表现在加工承揽合同上。与其他有关物流的法规一样，目前，我国还没有单独的流通加工的法规,《民法通则》《合同法》及关于加工承揽合同的具体规定，可适用于流通加工。

（2）物流经营人按照物流合同的约定提供流通加工服务但不亲自进行流通加工。虽然物流过程中的流通加工与生产加工相比比较简单，但在一些情况下仍然需要一些特殊的技能或者工具。从效率和技术的角度着想，物流经营人可能将流通加工转交给有能力的专业加工人进行。此时，物流经营人通过与加工人签订加工承揽合同的方式履行其在物流服务合同中的义务。在这种情况下，物流经营人一方面对于物流服务合同的需求方而言，为物流服务提供方；另一方面，对于加工承揽人而言，为定做人，在流通加工中受到物流服务合同和加工承揽合同的约束，并根据相关的法规享有权利并承担义务。

5.在包装中的法律地位与责任

包装是物流的一个重要环节，在物流运转的仓储、运输、搬运装卸或者流通加工环节中均有可能涉及包装，因而，当物流经营人承担包装在内的几种物流作业时，其法律地位首先应根据物流服务合同确定；其次，根据物流经营人是否与他人签订分包合同进一步加以确定。当物流合同约定包装由物流经营人负责时，按物流经营人在履行该合同时是否亲自进行包装，又具有不同的法律地位。

（1）自身进行包装活动的物流经营人的法律地位。具有包装能力的物流经营人，即以自身的技术和能力完成物流过程中包装环节的物流经营人。此时，物流经营人根据其与物流需求方签订的物流服务合同，成为物流服务合同的一方当事人，其权利义务由物流服务合同决定，同时在包装的过程中应该遵守国家相关法律规定和相应的标准。

（2）自身不进行包装的物流经营人在物流包装中所处的法律地位。如果该物流经营人没有进行包装的能力或者有能力而由于某种原因不亲自进行包装时，物流经营人可以与其他主体，如专门的包装企业签订劳务合同。此时，物流经营人同时是两个合同的当事人：对物流服务合同而言，它是受托人，按照物流合同完成委托事项；对劳务合同而言，它是委托人，有权要求劳务提供者按照约定的时间和相应的标准完成包装事项。物流经营人的权利和义务同时受到两个合同的调整和约束。

6.在配送活动中的法律地位与责任

配送活动作为现代物流的一个重要组成部分，同样也是众多物流经营人的业务范围之一。然而，不同的物流经营人，其参与配送活动的方式也不尽相同，从而决定了其法律地位不同。以不同的法律关系为根据，实践中各物流经营人参与配送活动的方式大致可分为以下几种：

（1）与用户签订单纯的配送服务合同。这类物流经营人与用户签订单纯的配送服务合同，仅仅为用户提供短距离的货物配送服务，包括拣选、配货、包装、加工、组配等全部或部分配送环节，不提供其他物流服务，如长距离干线的运输服务等。此时，物流经营人与用户之间是配送服务合同法律关系，物流经营人为配送人，双方的权利义务按配送服务合同的约定，并适用《合同法》总则及参照法律最相类似的规定确定，如流通加工环节参照关于承揽加工合同的约定，储存环节参照关于仓储合同和保管合同的规定等。

（2）与用户签订单纯的销售配送合同。这类物流经营人与用户签订单纯的销售配送合同，除要按用户要求负责集货、配货、送货外，还要负责订货、购货。此时，物流经营人与用户之间属销售配送合同关系，物流经营人为配送人，双方的权利义务按销售配送合同的约定，并适用《合同法》总则及参照法律最类似的规定，其中关于转移货物所有权部分的权利义务可参照关于买卖合同的规定。

（3）为用户提供含配送的综合物流服务。这类物流经营人一般为综合性物流经营人，或者具有两项（包括配送）以上的物流服务功能，它们除为用户提供短距离的货物配送服务外，还会根据用户要求为其提供长距离干线运输或者专门的仓储服务。此时，物流经营人与用户签订的是物流服务合同，而不是单纯的配送服务合同，物流经营人是物流服务提供者，用户是物流服务需求者，双方的权利义务按物流服务合同双方当事人的关系予以确定。

（4）以用户的身份出现。这类物流经营人一般是指没有配送中心和配送设备的综合物流经营人，或者虽有配送中心和配送设备但数量或能力不足的物流经营人。这类物流经营人（下称物流经营人A）与客户签订含有仓储服务的物流服务合同后，由于自身没有或者没有足够的配送中心和配送设备，只能将全部或者部分配送服务交由拥有配送中心及配送设备的物流经营人（下称物流经营人B）实际履行。物流经营人B通常为专门提供配送服务的专业配送中心。此时，物流经营人A与物流经营人B之间通常会签订配送服务合同，A为用户，B为配送人，双方之间的权利义务依据配送服务合同法律关系确定。

7.在信息服务中的法律地位与责任

如果软件产品是物流经营人自行开发的，则因质量问题造成的损失自然也由物流经营人自行承担。如果软件产品是他人提供的，则他人应视其与物流经营人之间的法律关系，就其软件产品质量问题给物流经营人造成的损失承担相应责任。根据物流经营人所使用软件产品的来源不同，企业与软件产品提供者的法律关系也就不同，软件产品提供者承担的相关责任自然也不同。

实践中，物流经营人除了自行开发相关软件产品外，其所使用的软件产品一般来源于两个方面，由此涉及两种不同的法律合同。

（1）软件购买合同

软件制造商通常会针对同类目标客户群开发生产一些通用的软件，物流经营人也可以直接从软件制造商或销售商处购买到某些通用的软件。在多数情况下，购买软件是以售货发票的形式订立合同，其中并无权利义务的约定。但软件中所附的《使用许可协议》和“Read Me”等说明文件，应当可以作为确定当事人之间权利义务的依据之一。但这种文件通常都是由软件生产商单方面订立，相当于合同中的格式条款，因此对此类条款做出解释时，应当是对作为买方的物流经营人有利的解释。另外，对于《使用许可协议》中的免责条款也应当根据法律严格审查以确定其是否具有法律效力。

物流经营人在购买一些重要的软件时，有时也会订立专门的软件购买合同，此种合同中的条款通常是经过买卖双方协商订立的，因而不应当像出售的软件产品中所附《使用许可协议》和“Read Me”等说明文件一样，被视为格式条款，而应当被视作一般的合同条款。

如所购买的软件产品存在质量问题，物流经营人还可根据2018年12月29日第十三届全国人民代表大会常务委员会第七次会议修正的《中华人民共和国产品质量法》（下简称《产品质量法》）向该软件的开发商（生产商）和销售商索赔。

《产品质量法》第二条第二款规定，本法所称产品是经过加工、制作，用于销售的商品。因此，《产品质量法》也适用于软件产品。

（2）软件开发合同

对于本企业业务需要的特殊软件，物流经营人则通常会与软件开发商签订软件开发合同，这类合同为技术合同。所谓技术合同，是当事人就技术开发、转让、咨询或者服务订立的，确立相互之间权利和义务的合同。技术开发合同又分为委托开发合同和合作开发合同。物流经营人与软件开发商（方）签订技术开发合同多为委托开发合同，目前我国调整此类技术合同的法律主要是《合同法》的总则部分以及第十八章有关技术合同的规定。在物流经营人与软件开发商签订的开发合同中，除了约定开发商要按照物流经营人的要求开发软件之外，通常还含有技术服务合同的内容，即软件开发方通称的“售后服务”的内容。物流经营人和软件开发商作为技术开发合同的合同双方，其权利、义务应当依照合同中的约定来确定。

从目前的情况来看，这种软件开发合同与一般合同的最大不同之处，就在于责任部分的约定。软件开发商为了保护自己，通常都会在此种开发合同中约定责任期限，即开发商对于其开发提供的软件只在一定的期限内负责，通常为一到两年。对于责任期限之后软件出现问题的，开发商也可以为作为委托方的物流经营人提供技术服务，但要收取一定的技术服务费。除此之外，开发商还通过合同约定将其承担的责任限于直接责任，即一旦软件发生故障，开发商的责任仅限于修改、排除程序中的错误。若此种错误确系开发商的过失造成，则由开发商退还一定款项，但对于由于物流经营人使用含有病毒或有缺陷的程序（BUG）的软件所导致的损失，即间接责任，开发商是不赔偿的。当然，这种合同的约定是否公平、合理值得注意。《合同法》对合同的订立、效力、转让等都有一些强制性的规定。软件开发合同作为一种技术开发合同，亦不得违反这些强制性规定。我国《合同法》第五十三条规定，合同中约定的“因故意或者重大过失造成对方财产损失”的免责条款无效。因此，如果物流经营人因软件故障遭受损失是由开发商故意或者重大过失造成的，则开发商必须对此承担赔偿责任，而无论合同中是否免除了开发商的此类责任。

至于开发商通过合同约定将自己的赔偿责任限于直接责任的范围的合法性问题，《合同法》第一百一十三条规定，当事人一方不履行合同义务或者履行合同义务不符合约定，给对方造成损失的，损失赔偿额应相当于因违约所造成的损失，包括合同履行后可以获得的利益，但不得超过违反合同一方订立合同时预见到或者应当预见到的因违反合同可能造成的损失。《合同法》第三百三十八条规定，在技术开发合同履行过程中，因出现无法克服的技术困难，致使研究开发失败或者部分失败的，该风险责任由当事人约定。没有约定或者约定不明确，依照本法第六十一条第一款的规定仍不能确定的，风险责任由当事人合理分担。据此规定，作为受托方的软件开发商应当根据其与物流经营人签订的合同之约定承担赔偿责任；若合同约定不明，或没有约定，或没有有效规定，则可以根据双方事后达成的协议承担责任；若双方事后仍无法就赔偿达成协议，则应当按照合同有关条款或交易习惯确定赔偿责任。如果按照合同有关条款或交易习惯仍无法确定赔偿责任的，则由开发商和物流经营人双方合理承担责任。

当然，物流经营人作为合同的委托方，有自己相应的合同义务，若违反了合同义务给软件开发方造成损失的，也要承担法律责任。如《合同法》第三百三十三条规定："委托人违反约定造成研究开发工作停滞、延误或者失败的，应当承担违约责任。"第三百三十六条规定："合作开发合同的当事人违反约定造成研究开发工作停滞、延误或者失败的，应当承担违约责任。"

对于软件这种特殊产品的质量缺陷引起的他人人身伤亡或财产损失所产生的责任问题，目前并没有专门的法律予以规范。在现行法律下，如上所述，要么适用《产品质量法》，要么适用《合同法》中关于技术合同的规定。

7.3.3 物流责任风险防范

1. 企业实施全面的风险管理

（1）建立全业务过程、全业务环节的责任风险防范机制和措施，并落实到每个相关人员，做到责任风险与权利、利益挂钩。

（2）加强对从业人员的业务培训，使其熟悉有关国际货运代理的标准交易条件、提单条款及相关行业术语；掌握所从事的业务中存在哪些风险，须承担哪些责任，在投保责任险的情况下，掌握哪些风险可以由保险公司承保，哪些责任属于除外责任保险公司不予承保等。

（3）建立对受理业务的性质、分包人的资信等方面的评估制度，尽量避免承接风险大的业务，并委托资信度高的分包人，同时还应确保分包人已投保了责任保险。

2. 向相关保险公司投保责任险

由于风险的复杂性和难以预测性，企业应向有关的保险公司投保责任险，以便事先将风险转移。然而，投保了责任险并不意味着保险公司将承保所有的风险。事实上，保单中往往都有保险公司不予承保的除外条款，此外，保单中同时还订有要求投保人履行的义务条款，如投保人未尽其义务，也会导致保险公司不予赔偿的后果。

思考与练习

1. 单选题

（1）下列叙述错误的是（　　）。

A．物流合同是无名合同　　B．物流合同的一方是特定主体
C．物流合同是提供劳务的合同　　D．物流合同足以涵盖物流服务的全过程
（2）确定物流经营人承担物流作业时的法律地位依据是（　　）。
A．物流服务合同　　B．物流经营人　　C．是否签订分包合同　　D．由双方共同确定
（3）不属于物流法律风险特点的是（　　）。
A．相对确定性　　B．可防可控性　　C．可预见性　　D．可保险性
2．多选题
（1）物流经营人参与仓储活动的方式可分为（　　）。
A．仅为客户提供仓储服务　　B．为客户提供含仓储的综合物流服务
C．以存货人的身份出现　　D．以发货人的身份出现
（2）物流经营人参与配送活动的方式可分为（　　）。
A．与用户签订单纯的配送服务合同　　B．与用户签订单纯的销售配送合同
C．为用户提供含配送的综合物流服务　　D．以用户的身份出现
（3）下列各项叙述正确的是（　　）。
A．合同行为也同样存在法律风险　　B．物流经营人对货物没有责任限制
C．不同的物流经营人的法律地位相同　　D．物流经营人承担的民事责任主要是违约责任
3．判断题
（1）在现代物流服务中，第三方物流经营人通常以当事人身份与货主签订一揽子协议，而以代理人身份出现的情况并不常见。
（2）狭义的物流合同，是指第三方物流经营人与其他企业约定，由第三方物流经营人为后者提供全部或者部分的物流服务，而由后者向第三方物流经营人支付报酬的合同。
（3）物流经营人根据物流服务合同及相关法律法规享有权利承担义务。
4．简答题
（1）物流企业法律风险的主要形式有哪些？
（2）简述物流合同签订时的风险防范。
（3）如何防范物流责任风险？

案例分析　　中远海运集团防范物流风险的经验

由于远洋运输的涉外性，中远海运集团的企业行为更是严格要求通过法律文件来落实，因此《中国远洋海运集团合同管理办法》就成了该集团的纲领性文件，它严格规范了企业所有的经济行为，包括从合同的起草、审查到履行。由于航运业已发展成了一个非常成熟的行业，在涉外业务中，只要严把合同审查关，就基本不会发生什么纠纷。近几年来，中远海运集团的涉外纠纷很少，即使发生了货物索赔，也因每单运输都签了保险合同而得到化解，纠纷一般都由保险公司解决，或在保险公司的协调下解决。

在预防纠纷上，中远海运集团首先要求各企业在签订合同时要做到事前预防、事中控制、事后监督，严把合同审查关。其次，要求船队的管理层必须具备较强的法律意识。为此，集团法律部门制定了一套法律信息披露制度：公开发布一些国家法律的最新变化及船队在这样的变化中应该注意的法律问题；公布集团在某一个发展阶段实施的一些政策；跟踪企业在不同发展阶段应该关注的一些特别的法律问题，并给予一定的法律指导；根据国家法律和政策的变化，制定一些集团内部的相关管理制度，引领企业消化理解；适时公布一些大的海事案件，分析发生的原因，以便各企业借鉴，避免纠纷。最后，集

团对所有法律专业人士实行考核制度，确保每单合同都具有较高的法律审查质量。

在合同的管理方面，该集团实行的是分级管理制度，即总公司法律机构统一指导、各成员公司法律机构逐级负责。该制度确定总公司法律机构对成员公司的合同管理具有指导、建议、监督、检查、考核等权力；上级公司法律机构对下级公司法律机构具有指导、监督、检查权；对合同标的额为公司净资产20%以上的合同，下级公司要上报上级公司；对涉案金额为公司净资产20%以上的重大合同纠纷，下级公司要上报上级公司；对具有重大国际影响的合同纠纷或对中远海运集团有重大影响的合同和合同纠纷，各成员公司应逐级上报集团总公司。

◎请登录中远海运集团相关网站，了解该集团组织架构与业务情况，并结合本案例说明不同类型的物流企业在防范法律风险方面有哪些侧重点。

第8章

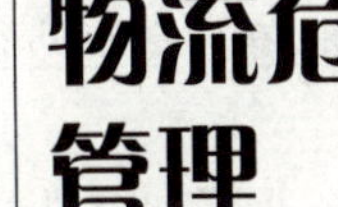

物流危机管理

学习目标

- 了解港口设施保安与反恐。
- 熟悉物流危机的概念、特点、分类、诱因与危机事件的形成机制，物流危机管理的概念、特点，物流突发事件应急预案的概念与内容。
- 掌握物流危机管理的内容、流程，物流突发事件应急管理。

导入案例

码头工人罢工导致港口拥堵

如今，港口拥堵现象已成为全球性问题。西北欧的鹿特丹、汉堡、安特卫普、南安普敦和费力克斯托，地中海沿岸的比雷埃夫斯、萨洛尼基、伊斯坦布尔、伊兹密尔、塞得港和阿希杜得，北美的温哥华、波士顿，印度的孟买、钦奈，南非的开普敦、德班，澳大利亚的悉尼、布里斯班等港口，都曾受到过港口堵塞的困扰，船舶脱班短则一天，长则三五天，甚至超过一周。

造成港口拥堵的原因五花八门，主要有：劳资纠纷导致工人罢工、怠工（2002年美西洛杉矶长滩码头工人罢工，2005年温哥华卡车司机罢工，2006年底希腊港口工人罢工），码头基础设施不足（鹿特丹、汉堡、费力克斯托、南安普敦等港场地狭小，扩建进程缓慢，赶不上货量增速；土耳其等国原本港口基建差，近年贸易猛增，一时难以适应需求），战争（中东局势扑朔迷离，以色列港口常受打击），港口软件服务配套不足等。

8.1 物流危机

8.1.1 物流危机及相关术语的含义

在实践中，“危机（crisis）”往往同“突发事件（emergency）”“紧急事件（state of emergency）”“灾害（hazard）”“灾难（disaster）”等作为同义词混同使用。

危机一词最初是一个医学术语，是指一个人濒临死亡的状态。16世纪以来，该词就已经成为人们的日常用语，被广泛应用到政治、社会、经济等众多领域。在现实生活中，它是指临界状态，是矛盾冲突即将发生的临界点，即某一个连续发展过程的中断。比如，《韦氏大词典》对危机的解释是：“需要快速做出决策的，否则会遭受巨大损失的，处于事态发展转折点的事件。”与西方理解有所区别的是，中国人还习惯于用“危险加机遇”来理解“危机”。

从本质上来讲，物流危机就是危及物流企业形象和生存的突发性、灾难性事故与事件，比如财务危机、产品质量声誉危机、企业高级管理人员信誉危机等。它通常会给物流企业和公众带来较大损失，严重破坏企业形象，甚至使企业陷入困境等。

1.危机与风险的比较

由第1章可知，风险通常是指发生对企业不利事件的可能性。显然，风险的定义要比危机的定义宽泛得多，风险定义中的两个基本要素（即损失和不确定性）同样适用于危机，但危机对这两个要素的要求更加严格。

（1）风险是危机的诱因。当对风险防范不善，造成的危害达到较大的程度时，危机就会发生。也就是说，企业如果对各种风险熟视无睹，或者对于已经认识到的各种风险不采取有效的措施，今天的风险就可能会演变成明天的危机。

（2）风险与危机有如硬币的两面并无本质区别，没有爆发的危机称为风险，失去控制的风险就是危机。也就是说，所有的危机事件都是风险事件，但风险事件不一定是危机事件。即并非所有的风险都会引发危机，只有当风险所造成的危害达到一定程度时，才会演变为危机。

2.危机与突发事件、紧急事件的比较

近年来，“突发事件”这个词语对人们来说并不陌生。“突”是突然、猝然之意；“发”是迸发、爆发之意；“事件”就是历史上和现实中已经发生的大事情。由于很多事件是突然发生，令人猝不及防，因此，人们逐渐将“突发”和“事件”放在一起使用，用来指突然发生的并造成意外影响的危险事件。它显然包括两层含义：一是事件发生、发展的速度很快，出乎意料；二是事件难以应对，必须采取非常规方法来处理。根据所造成危害的深度与广度不同，突发事件可做广义与狭义两种定义。

（1）广义上的定义

凡是在组织或者个人原订计划之外，或者是在其认识范围之外突然发生的，对其利益具有损伤性或者潜在危害性的事件，都可以叫突发事件。

（2）狭义上的定义

从狭义上来说，突发事件是在一定区域内突然发生的、规模比较大、对社会产生广泛负面影响的，对生命和财产构成严重威胁的事件或者灾难。尽管在提及“突发事件”时一般会省略“灾难性”这样一个限定词，但实际上，我们在说突发事件的时候，往往是指那些突然发生，造成或者可能造成重大人员伤亡、财产损失、生态环境破坏和严重社会危害，危及公共安全的紧急事件。因此，为了区别于一般的突发事件，这类“突发事件”往往被称为“突发公共事件（public emergency）”。

基于管理的目的，目前，国内外现有的相关法律法规中所规范的“突发事件”显然是指“突发公共事件”。比如，在我国2007年8月30日通过的《中华人民共和国突发事件应对法》中，将“突发事件”定义为“突然发生，造成或者可能造成严重社会危害，需要采取应急处置措施予以应对的自然灾害、事故灾难、公共卫生事件和社会安全事件”。在我国交通运输部发布的《水路交通突发事件应急预案》中，将“水路交通突发事件”定义为“造成或可能造成航道或港口出现中断、瘫痪、重大人员伤亡、财产损失、生态环境破坏和严重社会危害，以及由于社会经济异常波动造成重要物资缺乏等需要由交通运输主管部门协调组织水路紧急运输保障的突发事件。”。

显然，“突发事件”“紧急事件”“危机事件”这三个概念既有联系又有区别。其一致性表现为它们均是指“突然发生并危及公众生命财产、社会秩序和公共安全，需要立即采取应对措施加以处理的事件”。不同之处在于：突发事件只是危机的诱因，不一定能构成危机，如空难、恐怖袭击、洪水等，如处理不好可能转变为危机。此外，危机也不一定都是突发事件，可能有一个演变过程，如经济危机、金融危机、信任危机等。在使用上，突发事件强调事件的突发性、偶然性；紧急事件强调对事件处理的时间紧迫性；危机事件更侧重于强调事件的规模和影响程度。突发事件与紧急事件往往引起的仅是组织的局部破坏，而危机与危机事件则是对整个组织的根本上的破坏。

8.1.2 物流危机的特点

1.突发性

“突发”在时间上体现为来得快，常常在一瞬间发生，或者说在意想不到的时间和地点发生，可谓突然发生、突如其来，事物内在矛盾由量变到质变的过程是爆发式的，其发生的时间、地点、规模、具体形态和影响程度是人们难以预料的，即使出现预兆也是短时的、难以捕捉和难以识别的。

2.破坏性

破坏性是突发事件的本质特征，一旦发生突发事件，就会对生命财产、社会秩序、公共安全构成严重威胁，如应对不当就会造成巨大的生命、财产损失或社会秩序的严重动荡。对于企业来说，危机不仅会破坏正常的经营秩序，更严重的是会破坏企业持续发展的基础，威胁企业的未来发展。

3.紧迫性

由于突发事件事出偶然，发展迅速，在出现时往往已经造成了一定的后果，必须在极短时间内及时采取应对措施迅速处置，否则将带来更严重的后果。而且由于危机的连锁反应以及快速传播，如果给公众留下反应迟缓、漠视公众利益的形象，势必会失去公众的同情、理解和支持，损害品牌的美誉度和忠诚度。因此，对于危机处理，可供做出正确决策的时间是极其有限的，而也这正是对决策者最严峻的考验。

4.聚焦性

进入信息时代后，危机的信息传播比危机本身发展要快得多。作为危机的利益相关者，人们不仅仅关注危机本身的发展，更关注企业对危机的处理态度和所采取的行动。社会公众有关危机的信息来源是各种形式的媒体，而媒体对危机报道的内容和对危机事件的态度影响着公众的态度与反应。有些企业在危机爆发后，由于不善于与媒体沟通，导致危机不断升级。

5.公共性或社会性

突发事件，尤其是突发公共事件，其影响范围较广，往往波及一定范围的社会公众，并非仅对某一企业个体造成损害。因此，必须有公权力的介入和动用社会人力、物力才能解决。公权力在突发事件应对过程中发挥着领导、组织、指挥、协调等功能。

【案例8-1】1989年3月24日，美国埃克森公司一艘巨型油轮在美加交界的威廉王子湾附近触礁，原油大量泄出，在海面上形成一条宽约1 000米，长达8 000米的黑乎乎的漂油带，大量鱼类死亡，水产业蒙受了惨重的损失，生态环境遭受到巨大的破坏，引起了环境保护组织和媒体的极大关注。事故发生后，埃克森公司既不向当地政府道歉，也不彻查事故原因，更不采取有效措施清理漂油，致使事态恶化，当地政府、环保组织、新闻界群起而攻之，发起了一场"反埃克森运动"。最后，迫于压力，埃克森公司仅清理油污就付出了几百万美元，加上赔偿、罚款和客户的抵制，总损失达几亿美元，而其社会形象更是一落千丈。

8.1.3 物流危机分类与分级

1.物流危机的分类

物流危机通常由突发事件导致。不同类型的突发事件，有不同的机理和规律，需要不同的部门去管理，采取不同的处置方法；造成的危害不同，对应急措施的需求也不相同。但突发事件分类是一个比较困难的事情，不同的标准可以分成不同的类型，分类的标准也很多。以下介绍常见的分类标准：

（1）按引起事件的性质、过程和机理不同分类，可分为事故灾难、社会安全事件、公共卫生事件、自然灾害。

事故灾难——以水运物流事故灾难为例，主要包括航道堵塞或中断，港口瘫痪受损，港口危险品事故，港口环境污染损害，水运施工建设事故等。

社会安全事件——主要包括恐怖袭击事件，严重破坏基础设施事件，群体性事件，偷渡、走私等涉外事件等。

公共卫生事件——主要包括重大传染病疫情，群体性不明原因疾病，食品安全和职业危害，动物疫情，以及其他严重影响公众健康和生命安全的事件。

自然灾害——主要包括水旱灾害，气象灾害，地震灾害，地质灾害，海洋灾害，生物灾害和森林草原火灾等。值得注意的是，上述各类突发事件往往是相互交叉和关联的，某类突发事件可能和其他类别的事件同时发生，或引发次生、衍生的其他类型事件，应具体分析、统筹应对。

（2）按危机影响的范围、层面、程度的大小分类，可分为一般危机和公共危机。

一般危机，主要是指企业（私人部门）层面上的危机。这种危机的影响一般只局限于该组织内部，对外界的影响以及对整体社会价值观的威胁都不大，而且通常情况下依靠该组织就可以处理危机，无须政府部门的干预以及全社会的参与。

公共危机，指由于突发事件引起，严重威胁与危害社会公共利益和公共安全，并引发社会混乱和公众恐慌，需要运用公共权力、公共政策和公共资源紧急应对和处理的事件。

公共性是公共危机的首要特征。

值得注意的是，这种对危机的类型划分方法只是相对意义上的，一般危机与公共危机的范围并不是截然分开的，随着危机事件的不断升级以及事态影响的不断扩大，一般危机也可能会引发或最终导致公共危机的产生。

(3) 按可预知程度分类，可分为可预测的突发事件和难以预测的突发事件。

可预测的突发事件是指可以通过对征兆和诱发因素的监控预测事件发生概率的突发事件，这类事件发生前具有较明显的征兆，可以通过对征兆和诱发因素的监控预测事件发生的概率，如台风、沙尘暴、洪水、雪灾等。可预测突发事件在发生前可以预测发生概率，因而可以根据发生概率的高低采取一些防范措施，并且概率越高，可能的危害越大，采取的措施也越强。

难以预测的突发事件是指不能事先预知的突发事件，这类事件发生前没有明显的征兆，或者征兆出现的时间离发生时间很近，如大地震、大海啸、冰雹、大旋风等。难以预测的突发事件很难在发生前采取有针对性的防范措施，只能针对一般性事件做准备，应对的重点在于事件发生后的事件控制、人员抢救和安置等工作。

(4) 按危机事件的来源分类，可分为内生型危机与输入型危机。

内生型危机，也称内部危机，是指其发生是由于系统内部某些因素发展失衡造成的，而与系统外部关系不大。按复杂程度分类，它可以分为单一危机、综合危机。单一危机是指引发企业危机的某个事件，如信誉危机事件、安全危机事件、原料危机事件等；综合危机是指企业多个危机事件相互作用的不利管理因素，这些不利管理因素涉及经营管理的各个环节，反映的是一种危机状态，可统称为“经营危机”，一般是由于企业管理素质较低造成。我国企业危机主要属于综合危机范畴，为了利于对港口企业内部危机进行深入研究，按专业管理分类，企业综合危机可分为：战略危机、人才危机、财务危机、生产危机、营销危机、品牌危机、文化危机、关系危机、安全危机等。

输入型危机，也称外部危机，是指其产生是由于国家、社会、自然界及其他单位等外部环境引发企业危机的各类事件，而主要不是系统内部的问题。它可分为自然危机、政治危机、金融危机、疫情危机、安全危机、能源危机、国际争端类危机。外部危机属企业不可控范畴，其危害具有公众性，需要借助外部危机管理，结合内部危机管理，双管齐下，才有可能利用互补优势实现对危机的抑制，最终消除危机的危害。

2.物流危机的分级

根据《国家突发公共事件总体应急预案》，按照各类突发公共事件的性质、严重程度、可控性和影响范围等因素，将危机事件分为四级，即Ⅰ级（特别重大）、Ⅱ级（重大）、Ⅲ级（较大）和Ⅳ级（一般），依次用红色、橙色、黄色和蓝色来表示。根据“能力本位”和“重心下移”的分级管理原则，特别重大、重大、较重大和一般突发公共事件，分别由中央级、省级、市级和县级政府统一领导和协调应急处置工作。表8-1显示了水路交通突发事件等级的确定标准。

表8-1 水路交通突发事件等级

等级	突发事件的严重程度及影响范围
Ⅰ级（特别重大）	·重要港口瘫痪或遭受灾难性损失 ·造成长江、珠江、京杭运河、黑龙江界河等重要干线航道发生长时间断航 ·造成特大人员伤亡，死亡或失踪30人以上，或危及50人以上的生命安全 ·造成特大生态环境灾害或公共卫生危害 ·需要启动国家应急预案，调用本省和交通系统以外资源予以支援 ·对国家或区域的社会、经济、外交、军事、政治等产生重大影响
Ⅱ级（重大）	·重要港口遭受严重损失，一般港口瘫痪或遭受灾难性损失 ·造成长江、珠江、京杭运河、黑龙江界河等重要干线航道发生严重堵塞 ·造成重大人员伤亡，死亡或失踪10人以上、29人以下，或危及30人以上、49人以下的生命安全 ·造成重大生态环境灾害或公共卫生危害 ·调用本省和交通系统资源能够控制 ·对本省社会、经济产生重要影响
Ⅲ级（较大）	·重要港口局部遭受严重损失，一般港口遭受严重损失 ·长江、珠江、京杭运河、黑龙江界河等重要干线航道发生较严重堵塞 ·造成较大人员伤亡，死亡或失踪3人以上、9人以下，或危及10人以上、29人以下的生命安全 ·造成较重生态环境灾害或公共卫生危害 ·调用本行政区域内资源能够控制 ·对本行政区域内社会、经济产生重要影响
Ⅳ级（一般）	·一般港口局部遭受严重损失 ·四级以上重要航道和界河航道发生断航或严重堵塞 ·造成一般人员伤亡，死亡或失踪2人以下，或危及9人以下的生命安全 ·造成一般生态环境灾害或公共卫生危害 ·调用当地资源能够控制 ·对当地社会、经济产生重要影响

8.1.4 物流危机的诱因与危机事件的形成机制

1. 物流危机的诱因

导致物流危机的诱因主要分为两大类，其一是外部环境变化，其二是内部管理不善。

（1）企业外部环境变化引致

外部环境变化包括政治和法律环境的变化、国家经济政策的变化、市场波动、金融风暴、产业竞争环境变化、科学技术发展和社会文化环境的变迁、媒体负面报道、自然灾害等。具体表现为：

①企业间的恶性竞争。恶性竞争作为引起企业危机的一个外部原因，是指本企业受到外部其他组织的不正当竞争压力，使企业面临严重的经营危机和信用危机。这种恶性竞争有时还能导致整个行业的危机。

②政策体制的不力。国家经济管理体制和经济政策是企业难以控制的外部因素，它对企业的经营和发展产生重大影响，如国家环境保护政策法规的变化使不少企业面临生存危机。

③公众的自我保护。随着现代科技的发展和消费者权益保护的不断完善，消费者学会了用法律保护自己的利益。企业原来认为合理的、正常的行为，如今在消费者来看已变成非合理的、不正常的，他们对企业提出了抗议，如消费者的反暴利行为、反污染行为等，这使企业面临新的危机。在客观上，公众自我保护意识增强，也是企业危机增多的一个重要原因。

外部环境对于企业来说大多是不可控的因素，是企业无法回避的。但企业可以通过建立并完善危机预警系统加强对外部环境变化情况的监测，并及时做出相应的反应。

（2）企业内部管理不善引致

内部管理不善包括管理观念落后、战略选择错误、战略执行不力、机构设置不合理、人际关系不协调、职能管理不到位、基础管理薄弱等。

①自身素质低下，这也是企业的人力资源危机。自身素质低下的核心是人员素质低下，包括领导者素质和员工素质。企业自身素质低下不仅可能引发危机事件，而且在危机事件出现后也难以自觉有效地处理危机事件。

②管理缺乏规范，质量无法保证。这主要指两个方面：一是企业管理基础工作差，规章制度不健全，以至于技术无标准、计量无规矩、操作无规程、质量无保证，其产品给社会公众带来隐患，因而产品质量危机是当今企业遇到的最大危机之一；二是指员工行为无规范，以至于工作不讲质量，不讲服务礼节，不讲商业信誉，不讲职业道德，甚至严重损害公众利益，伤害公众感情，这些都可能引发企业的危机事件。

③经营决策失误。企业经营决策失误是造成企业危机事件的重要原因之一。经营决策失误主要体现为方向性的失误、时机的失误、策略的失误等，尤其是方向性和策略性失误更是导致企业危机事件的关键原因。如企业的盲目扩张导致企业经营失败的例子就屡见不鲜。

④法制观念淡薄。企业组织经营活动的正常开展必须守法、依法办事。如果违法经营，就可能招致企业危机的产生，如偷税漏税、违法排污、走私贩私等，都有可能导致企业危机，乃至破产倒闭。

⑤公关行为失策。企业公共关系行为失策的表现很多，如：组织策划不当，损害公众利益；实施公关活动，没有充分必要的前期准备；面对与公众的纠纷企业不主动承担责任，以致酿成危机；忽视公关调研，损害企业声誉；疏于传播沟通，忽视与公众的信息交流等等。

内部管理属于企业可控的因素，企业可以通过强化管理来减少危机发生的概率。

值得注意的是，企业产生何种类型的危机与企业所处的生命周期有一定的关联（详见表8-2）。

2. 企业危机事件的形成机制

危机事件从其生成到消解，也是一个生命周期。根据危机事件对企业危害的剧烈程度不同，危机事件一般都会经历以下五个阶段：潜伏生成期、显现与爆发期、持续演进期、消解减缓期和解除消失期。如图8-1所示。

表8-2 企业危机与企业生命周期的关联

企业生命周期	易发生的危机
起步阶段	与政策形势、政府、自然和社会因素有关的危机
成长阶段	与组织、人力资源、产品、营销、公众、客户有关的危机
成熟阶段	与战略、资本、管理、财务、文化、学习、品牌、媒体、国际化有关的危机
衰退阶段	各方面危机重重

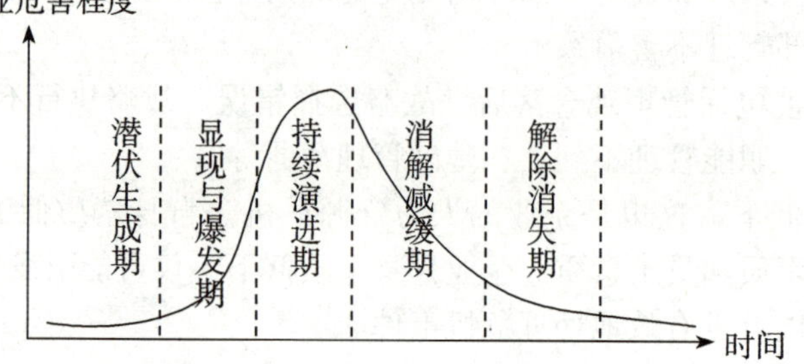

图8-1 危机事件形成机制图

潜伏生成期是危机事件的酝酿与形成时期，此时与危机事件相关的各有关因素相互作用，各相关因素之间的矛盾、冲突在形成和化解及其累积性量变之中。显现与暴发期是危机事件由隐性转为显性并快速扩散的阶段。持续演进期是危机事件仍在发展或危机仍在恶化，但演进的速度已经放慢，并逐渐达到危机的顶峰。消解减缓期是危机事件从危机的顶峰转而下降，矛盾和冲突不断减弱，危机形势逐渐趋缓的时期。解除消失期是引起危机的因素已经解除，系统开始恢复原有或正常状态。

从对危机事件演进过程识别的角度来看，潜伏生成期由于众多因素缠绕、交织在一起，各种因素的相互作用是否会产生危机性事件在一般情况下是很难断定的。危机的潜伏生成期是一个长期的过程，在实践中，危机的爆发只是瞬间而已，但其隐患却是长期酿成的，其危害程度也往往不易被人察觉。从潜伏生成期转入显现与爆发期，危机事件都会经历一个突变的过程。

8.2 物流危机管理原理

8.2.1 物流危机管理及相关术语的含义

危机管理（crisis management）是指企业通过危机预防、危机处理及危机后的总结，来预防或减少企业危机产生的可能和危害，使企业处于正常的经营状态的动态控制过程。

1.危机管理、应急管理与风险管理

应急管理和危机管理主要是针对非常态而言，风险管理则是处于常态管理和非常态管理的中间地带，主要解决如何防范和应对各种风险的问题，以避免演化为突发公共事件和危机。风险管理与应急管理的区别主要在于风险与突发事件的区别，风险是没有发生的、潜在的危险，一旦发生就不再是风险而是危害或破坏，而突发事件是已经发生了的实实在在的破坏。因而，风险管理在风险发生前，而应急管理在事件发生后或即将发生时。风险管理包括风险识别与评估、风险选择和风险控制，而应急管理的重点在于事件控制、承载体抢救等。在应急管理中存在着风险管理，或者说应急管理需要风险管理。首先，在突发事件发生前需要对突发事件的发生概率进行评价，也就是风险评估。在突发事件应对中存在很多不确定性和变化，因而应急管理的决策是风险决策，同时应急措施会有一些不利影响，对不利影响的评估和选择都需要风险管理的方法。但应急管理不同于风险管理，除了风险管理外应急管理还有许多自己的内容，如应急体系设计、应急组织、应急资源调度等等。

2.危机管理与应急管理

危机管理主要是针对危机发生后的应对与处置，危机是介于常态与危态之间的过程，已经偏离了常态，但还没有到达危态，属于危险和机遇并存，如果处理不当就会滑向危态，如果处理得当还可以恢复常态。危机也是已经发生了的危险，但这种危险还没有到完全失控的程度，还存在着回到常态的可能，因而危机管理的重点是如何在滑到危态之前拉回到常态。而应急管理则是在危态已经发生且不可逆转的情况下如何把危态的影响降到最低。

3.危机管理与干扰管理

干扰管理与危机管理类似，其主要是指干扰发生后的应对与处置。干扰是比危机更轻的偏离，它与危机的区别在于它只是对常态的暂时偏离，会自动回到常态，而危机是不会自动回到常态的，需要借助外部的力量才会回到常态。干扰就像一个石子落入水面，会引起涟漪，但很快水面会恢复平静。干扰虽然不会对系统常态造成破坏，但会带来损失，因而，干扰管理的职责就是如何将这种损失降到最低。

4.应急操作与应急管理

应急包括为防备、控制突发事件以及抢救、安置承载体的所有活动，这些活动大体可以分为两类，一类是应急操作，一类是应急管理。如在救火应急中灭火设备的使用等属于操作，而救援方案的制订、消防资源的调用等工作则属于管理。明确应急操作和应急管理的区别有利于确定应急管理的范畴。应急操作需要技术和技能，特别是一些专业性的应急操作，对于专业技能人才的要求比较高。而应急管理则需要机制与方法，建立协调的运行机制，运用科学的方法进行有效管理。

5.安全管理与应急管理

安全管理是指以国家的法律、规定和技术标准为依据，采取各种手段，对企业生产的安全状况实施有效制约的一切活动。其与应急管理的侧重点不同，安全管理关注的是如何通过科学的设计、规范的管理来避免突发事件的发生和增强对突发事件的承受与抵抗能力，而应急管理的侧重点则在突发事件即将发生或者已经发生后如何控制事件和抢救承载体。简单说，安全管理是要确保安全，应急管理是要应对事件，安全管理没有应急管理的针对性强，要考虑各种可能的事件。安全管理的措施一般都是常规的措施，而应急管理的措施一般是临时性的措施，一旦系统恢复常态，应急措施就会取消。安全管理的好坏会影响应急管理，如果系统抵御突发事件的能力强，会减少突发事件对系统的影响，给应急管理赢得较多的时间，降低应急管理的难度。在安全管理中也要考虑应急管理的需要，如在系统设计时要考虑应急时人员疏散等问题。安全管理与应急管理也存在交叉，当系统安全出现问题，变得不安全的时候，则需要对其进行应急处置。作为一门学科，安全管理发展得比较早，也是比较成熟的一门学科，而应急管理则还处于起步阶段。

8.2.2 物流危机管理的特点

相对于平时管理而言，危机管理有以下特点：

1.紧迫性

紧迫性就体现在一个“急”上，如果不急就不是危机管理。造成紧迫性的原因有两个：

（1）时效性。任何管理活动都有时效性，但危机管理的时效性更为明显和突出，在危机管理中超过时限的活动没有任何意义，如在人员牺牲后再实施救援就毫无意义。正因为有时效性，所以要求危机管理必须在最短的时间内完成，体现出时间上的紧迫性。

（2）严重性。这里的严重性不是指已经发生的破坏的严重性，而是指如果危机工作做不好后果会很严重，将带来人员和财产的严重损失。

两个特点共同决定了危机管理的紧迫性，缺少任何一个都不具紧迫性。如果只有时效性而后果不严重，即在时限内即使做不好危机管理后果也不严重则不具有紧迫性；同样，如果只有后果的严重性而没有时效性，有足够的时间去应对，则也不具有紧迫性特点。紧迫性程度由时效性和严重性共同决定，就像风险由可能性和损失共同决定一样。不同的是紧迫性和时效性成反比关系，即紧迫性=严重性/有效时间。

2.复杂性

危机管理的复杂性是由突发事件的复杂性决定的，主要体现在：

（1）不确定性。危机管理的不确定性来源有两种，一种是现实的不确定性，一种是未来的不确定性。所谓现实的不确定性就是指人们对现实情况的认知不准确，特别是在危机早期对事件的发展和影响的认识很少，使得危机管理所需的信息不全，获得的信息不准，这给危机管理带来了很大的影响。所谓未来不确定性是指事件的多变性，事件本身、环境和承载体都会不断发生变化，而且这种变化往往是不可预知的，很难预先采取应对措施，只能在变化发生后及时采取应对方案。不确定性要求危机管理具有预见性，在决策时要考虑情况的变化和信息的不精确，决策要具有稳定性，同时危机管理要有灵活性，要根据情况的变化及时调整危机管理工作，以适应变化的情况。

（2）多样性。不仅事件具有多样性，而且环境和承载体也都具有多样性。突发事件的类型很多，不同类型的突发事件的危机管理差异很大。同样类型的事件发生的环境不一样，其应对方案也不同，如同是特大地震，发生在唐山和汶川就不同，汶川是山区，震后道路不通和滑坡泥石流以及堰塞湖都给危机管理带来了新的课题。即使同样环境下发生的同一事件，不同承载体受影响的情况也千差万别，因而对承载体的救援和处理也就不同。多样性要求危机管理既要遵循危机管理的一般规律，又要考虑情况的特殊性，针对不同的事件、环境和承载体，采取不同的应对措施。

3.临时性

临时性是危机管理区别于平时管理的又一重要特点，同时也是危机管理与生俱来的特点。危机管理不可能时时在做，如果经常发生、时时在做就不是危机管理了，就变成了日常管理。危机管理的临时性体现在：

（1）组织机构的临时性。危机管理的组织机构除了消防、武警和医院等特殊部门外，一般不是常设机构，都是根据危机管理的需要临时组建。即使是常设的危机管理组织，在重大的突发事件中也会被破坏，失去功能，需要重新构架。

（2）人员职责的临时性。危机组织的人员配置和任务分工也是临时的，除去极少数专业危机人员外，大都是缺乏危机管理知识和经验的非专业人士，这给人员的管理带来了困难。

（3）协调合作的临时性。一方面组织内部工作需要合作，另一方面，由于危机管理涉及多部门，需要各部门协调沟通，但危机组织和人员是临时构建的，大家缺乏合作的经历，所以这种合作也是临时的。

上述临时性给危机管理带来的影响是多方面的，增加了危机管理的难度。

4.危险性

危险性也是一般管理所不具备的，而在危机管理中危险会经常存在，这种危险一方面是事件本身带来的，在事件控制过程中危机组织和人员就会成为事件的承载体，受到事件的影响。另一方面突发事件会引发一些衍生事件，如地震后的滑坡、泥石流都会给危机管理带来危险。

5.公益性

相对于一般管理的功利性，危机管理表现出更多的公益性。一方面，突发事件的影响超出了个体的范围，往往是社会性问题，危机管理的受益群体往往是公众，而不仅局限在团体内部；另一方面，危机管理的目标也是追求公益利益最大化，而不是经济利益。在危机管理中，由于情况危急，更能激发人们的互助和牺牲精神，表现出更多的公益性。

8.2.3 物流危机管理的意义

在最近的几年里，许多企业遭遇了种种危机，如企业领导人危机、人力资源危机、战略危机、资本危机、广告宣传危机、产品危机、服务危机、信誉危机等。

以港口物流企业为例，随着我国经济社会的持续发展，我国港口保障外贸运输和自身建设发展的任务日益繁重，港口的内外环境发生了很大变化。

（1）港区范围日益扩大，港口码头逐渐朝着大型化、专业化方向发展，装卸储运工艺及设备设施的技术含量与复杂程度增加。

（2）危险货物吞吐量及种类急剧增加。近年来，危险货物吞吐量以年均20%的速度增加。我国港口危险货物吞吐量已占整个港口吞吐量的13%，港区危险货物仓储设施的数量和规模相应增大，油气、液体化工品泊位数量已超过1 100个。

（3）随着港口服务功能的拓展，各类工业、贸易、物流园区在港区范围内集中，港口区域聚集了大量的货物、人员、装备、技术等生产要素，港口安全管理的对象增多，内容增多，难度加大。

（4）港口投资、建设和经营主体的多元化给港口安全管理提出了许多新课题。

（5）随着人们对环境保护认识与要求的逐步提高，防范港口安全事故所造成的环境污染已经成为我们必须认真对待的问题。同时，除了传统安全事故外，近年来随着国际和国内政治、社会形势的发展变化，恐怖活动可能对港口安全带来新的威胁。切实履行有关国际公约，加强国际范围内的港口“反恐”合作，确保我国港口安全和对外贸易顺畅，树立我国负责任的港口大国形象，已成为我国参与区域性国际竞争的必备条件。此外，我国是一个自然灾害多发的国家，港口主要分布在东部沿海和长江、珠江、黑龙江等沿江地区，极易受台风、地震、海潮、雷电、洪涝等自然灾害的破坏，抵御自然灾害将是我国港口所面临的一项长期任务。

由此可见，当前我国物流危机管理工作面临着新的形势与挑战，这就要求物流企业通过政策形势、组织、战略、资本、管理、人力资源、财务、产品、营销、文化、学习、品牌、公众、客户、媒体、政府、自然和社会形势、国际化等要素的经营来建立有超前意识的企业危机管理体系，从而使企业步入健康的发展轨道。

8.2.4 物流危机管理的内容与流程

危机管理包含五方面内容，即：

一个核心价值观，即公众利益至上。

两大基本行为，即信息沟通活动和利益损失控制与恢复行动。前者说明危机相关方“是什么”，以满足利益各方的知情权；后者表明政府组织正在“做什么”，以实际行动控制事态，挽回损失，保存利益。

三段管理流程，即危机前管理、危机中控制与解决、危机后总结与改革。

四项基本活动，即危机决策、媒体沟通、网络建构、法案完善。

五种危机应对态度，即回避、适应、强制、妥协、合作。

1.危机前管理

港口企业危机前管理的关键是建设危机预防系统：

（1）审视薄弱环节，健全内部控制制度。

（2）成立危机管理小组。

(3) 制订完整的危机管理计划或应急预案。

(4) 培训与演练。

(5) 保持与政府、行业主管、顾客和媒体的良好沟通与公关关系。

2.危机中控制与解决

港口企业危机爆发后的应对流程包括以下步骤：

(1) 启动危机管理小组。

(2) 确认危机性质，制定危险处理战略。

(3) 统一对外口径，准备相关材料等。

(4) 与政府、行业主管、顾客和媒体保持良好沟通。

(5) 制定危机公关与传播策略。

(6) 实施危机管理计划。

(7) 积极跟进危机，平息炒作。

(8) 寻找机会，提升和改善企业品牌形象。

3.危机后总结与改革

(1) 危机善后管理

危机的善后管理，也称为危机的恢复管理，是指危机的紧急情况被控制后，企业致力于恢复工作，尽力将社会财产、基础设施、社会秩序和社会心理恢复到正常状态的过程。

危机善后管理的主要内容包括：危机后的恢复与重建、建立独立调查制度、危机后遗症的处理、危机后的学习机制、危机后的组织变革。

(2) 危机的评估机制

从狭义上讲，对已发生的危机事件所产生的影响以及危机管理的作用程度进行调查和评估，是危机善后管理的重要内容。从危机管理的全过程来看，事实上评估活动贯穿于危机事件的事前、事中和事后的各个阶段。

就其评估的内容来看，危机的评估机制可分为：危机风险评估、危机影响评估和危机管理评估等方面。

8.3 物流突发事件应急预案

危机预警是危机管理的第一道防线，建立危机管理的预警机制，就是要使危机预警成为物流企业日常管理中的一项重要职能，对可能发生的各种危机事先有一个充分的估计，提前做好应急准备，选择一个最佳应对方案，最大限度地减少损失。

8.3.1 物流突发事件应急预案的概念、内容与层次

1.物流突发事件应急预案的概念

物流突发事件应急预案是针对物流设施、设备可能发生的突发事件的事前防范、事中

应急处置、事后紧急救助而预先制订的计划及方案。应急预案应当具体、明确，应当使每一参与抢险应急的人都明白如何应对各种可能的突发事件。

2.物流突发事件应急预案的内容

根据2009年1月交通运输部颁布的《水路交通突发事件应急预案》(交水发〔2009〕3号)，包括港口在内的突发事件应急预案的主要包括以下内容：

(1) 总则，包括目的、编制依据、突发事件分级分类、适用范围、工作原则、应急预案体系等。

(2) 组织体系及职责。

(3) 运行机制。

(4) 应急保障，包括通信与信息保障、应急队伍保障（应急救援队伍、应急运力保障)、应急物资装备保障、应急资金保障、应急技术保障、宣传培训与演练。

(5) 附则，包括预案更新条件、制订与解释部门、实施时间。

(6) 附件，包括相关机构和人员的通信录，比如国务院及其有关部委应急反应机构联系表、交通运输部应急反应机构及有关单位联系表、水系派出机构及省级交通主管部门联系表、港口管理部门联系表、重要航运企业联系表、主要港口企业联系表。

3.物流突发事件应急预案的层次

物流突发事件应急预案包括以下三个层次：

(1) 国家交通主管部门层

它包括两个方面：一是国家的水路交通突发事件应急预案。它是我国水路交通突发事件应急预案体系的总纲及行业指导应急预案，是交通运输部应急处置全国水路交通突发事件的基本程序和组织原则，是交通运输部应对特别重大水路交通突发事件的规范性文件，由交通运输部制订并报国务院备案后公布实施。二是国家的水路交通突发事件专项应急预案。国家的水路交通突发事件专项应急预案是交通运输部为应对某一类型或某几种类型水路交通突发事件而制订的专项应急预案，由交通运输部制订并公布实施。其中，与港口有关的突发事件专项应急预案包括：港口生产突发事件应急预案和港口保安事件应急预案等。

(2) 地方交通主管部门层

地方交通突发事件应急预案是由省级、地市级、县级交通主管部门根据国家相关法律法规和国家的水路交通突发事件应急预案要求，为及时应对辖区内发生的水路交通突发事件而制订的应急预案（含专项应急预案)。由地方交通主管部门组织制订并公布实施。

(3) 企业层

港航企业突发事件应急预案由各港航企业根据国家及地方的水路交通突发事件应急预案的要求，结合自身实际，为及时应对企业范围内可能发生的各类突发事件而制订的应急预案。由各港航企业组织制订并实施，报当地交通主管部门备案。

8.3.2 物流突发事件应急管理

1.物流突发事件应急管理框架的组成

一个完整的物流突发事件应急管理框架应由两部分内容组成：

（1）有覆盖危机前、危机中和危机后的完整应急管理过程和工作内容，有比较健全的法制保证。

（2）有责任明确、统一指挥、分工协作的应急管理体制和机制。

显然，物流突发事件应急管理框架是围绕着“一案三制”展开的。

“一案”是指应急预案，就是根据发生和可能发生的突发事件，事先研究制订的应对计划和方案。应急预案包括各级政府总体预案、专项预案和部门预案，以及基层单位的预案和大型活动的单项预案。预案是应急管理的龙头，是“一案三制”的起点。预案具有应急规划、纲领和指南的作用，是应急理念的载体。

“三制”是指应急工作的管理体制、运行机制和法制。体制是组织方式，机制是工作方法。

2.物流突发事件应急预案体系

根据相关法律法规的要求，结合物流突发事件分类分级，物流突发事件应急预案体系应“纵向到底，横向到边”。

所谓“纵”，就是按垂直管理的要求，从国家、省到市等物流主管部门及物流企业都要制订应急预案，不可断层。

所谓“横”，就是所有种类的突发公共事件都要有部门管，都要制订专项预案和部门预案，不可或缺。相关预案之间要做到互相衔接、逐级细化。预案的层级越低，各项规定就要越明确、越具体，避免出现“上下一般粗”现象，防止照搬照套。

图8-2显示了我国水运物流突发事件应急预案体系，具体包括：国家的水路交通突发事件应急预案及各专项应急预案，地方的水路交通突发事件应急预案及各专项应急预案，以及港航企业的应急预案。

3.物流突发事件应急管理体制

图8-3显示了水运物流应急组织体系框架。由此可见，物流突发事件应急组织体系，包括应急领导机构、应急组织机构（应急指挥中心、应急工作组）、应急执行机构、日常管理机构、咨询专家组、应急协作部门及职责。

4.物流突发事件应急运行机制

物流突发事件应急运行机制包括预警和预防机制、应急响应、恢复与重建。下面以水运物流为例详细说明。

（1）预警和预防

预警和预防是通过监测与收集突发事件相关信息，进行分析预测，并做出相应判断，发布预警信息，采取预防措施。它包括以下内容：

①预警支持系统。预警支持系统由水路交通基础信息系统、水路交通突发事件风险源

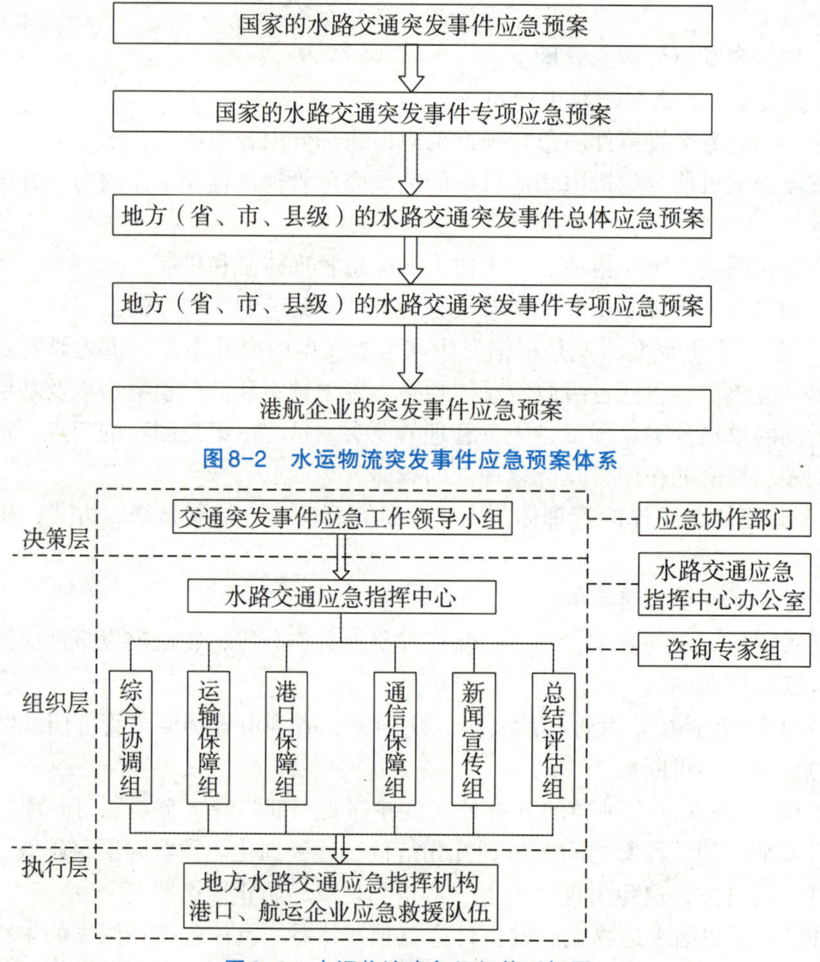

图8-2 水运物流突发事件应急预案体系

图8-3 水运物流应急组织体系框图

信息及评估系统、突发事件信息报送及发布系统等组成。由水路交通应急指挥中心办公室负责组织水路交通预警支持系统的建设、维护、更新与共享工作。具体内容为：

• 水路交通基础信息系统：建立重要港口、航道的运行监测与信息管理系统，收集、汇总、分析水路交通运输基础信息。

• 水路交通突发事件风险源信息系统：建立水路交通突发事件风险源数据，收集、汇总、分析风险源基础信息；建立风险源评估机制和风险源分级、分类管理机制，加强风险源的日常监管。

• 水路交通突发事件信息报送和发布系统：建立水路交通突发事件信息报告制度和信息报送及发布系统，及时上传与下达突发事件预警信息，发布全国水路交通突发事件预警预防和重要物资紧急运输指导信息。

• 建立水路交通突发事件影响的预测评估机制：对事件发展态势及其影响进行综合分析预测，提供科学的预警预防与应急反应对策措施建议。

②预警级别。为便于对可以预警的突发事件进行预警，根据已经发生或潜在的水路运输事件、社会安全事件、自然灾害、公共卫生事件、紧急运输事件等对港口和航道可能造成的危害程度、紧急程度和发展态势等，水路交通突发事件预警级别分为特别严重（Ⅰ级）、严重（Ⅱ级）、较重（Ⅲ级）和一般（Ⅳ级）四级，分别用红色、橙色、黄色和蓝色来表示。预警级别判断标准详见表8-3。

表8-3 港口突发事件预警级别

预警级别	级别描述	颜色标示	发生可能性较大的事件情形
Ⅰ级	特别严重	红色	重要港口瘫痪，发生易燃易爆气体、油类、危险化学品大范围燃烧爆炸事故、大范围毒物泄漏造成30人以上人员死亡，大面积人员中毒，特大环境污染等事件
Ⅱ级	严重	橙色	重要港口局部瘫痪，一般港口瘫痪，发生易燃易爆气体、油类、危险化学品大范围燃烧爆炸事故，大范围毒物泄漏造成10人以上30人以下人员死亡，大面积人员中毒，重大环境污染等事件
Ⅲ级	较重	黄色	重要港口受损，一般港口堵塞，港口装卸设备设施、输送管线、废弃物处理装置发生严重火灾事故，有毒物泄漏造成3人以上10人以下人员伤亡，中等程度的中毒事故，大面积人员中毒，油污泄漏造成附近水域污染事故等事件
Ⅳ级	一般	蓝色	港口受损、人员伤亡，发生小范围中毒事故（未出现人员昏迷）、油污泄漏造成小范围水域污染，危险物料（易燃易爆气体、油类、有毒、有害或易爆的危险化学品）轻微泄漏事故等

当发生下列情况之一时，启动Ⅰ级预警：

• 国家气象部门发布Ⅰ级气象灾害预警或多个省级气象部门发布Ⅱ级及以上气象灾害预警信息，可能威胁港口、航道、通航设施的安全运行，导致港口停产、航道封航，需要48小时及以上时间才能恢复正常，严重影响地方经济社会的正常运行时。

• 根据《国家防汛抗旱应急预案》《国家地震应急预案》《风暴潮、海啸、海冰灾害应急预案》及其他相关国家应急预案，各应急预案应急指挥机构发布Ⅰ级预警，可能威胁港口、航道、通航设施安全运行时。

• 水路交通突发事件应急指挥中心办公室接警并核实，港口、航道发生特别重大水路安全生产事故、通航事故、施工事故等，导致或可能导致重要航道中断、重要通航设施特大损坏、重要港口瘫痪，需要48小时及以上时间才能恢复正常，严重影响地方经济社会的正常运行时。

• 接到国务院的重要物资的紧急运输指令时。

• 发生重要物资短缺等可能严重影响经济运行和人民正常生活，超出省级水路交通运输能力，且交通运输部接到事发地省级交通主管部门的援助请求时。

（2）应急响应

它包括响应级别、响应程序、信息报送和处理、指挥和协调、应急处置、人员疏散撤离、新闻发布、应急终止。

应急响应是在做具体的假设后，假设发生了什么样的事故，设计好应急行动计划，各种预案要针对不同的特点，制定可行的应急措施，这是"应急响应"的核心内容。制定的原则："全力控制事故态势，防止事故扩大，自救与社会救援相结合。"港口突发公共事件应急响应的基本任务可概括为：控制危害源；抢救受危害人员；指导群众防护，组织群众撤离；排除现场灾患，消除危害后果四个方面。按港口预警级别，分级响应。

应急响应的基本程序见图8-4。

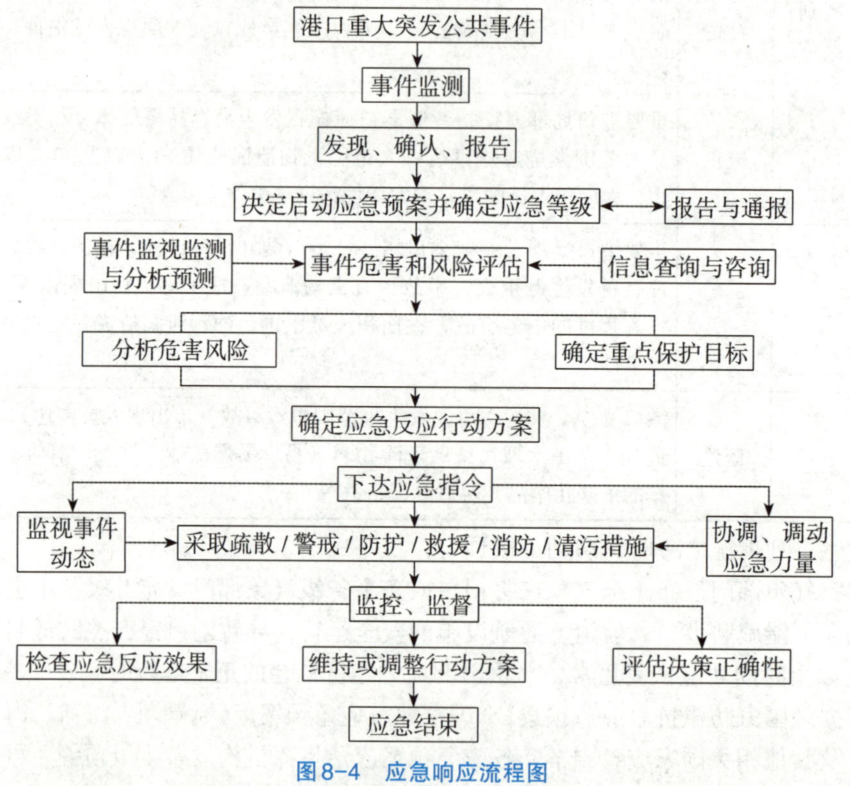

图8-4 应急响应流程图

（3）恢复与重建

它包括善后处置、总结评估、责任与奖惩。

5.物流突发事件应急法制

法律手段是应对物流突发事件最基本、最主要的手段。以水运物流为例，为确保水上交通安全，交通运输部制订了国家海上搜救应急预案和水路交通突发公共事件应急预案，健全完善了应急反应体系。为确保港口安全，还建立了通航水域和港口安全评估制度和港口保安体系。

8.4 港口设施保安与反恐

8.4.1 概述

1.港口设施保安的由来与国际公约

国际航运业由于其行业特点，长期以来就是各类犯罪活动的高发区，也是恐怖活动的易发区，容易成为恐怖分子用来制造恐怖活动的场所和对象。港口是交通运输的枢纽、物流链上的重要节点、人员和物资的集散地，可能成为被攻击的目标，也可能成为不法分子和违禁物品的通道，存在较大的潜在威胁。因此，国际海事组织（IMO）对海上反恐工作日益重视，一直通过一系列公约和规定，积极推动和监督各缔约国的海上反恐工作。

事实上，反对恐怖主义和抵制海上针对船舶和船上人员的非法行为的立法工作早在20世纪80年代就在进行。从80年代初期开始，国际海事组织就开始采取一系列措施，制定抵制针对旅客、船员和船舶的海上犯罪方面的法律和文件，以打击海上暴力和犯罪，确保船舶安全，2001年美国的“9·11”事件加速了这一工作的进程。美国“9·11”事件后，国际反恐形势十分严峻，安全成为国际局势中的首要问题。恐怖分子在“9·11”事件中是利用飞机进行恐怖活动，而由于海运船队过于庞大，各国主管机关对商船的管理、检查和监控的力度都十分有限，海运船队和港口都有可能被恐怖分子利用作为发动恐怖袭击的武器或者直接成为恐怖分子袭击的目标。2002年10月6日发生在也门水域的法国油轮（“林堡”号）爆炸事件，证实恐怖分子已经将船舶和港口设施作为攻击目标。正因如此，防止海运业成为恐怖袭击的目标，已成为海上安全面临的新挑战。

作为“9·11”事件的直接受害者，美国首先对国际恐怖主义予以反击，专门成立了国家国土安全部，围绕打击恐怖主义尤其是以海运业为载体的恐怖主义为中心，修改、出台了《2001港口和海上保安法》和《2002海上运输反恐法》等数十个法案。在这些法案中，影响最为深远的有美国《海关装船前24小时申报舱单规则》、《集装箱安全倡议（CSI）》和《海关贸易伙伴反恐怖计划（C-TPAT）》。通过海事立法，美国加强了反恐行动的组织，加强了海运进口货物的检查与控制，强化了船员与船舶保安管理，更新、添置和研制了新设备，以及采取向国外延伸反恐行动等措施，大举反击海上国际恐怖主义。此外，加拿大、澳大利亚、日本等国也正在考虑制定海运反恐措施。

在这样的国际大环境下，美国不断要求国际社会改善船舶和港口的保安装况。国际海事组织因此加快了制定具有紧密关系的多边国际海运保安规则的步伐。2002年12月9日至13日，国际海事组织在英国伦敦总部召开了海上保安外交大会，来自108个缔约国政府、非缔约国成员、联合国的专门机构、政府间国际组织和非政府间国际组织的近千名代表和观察员出席了外交大会。会议通过了经修改的《1974年国际海上人命安全公约》附件的修正案（《SOLAS修正案》）和《国际船舶和港口设施保安规则》（International Ship and Port

Facility Security Code，简称ISPS Code或ISPS规则），并于2004年7月1日起生效。

这一系列法律文件的通过，使海上反恐行动有了一个较完整的法律体系，对于保障船舶、船员、旅客和港口设施的安全，防止和抵制恐怖主义对国际航运业的攻击，维持国际航运的正常运行，乃至整个国际社会的安全都有重要意义，将对国际航运乃至国际贸易带来深远的影响。

2.我国港口设施保安履约工作概况

为了做好《SOLAS修正案》的履约工作，2003年，我国交通运输部颁布实施了《港口设施保安规则》（以下简称《规则》）。经过几年的实践，交通运输部自2006年起又组织了对该《规则》的修订，并于2008年颁布实施，2016年9月再次修订。与此同时，交通运输部还先后颁布了和修订了《港口设施保安指南》《港口设施保安演练演习指导意见》等一系列配套的规范性文件；2008年又制定了《内贸码头港口保安基本措施和程序》，加强了内贸港口的保安工作，这些成为我国全面履行《SOLAS修正案》和ISPS规则的基础和制度保证。

8.4.2 港口设施保安等级

1.保安等级划分

（1）1级保安：应当始终保持的适当最低防范性保安措施的等级。

（2）2级保安：由于保安事件危险性升高而应当在一段时间内保持适当的附加防范性保安措施的等级。

（3）3级保安：当保安事件可能或即将发生（尽管可能尚无法确定具体目标）时应在一段有限时间内保持进一步的特殊防范性保安措施的等级。交通运输部确定实施3级保安时，在必要的情况下应当发出适当的指令，并向可能受到影响的船舶和港口设施提供与保安有关的信息；省、自治区交通（港口）主管部门和港口所在地港口行政管理部门应当监督保安指令的执行。

2.保安等级确定的机关与依据

港口设施保安等级由交通运输部确定与发布。

交通运输部应当根据相关情报信息，国内外形势以及影响社会政治稳定的因素，威胁信息的可信程度、威胁信息得到佐证的程度、威胁信息的具体或者紧迫程度和保安事件的潜在后果，确定港口设施的保安等级。

3.港口设施经营人、管理人的责任

按照国务院交通主管部门确定的保安等级和规定的具体防范措施采取相对应的保安措施，具体工作包括以下各方面：确保履行港口设施的所有保安职责；对人员、货物、交通工具进入港口设施加以控制；对港口设施进行监控；监控限制区域，确保只有经过授权的人员才能进入；监督货物装卸；监督船舶供应品装卸；确保随时可进行保安通信；执行在三级保安状态下国务院交通主管部门发布的保安指令；在执行保安措施时，最大限度地减少对乘客、船舶、船上人员和来访者、货物以及服务的干扰或延误。

8.4.3 港口设施保安组织管理机构与职责

《港口设施保安规则》主要适用于为航行国际航线的客船（包括高速客船）、500总吨及以上的货船（包括高速货船）及特种用途船，以及移动式海上钻井平台服务的港口设施。根据SOLAS和ISPS Coda规则的要求，该《规则》分层级明确了主管机关的职权，规定交通运输部主管全国港口设施的保安工作，港口所在地港口行政管理部门是本行政区域内港口设施保安工作的监管主体（详见图8-5）。

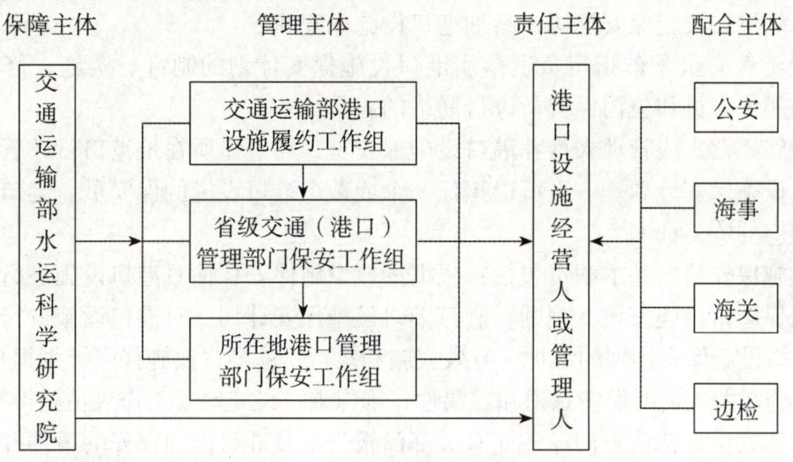

图8-5 港口设施保安组织体系

1. 交通运输部的责任

交通运输部成立了以主管副部长为组长、各有关司局领导为成员的SOLAS海上保安履约工作协调小组。下设船舶和港口设施履约工作组。全国船舶履约工作由交通运输部海事局负责；全国港口设施履约工作由交通运输部水运局会同有关司局负责。

交通运输部港口设施履约工作组负责全国港口行业履约工作的监督指导、港口设施保安评估报告和保安计划的审核批准以及港口设施保安符合证书的核发工作。下设秘书处，负责工作组的日常事务性工作。

2. 各有关省（自治区、直辖市）交通厅和港口行政管理部门的职责

各有关省、区、市交通厅和港口行政管理部门先后按照该《规则》的要求成立保安工作组。各级港口管理部门专项工作组的设立，为中国港口设施保安履约工作提供了组织保障。

按照该《规则》的要求，各有关省、区、市交通厅和港口行政管理部门分别负责本地区和所在港口的履约监管指导、港口设施评估报告和计划的编制以及年审工作。

3. 各港口企业的责任

港口设施经营人和管理人是实施保安工作的责任主体，负责各项保安措施的落实。其具体职责如下：

（1）向港口所在地港口行政管理部门申请为其经营的港口设施进行保安评估和制订港

口设施保安计划。

（2）配合港口所在地港口行政管理部门进行港口设施保安评估及其后续工作。

（3）配合港口所在地港口行政管理部门制订港口设施保安计划及进行后续修订。

（4）实施经批准的港口设施保安计划。

（5）为港口设施保安员履行职责提供必要的条件。

（6）根据国务院交通主管部门确定的保安等级采取相应的保安措施。

（7）收集港口设施保安信息，并向相关部门通报。

（8）组织港口设施保安演练，参加港口设施保安演习。

港口设施保安员是被指定负责落实港口设施保安计划的制订、实施、修订和维护工作，并与船舶保安员和公司保安员进行联络的人员。

港口设施经营人或管理人推荐港口设施保安员，经港口所在地港口行政管理部门认可后写入港口设施保安计划。一人可以担任一个或数个港口设施的保安员。港口设施保安员应当持有相应的资格证书。

港口设施保安员的基本职责包括：根据港口设施保安评估对港口设施进行初次全面保安检验；确保港口设施按该《规则》制订港口设施保安计划；对港口设施进行定期保安检查，保证港口设施保安计划的维护、有效实施和执行；就港口设施保安计划提出修改建议；增强港口设施相关人员的保安意识和警惕性；确保港口设施保安工作人员获得充分的培训；与相关机构和人员保持信息沟通，向有关部门报告危及港口设施保安的事件并保管事件记录；与相关船公司和船舶保安员协调实施港口设施保安计划；签署保安声明；与提供保安服务的机构协调；确保港口设施保安人员符合相关要求；确保正确操作、测试、校准和保养保安设备；在接到船舶保安员请求时，协助其确认登船人员的身份；当得知船舶在履行SOLAS第Ⅺ-2章和ISPS规则的要求或在实施船舶保安计划所列的措施和程序遇到困难时，以及在港口设施处于3级保安的情况下，港口设施的经营人或管理人执行国务院交通主管部门发布的保安指令遇到困难时，港口设施保安员和船舶保安员应进行联络并协调适当的行动；当港口设施保安员得知船舶所处的保安等级高于港口设施的保安等级时，应当报告港口所在地港口行政管理部门，如有必要，应当与船舶保安员取得联系并协调适当的行动。

8.4.4 港口设施保安的评估、保安计划和保安符合证书

根据交通运输部颁布的《港口设施保安评估报告评审和保安计划审查工作办法》的规定，交通运输部SOLAS港口设施保安履约工作组（以下简称部工作组）负责全国港口设施保安评估报告（以下简称评估报告）的评审和港口设施保安计划（以下简称保安计划）的审查工作。评估报告的评审和保安计划的审查，采取从全国港口设施保安专家库中抽取专家，通过专家组会议的方式进行；在特殊情况下，经部工作组组长（含副组长，下同）批准，可采取部工作组以及工作会议或函审方式进行。

1.港口设施保安评估

港口设施保安评估是指对港口设施进行的风险分析，判别其哪些部分容易和（或）可

能成为攻击目标，确定其风险水平，提出应对措施。

港口设施的保安评估每五年就应进行一次，但港口设施发生主要设施或其功能发生重大变化，保安组织、通信系统、保安协调程序发生重大改变，发生了保安事件等重大变化时，应当及时重新进行评估。港口设施重新进行保安评估后，应重新制订港口设施保安计划。

港口设施保安评估报告的评审工作应遵循以下程序：

(1) 评估报告编制完成后，由港口所在地港口行政管理部门通过书面或全国港口安全及保安信息系统向部工作组秘书处（以下简称秘书处）报请评审。

(2) 秘书处应及时汇总情况，向部工作组组长提出组织评审工作的建议。

(3) 部工作组组长决定采取专家组会议评审时，秘书处应根据港口设施所在地、专家所在单位、专家专业背景等情况，提出评审专家组建议名单及评审专家组会议召开时间、地点，报部工作组组长批准。部工作组组长同时指派部工作组1~2名成员参加，并指定评审专家组组长。参加评审的专家（含部工作组组长指派的部工作组成员）数量不少于7人。

(4) 部工作组办公室（以下简称办公室）负责通知有关专家和专家组会议召开地的港口行政管理部门。会务工作由专家组会议召开地的港口行政管理部门负责安排。

(5) 评审专家组组长负责主持专家组会议，汇总评审专家组成员意见，形成评审意见，并提交部工作组。

(6) 秘书处负责在中国港口设施保安网上公布评审结果。

2.港口设施保安计划

港口设施保安计划是指为确保采取旨在保护港口设施和港口设施内的船舶、人员、货物、货物运输单元和船上物料免受保安事件威胁的措施而制订的计划。

港口设施保安计划应由港口设施经营人或管理人或其委托的经指定的保安组织负责制订。

港口设施保安计划应当根据港口设施保安评估报告、交通部提出的修改意见和建议进行制订。港口设施保安计划完成后应当送交通运输部审查批准。

港口设施保安计划的审查工作应遵循以下程序：

(1) 保安计划制订完成后，由港口设施经营人通过书面或全国港口安全及保安信息系统向秘书处报请审查。

(2) 秘书处应及时汇总情况，向部工作组组长提出组织审查工作的建议。

(3) 部工作组组长决定采取专家组会议审查时，秘书处应根据港口设施所在地、专家所在单位、专家专业背景等情况，提出审查专家组建议名单及审查专家组会议召开时间、地点，报部工作组组长批准。部工作组组长同时指派部工作组1~2名成员参加，并指定审查专家组组长。参加审查的专家（含部工作组组长指派的部工作组成员）数量不少于7人。

(4) 办公室负责通知有关专家和专家组会议召开地的港口行政管理部门。会务工作由专家组会议召开地的港口行政管理部门负责。

(5) 审查专家组组长负责主持专家组会议，汇总审查专家组成员意见，形成审查意见，并提交部工作组，由部工作组复核后决定是否最终通过。

（6）秘书处负责在中国港口设施保安网上公布审查结果，并通知保安计划的送审单位。

3.港口设施保安符合证书

“港口设施保安符合证书”是港口设施为国际航线船舶提供服务的依据，根据该《规则》，其有效期为五年。在有效期内每年由省级交通（港口）管理部门核验一次。

港口设施保安计划实施后，港口设施经营人或管理人应当向交通运输部申请“港口设施保安符合证书”。交通运输部受理申请后可委托港口所在地港口行政管理部门对港口设施保安计划的落实情况进行检查并提出检查意见，必要时可组织直接检查。检查合格的，由交通运输部颁发“港口设施保安符合证书”。

申请“港口设施保安符合证书”时应报送以下材料：

（1）“港口设施保安符合证书”申请书。

（2）港口设施保安训练方案、训练记录、训练总结。

（3）当地交通（港口）管理部门检查保安计划执行情况和意见（须加盖公章）。

8.4.5 港口设施保安的培训、演练和演习

（1）各级交通（港口）主管部门、各港口设施的经营或管理单位中，负责港口设施保安工作、进行保安评估、制订保安计划、担任港口设施保安员和其他从事与港口设施保安有关工作的人员，应当接受国务院交通主管部门或其委托的培训机构组织的相应培训，具备履行其职责的知识和能力。

（2）国务院交通主管部门或其委托的培训机构对参加港口设施保安培训并考试合格的人员颁发相应的资格证书。从事相关工作必须持有相应的资格证书。

（3）为保证港口设施保安计划的有效实施，港口设施的经营人或管理人应当保证至少每6个月进行一次港口保安演练，演练应有记录。

（4）为保证港口设施保安计划的有效实施，各级交通（港口）主管部门应当组织保安演习。保安演习至少每年进行一次，两次演习间隔不得超过18个月。

（5）港口设施的经营人或管理人应当参加由有关部门、船公司保安员、船舶保安员共同参与的保安演习，演习应有记录。

（6）港口保安演习可以采用实地或模拟的形式，也可以与相关演习结合进行。

思考与练习

1.单选题

（1）属于物流企业输入型危机的是（　　）。

A.战略危机　　B.人才危机　　C.政治危机　　D.营销危机

（2）发生可能性最大的港口突发事件预警级别是（　　）。

A.Ⅰ级　　B.Ⅱ级　　C.Ⅲ级　　D.Ⅳ级

(3)(　　)保安通常由交通运输部确定实施。

A.1级　B.2级　C.3级　D.4级

2.多选题

(1)除了具有公共性或社会性外，物流危机还具有(　　)特点。

A.突发性　B.破坏性　C.紧迫性　D.聚焦性

(2)除了具有公益性外，物流危机管理还具有(　　)特点。

A.复杂性　B.临时性　C.紧迫性　D.危险性

(3)物流突发事件应急管理框架是围绕着“一案三制”展开的，其中“三制”是指(　　)。

A.管理体制　B.运行机制　C.法制　D.管制

3.判断题

(1)危机与突发事件、紧急事件是同一回事。

(2)危机管理与应急管理、风险管理可以相互替代。

(3)预案是应急管理的龙头。

4.简答题

(1)简述危机与风险的异同。

(2)简述物流危机管理的内容。

(3)简述物流突发事件应急预案的概念。

案例分析　台风灾害造成聚丙烯产品坠海并漏撒事件

2012年7月23日，第8号强热带风暴“韦森特”正面侵袭广东海域，香港13年以来首次挂起10号风球。当时，中海集装箱运输股份有限公司使用的“永信捷1轮”，正执行从南沙港开往汕头港的集装箱班轮任务，受台风影响，途中抛锚避风。风力不断增强，6个装载中国石化化工销售华南分公司聚丙烯产品的集装箱坠落海中（此批货物系中国石化通过货运代理安排中海集运负责承运），部分包装袋及颗粒被海潮冲到香港海域和离岛沙滩，大量白色颗粒散落在沙滩及岩石缝隙中。

这起聚丙烯颗粒漏撒事件，顿时引发了香港各界的高度关注。一时间，从香港特区政府到环保团队，从香港媒体到香港市民，都在密切关注着事态的发展。

(1)香港媒体的关注：短短几天内，香港的报纸、电台和电视每天持续对聚丙烯颗粒漏撒事件进行大篇幅的深度追踪报道。其中《苹果日报》以《生态灾难市民蒙在鼓里 致癌毒胶粒60亿粒遍港海》为题进行了较夸张的报道。

(2)环保团体的关注：大白湾绿色环保组织第一时间向有关部门投诉，绿色环保组织租用直升机对相关海域和海滩进行了搜索和航拍，一些环保组织每天组织数百名义工或志愿者冒着酷暑，前往海滩清理撒落的颗粒。

(3)香港市民的关注：聚丙烯颗粒是否有毒，海域生态是否受影响，鱼类健康是否受影响，香港渔业是否受影响，渔民是否得到赔偿。

(4)香港特区政府的关注：7月31日，香港特区政府海事处、环保署、食物环境卫生署与大白湾绿色环保组织、中海集运、船东代表、中石化化销华南公司船代、中石化国事（香港）公司一同召开会议，商议香港海域聚丙烯漏撒事件善后处理工作。8月6日17时，香港特区政府召开记者会，政务司司长林郑月娥和其他政府部门官员就香港公众关心的一系列问题，现场回答了记者提问。8月9日，香港特首梁振英强调会追究责任，同时要尽快清理，会视情况向受影响渔排经营者提供体恤津贴。

（5）中联办的关注：8月4日，中联办经济部部长王丙辛在听取中国石化驻港代表处有关同志汇报后，要求继续与香港媒体、香港特区政府有关部门和绿色环保组织保持联系，做好沟通解释和澄清工作。

尽管香港特区政府有关部门已公开澄清，胶粒本身无毒亦非危险物品，经过政府内部海洋生态专家、渔业专家和食物安全中心的医生和环境保护署的人员分析，对香港的水质、海洋生态，以至鱼类和食物安全带来的风险不高，市民不用过分担心，并表示会尽快追究有关方责任；尽管有媒体和环保组织较公正地说，只能从包装了解货品是中国石化的包装，现未能确认该批货品是否属于中国石化，但由于当时情况不明、责任不清，只能见到塑料包装上生产商为“中国石化”，香港部分媒体舆论的焦点和部分公众的关注点，万箭齐射中国石化。

如果说7月下旬事件初发时香港各界对漏撒的颗粒尚处于猜疑、恐慌之中，那么进入8月后，整个香港针对该事件的舆论热度如同当时炎热的天气，一直居高不下，持续发酵。顿时，社会舆情汹涌，质疑、指责中国石化之声不绝于耳，甚至指向中资国有企业，指向香港特区政府。

作为一家负责任并勇于承担社会责任的国际化大公司，中国石化在这次舆论潮中，将如何面对？如何选择？

7月26日，中国石化香港代表处突然接到香港一机构求证电话。对方在电话中称，香港大屿山愉景湾和稔树湾海边发现许多印有中国石化聚丙烯的包装袋，同时还有许多白色颗粒被冲到海滩上。闻讯后，中国石化香港代表处迅速派人前往现场查看，了解实情。

稍后，中国石化香港代表处组织协调中国石化驻港单位共同行动，成立了应急处置小组。一方面连续派专人前往实地勘查，主动与香港特区政府相关部门及环保团体积极沟通，第一时间了解事态变化；另一方面主动提出配合环保组织和香港特区政府有关部门对漏撒颗粒进行清理，并购置了专用的工具和设备，同时持续组织中国石化在港员工前往南丫岛、愉景湾等地参与清理海滩散落颗粒。

漏撒事件，事关香港环境和香港市民生活。中国石化驻港机构在行动，中国石化总部也在行动。中国石化总部明确提出“在事件的法律责任确定之前，我们要主动承担社会责任。公司要积极配合参与对漏撒颗粒的清理，先行垫付打捞和清理过程发生的费用；无论事件责任归属最终如何认定，公司都将承担自己应该承担的法律责任和社会义务，决不推诿”。8月7日晚，集团公司党组派出新闻宣传办公室主任、化工销售有限公司有关负责人等4人工作小组赶赴香港，配合中国石化驻港机构开展相关处置工作。当晚，工作小组与中国石化驻港机构相关负责人及公关公司、律师等有关人员连夜召开会议，针对香港舆论热炒中国石化、质疑和问责声音不断等情况，再三商议，确定了下一步工作重点：一是拟定8月9日下午召开香港媒体沟通会，回应香港各界的关注；二是建议集团公司特拨港币1 000万元，作为打捞和清理的专项资金；三是香港代表处等驻港机构持续组织中国石化在港员工参与海滩清理工作，增加购置清扫设备和用具投入，继续保持与香港特区政府有关部门、环保组织的沟通畅通。

此次事件中，中国石化作为货主，在台风灾害中遭受了货物灭失的损失，但聚丙烯胶粒漏撒使香港环境受到影响，并给香港市民带来了困扰和不便。无论事件责任归属最终如何认定，中国石化都全力以赴，承担了法律责任和社会义务。

一起因台风造成的胶粒坠海事件让中国石化在香港名声大噪。之所以引起强烈关注不是因为中国石化是该起事件的相关方之一，而是因为中国石化在事后积极主动清理打捞胶粒的举动。中国石化、中国石化人以负责任的行为，再次践行了自己的承诺：让公众满意，让政府放心。

◎结合本案例并上网查阅相关新闻，分析中国石化化解物流危机的过程以及对我们的启示。

下篇

企业物流与供应链风险管理

对于工商企业而言，同样面临着物流市场风险、物流信用风险、物流战略风险、物流操作风险、物流法律风险、物流危机等，但为了避免内容重复，本篇主要基于工商企业的视角，阐述其物流与供应链管理实践过程中所面临的其他风险及其防范策略。

第9章 企业物流风险管理

学习目标

• 了解货主企业自建船队的动因及物流项目招标的特点与方式、船货双方日常协调不畅风险及其防范策略。

• 熟悉货主企业自建船队风险及其防范策略、国际贸易合同与运输衔接不当风险及其防范策略。

• 掌握物流外包风险及其防范策略、物流项目风险及其防范策略、物流欺诈及其规避策略。

导入案例

联合利华的物流链条何以崩断?

联合利华位于上海长桥物流基地的仓库，负责联合利华整个华东地区的食品以及上海区域的日化产品的配送。经联合利华招标，法国弗玛物流公司（FMLogistics）取代了此前负责此物流项目的DHL-EXEL，接手了该仓库的管理。随着仓库管理者的更换，联合利华的上海仓库就无法准时配出货来。何以正常的3PL更换却演变成一场仓库断货风波？个中原因说明如下：

一是RDC故障。尽管弗玛物流在欧洲排名前五，年营业额达40亿欧元，但在DHL-EXEL把仓库操作人员调走后，弗玛物流新招入的人员对产品并不熟悉，从而导致交接混乱。联合利华上海仓库并没有WMS系统，而是使用ERP系统，如果员工不能熟练操作，繁多的系统功能只能给出错误的指令，无异于火上浇油。而一旦仓库内部混乱，配错的订单会被超市退回，造成损失不说，按照预定时间接货的车队计划就被全盘打乱。实际上，熟悉产品运送线路规程、能高效率完成任务的车队只有那么几家，当他们不再合作而去承接其他公司业务时，再往回招就困难了。据了解，弗玛物流已经辞退了3个仓库管理人员，而联合利华各仓库的操作人员也被紧急调往上海。

二是人员失误。尽管弗玛物流争取到了上海仓库的操作权，但两家供货商的交接过程并不顺利。DHL-EXEL并没有给弗玛物流留下仓库操作的熟手，而自视拥有管仓经验的弗玛物流也没有事先把新招人员送到仓库进行观摩和模拟操作。此前，弗玛物流在中国并没有多少操作经验，中层管理人员对联合利华的产品和系统也谈不上熟悉，更不要谈对本土车队和卖场游戏规则的了解了，从而导致了这样的被动局面。

在物流战略中，类似这样的物流外包失败的例子在国内时有发生。一方面，工商企业为了节约成本等原因而频繁地招投标，以求取得最佳的物流外包供货商；另一方面，在现今的频繁招投标中，国内许多物流企业丧失了全力解决问题的信心，更多见的是一些短期行为。即使是著名的外资物流企业也可能会碰到磨合许久却一朝被弃的尴尬，让他们不由自主地丧失了自己的优势，工商企业更是因此左支右绌损失巨大。

9.1 货主企业物流外包风险管理

9.1.1 物流外包风险分析

1.货主企业面临的主要风险

（1）信息不对称风险。由于信息不对称和信息不完全，委托人往往比代理人处于一个更不利的位置，从而不可避免地给委托人带来一定的信息风险，比如大多数物流企业由于自身服务能力的限制，往往需要寻找二级甚至三级物流分包商，外购部分物流服务，这就可能造成信息传递的延迟，信息传递的延迟会增加货主企业物流外包的风险。此外，还存在以下因委托-代理关系而产生的风险：

一是逆向选择风险，即货主企业在选择物流企业时，物流企业掌握了一些货主企业所不知道的信息（如内部管理问题等），而这些信息可能对企业是不利的，因此，物流企业与货主企业签订了对自己有利的合同，致使货主企业的利益受损。

二是道德风险，即货主企业与物流企业在签订物流外包合同之后，由于货主企业不可能掌握物流企业的所有行为，此时物流企业为了自身的利益可能采取不利于货主企业的一些行为，从而损害货主企业的利益，如为了降低配送成本不按规定的时间配送，为了满足能带来收益的用户的要求而降低对其他用户的服务质量等。

（2）公司战略机密泄露的危险。物流外包后，货主企业的很多信息势必要让物流企业知晓，如采购计划就涉及企业的生产经营计划、新产品开发等商业秘密，有些信息还属于货主企业的核心信息，如果这些信息外泄，将会给货主企业带来相当大的风险。另一方面，货主企业的很多信息，如市场需求信息、销售预测信息、库存信息等也都属于保密信息，物流企业的参与扩大了信息的传递范围，使信息更容易外泄。

（3）对物流的控制能力降低甚至丧失的风险。物流外包后，物流企业介入货主企业的采购、生产、销售及顾客服务的各个环节，成为货主企业的物流管理者，这必然使货主企业对物流的控制能力降低，从而导致物流企业有能力与货主企业讨价还价。随着物流企业在货主企业的物流业务上介入程度的加深，这种能力也会加强，从而对货主企业形成潜在的威胁，甚至可能出现对物流业务失控的现象，即物流企业不完全理解并按货主企业的要求来完成物流业务，或者物流企业不是以货主企业为中心来处理每一个环节，而是站在自己的立场事不关己或消极对待，从而降低货主企业顾客服务的质量。另外，还需要考虑地域风险。比如，战争会使某些地区物流中断，如果没有其他物流管道，势必造成危机。因此，为了减少物流外包管理成本，除了分析现有物流企业的现状、问题，对物流企业进行甄选外，引入竞争机制，建立多地域、多方位的分散物流外包体系也是十分必要的。

（4）物流企业文化障碍的风险。物流外包时，还必须考虑物流企业的适应性和接受程度，即这种业务转变是否会给物流企业带来不便。如果物流企业不理解、不支持这种转变，就有可能面临无法与物流企业合作的风险。所以，外包时还必须考虑物流企业的文化。例如，如果物流企业非常重视具体的个人关系，那么与此相关的业务最好不要外包；如果物流企业只是想付出最小的运送成本，那么外包应从最大限度节约成本的角度考虑；如果物流企业不愿分享数据，那么，物流外包应从最不会对物流企业的信息分享产生影响的角度考虑。

（5）内部员工抵制。物流外包往往会影响货主企业的内部业务流程，需要货主企业进行内部业务流程重组，这个过程很可能对所有员工都产生影响，会受到内部员工的抵制从而对企业正常的生产经营产生负面影响。

（6）技术对接障碍的风险。物流外包后，物流专业技术所起到的杠杆作用会给货主企业带来巨大的竞争优势。然而，随着现代物流业技术复杂性的提高，射频技术、全球定位技术、地理信息系统技术、条形码技术、EDI技术等的普遍使用，也会给货主企业的技术升级带来诸多的不确定性，这对在物流外包过程中缺乏能接受新技术的专业人员及停留在原有技术设备水平的货主企业而言，无疑是一个挑战。

（7）客户关系风险。在自营物流时，货主企业往往需要与客户直接打交道，并在顾客关系管理上进行有效沟通。而物流外包后，则可能存在削弱货主企业同顾客的关系的风险。物流外包后，订单集成、产品的递送甚至售后服务一般是由物流企业完成的，最直接接触顾客的往往是物流企业，基本上是物流企业与顾客打交道，从而大大减少了货主企业同顾客直接接触的机会，减少了直接倾听顾客意见和密切顾客关系的机会，这对建立稳定的顾客关系无疑是非常不利的。物流外包割裂了货主企业同最终顾客的联系，可能导致货主企业顾客快速反应体系失灵，甚至对货主企业形象造成伤害。例如，由于物流企业经常与货主企业的顾客发生业务交往，物流企业甚至可能会通过在运输工具上喷涂自己的标志或让员工穿着统一服饰等方式来提升物流企业在顾客心目中的整体形象，从而取代了货主企业的地位。

（8）物流企业的能力限制。这种风险主要来自两方面：一是承担任务时，物流企业对其能力估计过于乐观，比如，乐观估计自己的筹资能力，对自己在市场上获取运输、仓储等设施的成本估计过低，对其管理能力估计过高等，而货主企业因信息所限也没能准确评价物流企业的能力。这样，在双方结成联盟后，物流企业的服务质量达不到规定标准。二是在合同期内，物流企业可能会因资源问题蒙受较大的损失，比如，企业内某些重要管理人员或技术骨干突然辞职等，导致其实力受损，结果在余下的期限内无力提供规定的物流服务或者提供的服务质量下降。

（9）协调的困难。物流外包合同不可能将一切都清楚、明了地写出来，因而，在物流运作中可能有大量的问题需要双方协商解决，但物流企业毕竟是另一个企业，其价值取向、企业文化都可能与货主企业有冲突，这时与其协调起来可能面临较大的困难，特别是在涉及双方较大利益时更是如此。

2.运作过程的物流外包风险分析

特别需要提及的是，本部分的写作参考了韦国松等学者撰写的《第三方物流的风险分析与规避》（载于《中国物流与采购》2006年第3期）一文。

以上对货主企业物流外包风险进行了总体介绍，下面结合运作过程的不同阶段（外包前、外包中和外包后），对其可能面临的风险进行具体的说明。

就物流外包的运作过程看，可以分为：物流外包分析、物流外包决策规划、物流外包设计、物流外包实施、物流外包运作和物流外包终止六个主要过程。在物流外包运作的不同阶段，存在不同的风险（参见图9-1）。

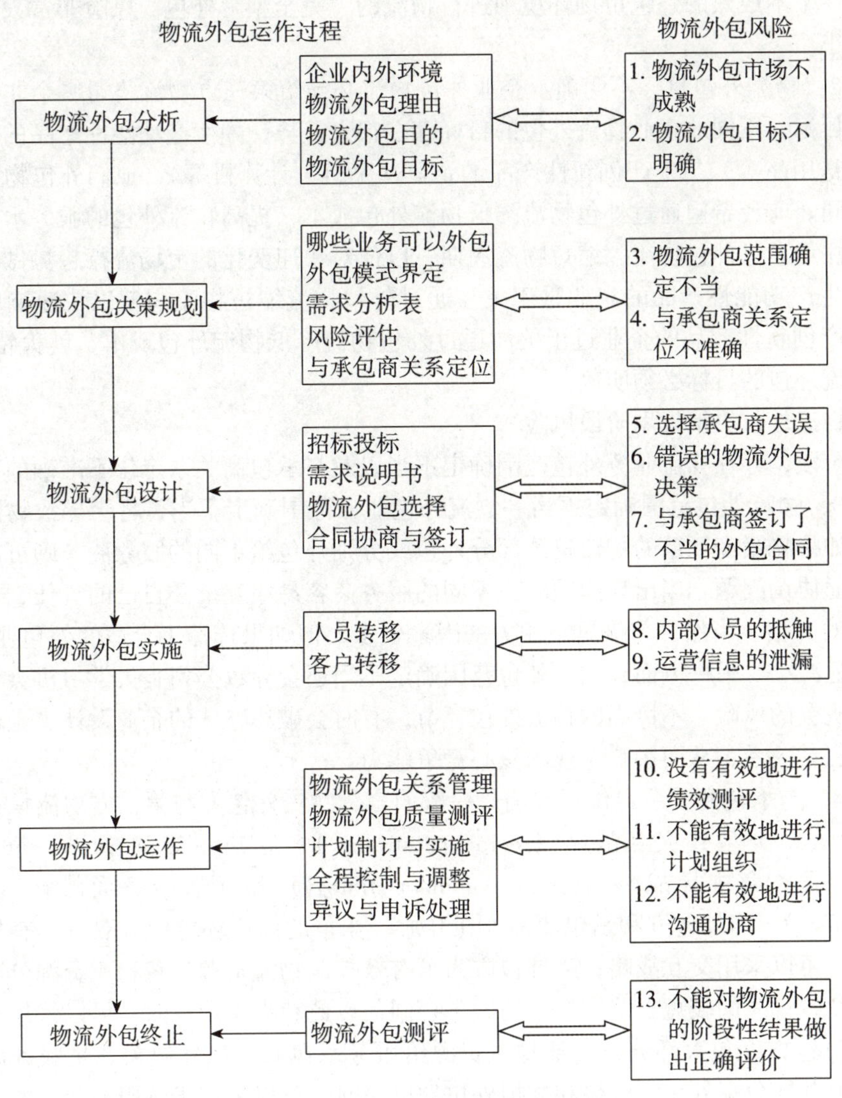

图9-1 物流外包运作过程与相关风险

（1）物流外包分析阶段风险

在此阶段，存在物流外包市场不成熟以及物流外包目标不明确的风险。

风险1：物流外包市场不成熟。企业基于第三方物流进行物流外包是否成功与物流外包市场是否成熟密切相关。如果物流外包市场不成熟，那么物流外包市场中将很少存在提供第三方物流的服务承包商，或者即使市场上存在一些第三方物流的服务承包商，但这些公司也普遍没有经过第三方的资质论证。在这种情况下，企业如果要进行物流业务外包，必然增大物流服务提供商的信息搜集成本、外包运作过程中的监控成本以及更换物流服务商的转换成本，即交易成本增加，从而使企业期望通过外包物流降低物流成本的努力变成徒劳。在一个不成熟的外包市场环境中进行物流的“完全型”外包，风险非常大，成功的可能性太小。

风险2：物流外包目标不明确。企业外包物流必须给第三方物流公司一个非常明确的物流外包目标。不同的企业物流外包的目标存在很大差异，如生产功能性产品的企业（家用电器、日用品等）与生产创新性产品的企业（手机、计算机等），他们外包物流的目标就完全不同。前者希望通过外包物流降低物流外包成本，提高物流外包的服务水平；而后者，则更注重通过外包物流，缩短物流周期，以便对快速变化的市场流行趋势做出及时反应。如果生产功能性产品的企业过于关注通过外包物流缩短物流周期以快速响应市场需要，而生产创新性产品的企业过于关注通过外包物流降低物流外包成本，就大错特错了。因此，物流外包的目标必须明确。

（2）物流外包决策规划阶段风险

在此阶段，存在物流业务外包范围确定不当以及与承包商关系定位不准确的风险。

风险3：物流外包范围确定不当。物流外包业务范围确定不当，将会导致物流资源支离破碎。如果将紧密联系的物流资源部分外包或分别外包给不同的服务商，则可能会导致严重的沟通协调问题。当出现问题时，不同的服务商容易相互推诿自己的责任，这样容易掩盖问题的真相。当然，与该风险相关的因素较多，但如果选择了合适的外包业务类型，风险会明显减少。另一方面，物流外包范围确定不当还会导致公司丧失学习机会和培养核心竞争力机会的风险。不恰当的物流外包环节，有时会破坏整体的企业设计、生产、运输等活动的互动关系，从而影响企业的核心竞争能力。

风险4：与承包商关系定位不准确。一般而言，物流外包方与第三方物流承包商之间存在四种关系类型：交互战略（reciprocal strategy）、客户主导战略（client dominant strategy）、服务商主导战略（vendor dominant strategy）和优选服务商战略（preferred vendor strategy）。当外包方和承包商都处在开放、竞争的商业环境中，双方具有均衡的谈判能力时，可以采用交互战略；当外包方为了有效控制物流资源，将物流资源分割，与较多的服务商签订时间较短、范围较小的服务合同，以此获得主导权时，可以采用客户主导战略；当外包方外包大部分或全部物流资源给服务承包商，该外包关系是服务商主导战略；当双方共同分享外包的成果和共担外包的风险时，可以采用优选服务商战略。这四种关系类型应该分别对应于物流外包的不同策略。如果物流外包策略与关系定位错位，必然导致相应的风险。

(3) 物流外包设计阶段风险

在此阶段，存在选择承包商失误、错误的物流外包决策以及与承包商签订不恰当合同的风险。

风险5：选择承包商失误。选择合适的承包商是企业能否在竞争中取得成功的关键环节，即“一着不慎，全盘皆输”。选择物流承包商通常是为了降低物流成本，实现物流质量、交货期以及财务状况的改善和提高，并且选择服务承包商时一般要通过招标方式挑选，不仅要考虑价格、质量，而且必须考虑资质和信誉。但是，在实际评价过程中，由于存在许多影响招标决策的不确定因素，往往根据一定经验定性地考评和选择承包商，甚至某种程度上还存在着部门或个人利益驱动下的外包关系，导致对承包商的评价和选择不能客观公正，从而导致物流外包的风险。

由于企业和承包商之间存在信息的不对称，特别是承包商比企业更了解自己的资质、真实的技术实力和能够提供的服务水平，但是他们有可能为了自己的利益向企业提供不充分或不真实的信息，从而导致了“逆向选择”(adverse selection)——企业误选了不适合自身实际情况的承包商。

风险6：错误的物流外包决策。企业进行物流外包一般需要经过战略层次的物流外包决策和战术层次的物流外包决策。在战略层次，物流业务外包决策的核心问题是“物流外包是否可行”。物流外包是否可行主要取决于物流业务是否属于核心业务，如果物流业务是企业的非核心业务，则物流外包可行；如果物流业务是核心业务，则物流外包不可行。在这一战略决策过程中，物流外包决策的风险主要在于企业往往不能准确判断物流业务是否属于核心业务。另一方面，在战术层次，物流外包决策需要对战略层次可行的物流外包进行进一步的物流业务分析，以决策是“选择性外包”还是“完全型外包”。在这一战术决策过程中，物流外包决策直接决定了物流外包的风险和收益。

风险7：与承包商签订了不恰当的合同。严谨的外包合同是外包成功的开端。通过严谨的合同可以适当地约束双方，一旦因利益分歧产生纠纷，能有一个依据的标准。然而，在实际操作过程中，企业往往会与物流服务承包商签订“标准”合同。由于物流服务承包商在涉及物流外包业务技术指标时更有经验并处于主导地位，因此，包含非常详细的技术指标的刚性合同不可避免地会在各项技术指标后隐藏着“额外”费用。同时，虽然技术更新速度快，但物流服务承包商因缺乏来自企业的激励，为赚取更多利益反而会限制新技术的应用或抵制服务费用的降低。这种由于信息不对称而产生的隐蔽行为最终就会导致“败德行为”(moral hazard)。

(4) 物流外包实施阶段风险

在此阶段，存在内部工作人员的抵触情绪以及内部核心技术泄漏的风险。

风险8：内部工作人员的抵触。企业物流外包往往会影响企业的内部业务流程，需要企业重组内部业务流程，这个过程很可能对所有员工都产生影响，会受到企业内部员工的抵制，从而对企业正常的生产经营产生负面影响。

风险9：运营信息泄漏。在物流外包合作过程中，合作双方的一方发生变化，另一方也应尽快随之调整，才能达到预期的双赢的目的。然而，在企业利用第三方物流供应商获得服务时，往往面临对有价值运营信息失控的风险。物流外包企业为了更好地适应市场环境变化和顾客需求，在未曾与第三方物流供应商进行及时沟通的情况下私自调整产品结构，这就可能导致物流运作的某个环节发生阻碍，不能达到预期的物流绩效，造成不必要的损失；而如果物流外包企业把企业的产品结构调整如实地告知第三方物流供应商，若第三方物流供应商不慎泄漏外包企业的发展战略，一旦被竞争对手知道，物流外包企业将陷入竞争的被动局面，从而造成巨大损失。

（5）物流外包运作阶段风险

在此阶段，存在没有第三方物流的风险分析与规避的服务绩效测评，不能有效地进行计划组织以及不能有效地沟通协商的风险。

风险10：没有有效的服务绩效测评。当物流外包运作时，企业必须建立有效的服务绩效指标，并对物流外包的绩效加以测评。物流外包的绩效测评包括物流费用测评和服务质量测评。物流费用测评是评价每笔订单物流运作费用、物流外包费用等。服务质量测评需要评价第三方物流供应商提供物流服务的客户满意度、送货及时率、准确率、货损货差率等。绩效评价指针应该系统地评价第三方物流供应商的整个物流运作过程，准确地反映第三方物流供应商与合作企业的关系，有效地实现第三方物流供应商与企业用户的整合。然而，物流外包企业往往存在没有有效的服务绩效测评体系的风险，无法对物流外包的日常运作做出有效评估。

风险11：不能有效地进行计划组织。当物流外包运作时，企业运营活动的计划组织由企业与物流服务承包商之间共同完成，计划组织所需的人财物资源也由双方共同提供。在这种情况下，企业一定要在“控制”与“信任”之间寻找平衡点。如果过于“信任”物流服务商，给予服务提供商很大的行动空间，缺乏有效的监控，必将造成对物流服务商的失控，从而不能有效地对其资源进行计划控制和组织；如果过于“控制”物流服务商，会引起他们的不良情绪反应，彼此失去信任，甚至中断合作关系。

风险12：不能有效地沟通协商。物流外包的运作过程，不只是物流本身的运作问题，更重要的是在运作过程中外包方和承包商之间往往需要有效的协商与沟通。但在物流外包合作中，合作双方一方面渴望交流，同时合作双方又存在一定的文化与观念上的差异，管理风格和行政制度各不相同，各自的价值取向也不相同，这就需要合作双方进行有效的沟通和协调。如果处理不当，甚至在沟通协调中不能正确对待企业间的文化冲突，就可能导致双方员工互相猜疑，引发双方员工非理性报复，从而导致合作失败。国外许多管理学家的研究表明，许多企业之间的合作失败几乎都是因为忽视了企业之间的文化和观念上的差异。

（6）物流外包终止阶段风险

在此阶段，不能对物流外包的阶段性结果做出正确评价。

风险13：不能对物流外包的阶段性结果做出正确的评价。外包经过一定阶段或者合同期满，企业应该对物流服务商提供的服务质量进行总体评价。然而，总体评价是否能够科学准确地反映物流外包的效果非常重要。因为总体评价的结果直接决定合同激励措施的兑现和处罚措施的实施，同时，还要根据测评结果决定是否继续聘用该承包商，以及是否重新签订合作合同。

9.1.2 物流外包风险规避

货主企业物流外包风险的规避策略，主要应从环境、人员、外包业务、信息和机制五个方面展开（参见图9-2）。

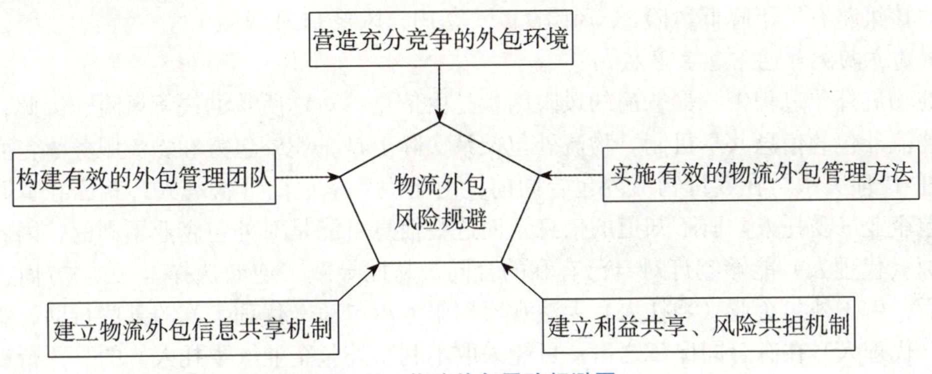

图9-2 物流外包风险规避图

1.营造充分竞争的外包环境

物流外包环境是企业物流外包的主要风险，因此在选择物流外包和实施物流外包的过程中，企业要充分考虑外包环境的影响。如果不存在一个充分竞争的外包市场环境，企业可以考虑将物流业务分拆，分别外包给不同的第三方服务承包商，尽量营造一个充分竞争的外包环境，降低信息不对称的程度，从而减少在信息不对称条件下第三方物流企业的不利选择给物流外包企业带来的物流外包风险。另一方面，考虑物流外包环境的不成熟，企业物流外包合同期限不宜过长。许多国外成功的外包经验表明，外包合同期限为两年较为合理。合理的物流外包合同期限有助于保持合作双方的良好合作关系，达到双赢的目标。通过这一策略，有助于降低上文提到的风险1和风险5。

2.构建有效的外包项目管理团队

物流外包过程实质上是一个项目管理过程，因此在物流外包的过程中，必须构建一支有效的项目管理团队，重视物流管理人才。企业物流外包之后，必将改变企业原有的内部作业流程，通过构建外包项目管理团队，转变原来从事具体物流运作的人员职能，缓解员工的抵制情绪，对外包的物流功能进行持续有效的监控，从而尽量实现在无缝衔接基础上的物流业务流程调整。

另一方面，通过构建项目团队，明确构建项目团队的目标，并与组织外包目标相一致，加强项目团队的学习能力和管理能力，提高分析物流外包范围的利弊的能力和物流外包的决策能力，以及选择物流服务供应商的能力。该策略有助于降低风险2、风险3、风险6、风险7和风险8。

3. 实施有效的物流外包业务的管理方法

物流外包管理的成功离不开有效的物流外包业务的管理方法，该方法主要体现在决策、计划组织和控制方面。在决策方面，物流外包的决策是否能够采用科学的决策方法，直接影响物流外包的实施结果。物流外包决策应从战略层次和战术层次把握。另外，物流服务承包商选择也是一个重要的决策问题。

在计划组织方面，发展物流业务外包环境下企业物流运作的计划组织控制模式，保证运营信息的保密性，构建物流外包的绩效评价指标并为物流外包运作过程的管理提供控制依据。该策略有助于降低风险3、风险9、风险10、风险11和风险13。

4. 建立物流外包信息共享机制

在物流外包过程中，最普遍的风险因素是由信息不对称所致的决策风险，因此，应该建立物流外包的信息共享机制。物流外包关系实际上是企业外包方和物流服务承包商之间的委托-代理关系。在签订物流外包合同前，由于服务承包商（代理人）就已经掌握了一些外包企业（委托人）所不知道的信息，而这些信息可能是对外包企业不利的，因此服务承包商（代理人）能够签订对自己有利的合同，从而导致“逆向选择”。另一方面，签订合同后，由于外包企业（委托人）无法观察到服务承包商（代理人）的某些行动，服务承包商（代理人）在有合同保障之后，可能采取不利于外包企业（委托人）的一些行动，进而损害外包企业的利益，从而导致“道德风险”。通过建立物流外包的信息共享机制，可以大大降低由于信息不对称所导致的风险。该策略有助于降低风险7、风险11和风险12。

5. 建立利益共享、风险共担机制

良好的物流外包关系是成功物流外包运营的决定性因素，而其本质则是合作机制：合作双方利益共享、风险共担，相互信任与尊重，并形成优势互补。对于长期合作关系，企业必须考虑互利互惠，虽然没有特别的制度约束，但彼此的共识和长期合作对双方都有利。大多数企业认为，对盈利的预期和回报的分享是建立伙伴关系、保持长期物流外包合作的动力所在。企业与第三方物流供应商是否长期合作取决于信任、沟通、承诺、企业文化、物流技术、响应速度、弹性等重要因素，特别是信任、沟通和承诺等因素，它们是企业与服务承包商之间形成战略伙伴关系的基石。然而，建立良好的信任、沟通和承诺关系是个审慎的过程，是在长期合作中形成的。当然，相互信任并不意味着服务水平协议（service level agreement，SLA）可以被忽略，相反，在双方的合同中必须包含SLA条款，以可度量的方式对物流服务质量进行定义，规定必须达到的服务水平以及对未达到预期要求的处罚措施、业务增加或减少的调整方法以及终止条款等。SLA在对服务承包商加以约束的同时，也要求外包企业不得随意要求免费增加服务项目，能起到使双方受益的作用。该策略有助于降低风险4、风险7、风险10、风险11和风险12。

【知识拓展】　货主企业运输服务商选择及其风险管理

1. 运输服务商选择的概念与特点

运输服务商选择，也称运输服务商采购，是指外贸企业对以合同的形式提供运输资源的运输服务商进行甄选、管理和考核的工作，是整合、优化运输资源，以较小的成本代价快速形成资源优势的运输市场策略。

由于运输服务提供商的构成和结构非常复杂，其设备状况和服务水平参差不齐，加之受市场供需状况的影响，因此，如何在需要的时候，选择最为优秀的运输服务提供商为其提供资源支持，是外贸企业提高运输运作效率、降低操作成本、提升客户服务水平、保持服务的一致性的关键因素之一。

一般而言，运输服务商选择具有以下特点：

（1）长期采购与一次性或短期采购并存。一方面，为了支持企业大规模的业务操作和获取优惠价格，外贸企业通常与少量的承运人、场站经营人、无船承运人等运输服务商签署意向性的长期作业合同，以确保运输资源在可能使用时能及时调用；另一方面，外贸企业的采购需求很多是临时性的，相应的采购合同也大多只限于一次或一系列分散的运输合同，这在现阶段尤其明显。

（2）具有派生性。一般情况下，只有当与客户达成货物销售合同，并通过自营与分包决策（这里是指选择关联公司还是外部公司的运输资源决策），认为需要采购外部运输资源的情况下，外贸企业才考虑实施运输服务商选择决策，并与之选定的运输服务商签署相应的运输合同。

（3）是一个多重选择过程。如前所述，除简单业务或者重复性业务外，大多需要进行运输方式、运输路线、运输工具和具体的运输服务商等多重选择。

（4）重复性决策。一般而言，运输服务商选择决策是一个重复性的购买决策。也就是说，在选择运输服务商时，并不是每次都要考虑其决策。一旦做出决策会保持有效性，直到公司对整体运输成本做重大思考或者对其运输系统做重大调整时。这种重复性决策的特征也适用于选择具体的运输服务商。在运输服务商的服务水平或费率无法接受之前，外贸企业会重复使用已选定的运输服务商。

2．运输服务商选择的途径

以选择运输承运商为例，在通常情况下，外贸企业可以采取如下两种方式选择自己的运输承运商（参见图9-3）。

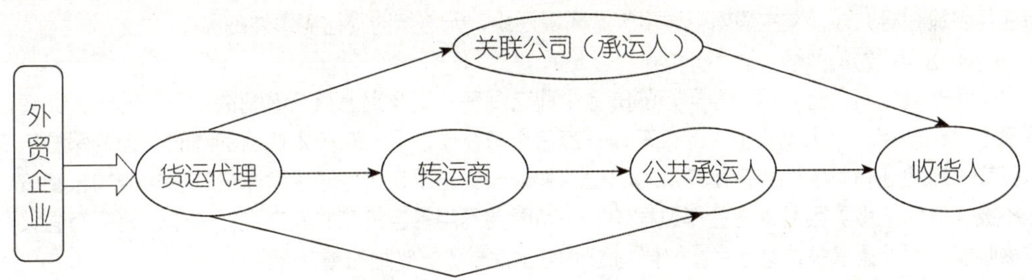

图9-3 外贸企业选择运输承运商的路径

（1）直接方式，即外贸企业自行或委托货运代理，与拥有运输工具的各类运输公司（承运人）签订运输合同。在实际业务中，外贸企业通常按以下顺序选择相关的运输公司：一是自己的关联运输公司（子公司或母公司）；二是与之签订了长期服务协议的运输公司；三是运输市场的各类运输公司。

（2）间接方式，即外贸企业自行或委托货运代理，与不拥有运输工具的各类转运商，比如，无船承运人、多式联运经营人等，签订运输合同，然后这些转运商再与从事实际运输的承运人签订相关的转运合同，以便由后者具体完成运输任务。

3．发达国家运输服务商选择的趋势

（1）以长期合同形式选择运输服务商的比例越来越大。欧美发达国家，不论在交易型市场（短期、不固定）或合同运输服务市场，企业越来越倾向于与运输服务商签署长期合同。这是因为以合同形式采购运输服务，使供需双方都能降低交易成本和提高服务标准。此外，当企业有一些特殊要求，需要一些定制的服务并对运输服务商的投资有部分参与时，它们更必须准备进入长期合同关系，而且当运输资源专一服务于特定货主时，还要求合同最好能覆盖至少是运输设施与设备生命期的整个期间。

（2）减少运输服务商的数量。企业选择的运输服务商越多，花费在熟悉与监控方面的时间也就越多。因此，企业通常固定地使用相对可靠的几家运输服务商，这样就可使这些任务简化，也可使少数几家运输服务商更负责任，保持与改进服务质量。

（3）对长期伙伴关系的发展更为重视。由于减少了运输服务商的数量，增加以合同为基础的业务比例，将业务集中于很少数量的运输服务商，因此，相互依赖程度增加，企业与运输商之间更易建立起长期紧密的伙伴关系。

（4）对运输服务商评估更为严格。随着对降低运输成本、提高服务质量越来越重视，以及减少运输服务商和采用合同关系，企业对运输服务商的选择变成了一项重要的决策，需要对市场进行更全面的评价和采用更正规的选择程序。

4．货主运输服务商选择所面临的风险

企业选择运输服务商时主要面临以下风险：

（1）信用风险

这是指因运输服务商信用较差而给货主企业所带来的风险。比如，为了降低运输成本不按规定的时间运送。有的运输服务商恶意毁坏运输工具以骗取保险，明知运输工具安全性能不符合要求而继续使用导致货物灭失的风险。其中，运输服务商欺诈风险是这类风险中最严重的风险。

（2）能力风险

这种风险表现在两个方面：一是运输服务商事先过高估计自己的能力，结果导致实际提供的运输服务质量达不到规定标准；二是在合同期内，运输服务提供商因资源流失遭受较大损失，比如，企业内某些重要管理人员或技术骨干突然辞职等，导致其实力受损，结果提供的服务质量下降。此外，也包括运输分包商因疏忽等原因，发生诸如交通事故、环境污染、无法按时交付等事件的风险。

（3）不合作行为的风险

运输服务商作为卖方，与作为买方的货主企业之间在一定意义上存在着利益冲突。因此，即使它们之间建立战略联盟，由于机会主义的存在，一方合作者在学习另一方技术优势的同时，也要保护自身的技术优势，最终还有可能抛弃合作者。为防止这种现象的出现，企业通常会保护其核心能力，使核心的知识不被伙伴所窃取。因而，在合作过程中，一方面要利用各自的核心能力进行合作，另一方面又要为保护核心能力而设置壁垒，这会引发伙伴间的不信任，导致伙伴间的不合作。

（4）成本费用风险

货主企业的总成本包括两大部分，一是企业自身付出的成本，二是企业为获得运输、仓储等服务而支付给各运输服务商的报酬。由于受运输市场供求的影响，各运输服务商的价格变动较大，这种不确定性导致了货主企业面临成本费用的风险。

5．货主企业规避运输服务商选择风险的策略

为了有效地防范上述风险，企业应在建立全面风险管理体系的基础上，重点实施以下策略：

（1）合作策略

①实行公开招标。一方面能够避免在运输服务商选择中人为因素过多的影响，同时，有效的招标过程控制，可以了解和比较国内运输市场的现状和所有投标公司的运作能力，可以从各方面综合评判和选择符合企业业务发展模式的外包合作伙伴。

②签订完善的外包协议。制定清晰完整、责任明确的运输外包协议，从双方合作的各个方面进行议定和阐述，能有效避免后期产生分歧甚至纠纷。

③制定精细的价格体系，签订清晰透明的运输外包服务价格协议。通过细化、明确的价格条款和双方约定的透明利润水平，保证企业的长期稳定收益。

④掌握运输服务商的运作状况和盈利状况，对于风险要及时发现并予以防范。对于一些特殊性的突发事件，要给予运输服务商一定的理解和帮助。

(2) 服务保障策略

①保证多家运输服务商的服务质量达到统一的标准对于客户而言是非常重要的，这就需要高度重视对运输服务商的服务培训。必要时，可以针对每家公司参与业务的员工集中组织培训及安排考试，提升业务人员的整体服务意识，统一服务标准，提高重视程度。

②在日常运作中，有些运输服务商会不定期出现服务质量问题。如运输车辆的调度、运输信息的全程掌控、客户端服务质量的监控、POD的及时准确回收等，要通过有效的问题记录和积累，使用质量控制工具分析原因，并找到解决方法，汇总制定严格的操作流程规范。

③建立与运输服务商共同发展的策略。向运输服务商灌输企业的管理文化和服务理念，外包协议只能在短期内将两个企业连在一起，而文化的认同才能真正将双方长期绑定在一起。

(3) 考核策略

①企业总是希望服务质量能够持续不断地提升，横向的服务质量评估和排名在很大程度上对各运输服务商是一种很好的激励，可以促使他们改善服务质量。

②从企业运输和配送管理需求的角度，整理一本完整的操作考核手册，除了让运输服务商知道该做什么之外，还可以通过定期修改考核手册，引导运输服务商关注某阶段的重点工作，投入更多精力。

③公正、公平的操作考核记录是对运输服务商进行选择和淘汰的重要参考依据。否则，在这方面将会出现众多的人为判断，从而丧失公平性。被淘汰的运输服务商会产生不满甚至其他负面的影响。

④运作考核应延伸到运输服务商的重要操作岗位。比如，运输服务商的客户服务人员成功地化解了客户的投诉，除了奖励外，应作为典型案例在运输服务商中加以宣传，这能够在更大的范围内提升整体的服务质量和能力。

9.2 货主企业自建船队风险管理

9.2.1 货主企业自建船队的动因与面临的风险

1.货主企业自建船队的动因

最近几年，全球大型资源、能源企业组建自己的商船船队已经成为一种发展“潮流”，其原因主要基于以下几点：

(1) 充足的货源是基础

在干散货运输市场和油轮市场，短期和即期市场符合完全竞争市场结构的条件，属于完全竞争的市场结构；中长期市场及专用船、兼用船运输市场，在一定程度上具有寡头垄断市场结构的特点，属于寡头垄断市场结构。也就是说，在一定程度上，大宗货品船东对货主的依赖性越来越强。

作为航运市场的大主顾，充足的货源为他们自建船队奠定了基础。近年来，大货主的集中度越来越高，比如，淡水河谷、力拓和必和必拓三家矿商的铁矿石出口贸易量就占到了货运总量的70%以上。货主的高集中度使得货主企业对整个干散货物流链的控制远远大于船东。在石油行业，货源控制在几大石油公司手中。其中，英国的英国石油，荷兰的皇家壳牌，美国的埃克森美孚、雪佛龙，德国的巴斯夫，法国的道达尔6家公司占有了世界大部分石油资源。在中国，国有的石油公司，如中石油等公司也控制了绝大部分油气资源。

（2）谋求更有利于自身的定价权

在大宗货品的海上运输中，大货主希望通过自建船队的方式把货物出口从离岸价（FOB）过渡到到岸价（CIF）的交易模式。在海运市场价格高企的时候，大货主利用CIF合同和自有船队，就避免了在市场上高价租船，将海运市场的高额利润尽收囊中；而在海运市场波动频繁的时候，即使大货主没有自有船队，但利用CIF合同，也可借货源优势与大型船东签订长期的COA包运合同，拿到较低的运输价格。

在我国的进口石油海运市场，同样也存在着FOB和CIF合同的争夺。我国在石油进口之初，合同价格条款多为CIF（到岸价），也就是说，国外的石油公司负责安排油轮运输，在中国港口交付石油，油价也按此结算。然而，石油进口量近年来却随着我国经济的发展而迅速飙升，巨大的进口量按CIF结算，还意味着成本的巨额增加，为了能够使我国原油价格与世界接轨，我国也逐渐开始尝试采用FOB（离岸价）。目前，中国已有30%的进口原油是按FOB结算。"离岸价"，意味着中国货主需要自行安排运输船舶，因此，建立我国自己的超级油轮船队，不但可以降低海外资源进口成本，而且还可以利用20万和30万吨级油轮的规模效应，将单位运输成本大幅降低。

（3）不甘于利润被航运市场侵夺

在航运市场火爆时期，运费水平高企，大型企业深受高运价之伤。比如，每吨铁矿石运输价格甚至远远超过每吨铁矿石的价格，大量的利润被航运业掠走，给大型企业的经济运行带来了很大的压力，显然，不甘于利润被航运市场侵夺是大企业自建船队的诱因。

（4）当前造船成本较低

对铁矿石、煤炭等运输需求大的企业，在运费从底部区间温和上涨的形势下充实自身船队，实现货物自运，能够有效控制产业链成本。同时，在当前造船市场相对低迷的情况下，船价处于底部空间，企业的投资成本处于较低水平。

2. 货主企业自建船队面临的风险

（1）航运经营风险

航运是一个高度专业化的行业，航运市场本身也是个极为复杂的市场，和诸多行业有着紧密联系，如金融、财税、投资、国际国内海事法律法规、保险理赔、港口装卸、港口国检查、买卖船舶、船舶管理、航行指导和船队监控等等，对船舶管理、技术应用、商务运作等各个环节的要求非常高，只有进行高层次的专业化管理和商业化的操作，才能控制航运成本获得收益。因而，大货主对船队的管理能力还有待考察。

(2) 航运市场风险

在航运市场运费高企的时候，用自家船队无疑可以降低成本。但是，当货物需求下降或者航运市场低迷的时候，昂贵的养船成本也会成为货主们的负担。货主筹建自有船队的基础在于，全球、特别是中国对于大宗货品的需求不断攀升。但如果中国等新兴经济体对大宗货品需求的高速增长模式有所变化的话，大量的自有船队也许会成为大货主的累赘。因为一旦市场货源需求不旺，一方面自己的货物卖不出去，另一方面自己的船队没有货运，就会面临双重的风险。

(3) 航运投资风险

航运业是一个资本密集且投资风险大的行业，企业自建船队，造船资金需求规模大，现代干散货船每吨造价高达630美元左右。并且，铁矿石运输船舶在向大型化发展，使得单船成本变得更高。加之航运和船舶市场波动频繁，企业不擅长航运，对市场前景难以准确预测，如果一次性投入大量的资金用于造船或购船，显然将面对巨大的风险。

9.2.2 货主企业发展自有船队的途径与模式

1.货主企业发展自有船队的途径

(1) 同主要供货生产商合作

通过双方联合组建船队，我国生产企业可以以此来稳定货源，提高进口谈判的话语权。一方面，海运市场的价格波动对供货商而言，同样存在很大的负面影响。以世界第一大铁矿石生产和出口商矿业巨头巴西淡水河谷公司为例：近年来，巴西铁矿石因为海运费的上涨导致了其在我国进口市场占有率的下降，明显低于澳大利亚和印度的市场占有率。显然，稳定的海运费有助于淡水河谷同中国钢铁企业签订长期供货合同，他们也希望同我国钢铁企业加强在海运上的合作。另一方面，巴西铁矿石在目前中国进口的铁矿石主要品种中品位最高，在我国大中型钢厂配料中作用十分重要，很难用国产矿替代。印度矿品位虽也较高，但印度贸易保护主义比较严重，还出台了按品位征税的铁矿石出口政策，根据目前的市场行情，中国进口印度矿石仅关税一项就将多支付约4亿美元，因此难以保证货源的稳定。另外，淡水河谷在巴西控制着众多的装船码头，同其联合组建船队，可以得到合理的装船安排，减少待泊时间，降低装船费率，从而有效地降低运输花费，因此，同其合作组建船队，对我国钢铁企业具有重要的战略意义。据悉，我国首钢与巴西淡水河谷已计划合作组建船队，专门服务于淡水河谷至曹妃甸的铁矿石海运航线。考虑到造船费用、运输费用和适当的利润后，自营船队的总运输成本大约为10美元/吨，比目前平均海运费22~24美元/吨，降低了50%左右。船队将由载重30万吨以上的船舶组成，而组建船队的方式，可以是首钢和淡水河谷委托造船公司建造、合资运营，也可以是双方共同投资航运公司，组建专门为两者服务的船队。

(2) 同航运企业合作

目前，航运企业正在加速发展第三方船舶管理业务。他们对航运市场及其相关市场具备很好的把握能力，在船队规划、船队管理等方面有着较高的水平，而这正是我国进口企业建立自有船队的弱势所在。因此，我国进口企业存在着同航运企业合作的必要性和可能性。比如，货主负责组建船队，航运企业负责其船队的经营管理，船货双方订立长期合作协议，这样航运企业和货主之间就可形成一种利益共享、风险共担的关系。

（3）船舶融资租赁

船舶的融资租赁是指出租人按照租赁协议将船舶长期出租给承租人，船舶在承租人占有控制下营运，并在租期内向承租人收取租金的一种经济行为。融资租赁可以缓解我国进口企业组建自有船队的融资困境。我国进口企业融资租赁船舶，一方面同货物生产商合作，有了充足可靠的货源保障；另一方面同我国航运企业合作，船舶管理质量也有了保障。这样就更有利于吸引融资机构的投资，并能有效地降低融资成本。通过融资租赁，我国进口企业下属或控股的运输公司获得了船舶的经营权，我国进口企业本身也就获得了海运费的定价权，可以依据营运成本制定一个较低的运费率签订运输合同，有效规避海运费上涨的风险。

2. 大型企业自有船队的运作模式

（1）自购船

大型企业自己投资造船，然后交由自己成立的航运公司或专业的船舶管理公司经营与管理。参见图9-4。

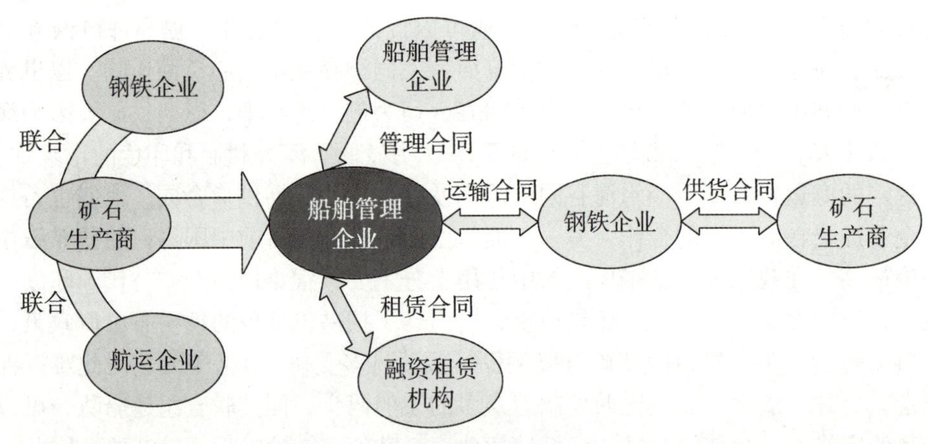

图9-4　钢铁企业自有船队组建模式

（2）合资购船与管理

合资方可以是航运企业或主要供货商，可以是两方合资，也可以是三方合资。下面以三方合资为例，介绍其运作模式。

进口企业同国外某地区主要生产商签订长期的供货合同，并同该生产商、我国航运企业联合出资，共同组建专业的运输公司。运输公司向融资机构申请融资租赁特定的船舶，并通过船舶管理合同把船舶交给航运企业和进口企业联合成立的船舶管理公司管理，这样很容易得到融资机构的支持，并能有效地降低融资成本。

运输公司与进口企业签订长期的运输合同，这种合同可以是固定运费的COA合同，也可仿照我国进口LNG项目的运输方式，按照一定的收益率支付，生产企业和进口企业控制的装卸港，保证向运输公司的船舶收取较低的港口费用，这样可以有效地降低运费率。在保证完成其投资方的运输任务的前提下，运输公司可以自由安排营运，积极承揽其他运输业务尤其是回程运输，并努力扩大自己的业务范围，争取良好的经营效益，按期向投资方支付利润所得。

9.3 物流项目招标风险管理

本节主要基于货主企业的角度，阐述物流服务项目招标可能面临的风险及其防范策略。考虑到各章的内容安排，为了避免重复，有关物流项目等方面的内容，请参见第5章的相关内容。

物流项目招投标阶段基本确定了物流项目的价格、工期、质量标准，因此，物流项目招投标无疑是项目前期工作的重中之重。由于物流项目招投标本身受到很多因素的影响，存在诸多的风险，而且其产生的风险可以在后续环节被进一步放大和叠加，因此，在物流项目的招投标阶段进行风险管理，有利于货主选择合适的物流企业，有利于物流项目目标的实现，有利于物流企业进行准确报价、对风险采取有效对策和实施可行的计划。

物流项目招标风险，是指物流招标人在物流项目招标阶段可能遭受的风险。以下为物流招标人面临的主要风险及其防范对策：

1. 招标方式选择风险

当法律法规未规定招标方式时，招标人可以选择对自己有利的招标方式。相应的，如选择不当，招标人则会面临相应的风险。

（1）如果可以拟定详细的条件，而且服务的性质允许采用招标方式，可采用公开或邀请招标的方式进行。

（2）如果不能确切拟定或最后拟定条件，或采购的服务相当复杂，可采用征求建议书、邀请建议书、两阶段招标、竞争性谈判、设计竞赛等方式。以两阶段招标为例：在第一阶段，招标人可以首先要求潜在投标人提出技术建议，详细阐明物流方案的技术规格、质量和其他特性。招标人可以与投标人就其建议的内容进行协商和讨论，达成一个统一的技术规格意向后编制招标文件。在第二阶段，招标人应当向第一阶段提交了技术建议的投标人提供包含统一技术规格的正式招标文件，投标人根据正式招标文件的要求提交包括价格在内的最后投标文件。

2. 招标方法选择风险

当法律法规未规定招标方法时，招标人可以选择对自己有利的招标方法。相应的，如选择不当，招标人则会面临相应的风险。

在法律法规没有限定评标方法的前提下，招标人可依“要素法”确定评标方法：

（1）若以价格为主要因素来确定中标供应商，则应选择最低评标价法。

（2）若以最大限度地满足招标文件的实质性要求为主要评标因素，则应选择综合评分法。因为招标文件所规定的实质性要求比较多，有技术、价格、供货时间、供货方式、财务状况、信誉、对招标文件的响应程度，以及售后服务等等，要满足这么多要求，就势必要选择综合评分的方法，而采用最低评标价法或者性价比法，就不能最大限度地满足上述技术、价格、信誉等方方面面的要求。

（3）若以采购人想买到最好的东西为主要评标因素，则应选择性价比法，而不应选择综合评分法，更不能选择最低评标价法。这样，既保证了价格，更保证了价格以外的各项性能要求。否则，无论是采用综合评分法，还是采用最低评标价法，都会偏重于某一方面，如不是偏重于价格，就是偏重于其他方面，如财务状况、业绩、技术等，从而达不到最佳效果。

综上所述，一般来说，若采购的项目属于标准定制货物及通用服务项目，如招标采购车辆定点加油、定点维修、定点保险供应商，则应采用最低评标价法，而选用其他两种评标方法，不仅程序复杂，评标时间长，而且没有实际意义；若采购的项目属于非通用项目，个性化技术、商务指标复杂，且有特殊要求，如欲购知名品牌商品的采购项目，则应采用综合评分法，而不能采用最低评标价法或性价比法，因为选用最低评标价法不能保证所购商品的技术等要求，选用性价比法不能保证所购商品的特殊要求。例如，在一般情况下，知名品牌和不知名品牌的量可能差不多，但价格的差别会比较大，如按性价比法来评标的话，肯定是不知名品牌中标，这样就不能满足所采购的项目是知名品牌商品的特殊要求。

3. 编制招标文件风险

招标文件是招标活动的法律文件，编制招标文件是招标过程中一个很重要的环节，在每一次具体招标活动中，国家有关政策法规是否得到贯彻和执行，招标人的需求是否准确、全面、合理地予以表达，影响投标报价和有关标的的多方面指标是否有全面、准确、明晰的陈述，对投标人的资格、格式、要求等是否表达清楚没有歧义，评标标准及方法是否明确详细，都关系到招标文件的质量，招标文件的质量直接影响招标的质量和成败。比如，招标范围不明确，一方面造成承包商投标报价不准确，另一方面容易造成合同争议，影响工程项目的实施。因此，在招标前，招标人应组织有关人员对拟招标的项目进行详细研究，尽量减少项目在结构上和功能上的修改，使项目的招标范围清楚、具体，避免使用“除另有规定外的一切工程”“承包商可以合理推知且为本工程实施所需的一切辅助工程”之类含混不清的对工程内容加以说明的语句。同时，制定一套经过认真审核推敲、逻辑严密、文字简洁清晰，充分反映国家目前有关法律法规和政策，符合各自运作制度和实际的招标文件范本也是非常必要的。

4. 工程量清单编制错误

工程量清单反映了拟建项目的全部工程内容及为实现这些工程内容而进行的所有工作，是投标人投标报价的依据。招标人编制工程量清单时，如果出现错项、漏项、工程量不准确等问题，可能引起承包商的索赔或通过不平衡报价等方式提高工程造价，从而损害招标人的利益。因此，在招标活动中，招标人应委托实力强、信誉好且具有相应资质的工程咨询单位编制工程量清单，对工程量进行准确计算，对项目特征和工程内容进行清楚描述。

5.代理商风险

比如，代理商不称职、评标委员会成员和参与评标的有关工作人员透露对投标文件的评审和比较结果、中标候选人的推荐情况以及与评标有关的其他情况等。因此，应选择实力强和信誉好的招标代理公司代理招标活动，资格预审、现场踏勘、投标答疑、开标、评标及定标的各项工作要合乎法律、法规的要求，应根据工程项目特点和实际情况制定评标原则，评标委员会构成应合理，并给予评标专家足够的评标时间，以便能够对投标文件中的技术方案和投标报价进行比选和分析，确保选出质优价廉的承包商。

6.合同风险

合同文件是招标文件的重要组成部分，合同风险是在合同拟定过程中，由于合同条款责任不清、权利不明所造成的风险。

(1) 选择合适的合同计价形式。应根据工程项目的特点和实际，适当选择计价形式，降低工程的合同风险。例如，对于工作条件较好、工程量变化不大、工艺成熟的项目，因其风险较小，可以采用固定价格合同方式，以求得承包商在竞争中较低的报价；对于工程量变化较大的项目，采取可调价合同，在工程量可能变化的幅度范围内采取不同的结算单价；对于招标阶段建材市场价较高的项目，一定要在合同中增加材料调价条款，因为招标阶段与实施阶段有一个时间差，在这个时间段价格攀升得较高的材料降价的可能性较大，而继续涨价的空间较小。有些项目也可考虑将总价合同和单价合同形式结合起来，即投标报价应包含招标图纸或招标文件及工程量清单内的所有内容，工程量清单中的错项、漏项等人为错误不作为结算调整的依据，但对于施工过程中不可避免的变更和工程量的增减，可按照单价进行调整。这样，能有效规避工程量清单编制错误所造成的风险。

(2) 合理的风险分配。目前，国内物流市场处于买方市场，招标人在拟定合同条件时往往过多地将风险偏重承包商一侧，造成承包商合同履行不力，这样有失公平的合同对于招标人来说常常隐含着更大的风险。根据风险管理的基本理论，项目风险应由有关各方分担，而风险分担的原则是：任何一种风险都应由最适宜承担该风险或最有能力进行损失控制的一方承担，符合这一原则的风险转移是合理的，可以取得双赢或多赢的效果。

(3) 合理的担保。由于项目招标中存在着大量的风险因素，因此，招标人需要在招标文件和中标后的合同中要求承包商提供足够的担保。对于招标人来说，担保需要分阶段设置实施：招标投标阶段的投标担保（包括银行保函或担保公司担保书、投标保证金等方式），工程实施初期的预付款担保，合同执行过程中的履约担保，工程保修期保修担保。

7.信息风险

信息风险主要表现在：一是不完全信息风险。招标人搜寻的市场信息不完全，而不完全信息将影响招标的正确决策，从而形成一定的风险。二是信息不对称风险。信息不对称主要表现为：投标人与招标人的信息不对称。这里需要特别注意的是，由于人为因素，造成参加某一项具体招标的相关方获得的信息不均等，是造成招标采购不公平的一个重要原因。不完善信息对称制度的建设，就很难做到公平招标评标，也很难提高招标质量。由于信息不对称，招标人就比较容易上当受骗。三是信息遗漏风险。信息传递环节越多，信息遗漏的可能性越大。如果招标信息发生遗漏，可能导致招标得到的服务不能令招标人满意。

8.违规风险

这主要是指招标人违反了国家的法律法规的规定而带来的风险，以下是对招标人的有关规定：

我国招投标法规定，在中华人民共和国境内进行下列工程建设项目包括项目的勘察、设计、监理以及与工程建设有关的重要设备、材料等的采购，必须进行招标：

（1）大型基础设施、公用事业等关系社会公共利益、公众安全的项目。

（2）全部或者部分使用国有资金投资或者国家融资的项目。

（3）使用国际组织或者外国政府贷款、援助资金的项目。

招标人不得以不合理的条件限制或者排斥潜在投标人；不得对潜在投标人实行歧视待遇；不得向他人透露已获取招标文件的潜在投标人的名称、数量以及可能影响公平竞争的有关招标投标的其他情况；不得强制投标人组成联合体共同投标；不得限制投标人之间的竞争。对于设置标底的，标底必须保密。在确定中标人前，招标人不得与投标人就投标价格、投标方案等实质性内容进行谈判。

9.撤标风险

招标人在招标文件发出之后擅自终止招标的，除不可抗力原因外，双倍返还投标人的投标保证金，并赔偿投标人因此所受的经济损失。

9.4 物流欺诈及其规避

9.4.1 海运欺诈及其规避

1.海运欺诈的概念与产生的原因

（1）海运欺诈的概念

海运欺诈又称为海事欺诈，通常是指在国际海运操作过程中，一方当事人以非法占有为目的，故意告知对方虚假情况，或者故意隐瞒真实情况，以骗取对方当事人的货物、金钱或载运船舶的行为。

显然，形成海运欺诈必须满足如下要件：

①行为人在主观上有欺诈的故意，并以诱使对方当事人做出错误的意思表示为目的。合同欺诈的主观故意同时包含了两层意思，即故意地为不真实之表示行为和故意地使相对

人因此而陷入错误而为的意思表示。合同欺诈的成立，两层意思缺一不可。实践中，行为人已有以不真实情况而为表示的行为，且已引起对方当事人陷入错误而为的意思表示，但行为人却并不知道自己的表示行为是不真实的；或者行为人虽然明知自己所表示之事项为不真实或夸大，但仅为引起对方的兴趣和注意，而并无使其做出错误意思表示的目的的，均不属于欺诈。

②在客观上，行为人实施了欺诈行为。行为人具有告知对方虚假情况，或隐瞒真实情况的客观表现。行为人既可表现为作为的方式，也可表现为本应作为而不作为的方式。

③相对人因受欺诈而陷入错误，对合同内容及其他重要情况产生认识缺陷，而这种错误认识是因行为人的欺诈行为所致，即相对人的错误与行为人的欺诈行为之间有因果关系。

④相对人因错误认识而为意思表示，与行为人签订合同或履行合同。错误的意思表示是以错误的认识为直接动因。

值得注意的是，海运欺诈行为人可能为一人，比如，货物买方欺诈、货物卖方欺诈、承运人欺诈等；也可能为数人，比如，货物卖方与船东共谋的欺诈、货物买方与卖方共谋的欺诈、货物买方与银行（开证行）共谋的欺诈等。

（2）海运欺诈产生的原因

①利益驱动。这是诱使一方当事人实施物流欺诈的根本原因。

②国际贸易业务基本特征是滋生海运欺诈的源泉。一是象征性交货——先货后单；二是单、货分离——商业信用与银行信用转移；三是多方交接——商、银、运、险、检、代；四是多国异地、合同履行难以控制——跨文化与法律差异以及信息沟通困难。

③现行船舶登记制度存在漏洞——方便旗船盛行。大量的国家对船舶实行开放式登记，船方只要支付少量的手续费就可使船舶拥有合法的身份，许多不适航的船舶也能够在海上自由航行、招摇撞骗。

④各国对提单管理不严。各国法律对提单没有严格的统一的格式要求，各公司对空白提单的管理一般也不是很严格，这就给违法分子伪造提单提供了可能性和便利条件，使这种欺诈行为比较易于实施。而空白提单被盗用法律也没有规定任何惩罚措施，这又在一定程度上纵容了提单欺诈行为。

⑤各国对海运欺诈打击不力。虽然有些国家和地区制定过关于惩处欺诈的法规，但由于海运欺诈是在两个或两个以上的国家或地区进行，而各地区的法律仅能在本国、本地区范围内具有管辖权，从而使打击跨境海运欺诈存在法律上的障碍。

2.海运欺诈的主要手段

（1）“影子公司”/名片公司欺诈

①虚构合同主体欺诈。一些不法国际“商人”在订立合同时虚造不存在的公司实体或以无经营资格者冒充有经营资格者进行欺诈。这些人所代表的从事国际物流的公司不是独立法人或者是根本没有法人资格、注册资金的商行。他们编造假的公司名称，制作假的个

人名片与我国企业进行洽谈，骗取货物或货款后逃之夭夭；或这些人是仅能提供公司名称、个人名片、联系电话而不具备签署国际物流合同资格的中间商。他们多来自韩国、日本、中国的香港和台湾地区等地，因为熟知中国的情况，能招揽一些生意并从中牵线搭桥，收取佣金，却不能从事直接的货物买卖。

②利用独立注册、具有法人资格的子公司地位进行欺诈。这种子公司所属的母公司知名度较高、资本雄厚，而子公司的资本很可能少得可怜，因而打着母公司的招牌招揽大额生意，超过了自己的付款能力，并且是独立注册，具备法人资格，财务上与母公司相对独立，因此，合同履行过程中如出现风险，国内企业损失会很大。

③变更合同主体欺诈。国外公司与我国企业签订合同后，在履行过程中外方编造借口称自己无法履约，向我国企业提出比原合同更为优惠的履约条件且建议由另一家外国公司代为履约。在此优惠条件的吸引下，我国企业对国外代为履约方的资信等情况未做深入的调查了解，在不知其底细的情况下同意由其代为履约，很容易上当受骗。

④有限责任欺诈。从事国际贸易活动的商业实体多为有限责任公司，而有限责任公司的主要法律特点就是公司以全部注册资本为限对外承担有限责任。因而，一些国际贸易欺诈者以很低的资本注册一家有限责任公司，广泛联系客户，在超出自己支付能力的前提下大量下订单，以合法的形式签合同或开出保函承诺在一定期限内支付货款，最后即使是法院判令其付款，但按有关有限责任公司的法律规定也只承担很少的注册资本金额，令供货商损失惨重。

（2）合同软条款欺诈

在国际贸易和海运实践中，许多设陷者都是利用有些国际贸易合同、信用证或运输合同的不完善条款或制造不完善条款进行欺诈。

①针对货物装运规定的软条款。比如，规定装运港、装运日期或目的港须由开证申请人通知或须经其同意，并以修改书形式通知；规定船公司、船名须由开证申请人指定；规定受益人只有取得开证申请人指定验货人签发的装船通知后才能装船；规定受益人必须提供指定船公司出具的提单或货物必须装上指定船只。这类软条款使得是否按时派船完全掌握在买方手里，致使卖方无法主动按时完成交货，增加收汇风险。

②针对提单的软条款。比如，既规定允许提交联运提单，又规定禁止转船；要求海陆联运，但又要求海运提单；承运人可凭收货人合法身份证明交货，不必提交正本提单；易腐货物要求受益人先寄一份提单，持此单可先行提货；信用证规定受益人在货物装运后如不及时寄1/3提单，开证申请人将不寄客检证，使受益人难以议付单据。

③针对货物配载的软条款。比如，信用证规定瓷管需装单舱、散装矿石要求装单舱或不准装深柜，必须在提单上加注“不准装深柜”。由于船方配货是根据全船货物全盘考虑的，不可能由货主分别指定部位装船，因此，此类条款会使卖方陷于被动局面。

（3）提单欺诈

这是指利用提单实施欺诈。比如，伪造提单、虚假清洁提单、倒签/预借/顺签提单、无正本提单放货、利用货代提单欺诈等。

(4) 租船欺诈

这是指利用租船合同实施欺诈，在程租、期租、光租中均发生过各式各样的欺诈事件。比如，承租人收到运费后不顾租约而弃船，让货主与船东交涉合同履行事宜。

(5) 船舶欺诈

这是指船东人为制造船舶海事事故。典型的船舶欺诈通常是那些因船况差或已没有营运效益的船舶，事故通常发生在不易进行调查的地方，在事故报告中船舶沉没地点甚至可能是编造的。

(6) 货物欺诈

货物欺诈通常是靠绕航和在第三世界国家港口卸货作案。也许是使用伪造和涂改过的提单来假述货物类型、数量和质量；也可能由出口商和进口商相互勾结产生，出口商在发票上夸大金额或错误陈述货物的性质，导致较高的保险金额，而进口方则“安排”在进口港货物的偷窃和损失；船东与租船人相互勾结也会造成在运输途中的货损货差。

各种货物欺诈源于集装箱运输的增加。有的伪造与运输中集装箱相抵触的材料，如在原产地少装载，或在收货地少申报。同时也存在不申报集装箱中危险货物的问题，如假造集装箱中货物的质量和数量，并同时伪造和修改单证等。

此外，船舶欺诈和货物欺诈经常是与纵火同时发生的。

(7) 鬼船欺诈

所谓鬼船欺诈，是指船东利用某些国家对船舶管理松散和缺乏监督的方便旗登记制度等方面的漏洞，通过伪造船名、船籍港等手段进行欺诈。其主要表现为承运人利用在运输途中实际控制货物，而托运人或收货人暂时脱离控制的特点，涂改船名、船籍，伪造船舶证书，将船舶开往他处倒卖船载货物，甚至以新的船名继续进行欺诈。

(8) 绕航欺诈

这是指承运人将载有货物的船舶，不按原定航线驶往目的港交货，而在中途驶往其他港口，将货销售给他人，欺诈货主的钱财。绕航偷卖货物主要有以下几种形式：

①船东经济困难，企图捞到一批货物，以缓解其困难处境。这类船东从一开始接货就有欺诈企图，蓄谋将船绕航到某港口卸下，甚至已找好了新的买主。

②船东在船舶航行途中，遇到财务危机，如滞期损失，在停运前欲借助绕航偷卖船上货物，摆脱经济困境。

③租船合同履约受损，船东因收不到租金，为弥补其损失，命令船舶驶入某一港口或在公海上徘徊，威胁货主额外再支付一笔运费，否则将货卖掉。

④由于政治动荡、港口拥挤、收货人与托运人/签约人之间产生纠纷、租船人支付不起滞期费、船舶在装货港停留时间过长等，预计抵达目的港的时间将过分迟延，或因上述因素预计船舶在卸货港将停留较长时间，致使船东感到该航次风险太大，只能获得微薄利润，或无利可图，因此借口绕航到一个合适的港口将货卖掉，索性放弃航次。

⑤绕航欺诈，分散销赃。分散货物的速度及方法取决于货物和选择销赃的地点，一般来说，在港口城市或繁华地区，需要把货物迅速地转卖出去。因为一旦货物突然大量流入

市场，特别是引发市场价格下跌时，容易引起对市场价格波动敏感人士的注意。因此，选择一个合适的地理位置很重要，或将可以存放的货物先存入仓库，待以后再转运出去。

（9）运杂费结算欺诈

货主或货运代理通过拖延运杂费结算时间，比如月结运费，最终实现骗取承运人的运杂费的目的。

【案例9-1】某年5月10日，远大公司与尚逸公司签订贸易合同一份，约定由尚逸公司向远大公司提供涤纶丝一批，价格条件CIF宁波，付款方式为即期信用证。5月24日，尚逸公司将货物以4×40集装箱运至堆场，交由华刚公司承运。5月27日，华刚公司作为承运人向尚逸公司签发了全套正本提单，提单载明托运人为尚逸公司，通知人为远大公司，收货人凭指示，船名为“海运天才”轮，并注明货物已装船。5月29日，尚逸公司将上述货物自堆场拉回。5月31日，实际承运人香港宝威船务有限公司传真远大公司证明上述货物未实际装船。同日，华刚公司传真远大公司：本公司确认上述货物为托运人未征得本公司同意情形下私自办理退关手续，将上述货物拖出堆场，致使货物并未装船，本公司就此货物先前所准备的提单亦是在上述情形下被托运人以欺骗手段领走，本公司郑重声明并通知提单无效。6月5日，远大公司向海事法院提出诉前止付信用证申请并宣告该提单无效。

案例评析：

（1）远大公司认为尚逸公司与华刚公司均是欺诈主体，是否成立？

尚逸公司作为托运人和信用证的受益人，在货物集装箱运至堆场，交由承运人掌管承运并签发已装船提单之后，在未征得承运人同意的情形下私自办理退关手续，将货物拖出堆场，试图骗取信用证下款项的意图明确。受益人以空虚的货物骗取信用证款项的行为，已构成诈骗行为，故尚逸公司欺诈成立。华刚公司作为承运人，应依法签发提单。华刚公司就未装船货物签发已装船提单，主观上存在一定过错，客观上为尚逸公司的欺诈行为提供了条件，但其随后在合理的时间内及时通知了远大公司，并宣告提单无效，远大公司亦申请法院止付与提单有关的信用证项下货款，从而避免了实际损失的发生，远大公司认为其与尚逸公司构成共同欺诈的证据不足。

（2）法院可否同意止付信用证申请？

根据UCP600规定，议付行应在收到单据后的7个银行工作日内合理谨慎地予以审核，在未发现单据表面与信用证条款有任何不符点时，应接受单据并立即付款。作为对信用证独立原则缺陷的弥补，欺诈例外原则为信用证止付提供了依据。因此，开证行所授权指定的议付银行于审核单据的7个银行工作日内，在尚未决定付款之前，若注意到卖方的欺诈行为，银行本身就可以停止付款。同时，若申请人持有能够证明受益人实施欺诈的强有力的初步证据，为防止银行谨慎处理单据仍不能发现欺诈事实而对外付款，造成买方的损失，法院也有充分的理由接受买方的申请，裁定止付信用证项下货款。显然，冻结信用证项下货款需要符合两个条件，一是有充分证据证明卖方利用签订合同进行欺诈，二是银行在合理的时间内尚未对外付款。

（3）止付失败后可采取哪些补救手段？

当终止支付信用证的两项条件不能满足，止付失败，收货人不得不付款赎得一套表面真实的虚假提单时，最后的补救方法有二，一是请求判令受益人返还信用证项下款项，二是请求判令承运人承担欺诈损害赔偿之责。

（4）可否宣布提单无效？

由于华刚公司就未装船货物签发已装船提单，违反我国《海商法》的相关规定，远大公司要求法院宣告信用证项下提单无效的诉请有理，应予支持。

【案例9-2】某年1月17日，原告轻工公司与被告维嵘公司签订购买200吨澳大利亚生产的油脂羊毛的合同，价格条款为CIF厦门，付款条件为 L/C见单90天，合同上有维嵘公司盖章和何秋岗签名。该年2月20日，轻工公司收到了维嵘公司通过开证行转交的全套正本海运提单。提单记载，托运人为维嵘公司，承运人为怡兴公司，通知人为粤海公司，收货人为凭指示，卸货港为新加坡，最终目的地为厦门。提单均有维嵘公司的背书，提单背面均有一枚椭圆形的标明“粤海公司”及其英文名称字样的印章，印章中有一个签名。维嵘公司开出的“装箱单和重量备忘录”、发票、受益人证明书均由赖逸生签名。该年2月23日，轻工公司承付了提单项下的货款，随后却一直没有得到提货通知，向托运人和承运人查询也没有答复。后经有关船务代理证实，船舶实际上没有装运上述提单项下的货物。为此，轻工公司以粤海公司与维嵘公司、怡兴公司伪造提单串通进行经济欺诈为由，起诉了三被告。其中，法庭寄送给维嵘公司的信件被当地邮局以“无此公司”为由退回，寄送给怡兴公司的则被以“搬迁，收件人并无安排转递服务”为由退回。经查，何秋岗是粤海公司深圳办事处首席代表，赖逸生是粤海公司的职员。在庭审时，粤海公司否认委托何秋岗、赖逸生与轻工公司签订买卖合同和签发相关单证，轻工公司也没有证据证明是粤海公司授权的人所签。

案例评析：

（1）本案涉及哪些法律关系？

本案例涉及三个法律关系，即轻工公司与被告维嵘公司之间的货物买卖关系；轻工公司与被告怡兴公司之间的货物运输关系；轻工公司与被告粤海公司之间的代理关系。

（2）三个被告行为是否构成欺诈？

维嵘公司和怡兴公司的行为构成欺诈。维嵘公司与轻工公司签订了买卖合同时，故意在信用证上写上提单通知人是粤海公司，使得轻工公司误认为买卖合同与粤海公司有关联，骗取轻工公司的信任；在提单上冒用粤海公司的名义背书；收取了货款，但没有将合同约定的货物交付给轻工公司。怡兴公司开出了已装船提单，但没有将提单项下的货物运抵目的港。该两公司在轻工公司向其查询时均无答复，在信用证结汇后便双双失踪。维嵘公司和怡兴公司串通进行欺诈是显而易见的。粤海公司不是本案中的共同欺诈人。由于没有证据证明何某等人与轻工公司从事涉案羊毛买卖经营活动是粤海公司的授权行为，何某等人的行为也不构成表见代理，故何某等人的行为并不对粤海公司产生任何法律后果。

3.海运欺诈防范技巧

作为货主或货运代理，在选择海上服务供应商时必须做好如下工作：

（1）重视资信调查，选择资信好的交易伙伴。

（2）减少中间环节，尽量争取不要中间商。

（3）选择可靠的船公司（承运人）运载货物。另外，我国进口货物时最好采用FOB方式，出口货物时采用CIF或CFR方式成交，以便安排我方了解的船公司运送货物，从而防范海运欺诈事件的发生。

（4）严格审查贸易单证及运输单证。

实施信用证付款，有如下情况者必须谨慎对待：

①有“开证申请人检验并出具验货证明”条款的，最好要规定验货时间，对“验货单的签字（章）必须与存在开证行的印鉴相符”的条款不能接受。

②对“先寄三分之一提单”的要求一般不能接受；但对“待开证行承兑汇票后寄三分之一提单”的要求可以接受。

③指定在境外银行议付的，除非有足够的交单期，否则不能接受。

④对记名提单，除非承运人同意在提单上批注“必须凭正本提单提货”或记名为开证行的可以接受外，其他的记名提单尽量不要接受。

⑤双到期信用证和5天交单议付的信用证不要接受。

⑥要求提供FCR，且此单据由客户提供，对“FCR的签字（章）必须与存放在开证行的印鉴相符”的要求不能接受。无论是L/C或T/T付款，尽可能拒绝客户提出的FCR替代海运提单的要求。

⑦对于由检验机构出具的证书，对“既要由该检验公司出具证书，又要在商业发票和装箱单背后背书的”要求不能接受。

⑧对于由商检机构出具的相关证书（除FOMA，C/O外）中“所有单据必须显示附加内容的”条款不能接受。

⑨客检证由开证行核对条款，规定检验检疫证书日期为装船后日期，议付银行为境外银行等L/C软条款尽量不要接受。

（5）重视装船监督，把握船舶动向。

（6）加强账款拖欠的追收。

①付款宽限只给那些信誉良好且实力卓著的客户。

②付款宽限应附加必要的限制。

③为垫付款项设置担保。

（7）欺诈发生后应及时采取补救措施——申请扣押船舶。按照我国有关规定，申请人请求扣押船舶时，须遵循以下规则：

①确属情况紧急，不立即申请财产保全措施将会使申请人的合法权益受到难以弥补的损失时，申请人才能向法院申请扣船。

②申请人应当提供相当于请求保全数额的担保。

③被扣押的船舶所有人、经营人或承租人对该海事请求负有责任。至于该项责任是否能最终得以成立，取决于法院的终审判决或仲裁庭的裁决。

④申请人应在法定期限内提起诉讼或提请仲裁。

9.4.2 公路配货欺诈及其规避

1.公路配货欺诈概述

（1）公路配货业运营主体

①发货单位：多为本地向外地销售产品的企业或个人。

②配货站：负责为货主联系、组织适合车辆配送货物。

③承运方：由配货站选定，有自己的车辆，或自己承运，或另雇司机承运。

④收货单位：多为外地购买货物的单位或个人。

经营过程中，配货站自行寻找货源，多数配货站都有数家固定的企业作为长期客户，企业也往往联系多家配货站以方便自身货物的运销。在配货站接到企业外运货物的信息后，便开始寻找汽车承运货物。

实践中配货站的运营方式分为两种情形：一种是由配货站按货主指定的收货单位同承运司机签订运输合同，配货站则收取运费的差价作为自己的收入，也就是所谓的第三方物流模式；另一种是由配货站向货主提供承运方的信息，由货主与承运方签订运输合同，配货站不参与运输合同的订立，只收取其作为中介机构因提供车辆信息而产生的中介费用。

(2) 公路配货欺诈的定义

公路配货欺诈是指配货站、货车车主或司机在签订履行配货运输合同过程中，以非法占有为目的，以虚构事实或隐瞒真相的方法，骗取他人财物且数额较大的行为，属于合同诈骗罪的范畴。

显然，在签订、履行配货合同过程中，配货站、承运方都有可能存在配货欺诈的情形。

①承运方提供假的证件、手续通过配货站联系到货主，欺骗对方签订货运合同，然后装货逃匿，这类形式在实践中最为常见。

②配货站诈骗。此类形式虽不常见但也有一定代表性，实践中许多配货站不在工商部门登记，随意租用一个办公地点，在收到货主托运的货物后谎称寻找车辆托运，然后迅速携货逃匿，配货站也无从查找。

实践中，由于配货站审查疏漏造成货物被骗的损失往往较大，而货主和配货站并未就赔偿责任约定清楚，在这方面也无明确的法律规定，配货站因害怕承担巨额赔偿责任而逃匿。此形式下，配货站虽有一定的责任，但只要不是配货站与承运方共同实施诈骗，那么配货站逃匿只是对其应承担的民事责任的回避，不涉及刑事上的配货诈骗问题。

(3) 公路配货欺诈的特征

①欺骗性强。犯罪分子一般采用虚假的身份证明和车辆手续签订货运合同，即犯罪嫌疑人利用虚假的车辆手续和虚假的身份证明，在物流中心发布信息，与配货站或货主签订货运合同，骗取被害人信任以达到其作案目的。

②手段隐蔽。传统的利用预先伪造的证件实施欺诈的手法由于很容易被识破已经被大多数犯罪嫌疑人弃之不用了，取而代之的是一些花样翻新、隐蔽性更强的诈骗手法。例如，克隆驾驶证、身份证、车辆行驶证、车辆牌照（即证件记载的内容与公安部门的档案相符，但证件照片与持证人不符），并克隆与证件相符的车辆；有的甚至在作案前通过中介机构或地方交通电台找到与其毫无关系、不知底细的临时司机，让司机出面从配货站拉出货物后，犯罪嫌疑人再借故将司机辞退或半路丢弃，司机对车主情况及货物去向均不知情，就算找到司机，也无法查出车主及货物的去向（中国货运联盟称其为“金蝉脱壳法”）。另外还有：从传统的购买不需要在移动通信公司存档的充值卡电话作为给配货站的预留电话，发展为使用假身份证在异地租用房屋并安装固定电话进行配合；从传统的从旧车市场购买车辆不办理过户手续，发展为购买非法拼装车辆，令多种犯罪行为交织在一起。

③结伙作案。犯罪团伙组织严密，内部分工明确：有人专门充当车主，负责接货、签订合同；有人冒充车主的亲属或单位的领导、同事，对付货主的资格审查；有人专门负责组织被骗货物的销路等。

④流窜作案。因短途运输经常有货主陪送，所以作案人员在开始预谋犯罪时，大多将目标锁定为长途运输的货物。由于配载中介自己的车辆对长途运输一般是专线运输，跑固定地区，至于其他地区的长途运输，为减少运输成本，一般是找顺路车辆承运。作案人员长期流窜于各地，通过自己寻找或他人介绍，抓住货运业主急于搭便车、图便宜的心理，“光明正大”地配货之后逃之夭夭。

（4）公路配货欺诈产生的原因

①货运骗货的犯罪成本低，一旦得逞，获利非常可观。

②侦破难度极大。大部分货运骗货都使用假证件、假身份、假车辆证件，使得案件的侦破难度极大，给了犯罪分子以可乘之机。

③配货诈骗的破案成本非常高，阻碍了公安部门破案。配货诈骗案发生后，需要经过案发地公安部门立案、司机家乡公安部门破案逮捕犯罪嫌疑人、案发地公安部门到司机家乡公安部门提领犯罪嫌疑人到本地审判、案发地法院审判四个步骤，这期间公安部门的异地破案费用和经济案件审判费用等，往往都需要货主（物流企业、配货站）承担。

④货主防范意识差。货主对车辆及车主的了解是通过配货站得来，对配货站过分信赖，轻信配货站“我们用的都是熟车”的承诺，无法辨别车辆司机身份的真伪，就草草签订托运合同，给了不法分子以可乘之机。

⑤现有配货站缺少经营规则和管理规范。配货站往往还是家庭式的小作坊，一间办公室、一部电话、两三个工作人员，没有统一的规范化操作模式，洽谈业务程序简单，审查手续草率，中介登记内容不全，格式不规范，配货业主只图将中介费挣到手了事，根本不从法律角度对配货行为存在的风险做出应有的防范，不负责任、操作手段落后且向货主轻率做出“我们用的都是熟车”承诺的配货站，实则已成为频发配货诈骗案的主因。

⑥法律法规滞后。截至目前，我国还没有一部系统的法律、法规对配货业进行规范。由于中介公司注册资本低，赔偿责任形同虚设，使这些中介机构往往在合同中推卸责任，规定中介公司只负责介绍车辆，对货物是否可以安全运抵目的地概不负责，这使得配货市场秩序更为混乱。

2.公路配货欺诈的主要手段

（1）使用“四假一托”实施诈骗

这主要是指犯罪分子在空车配货时，使用假机动车牌照、假行车证和驾驶证、假身份证、假冒公司，在所留电话处由同伙负责接听答疑，以骗取配货中介的信任，并通过配货站达到诈骗的目的。

【案例9-3】日前，一自称王某的司机通过老张的货运部介绍，从洛阳市一建材市场拉走15吨直径为16毫米的二级螺纹钢，价值5万多元，至今人车货下落不明。后查明，该司机的证件是假的，车辆手续和牌号也都是冒用他人的，真车主和真车辆当时都在北京。

防范对策：货主不仅要查看司机的身份证、驾驶证、行驶证，还要查看司机的个人保险和车辆保险，并到保险公司确认。因为“黑货运”诈骗采取的是打一枪换个地方的招数，一般是不会去办理正规保险的。

（2）通过互联网订箱、订舱实施诈骗

犯罪分子通过互联网获取货运信息，使用伪造的提箱手续实施诈骗犯罪；有的利用互联网上的货运信息，与代理商或船公司联系，谎称订箱、订舱办理货运，待代理商告知箱站、箱号和船期后，即雇车到箱站将空箱骗走。因犯罪分子在“网吧”通过互联网实施诈骗，手段更为狡诈，给侦查破案增加了难度。

【案例9-4】2006年6月5日，上海中远国际货运有限公司通盛分公司报案称：2006年4月初，自称是嘉善远方国际货运有限公司业务员的李明，通过网上MSN联系该公司，以国际货物托运书的形式委托通盛分公司将一批2 430公斤的太阳眼镜托运至美国洛杉矶，托运单价为每公斤26元人民币，4月8日，通盛分公司通过航班将该批太阳眼镜托运至目的地后开始向远方公司催讨托运款66 495元。至今为止，远方公司及李明都已联系不止，所谓的办公场所也查找不到。

【案例9-5】2006年6月份，上海市公安局虹口分局经侦支队陆续接到中海航集团上海货运有限公司、骏高国际货运（中国）有限公司等5家单位的报案称：2006年4月份，自称是中外运嘉兴有限公司的曹军通过网上联系，委托中海航集团上海货运有限公司、骏高国际货运（中国）有限公司等5家单位托运货物，诈骗上述5家单位托运费共计20余万元。

防范对策：一是在看到对方公司的网上资料或收到对方传真资料时，对资料上的情况（包括对方企业的真伪，电话传真、办公场所等的真实性）必须进行核实，以确认对方的真实可信。二是要谨慎对待网上的邀约，并谨慎应邀。做交易之前最好全面了解对方的真实身份、经济实力、公司业绩，不能急于交易。三是一旦发现诈骗情况，应立即向公安机关报案，以便公安机关能够迅速出击，打击犯罪嫌疑人。

（3）以职业作掩护实施侵占、盗窃犯罪

这主要是指货运公司代理人员为货主代理货运业务，负责货物的制单和发货，掌握货物储运过程中的货损货差比例，并利用货主不核对货物的漏洞，私自涂改已过期的提货单或伪造提货单，非法侵占货物。有的货运代理人员为犯罪分子提供提货单据或相互勾结盗窃作案。

（4）在货车和货物重量上做手脚实施盗窃

这主要是指货运司机采取空车过磅时车轮不完全上磅（减重）和调换车牌轮流过磅的方式骗取“收货单”，有的甚至在车上加装水箱、石块等方法增加空车自重，过完磅后放掉水或卸掉石块再去装货，利用重量差窃取货物；有的在运输煤炭、水泥、矿石、化肥等散货时，中途卸下一部分卖掉，然后灌入等重的水过磅蒙混，还有的交叉合伙作案，如甲、乙两车装载成包大豆后，在过磅前，先将几包大豆搬到乙车，过完磅后再搬回到甲车，再由乙车重复甲车作案手段，从中侵占货物。

（5）在运输途中实施盗窃、抢劫

货运司机单车运输空间大，随意性强，因此，作案无须遮掩。如在运送集装箱时司机钻货主在收货时只注意箱子上有无铅封的空子，中途将集卡车开到路边店打开集装箱铅封窃取货物变卖后，更换铅封或复原铅封。有的货主跟车押货，被司机利用中途吃饭住宿"麻醉"后，轻易将货劫走。

（6）利用车船直取环节实施盗窃

在货运过程中常会有这样的环节，就是由箱站组织集装箱车到码头船边直接将卸下的空箱运到箱站。期间，理货人员仅根据集卡车号填写发货出门证，由司机独自完成空箱运送，这就给一些司机趁机使用假牌照将直取的集装箱盗走提供了机会。

（7）利用拼装箱或拆装箱环节实施盗窃

集装箱运输货物多会涉及拼装箱的问题，即一个集装箱内装有多个货主的货。由于箱中货物不能一次性提走或装满，给一些装卸工提供了盗窃货物的机会。由于集装箱运转周期长，有的需要中转多个国家，还要经历拆箱、拼箱等复杂环节，有的进口集装箱在国外就已经被盗了。

（8）利用拼装改装"黑车"乘机盗骗

犯罪分子将拼装或改装的集装箱车、散货车等"克隆车"混入运输市场，这部分车大都使用假牌照，伪造道路运输证等，据此，可趁机实施盗窃、诈骗犯罪。由于是"黑车"作案，无车管档案，给侦查破案带来诸多困难。

（9）私自扣货骗钱

【案例9-6】老城区的王先生要从北京拉几组家具回洛阳。他没有找正规的货运公司，而是在北京城外家具大世界门口找了一辆货车，货运司机要价不高，两人当即谈妥。但是，刚走到邯郸，该司机便要求提高运费，并付现款，不然就扣货。王先生不得已答应了该司机的要求。

防范对策：托运货物应找营业执照齐全、手续完备、有实际运输能力的托运公司。同时，千万不要贪图一时价格便宜或手续方便，从而陷入骗子的圈套。

（10）借口"信息费"骗钱

【案例9-7】某年1月6日，安徽和县的司机小刘送货到洛阳后，准备"配点货"回去。他找到一家货运公司，并通过该公司的货运网联系到了偃师客户王某。王某称其有一些货物准备送往安徽，并可支付1 700元的运费。小刘一听非常高兴，便赶紧交给货运公司100元信息费后赶到偃师。在偃师，小刘见到了王某，却发现王某也是一家货运公司，王某给了小刘一个单子，说巩义的张某有一个设备准备送到安徽去。小刘为了"配点货"，又花100元钱买下了这个单子。可是小刘到巩义后，张某在电话里说自己和货都在郑州。待小刘到郑州后，对方的手机却已关机了。

（11）伪装成"货运公司"骗钱

【案例9-8】某企业的张先生有货要送到郑州，他找到了一家货运公司，在查看过货运公司的各种证件以及货车后，张先生便跟该公司签了协议。但是，让张先生没想到的是，该公司在领走货后，便人去屋空。

（12）利用司机的证件和前车主的车辆行骗

【案例9-9】李某打着低价运输的幌子，从某货运信息部骗走10公斤黄铜，又从另一货运部骗走一组合音响，总价值约2万元。经查证得知，为李某开车的司机是被雇用的，车辆及手续也是原车主卖掉而未过户的车辆。司机和原车主并不知道李某（新车主）的真实身份。就连李某骗货时专用的手机号码也是冒用他人名义办的卡号。

3.公路配货欺诈防范技巧

（1）货主方面

①在选择配货站或运输企业方面，选规模大、信誉好的企业，最好通过工商、税务等部门核查货运公司的营业执照、纳税凭证等。

②在配货或运输协议方面，与配货站或运输企业签订书面配货协议，详细约定货物若被骗的相关责任。这既可有效防范货主风险，而且也可督促配货站或运输企业认真履行自己的职责。

③车辆配备方面。尽量选择安装了GPS定位系统的车辆，这样，货车的动向便可实时掌握，发生意外时便于及时被发现。

④验照/证、车方面。应当购置数码相机等设备（有条件的可以配备摄像机），及时将送货驾驶员及随车人员、货车照相，作为资料保存，以防不测。必须对三证（身份证、驾驶证、行驶证）的真伪进行辨别验证，留下其复印件，并要求承运司机留下两个以上的固定电话（家庭电话、村委、单位电话等），必要时还可以通过公安和交通等相关部门进行调查验证。同时，有必要抄录登记承运人货车的发动机号码和车牌号码。

⑤在验收货物方面。在装货之前的车辆过磅以及卸货之前的车辆过磅时，一定要注意车主做手脚以减轻或者增加车身重量。在验收运输的货物时一定要仔细和耐心，最好做到每车每箱逐个查点，不放过任何一个环节。

⑥在代收货款方面。最好不要把货款交给承运人代收，通过银行账户划转现金最为保险。如果收货人要求承运人代收的话，必须通过电话联络明确确认，避免遭受额外损失。

（2）配货站方面

①进行工商、税务登记，获得合法的身份。

②签订协议，明确自己的身份：是中介人还是当事人，并约定双方的权利、义务与责任。

③对司机、车主、车辆进行严格审核。要建立详尽、规范的内部操作机制，从接受货物、联系车辆、审验证件等源头入手，建立一整套规范的操作流程。

（3）政府方面

由于全国货运行业都还不成熟，因此规范目前的货运市场，提高货运业诚信水平是当务之急。一是政府有关部门应尽快出台相关政策、法规，搞好物流业务经营审批，取缔无证经营黑户，才能让货运行业逐步走上规模化、规范化的道路。二是公安部门能够建立公开的车辆信息平台，将货车的驾照、车籍等信息公开发布出来，以便物流公司能全面、真实地查证并获取车辆的档案信息，以此规范运输市场，促进现代物流行业的规范与发展。

这里，有一个问题值得深思，那就是：通过购买运输责任保险和骗货险就可以转移经营风险，但在我国为何开展起来较困难？

9.5 国际贸易合同与运输合同衔接不当风险

9.5.1 贸易合同中的运输条款选择不当

1.运输方式与托运方式选择不当

（1）运输方式选择不当。所谓运输方式选择不当，主要是指货主没有根据货物的实际情况以及运输要求，在水路、公路、铁路、航空、管道五种运输方式以及多式联运之间选择合适的方式，以充分发挥各种运输方式的优势，比如，弃水走陆，铁路、大型船舶的过境运输、延迟交货等。

（2）托运方式选择不当。所谓托运方式选择不当，是指货主没有选择最合适的托运方式，从而造成运力浪费及费用支出加大等，比如，应选择租船运输，反而采取班轮运输，应当直达而选择了中转运输，应当中转运输而选择了直达运输。

2.租船权限制条款与租船合同SUB条款

（1）贸易合同中的租船权限制条款

在贸易实践中，买卖双方都希望能争取到租船订舱权，以便增强自己对运输的控制权和确保货运质量。如果实在争取不到租船订舱权，则往往在贸易合同中增加各种各样的租船订舱限制条款（以下简称租船权限制条款），其原因在于，根据《INCOTERMS 2010》的解释，CIF、CFR术语下的卖方只要找一条通常类型的适合装载货物的船舶就算履行了义务，因此，为了确保货运质量，买方在贸易合同中对所租用船舶的条件进行规定，以约束卖方。

目前，贸易合同中的租船权限制条款主要有以下两种形式：

①明确规定了运输工具的条件。比如，限定船上装卸设备的负荷能力，要求配备抓斗，有机械通风，约定船龄不得高于多少年，船级必须由哪些知名船级社认证，所租用的船舶必须加入船东互保协会等等。

【案例9-10】为了避免在卸货港雇用岸吊而支付岸吊费，某CIF买方在贸易合同的装运条款中要求卖方所租用的船舶应配备大吨位的吊杆，以便在卸货港依靠船舶本身的吊杆来卸货。但由于适逢租船市场行情高涨、运力供不应求，卖方只好租用一条吊杆负荷能力很小的船舶，因而，该船在卸货港产生了一大笔岸吊费用。那么，应由谁承担这笔岸吊费呢？

案例评析：应由卖方承担此笔岸吊费。根据合同的约定，卖方所租用的船舶不仅要适货，而且还要有可用的大吨位的吊杆。显然，卖方不得不为自己违反贸易合同中的约定而买单。

②没有规定运输工具的条件，但规定租船人应事先将拟租的船舶规范报给无租船订舱权的一方确认，然后租船人才能租用这条船。

显然，拥有租船权的一方必须满足此条件，否则将构成违约。同时，为了争取到时间让非租船人来确认待租的船舶，租船人与船东洽租时应增加SUB条款。

【案例9-11】某外贸公司从俄罗斯进口一大批工业原料。由于散货海运费一直趋涨，为了规避可能由于海运费的增长带来的风险，中方决定采用CIF价格。双方签订了合同，并且中方很快开立了即期信用证。俄方严格按照信用证的要求将单据交到指定银行，开证行依照UCP600支付了相应的款项。可是，中方等了很久仍不见货到目的港码头。经过了解，原来俄方为了节省运费，找了个船龄很老的船，在半路上船出现了问题，需要修理。结果多花了很多天船才到达中国目的港，其间人民币升值，该工业原料也错过了最佳的销售期，使该外贸公司蒙受了损失。

案例评析：外贸公司蒙受损失的根源在于，在放弃运输控制权的情况下，未能在国际贸易合同或信用证中对卖方指定船舶的船龄做出明确的规定。

（2）租船合同中的SUB条款

SUB条款，是指租船人确认接受附有保留条件（subject to）的租船合约，至于最终是否解除这些保留条件，将由承租人决定。以下即为租船中常常附带的“保留条件”：

①以细节内容为条件（subject to details，Sub Details）。

②以董事会批准为条件（subject to board’s approval）。

③以收货人同意为条件（subject to receiver’s approval）。

④以货物备妥为条件（subject to stem，Sub Stem）。

⑤以取得信用证为条件（subject to L/C obtainable）。

⑥以政府批准为条件（subject to government approval）。

⑦以检验为条件（subject to survey and inspection）。

对于附带保留条件的发盘与接受的法律效力，目前尚无一致的观点。除了英国等国家的法律认为该确认书或承诺书对任何一方均无约束力外，大多数国家的法律均视附带的保留条件是否构成合同中的主要项目来判断其效力。比如，按美国和中国的法律，如果双方已就合同中应具备的主要项目达成一致，则该保留条件不影响合同的成立，除非明确说明该保留条件的解除是合同成立的前提。由此可见，对于附有保留条件的确认，如果认为它不具备法律效力，很明显，此时对租船人较为有利，他仍有撤销的权利。反之，如果认为它已具备法律效力，则租船人不得以“保留条件”未解除而否认出租人承诺的效力，双方均应履行。

显然，如果贸易合同中要求租船人应将所租用的船舶报给另一方确认，那就意味着能不能接受这条船要由对方说了算，对此，租船人在签订贸易合同时应考虑是否要给予对方这么大的权限。如果接受了，则在订立租约时，租船人不仅应同贸易合同的对方积极沟通、取得其确认，以保证订立租约时不节外生枝，同时在与出租人订立的租约中也要添加一个SUB条款，以便为自己赢得时间和主动。当然，租船人想使SUB条款发挥功效，还必须在租约里争取适用英国法才行。

3.装运期与受载期的衔接

装运期，又称为装运时间，是指国际贸易合同中规定卖方将约定的货物装上运输工具或交给承运人的期限。装运期是国际贸易合同中的主要交易条款，卖方必须严格按规定时间交付货物，不得任意提前和延迟，否则，如造成违约，则买方有权拒收货物，解除合同，并要求损害赔偿。一般根据信用证的规定，提单签发日应当在装运期内，这样卖方才可以向银行顺利结汇。

受载期，是指租船合同中规定出租人的船舶抵达约定的装货港，并做好装货准备的时间。受载期通常规定为一段期间，习惯上这段时间掌握在5~15天左右。受载期是租船合同中的主要交易条款，如果出租人在受载期的最后一天（通常称为解约日）未能使船舶抵达约定的装货港，并做好装货准备，承租人有权解除租船合同。

①装运期与受载期的差别。装运期不同于受载期，两者分属于不同的合同条款，针对的主体对象是不一样的，产生的后果也不一样，这关系到两个不同的合约成立与否。

②装运期与受载期的联系。装运期和受载期之间不是相互割裂的两个时间段，而是有着紧密的关联性。它们一定会在某一时段里发生重合，而且受载期肯定是装运期内的一段时间，即装运期通常规定的时间比受载期要长。

由此可见，处于贸易合同与租船合同这两个合约和这两个时间段连接点的租船人（货物的卖方）就会面临如何确保装运期与受载期的同步问题，以防止船货脱节。

问题分析一：某租船人将受载期的最后一天定在装运期的最后一天，是否妥当?

不妥当。其所面临问题在于：如果船舶在受载期的最后一天抵达装货港，这显然并没有违反租船合同的规定，但是如果货物未能在同一天内全部装上船，则卖方就会因错过了装运期而违反贸易合同。作为补救，卖方只好找船东倒签提单，以便结汇（一般信用证上的装运期与贸易合同的一样）。但问题是船东不一定会同意，有时甚至可能被船东趁机敲诈一笔钱。如果碰上市价跌落，狡猾的买方就会借此机会说卖方有欺诈行为而拒绝接货，以此来压低价格或索性另寻卖方；或者买方同意卖方的迟延交货，但要求采用其他结汇方式而不是通过信用证方式结汇，这可能会导致产生一笔不必要的费用。

问题分析二：某租船人将受载期与装运期这两个时间段定得完全相同，是否妥当?

不妥当。其所面临的问题在于：首先，两个时间段最后结束期限为同一天的话，可能存在如上述案例所述的问题；第二，贸易合同中的装运期一般都会比较长，通常是1~2个月的时间，更有甚者有的长达3个月至半年，因为卖方考虑到备货进度的问题而不会答应较短的装运期来增加自己完成贸易合同的难度，同时在租约中，船东基于航次的考虑一般不会同意签订较长的受载期，通常受载期都会是10天至15天，长的也就1个月的时间。可见，如果租船人想根据装运期来订立相同时间长度的受载期，就会增加租船的难度，甚至可能支付更多的运费或租金。

综上所述，租船人在装运期与受载期的衔接方面，应注意如下几点：

①拟定装运期时也应考虑租船市场的供需状况，并使之与受载期相协调。

②在协调时应以首先确保装运期的规定为准，并据此安排受载期。这是因为如果未能在贸易合同或信用证规定的装运期内装运货物的话，就算货物能按租约的规定准时装上船，但也无法向银行结汇，还是背离了贸易合同的初衷。

③受载期的最后一天（解约日）应距装运期的最后一天有一定的时间差，以防因货物未能在装运期内装上船而无法结汇。

④受载期的起止日期及其时间长短的拟定，应视租船市场的供需状况，以及租船人的需要而定，不能一概而论。

4.滞期费的衔接

(1) 贸易合同中的滞期费条款

贸易合同中对滞期费责任的规定多种多样，但与租船合同相应规定的关系上，可分为两大类：一是“独立”性质的，即贸易合同的规定与租船合同规定脱钩。由于两个合约在滞期费率、装卸时间、装卸率等方面均不一致，且彼此独立计算，因此，负责租船的一方在滞期费方面可能有赚有赔。二是“赔偿”性质的，即贸易合同规定滞期费“依据租船合同”(as per the C/P)，即租船合同中的滞期费条款已被并入到贸易合同中。显然，负责租船一方无法赚取滞期费的差额了。

(2) 滞期费条款在各合约中的衔接

在签订贸易合同时，买卖双方疏于对滞期费条款的拟定与审核，或者没有做好与租船合同的有效衔接，甚至根本没有将其列入买卖合同中，由此产生的争议时有发生，对此买卖双方应予以足够的重视。

一是对于掌握租船权的一方而言，对于实现滞期费在贸易合同、租船合同、提单之间的协调，掌握着主动权，运用得当，可使本方获得额外收益；但若忽视或运用不当，又会承担更大的责任风险。

二是对于不掌握租船权的一方而言，应在贸易合同中的滞期费条款或装卸条款中，通过约定对方当事人（租船人）承担相应的义务，或约定最高的滞期费责任，来尽量限制自己承担的滞期费责任风险，避免对方当事人（租船人）牺牲自己利益或不提供必要的协助来尽快完成装货或卸货。

(3) 买方规避因租船合同并入提单可能产生的纠纷甚或风险的对策

第一，在CIF或CFR条件下，在贸易合同中，直接与卖方订立在卸货港的滞期费条款，即明确约定买方负责在卸货港的滞期费和卸货率；同时约定卖方负责在装运港产生的滞期费，并规定租船合同不得并入提单及提单上不得由承运人批注的在卸货港留置货物的条款。但是，承运人的利益也不能不考虑进去，因为如前所述，在租船合同不并入提单时，他就没有依据向收货人主张权利。解决这一问题的办法是：在买卖双方确定好在卸货港可能产生的滞期费费率后，在贸易合同中约定买方授权卖方代理买方同承运人签订卸货港的滞期费条款，一旦在卸货港产生滞期费，承运人有权依据约定的滞期费费率向买方、收货人或提单持有人收取滞期费。

第二，如若对方考虑到承运人的需求，执意要把租船合同并入提单及提单上可以带有由承运人批注的在卸货港留置货物的条款，就意味着买方将受到租船合同的约束。换言之，就牵涉到买方的权利、义务和责任，买方有权利知悉租船合同的内容及其可能发生的修改，这样才显得对买方是公平合理的。因此，在贸易合同中就应订明，卖方在正式签订租船合同前须把合同草本交给买方参阅，并且买方有权对对其不利的条款提出修改意见；对于任何随后的修改，卖方也应以同样方式告知买方以征求买方的意见；还应约定将一份正本的租船合同及其修改内容（若有的话）附在正本提单之后。当然，对于运费、滞期费费率、装卸率等属于卖方和承运人的商业秘密，可以不透露给买方，即随附提单的租船合同可以不含有这类费用的具体数字（承租双方可另行约定）。

第三，为更好地预防风险或隐患的发生，在上述第二种情况下，进一步与卖方协商并做出以下约定：若提单上带有承运人批注的在卸货港留置货物的条款，卖方必须提交由其议付银行发给开证行的SWIFT报文，确认卖方已全额支付了滞期费，或提交该行已替卖方向承运人出具了滞期费保函的副本作为一项信用证项下规定的额外单据。业界相信这样的规定不但对卖方有极大的约束力，而且对维护承运人的合法权益也将起到积极作用。事实也是如此。

【案例9-12】20XX年6月，国内A公司与印度S公司签订进口合同后，印度S公司将备齐的货物交给印度某承运人C发货。但在货物抵达国内某港口后，承运人C指示其在我国某港口的代理商留置3万吨的散装货物，理由是S公司即发货人没有支付在装运港产生的3万美元的滞期费。国内A公司作为有关信用证项下的开证申请人和提单的收货人，出于无奈，只得与公司代理商商议此事。该代理商同发货人S公司和承运人C多次协商没有任何效果。于是，国内A公司为维护与S公司的合作关系，代S公司垫付了该项所谓的货物滞期费。在A公司支付了滞期费等其他费用后承运人C才交出了被留置近2个月的货物。经查，国内A公司与印度S公司在签订合同时，并未提及在货物装船过程中发生滞期费用该如何处理的问题。并且从提单正面条款看，也没有载明租船合同并入提单和承运人就滞期费而留置货物的条款。

案例评析：本案中，由于合同与提单上都没有类似的条款，那么不管租船合同是如何约束收货人或提单持有人的，都与收货人或提单持有人无关。也就是说，装运合同对收货人或提单持有人没有约束力。依据我国《海商法》第七十八条的规定："承运人同收货人、提单持有人之间的权利、义务关系，依据提单的规定确定。收货人、提单持有人不承担在装货港发生的滞期费、亏舱费和其他与装货有关的费用，但是提单中明确载明上述费用由收货人、提单持有人承担的除外。" 可知，承运人C的做法是无理的，既不应该向A公司索要本应由发货人S公司承担的滞期费，更不应该留置货物近2个月。因此可以说，承运人C的行为已构成了对A公司的实质性侵权，所以，A公司可借此将承运人C诉讼法庭，索取垫付的滞期费。

9.5.2 贸易术语与运输方式的衔接不当

1.外贸企业掌控运输权的利弊分析

近年来，国际跨国公司大规模发展，而多数跨国公司都已进入我国。跨国公司的内部交易和相关交易均由国外的母公司实行统一控制，加之，国外企业实力强大、高度重视物流管理，其物流管理水平和能力强，而我国企业的理念和物流管理能力落后。因而，在我国的进出口贸易中，大量地是以FOB价格出口，以CIF价格进口，从而将货物运输权交给了国外企业。

值得注意的是，放弃运输控制权，我国外贸企业既可能会失去应得的利益，同时也会面临不少的风险。下面以出口采用FOB术语为例，说明我国出口商可能会失去的利益和面临的风险：

(1) FOB术语下出口商可能失去的利益

①采购的利益。在航运市场处于卖方市场的时代，货主企业可以享受运输市场充分竞争的好处，选择有利的交易和交易条件而获得利益。比如，在市场波动、货价下跌时，FOB买方可以通过拖延时间、暂缓装货的方式来谋取货价下跌带来的利益。实务中不乏贸易商抓住诸如税率变化等可乘之机，先以FOB买入货物，而后在船舶尚在海上运输途中，甚至在货物抵达目的港后，再寻找合适的买方的事例。

②运作的利益。货主企业通过参与运输作业环节，以达到降低费用支出而获利的目的。

③管理的利益。通过物流策划、组织和控制，降低物流、资金成本，开拓第三利润源泉。

④风险防范的利益。风险会带来损失，防范风险就是获取收益。国际航运本身就是有较大风险的活动，在与航运企业保持密切联系的过程中，对运输中的意外情况及时掌握和采取有效措施，能减少风险损失。比如，不需要担心提单欺诈，无须对不清洁提单心存烦恼，可以更加自主地进行电报放货。

(2) FOB术语下出口商面临的风险

①市场风险。在国际贸易中，一单出口合同一经签订直到履行完毕，不仅要经过许许多多的操作环节，还要受市场行情变化因素的影响。买卖双方如有一方不恪守信誉，就会给对方造成巨大的经济损失。出口时采用FOB贸易术语，卖方更容易受市场行情的左右。

【案例9-13】2009年江西T进出口公司向韩国Y公司出口3 000匹手工夏布，以每匹FOB深圳28美金价签订，交货期为4月15日之前，付款条件为即期信用证。卖方在4月10日把货物运至深圳的笋岗仓库，等候买方的装船通知。可是临近装运期，买方却迟迟不来装运通知，卖方多次致电催促，但直至信用证装运有效期逾期，买方也无任何反应。据了解由于当时韩国市场行情不好，此商品价格一落千丈，买方便打了退堂鼓。因为夏布是季节性较强的商品，卖方唯恐积压，迫不得已地将货物降价转售他人，蒙受了不小的经济损失。

案例评析：由于货物装运的主动权掌握在买方手中，一旦市场行情有变化，买方就会以种种理由延迟装运，直至信用证过期，有的甚至反过来逼迫卖方降价出售。当然，这种情况纯属买方违约，根据合同可以向买方索赔，但如果此类买方既无信誉又无实力，则卖方只好自认倒霉。

②货船衔接不顺风险。在出口货物时，船舶经常会受台风等天气状况的影响，而不能如期到港。当买方信用证规定的装运期临近，而买方所指定的船舶又未如期到港时，卖方要承担货物在启运港的仓储费以及在此期间货物灭失损坏的风险，直到货物上船为止。如果船舶能在信用证装运有效期内到达并能顺利装船还算万幸，否则，卖方除了应与买方磋商修改信用证装期及有效期等事宜或者倒签/预借提单之外，还要承担更长一段时间的货物在装货港的仓储费，以及在此期间货物灭失损坏的风险。这样会大大地影响卖方的资金周转，在市场行情不佳时，还有可能造成货物的积压。

③面临货款两空的风险。在采用FOB出口时，由买方指定的承运人或其代理的资信状况良好与否，直接影响着卖方的利益。近年来大量采用FOB出口的合同，买方往往不

指定船务公司接货，而是指定境外货代公司在装运港接货并签发提单，然后，买方一方面会利用信用证中的软条款拒绝支付货款，另一方面与货运代理企业串通进行无单放货而提取货物，最终造成卖方货款两空。

综上所述，随着世界市场竞争的加剧，越来越多的货物需要进行远距离的交易，才可能带来可观的利润。货物运输的距离越长，货主对货物控制的程度就越低。对于买卖双方来说，整个交货、接货、付款、收款过程中所涉及的各自的职责、费用、风险等每个环节都很重要，稍有疏忽，就容易功亏一篑。一个精明的卖主，不但要能够把握自己所出售货物的品质、数量，而且应该把握货物运抵目的地及货款收取过程中的每一个环节。对于货物的装载、运输，货物的风险控制都应尽量取得一定的控制权，这样，贸易的盈利才有保障。然而，外贸企业掌控运输权，也有其不利的一面，比如，运价上涨风险、无法租到指定船舶的风险、滞期费增加的风险，因此，在国际交易中，买卖双方应当从自身的需求和便利性出发来选择是否掌握运输控制权。

2.贸易术语与运输方式衔接要点

（1）视运输方式选择使用贸易术语。虽然贸易术语只是确定国际货物买卖中交易双方的权利和义务，但是不同的贸易术语适应于不同的运输方式，在《INCOTERMS 2000》中，有六种术语（FAS、FOB、CFR、CIF、DES、DEQ）仅适用于水运，其他七种则不受限制，可适用于各种运输方式，包括集装箱运输和多式联运。因此，当货物的运送拟使用空运、陆运等方式时，若仍沿用传统熟悉的FOB、CFR、CIF术语，将势必造成该术语解释上的困难，从而引发争议，给当事人带来不必要的麻烦和经济损失。尤其是在出口业务中，如果货物是以现代化的集装箱运输或多式联运方式运输，不采用适合的FCA、CPT、CIP术语而使用不当的FOB、CER、CIF术语，还会存在以下两个缺点：一是扩大了出口方的风险范围，从货交承运人延伸到在装运港越过船舷；二是推迟了运输单据的出单时间，从而延缓了出口方的交单收汇时间，影响资金周转并造成利息损失。

（2）视运输条件选择使用贸易术语。在本身有运输能力或安排运输无困难时，应争取自己办理货物的运输事宜，即按C组术语出口、按F组术语进口，以利于出口方对货物的控制，并防止进口方安排运输时与承运人相勾结对出口方进行国际贸易欺诈。如出口使用F组术语，则可能造成不法商人越过向银行付款赎单的正常途径，与承运人串通无单放货，而后以逃逸或宣告破产的伎俩，造成出口方货款两空；又如进口使用C组术语，若出口方与承运人串通出具假提单，则将使进口方蒙受付了款却收不到货的损失。

（3）视运费水平和运价变动情况使用贸易术语。一般而言，掌握租船权，虽可能面临运价上涨、租不到船、船货衔接不当而产生大量的滞期费等风险，但也有有利的一面。比如，可赚取运费差价、可控制装船时间、可以争取有利的租约条款、可以有效防止海运欺诈等。可见，在运费水平适中且运价稳定时，自己安排运输从经济上是合算的，因而出口宜采用C组术语，进口宜采用F组术语。而当运费水平偏高或运价看涨时，则为避免运输成本增加或存在增加的风险，宜将运输的责任转给对方承担，即宜采取以F组术语出口、以C组术语进口的方式。值得注意的是，对于不掌握租船权的一方，应在贸易合同中增加租船权限制条款，以保护自己的利益。

(4) 视装运港条件使用贸易术语。对于在装运港交货的四种术语，当装卸港条件较差或费用较高时，若用租船运输，则运费、装卸费也会因此而增加，应回避运输及装卸责任，即出口用FAS或FOB liner terms、FOB under tackle的术语变形，进口用CFR（CIF）liner terms、CFR（CIF）ex tackle、CFR（CIF）landed的术语变形；若以班轮运输，则因会加收港口附加费使运费增加，也应考虑由对方安排运输，即出口用FAS、FOB，进口用CFR、CIF。

(5) 如不得已采用了FOB条件成交时：一是对买方派船到港装货的时间应在合同中做出明确规定，以免卖方货已备好船迟迟不到贻误装运期的情况发生；二是可接受指定的船公司，但对指定境外货代的情况应慎重考虑是否接受。

此外，选择贸易术语时还应与支付方式结合考虑。如采用货到付款或托收等商业信用的收款方式时，尽量避免采用FOB或CFR术语。因为这两种术语下，按照合同的规定，卖方没有办理货运保险的义务，而由买方根据情况自行办理。如果履约时行情对买方不利，买方拒绝接收货物，就有可能不办保险，这样，一旦货物在途中出险就可能导致钱货两空。如不得已采用这两种术语成交，卖方应在当地投保卖方利益险。

3.贸易术语的变形与航次租船合同的装卸费用条款的协调

在国际贸易中，买卖双方是通过贸易术语的变形，来明确装船或卸船过程中的各项费用由谁负担（参见表9-1）。而在航次租船合同中，出租人与承租人双方是通过订有装卸费用分担条款来确定装卸费用的分担。航次租船合同中的装卸费用条款主要有以下五种：

(1) 常用的有班轮条款（liner terms），是船舶所有人负责货物的装卸费用。

(2) 舱内收货条款（free in），简称FI条款，是船舶所有人不负担货物的装船费用。

(3) 舱内交货条款（free out），简称FO条款，是船舶所有人不负担货物的卸船费用。

(4) 舱内收交货条款（free in and out），简称FIO条款，是船舶所有人不负担货物的装卸费用。

(5) 舱内收交货和堆舱、平舱条款（free in and out，stowed and trimmed），简称FIOST条款，是船舶所有人不负担装卸的所有费用，装卸费、理舱费和堆舱费全部由承租人承担。

根据租船合同的一般原则，凡是未约定由船方承担的装卸费，则一律由发货人或收货人支付，此时，国际货运代理企业业务人员应了解和熟悉贸易术语的变形与航次租船合同的装卸费用条款，并使之相互相衔接（见表9-1），以免因支付额外的装卸费用而造成费用增加。比如，在CFR班轮条件（CFR liner terms）下，此时，租船合同中如约定为FO条款，则意味着由货主支付卸船费，但由于CFR班轮条件（CFR liner terms）下买方无义务支付卸船费，因此，就需要由卖方来支付此费用了，显然对卖方来说较麻烦。故此时一般租船合同中不采用FO条款，即安排由船东支付卸船费，除非卖方有能力在卸货港节省卸船费，且节省的费用大于因由船东支付卸船费而相应增加的运费。

表9-1　　FOB、CFR、CIF术语的变形及与租船合同装卸条款的衔接

术语的变形	装卸费/卸货费等费用的分担	租船合同中的装卸条款
FOB班轮条件（FOB liner terms）	装货费由船方或买方负担	班轮条款或FO条款
FOB吊钩下交货（FOB under tackle）	从货物吊装开始，装货费由买方负担	班轮条款或FO条款
FOB包括理舱（FOB stowed）	卖方负担包括理舱费在内的装货费	FIS条款
FOB包括平舱（FOB trimmed）	卖方负担包括平舱费在内的装货费	FIT条款
CFR班轮条件（CFR liner terms）	卸货费由船方或卖方负担	不能为FO条款
CFR吊钩交货（CFR ex tackle）	卖方负担货物从舱底至船边卸离吊钩为止的费用	不能为FO条款
CFR卸到岸上（CFR landed）	卖方负担将货物卸至目的港岸上的费用	不能为FO条款
CFR舱底交货（CFR ex ship's hold）	买方负担将货物从舱底起吊卸至码头的费用	FO或FIO条款
CIF班轮条件（CIF liner terms）	卸货费按班轮办法处理，由支付运费的卖方负担	不能为FO条款
CIF吊钩交货（CIF ex tackle）	卖方负担货物从舱底至船边卸离吊钩为止的费用	不能为FO条款
CIF卸到岸上（CIF landed）	卖方负担将货物卸至目的港岸上的费用	不能为FO条款
CIF舱底交货（CIF ex ship's hold）	买方负担将货物从舱底起吊卸至码头的费用	FO或FIO条款

9.5.3　结算方式与运输单据的衔接不当

1.选定结算方式时必须考虑运输单据的性质

如前所述，一方面，不同的结算方式，其收汇风险、收汇时间长短等有所不同；另一方面，不同性质的运输单据，其流转方式、流转时间长短及物权保证有所不同。因此，买卖双方在洽谈贸易合同时，必须做到结算方式与贸易术语、运输单据相衔接，以确保收汇安全和顺利履行合同。

（1）应根据运输单据的性质选择结算方式。如果运输单据为具有物权凭证功能的提单，则可采用信用证、托收、汇付等方式；如果运输单据是不具有物权凭证功能的运单，宜采用信用证方式，而不宜采用托收、到付款方式，除非买方的信用很好。此外，即使采用信用证方式结算，最好规定开证行为运输单据的收货人。否则，就可能发生既未收到货款（比如未做到按规定提交与信用证规定相符的运输单据而被银行拒付），而货物又被买方提走的危险。

（2）在采用托收、汇付等商业信用方式结算时，应选择具有物权凭证功能的单据，并

约定凭单付款，以达到利用运输单据规避收汇风险的目的。比如，电汇方式下，贸易合同中应约定采用提单作为运输单据，并采用凭进口方付款凭证交付的正本提单，以防止进口方在获得正本提单后逃避付款责任。而且，出口方应在获得进口方传真的电汇收据与交付正本提单或指示承运人放货之间留有一定的时间差，以保证银行将款项汇出，从而规避进口方在获得正本提单后立即向银行撤销汇款的风险。当前，最稳妥的方法是汇款到账后再提交提单正本。

（3）不同的交货方式和运输单据的性质能适应的结算方式应有所不同。即使是在采用FOB、CIF、CFR、FCA、CIP、CPT等属于象征性交货术语的情况下，也要考虑运输方式和运输单据性质的不同来确定支付方式。如果货物通过海洋运输时，卖方发货后所取得的是提单，加上货物在途时间较长，因此采用结算程序较复杂、收汇时间较长的信用证支付与托收方式收款都是可以的。此时，如果是采用信用证支付方式，银行承担了买方拒付的风险；而在托收方式中，卖方可以在买方付款前通过控制提单控制货物的处置权。但如货物通过航空、铁路运输或用邮包寄送，卖方得到的运输单据是航空运输单、铁路运输单或邮包收据，在货物运抵目的地后，由承运人或其代理直接通知收货人取货，只要收货人没有拒收货物，货物不管是否已经付款，都由收货人或买方控制，卖方将失去货物的控制权。因此，采用这些方式运输货物的交易，都不适宜采用托收方式收款，最好采用信用证或预付款的方式，如果是采用信用证方式，通常也应把这些运输单据的收货人填写为开证行。同样，在使用EXW、DAF、DES、DDU、DDP等属于实际交货方式的术语的交易中，也应根据运输单据的性质选择相应的结算方式。

（4）即使采用具有物权凭证功能的提单，但如果签发该单证的“承运人”信誉较差而采取无单放货，则卖方仍会面临较大的收汇风险。因此，对于FOB、FCA术语的合同，即使采用凭提单交货与收款的方式，一般也不宜采用托收方式，除非在贸易合同中对签发单证的承运人的资格做出明确规定。当然，最稳妥的办法是自己掌握租船订舱权。

【案例9-14】2018年6月，浙江某出口公司与印度某进口商达成一笔总金额为6万多美元的羊绒纱出口合同，合同中规定的贸易条件为 CFR NEW DELHI BY AIR，支付方式为100%不可撤销的即期信用证，装运期为2018年8月间自上海空运至新德里。合同订立后，进口方按时通过印度一家商业银行开来信用证，通知行和议付行均为国内某银行，信用证中的价格术语为 CNF NEW DELHI，出口方当时对此并未太在意。他们收到信用证后，按规定发运了货物，将信用证要求的各种单据备妥交单，并办理了议付手续。然而，国内议付行在将有关单据寄到印度开证行后不久即收到开证行的拒付通知书，拒付理由为单证不符：商业发票上的价格术语“CFR NEW DELHI”与信用证中的“CNF NEW DELHI”不一致。得知这一消息后，出口方立即与进口方联系要求对方付款赎单；同时通过国内议付行向开证行发出电传，申明该不符点不成立，要求对方按照UCP600的规定及时履行偿付义务。但进口方和开证行对此都置之不理，在此情况下，出口方立即与货物承运人联系，其在新德里的货运代理告知该批货物早已被收货人提走。在如此被动的局面下，出口方不得不同意对方降价20%的要求作为问题的最后解决办法。

从以上案例可看出，造成出口方陷入被动局面的根本原因在于丧失了货权。由于航空运单不具有物权凭证的特征，收货人凭承运人的到货通知和有关的身份证明就可提货。这样一来，在空运方式下即使是采用信用证作为结算方式，对于卖方而言也不是很保险。为此，卖方应采取以下对策：

（1）争取与其他的支付方式结合使用。比如，要求买方在出货前预先电汇一定比例的货款，以分散风险。

（2）严格审查进口商的资信情况，包括财务状况、经营状况、付款记录等，以核定其信用额度，决定合同金额的大小。

（3）严格审查开证行的资信情况，以免出现开证行故意找出“不符点”拒付，使买方不付款提货，造成钱、货两空的局面，必要时可要求对信用证加具保兑条款。

（4）如果货物金额太大，可要求分批交货。

（5）要求将航空运单的收货人做成“凭开证行/偿付行指示”（TO ORDER OR TO THE ORDER OF THE ISSUING/REIMBURSING BANK）形式。

（6）严格认真地根据信用证制作单据，做到“单单一致，单证相符”，在单据方面不给对方任何可乘之机。并要求议付行予以密切配合，在开证行/偿付行有变故时，要与对方据理力争，严格按照UCP600及其他有关国际惯例办事，维护我方合法权益。

（7）与航空承运人及其在目的地的代理人保持密切联系，因为在收货人尚未提取货物以前，如果出口商觉察到有任何变故，出口商/托运人有权要求航空承运人退回，或变更收货人，或变更目的地。

（8）投保出口信用险。出口信用险是保障因国外进口商的商业风险和/或政治风险而给本国出口人所造成的收不到货款的损失。

2.提交的运输单据必须符合贸易合同或信用证的规定

在国际贸易中，提交约定的运输单据是卖方的一项基本义务，因此，买卖双方签订合同时，必须根据运输方式和实际需要，就卖方提供的运输单据的种类和份数做出明确规定，而卖方则必须按时提供符合此规定的运输单据。比如，以下为UCP600对运输单据的要求：

（1）运输单据的类型须符合信用证的规定。

（2）起运地、转运地、目的地须符合信用证的规定。

（3）装运日期/出单日期须符合信用证的规定。

（4）收货人和被通知人须符合信用证的规定。

（5）运输单据上的商品名称可使用货物统称，但不得与发票上货物说明的记载相抵触。

（6）运费预付或运费到付必须在运输单据上予以正确表明。

（7）正副本份数应符合信用证的要求。

（8）运输单据上不应有不良批注。

（9）包装件数须与其他单据相一致。

（10）唛头须与其他单据相一致。

（11）全套正本都须盖妥承运人的印章及签发日期章。

（12）应加背书的运输单据须加背书。

9.6 船货双方日常协调不畅风险

船公司与货主的日常协作由双方的驻港代表协调完成。依据双方签订的合同（大客户），货主根据生产需求下计划，安排每月港口运往工厂的具体装卸品种、数量、日期、接运港口等。货方代表依据公司的计划要求与船方代表进行沟通，船方代表根据公司的船舶到港计划与货方代表共同持有抵港船舶名称和时间、装卸货种类型和数量、质量情况等数据资料到港口部门报计划，三方协调，达成共识，形成船舶到港靠泊计划。船方代表再将船舶到港靠泊计划通知公司船舶的船长，要求船长严格按照靠泊计划和港口的要求进行靠泊、装卸事务。

9.6.1 不协调的主要表现

船公司与货主之间的不协调主要体现在以下几点：

1.装不出货

这里主要是指装卸机械无法正常运转。以装卸矿石为例，一个斗轮机要负责两个堆场，出场就不能进场。例如，1号斗轮机要负责1号 、2号两个堆场，如果1号堆场在进货，则它就不能出货，与此同时，2号堆场不能进货也不能出货。如果所装货种放在2号堆场，就会出现装不出货的情况。

2.货量与运力冲突

这是指货主的月计划量与船公司船舶运力的冲突。在船公司的船舶调度过程中，由于船公司的运力不足，在规定的时间内，抵达港口的船舶比预订的要少或没有船舶到达已定港口，这样便无法完成货主计划的装货量，势必引起货主的不满。船舶无法到港，导致运力不足，除了船舶的调度外，还与船舶滞港、不可抗力的天气因素和船舶故障等因素有关。

3.交货数量存在分歧

以装卸矿石为例，卸货港的货物数量与装货港的货物数量相差太大，产生矿石的亏空。它除了受到装卸过程中的落矿和一程船进口矿石的含水量大小等因素的影响外，主要源于双方水尺计量上的差异。而造成水尺交接数值不准确的主要原因有：

（1）海浪波动，水尺数确定有难度。

（2）夜间照明不理想，影响水尺查看准确性。

（3）海水比重变化，影响计算值。

（4）船舶常数不准，直接影响矿石计算值。

（5）水尺刻度不准，直接影响船舶装货数计算值。

4.交货质量存在分歧

船舶抵达卸货港后，船、货双方对于货物质量的分歧，导致不能卸货。比如，载运矿石的船舶抵达卸货港时，收货方即货主在检验货物时，认为矿中含水量过高或含杂矿过多，而拒绝收货，不让卸货。

9.6.2 解决措施

1.装不出货的对策

港口方面（调度室）将情况提前通知船方代表，由船方代表与货方代表协调，改装矿种，将装不出的矿种延期择日再装。为保证有效利用运力（不可能让已到船舶因为装不出货而在港口空等或空返），符合航运快装快卸的要求，办事处人员将换装的矿种与数量，以及停泊码头告知船长，由船长依照港口的要求进行装货。

2.化解货量与运力冲突的对策

加强船公司与货主的沟通，特别是双方驻港代表的沟通，协调好运力与计划，制订柔性的装运计划如“前差后补”。在船公司运力不足时，计划量少一点；当运力充足时，计划量多一点。加强船舶的检测，避免到港途中的船舶故障。加强对天气变化的动态观察，及时告知船长天气情况，避免天气不可抗力因素导致的船舶故障。与港口方面多加沟通，了解港口的船舶靠泊动态与计划，配合港口的工作，缩短公司船舶的滞港时间，同时和港口方面建立良好关系，做到船舶到港便能排上计划。

3.化解交货数量分歧的对策

（1）针对海浪波动：根据实际情况，海浪波动是无法改变的，所以从水尺读数的修正上解决问题是最好的办法。比如，在实际的看水尺过程中，可根据波浪的不断浮动，选取5组上下水尺读数，算出平均值，再将5个平均值换算成算术平均数。这样得出的水尺数就能最大限度地与实际数相等。

（2）针对夜间照明不理想：减少灯柱高度，由于船舶小型化，原有照明灯投射角度与现状不相适应；换用照明灯，可以有选择地主照某一方位；配置个人探照工具，以备需要时使用。

（3）针对海水比重变化：季节性变化时测试海水比重值；水质密度测量仪日常监测。

（4）针对船舶常数不准：对首次来港船舶实现商检测量核定常数值；对常来船舶建立常数档案，前后核实跟踪。

（5）针对水尺刻度不准：无资质证明、资料不齐全的非规范小型船舶不装货；经公司批准装货的首次到港小型船舶选择地磅计量；建立小型船舶资料档案，将地磅计量数与其水尺数比较，检测误差率。

4.化解交货质量分歧的对策

在货物装船时，严格把好质量关，不让含水量过高的矿装船；在堆场清场的时候，办事处人员或货主驻港代表到现场去监督；船舶在航行中要密封好舱盖，以防进水货物被打湿。

思考与练习

1.单选题

(1)货主企业面临的海运欺诈通常不包括(　　)。

A."影子公司"欺诈　　B.鬼船欺诈　　C.绕航欺诈　　D.运杂费结算欺诈

(2)FIO条款是指(　　)。

A.船东承担装船费用　　B.船东承担卸船费用

C.船东承担装卸船费用　　D.船东不承担装卸船费用,两段招标

(3)不属于国际贸易合同与运输合同衔接不当风险的是(　　)。

A.贸易合同中的运输条款选择不当　　B.贸易术语与运输方式衔接不当

C.结算方式与运输单据衔接不当　　D.贸易合同条款与信用证条款衔接不当

2.多选题

(1)物流外包时货主企业面临的主要风险有(　　)。

A.信息不对称风险　　B.公司战略机密泄露危险

C.技术对接障碍风险　　D.客户关系风险

(2)提单欺诈主要包括(　　)。

A.伪造提单　　B.虚假清洁提单　　C.倒签提单　　D.预借提单

(3)船公司与货主之间的不协调主要体现在(　　)。

A.装不出货　　B.货量与运力冲突

C.交货数量存在分歧　　D.交货质量存在分歧

3.判断题

(1)物流外包时不必考虑物流企业的文化。

(2)货主企业自建船队的目的只是为了规避风险。

(3)物流外包风险属于物流战略风险的范畴。

4.简答题

(1)简述化解船货双方日常协调不畅的措施。

(2)简述货主物流业务外包所面临的主要风险。

(3)简述海运欺诈的内涵。

案例分析　　申美公司物流外包风险防范

上海申美饮料食品有限公司(以下简称申美公司)作为可口可乐公司在亚洲最大的瓶装厂和销售公司,其业务主要集中于上海、无锡和苏州等华东地区,分为市内和市外两块。市内是指上海地区,市外有无锡、苏州、南通、嘉兴和常熟5个区域,市内和市外的销量各占50%。

由于可乐产品本身属于重货,物流费用相对较高,所以,基本上一个省都有一个瓶装厂。同时,可乐产品属于劳动密集型产品,售价又较低,所以物流费用在其中占的比例较大。由于饮料行业的特殊性,申美公司产品的淡、旺季销售差异非常大,最大相差5倍。此外,在旺季天与天之间的订单量的差异也是非常大的,所以很难掌握。销售旺季主要集中于6、7、8、9月和春节,此时虽然加班加点,但仍是常常会遇到缺车、装车的通道不够等问题,导致订货不能按时送出。2001年,申美公司兴建了两个1万平方米的新仓库、两个快速装货通道,使原来12万~15万箱/天的装载能力增长到了40万箱/天,

大大提高了装车效率。但同时，淡旺季的差异也形成大量的管理成本和人力成本，因此，公司决定实施物流外包战略。

最初，申美公司打算将全部物流业务外包给一家物流商，并进行了招投标。当时，有许多大的物流公司进行了投标，虽然他们的标书都做得很好，但是由于这些第三方物流公司在实际运作中无法适应申美公司对产品送货时间、快速反应、回单处理、成本管理等各方面非常高的要求，最后招投标以失败告终。

之后，申美公司决定改变策略，实行分散外包战略。在上海市外物流配送方面，申美公司选择了当地最大的运输商进行招投标，并为其培训业务操作人员。由于申美公司的业务量非常大，因此，申美公司在5个区域均招标一个运输商，将物流压力分散给这5家运输商。不仅如此，由于运输商对自己当地的市场都很熟悉，于是，申美公司将当地市内配送、库存管理、干线运输等外包给他们，并把自己当地的车卖给他们，传授给他们具体的仓库管理、当地市内配送、干线运输等运作方法，让他们按照可口可乐的储运流程及卫生、环境等指标来实施具体业务，甚至让他们使用申美公司的信息管理系统，将信息透明化，由中央来控制各区域订单管理、库存管理、运营管理等。在上海市内物流配送方面，对于零担配送业务，申美公司采取自营方式。申美公司拥有100辆印着可口可乐广告的依维柯，这些车辆主要是用来配送如超市门店、餐饮、网吧、学校等8 000多家客户。由于这些客户订单小，订货频率较高，因此在旺季时一辆车一天至少运行3~4次。此外，在全市还有3个仓库进行分送，形成了一个非常密集的配送网络，以更好地满足可口可乐对客户的承诺。对于整车业务，申美公司自有车辆主要是按照淡季的销售量来进行配置的，这样，在旺季时，则将多余的业务量外包给10个运输商，以便降低成本，满足运力需求。

自实施外包模式后，申美公司每月会对外包商进行评估，评估的指标是：装车及时率、回单及时率、回板及时率。并且申美公司会按照评估的结果来进行排名，使外包商们能够在排名中相互竞争、相互学习。

随着业务的不断增长，为了提高管理效率，申美公司建立了BASIS系统，实施中央控制，24小时在线，每小时更新，将一切数据信息透明化，并且在运作中不断地完善。该系统是全球可口可乐为其各地的瓶装厂所设计，适合每个瓶装厂内部使用，非常灵活，功能也很强大。系统包括客户管理、信用情况、收款情况、价格管理和管道管理等版块。其中物流方面主要包括库存管理、订单装运及完成情况等。另外，申美公司还上了自动调度模块，结合电子地图，系统会自动按照订单的位置给出最合理的送货路线、最短的时间、最合适的重量、最短的距离派单，大大提高了配送效率。

与此同时，申美公司还将工作重点集中于内部管理。依靠管理来提高工作效率，充实与完善公司的管理构架。以奖金系统为例，申美公司针对驾驶员建立了奖金系统，通过送货量、客户数、公里数等指标来对驾驶员的工作效率进行考核。驾驶员在每次出车后，其工作量都会输入系统中，由系统按照相应的比例进行统计核算，来决定驾驶员每月的奖金收入。实施后，大大提高了驾驶员的积极主动性和工作效率。

◎试分析申美公司防范物流外包风险对策及给我们的启示。

第10章 供应链风险管理

学习目标

- 了解供应链风险、供应链风险管理的定义与特点。
- 熟悉供应链风险的类型与供应链风险管理的方法与对策。
- 掌握供应链设计风险、供应链合作风险、供应链运营风险的类型及防范对策。

导入案例

戴尔的快速反应供应链

当供应链遇到灾难事件或其他突发性障碍，供应链程序应该怎样应对呢？“9·11”和SARS（重症急性呼吸综合征）等一系列危机不但没有给戴尔公司带来重大损失，反而给其提供了无限商机，这有赖于戴尔所构建的快速反应供应链。

首先，计划先行，临危不乱。戴尔公司的全球供应链监督小组时刻关注全球动向，一旦意外发生，立即组织危机处理小组，减少或转移危机。“9·11”事件发生后，美国立即封锁各机场，并暂停接纳所有飞入美国的飞机。戴尔的危机处理小组及全球供应链监督小组立即发挥计划作用，与加工厂商密切合作，找出绕道飞行的货运飞机，将笔记本电脑等以空运为主的产品，先运至美洲其他国家，再以货运方式运进美国。“9·11”事件中，恐怖分子破坏的是美国的金融中心，不少遭到波及的金融业者紧急向PC制造商下订单，交货速度最快的戴尔电脑便成了其中最大的赢家。

其次，战略合作，上下协同。在供应链中，战略伙伴关系就意味着厂商与供应商不仅仅是买家和卖家的关系，更重要的是一种伙伴甚至是朋友关系。戴尔供应链高度集成，上游和下游联系紧密，围绕客户与供应商建立了自己完整的商业运作模式，以至于在危难时能很快地做出反应。如在“9·11”事件之后，戴尔就能立即调整公司的运营，找出哪些供应商可能会出现供货中断，并迅速调动和加大在欧洲和亚洲工厂的生产能力，满足订单的需求。

最后，直销模式，贴近用户。戴尔的直销模式确保了戴尔能够快速了解危机中客户的实际需求，获得来自客户的第一手反馈信息，并按需定制产品。产品的直接递送，让产品直接从工厂送到客户手中，由于消除了流通环节中不必要的步骤，缩短了流通时间，帮助客户及时解决困难，减少危机造成的损失。SARS肆虐期间，戴尔通过平均4天一次的库存更新，及时把最新相关技术带给客户，并通过网络的快速传播性和电子商务的便利，为客户搭起沟通桥梁。虽然在SARS期间不少客户推迟了他们购买产品的计划，但电话咨询明显增多，这也培养了不少潜在客户。所以，当戴尔在制定二季度的销售计划时，发现与市场的反应是保持一致的。根据相关的统计数据显示，SARS风暴并未对戴尔上半年的业绩造成什么影响。SARS风暴发生年度，戴尔的年第一季度营业额为95亿美元，比上财年同期增长18%；出货量同比增长29%，公司第一财季运营利润占总收入的比例为8.5%，是两年半以来的最高纪录，而运营支出占总收入的比例从一年前的9.9%降低到9.8%的历史性新低。

10.1 供应链风险概述

【预备知识】 **供应链与供应链管理**

1. 供应链的概念与特点

国家标准《物流术语》（GB/T 18354-2006）把供应链（supply chain, SC）定义为“生产及流通过程中，为了将产品或服务交付给最终用户，由上游与下游企业共同建立的需求链状网”。

供应链具有以下特点：

（1）用户需求为主导

无论何种形式的供应链，其存在的前提是某种需求市场的存在，这种需求作为供应链的驱动力，促进节点企业的结盟、分工与合作，拉动供应链中信息、物资、资金的流动和交换，实现在为用户提供高质量产品或服务的同时价值的不断增值。

（2）动态性

供应链是在一定市场目标和环境下所建立的一种竞争合作模式，随着供应链目标、服务方式以及企业核心竞争力的不断变化，链上节点企业及其地位也会发生变化，这决定了供应链为适应市场需求，会不断进行节点企业的变更和重组。

（3）复杂性

供应链是在一定用户需求目标条件下实现企业横向择优与合作所建立起来的网链关系，链中的节点企业来自不同的区域、行业甚至不同的国度，根据自身核心竞争力情况在链中担当不同的角色，各企业在制度、技术、组织等方面的差异决定了供应链系统的复杂性。同时，供应链的动态变化特性进一步增加了这种复杂性。

（4）合作性

供应链的出现，是企业适应国际经济一体化形势，合理调整企业间存在的目标冲突和利益冲突，以供应链目标为共同目标，实现竞争向合作转化的结果，并且通过这种战略性合作，完成对市场变化的快速反应，实现供应链企业的共赢。

（5）信息共享

以互联网为代表的信息技术是构筑供应链的基本条件，靠它供应链才能跨越时空的界限，实现真正意义上的资源共享、择优合作，才能随时把握市场需求变化，消除传统销售链上所出现的信息需求失真放大的情况，即通常所说的“牛鞭效应”，协调、控制供应链整体，实现对用户需求的快速反应。

（6）虚拟性

在信息技术的支持下，供应链的功能不用依赖于一个集团或大企业去完成，而可以将不同地域、不同国度、不同形式的各种企业以一种协作组织的形式连接起来，这种组织在一定目标条件下具有相对的稳定性，但并不是具有确定机构的企业实体，这就是供应链的虚拟性。

2. 供应链的类型

基于不同角度，供应链有不同的分类，以下介绍常见的几种分类：

（1）链式结构供应链与网状结构供应链

根据参与供应链的节点企业的数目大小和企业之间的连接关系复杂与否，可分为链式结构供应链和网状结构供应链。

链式结构供应链是一种最简单的供应链结构，即每一个节点企业只与一个上游企业相连接，就像一个直线型链条，一环扣一环。这种供应链在企业外部供应链、产业链和全球网络供应链中较少出现，较常见的是在企业内部或动态企业联盟中。

网状结构供应链是比较常见的结构，每个供应商可以为多个制造商服务，每个制造商可以从不同的供应商那里获得原材料，并将产品按照其质量或者价格等的差异分别由不同的分销商进行分销。

网状结构可细分为发散型的供应链网（V型）、汇聚型的供应链网（A型）和介于两种结构之间的供应链网（T型）。V型供应链是供应链网状结构中最基础的结构，生产中间产品的企业客户往往要多于供应商，呈发散型。为了满足相对少数的客户需求和客户订单，需要从大量的供应商手中采购大量的物料，这种情形就是典型的A型。T型供应链在接近最终用户的行业中比较普遍，是供应链中最为复杂的结构类型。

（2）功能型供应链和创新型供应链

根据供应链产品功能以及产品生命周期需求稳定程度及可预测程度，可分为功能型供应链和创新型供应链。

功能型供应链，其产品的市场需求比较稳定，易实现供求平衡。因此，这类供应链主要运用于标准化程度高的常规型产品行业，其重点在于降低生产、运输、库存等方面的费用，以最低的成本将原料转化为成品。

创新型供应链，其产品市场需求不确定性较高。因此，这类供应链主要用于变化快的流行型产品行业，其重点在于考虑响应速度和柔性，只有响应速度快和柔性程度高的供应链，才能适应市场的需要。

（3）推式供应链和拉式供应链

根据供应链的推动力来源及供应链总体供给和需求之间的关系，可分为推式供应链和拉式供应链两种。

推式供应链是从原材料推到成品、市场一直到客户端的管理。

拉式供应链是以客户满意度为中心的管理，以客户需求为原动力的管理。

（4）零售商主导型供应链、制造商主导型供应链以及贸易公司主导型供应链

根据供应链上核心企业的性质和动力源的特征，可以分别形成零售商主导型供应链、制造商主导型供应链以及贸易公司主导型供应链。

在零售商主导型供应链中，零售商可以采取“纵向一体化”或者“纵向本体化”管理模式。前者指通过所有权来管理控制为其提供原材料、半成品的其他企业，在市场竞争日益激烈、顾客需求不断变化的今天，这种管理模式已逐渐暴露出种种缺陷：增加企业投资负担、增大企业的行业风险等。后者指企业把主要精力放在提升核心竞争力上，其他非核心业务外包给合作企业完成，利用企业外部资源快速响应市场需求。在“纵向本体化”模式中，零售商来自不同产业的节点企业，依次连接起来，协调各类生产商（如服装供应链中的纱线生产商、面料生产商、服装生产商）等供应链成员间的活动，形成了“零售商主导型供应链”。

制造商主导型供应链同样属于传统采购型供应链，不同的是，零售商对制造商的控制权限弱化了，零售商仅仅下单给服装制造商，后者在正确的时间将正确的产品送达给前者。制造商可以采取后向一体化策略，甚至可以运作VMI（vendor managed inventory）控制零售商的库存，驱动整体供应链，起到主导者作用。

在贸易公司主导型供应链中，贸易公司的地位与作用显著加强，贸易公司可以直接获得国内外客户订单，能够控制整个供应链上游企业的供给和需求，同时利用其在信息、资金和信誉等方面的优势，整

合供应链资源、协调供应链成员，降低成本、提高绩效，扮演整条供应链上“服务提供商”和“管理者”的角色。

3.供应链与物流的关系

目前国际上对供应链的理解基本上有三种观点：

（1）异名同质观

持异名同质观的人认为，供应链管理与物流管理是同一本质不同的名称而已。物流管理本身是一个不断变化和更新的概念，它从第二次世界大战时的军事物流延伸到战后的企业内部物流，20世纪90年代再演化到跨企业的物流管理。物流管理是为了最大限度地满足客户需求，而对产品、服务和相关信息从起源点到最终消费点有效的、高效的流动和储存进行的计划、实施与控制过程。而供应链管理则是在提供产品、服务和信息的过程中，对从终端用户到原始供应商之间的关键商业流程进行集成，从而为客户和其他所有流程参与者增值。从理论上来说，这两个概念并没有太大的区别。北美各界虽然基本统一了对物流管理与供应链管理的定义——物流管理是供应链管理的一部分，但是欧洲却坚持使用“物流管理”来表达供应链管理的理念。

（2）统合观

持统合观的人士认为，物流管理是供应链管理的一部分。物流与营销、运作、采购、战略策划、信息技术、销售一起组成了供应链。物流管理从来都是一个供应链导向的概念，是对从起源点到消费点的整个流程的管理。但在实际运作中，物流部门的职能大多只是负责企业下游的运输与配送，远没有达到其理论所涵盖的范围。面对这种大概念、小职能的现象，有的人取其概念而将物流职能扩大化，有的则取其职能而将物流概念缩小化。持统合观的人士因此采用了供应链管理的新概念来实施新的管理理念，以区别于传统的物流职能。

（3）战略观

持战略观的人士认为，供应链管理并不是物流与营销、运作、采购、战略策划、信息技术、销售的统合，而是这些领域的战略成分的整合。比如，在采购部，一个长期采购合同的谈判是战略决策，而发出采购订单是战术行为。供应链管理总监会参与合同的谈判，但不会参与采购订单的生成与发送。在持战略观的企业里，通常会设立供应链管理总监的职位（有些企业也有信息资讯总监），直接向总裁汇报。这个部门与物流部、采购部、信息技术部、营销部、客户服务部会有很多的沟通与合作，但没有上下级关系。各职能部门继续管理日常的战术运作，但战略上的决策则必须由跨职能的供应链管理部门来进行研究和决定，并协调实施。由于供应链管理总监直接向总裁汇报，不隶属任何职能部门，所以能够不局限于职能部门的框架，最大限度地寻求整个供应链的整体优化，而不是某个单一部门的局部优化。

以上观点都从一定层面反映了人们对供应链的认识，而且从特定角度看都有道理。但是，我们更倾向于认为，供应链与物流不同，供应链也不仅仅只是对物流概念进行扩展，供应链与企业的业务集成息息相关，因此，我们更倾向于认为，供应链管理实际上应该包括供应链组织内部各功能部门之间的集成和在供应链上下游组织之间的集成，集成的内容包括商流、物流、信息流等，集成的对象有资源、组织、业务、流程等，因而供应链的概念比物流的概念更加广泛。

4.供应链管理的概念与特点

国家标准《物流术语》（GB/T 18354-2006）把供应链管理定义为：“对供应链涉及的全部活动进行计划、组织、协调与控制。”

与传统管理相比，供应链管理具有以下特点：

（1）系统协调与集成。供应链管理的核心思想之一是强调协调与集成，这一方面是指供应链上的核心企业与链上其他相关企业之间的协调与集成，即企业外部跨边界的信息共享与沟通；另一方面也是指该核心企业内部各个职能部门之间跨部门的信息共享与沟通。其目的在于消除系统运行（企业经营）时部门与部门之间、企业与外部环境之间的障碍。

（2）商务系统过程控制。它是指运用系统工程方法控制从原材料供应直至终端消费行为的所有物资流、资金流和服务流的过程，其目的在于满足市场与客户需求。

（3）物资流、资金流和信息流的综合控制。它是指对物资流、信息流进行规划、设计与控制，对资金流进行分解与控制，其目的在于实现供应链的最大效率与成员利益。

（4）专业化分工。供应链管理强调的是企业必须专注于自己的核心业务，把非核心的业务外包给其他的合作伙伴，以使整个供应链的绩效达到最大。因此，供应链管理的思想改变了企业与企业之间的合作关系，拓展了企业的边界，提高了企业的管理效益。

5.供应链管理的内容

供应链管理涉及供应管理、生产计划、物流管理、需求管理四方面，即以市场需求为驱动，以同步化、集成化生产计划为指导，以各种技术为支持，尤其以Internet/Intranet为依托，控制和组织从原材料供应到生产制造、产品销售等的一体化过程。具体包含以下几个方面的内容：

（1）供应链设计与构造

怎样将制造商、供应商和分销商有机地集合起来，使之成为相互关联的整体，是供应链设计要解决的主要问题。在供应链管理的影响下，对产品制造过程的影响不仅要考虑企业内部因素的影响，而且还要考虑供应链对产品成本和服务的影响。供应链管理的出现，扩大了原有的企业生产系统设计范畴，把影响生产系统运行的因素延伸到了企业外部，与供应链上所有的企业都联系起来，因而供应链设计就成为构造企业系统的一个重要方面。

（2）供应链集成和战略伙伴的选择

由于供应链本身的动态性以及不同机构和伙伴有着相互冲突的目标，对供应链进行集成是相当困难的。但在当今竞争激烈的市场中，大多数公司别无选择，要么被迫集成于某供应链，要么主动出击，选择战略伙伴，以满足顾客和供应链发展的需要。但如何进行集成才能取得成功，采用何种信息共享方式，信息对供应链的设计和作业的影响、组织内部和外部合作企业之间需要什么层次的集成，最终实施哪些类型的伙伴关系等均是供应链集成和战略伙伴选择所需解决的问题。

（3）供应链库存控制

供应链库存控制即站在供应商、制造商、批发商和零售商等组成的整个供应链的角度考虑库存问题，通过企业间分享信息和协调管理机制，并应用先进管理方法和技术，对供应链上的库存进行整体计划、组织、协调与控制，以减少供应链中的需求扭曲现象，降低库存的不确定性，提高供应链的稳定性。

（4）供应链配送渠道设计

在供应链中确定怎样的配送渠道，如是否设立中央仓库，需要多少直接转运点，直接转运与仓库中持有库存哪个更优越，这些都是配送渠道设计所需要解决的问题。

（5）供应链信息控制与支持

对供应链的有效控制要求集中协调不同企业的关键数据，如订货预测、库存状态、缺货情况、生产计划、运输安排、在途物资等数据。为便于管理人员迅速、准确地获得各种信息，必须建立有效的信息控制与支持环境，利用电子数据交换（EDI）、Internet等技术手段实现供应链的分布数据信息集成，达到共享采购订单的电子接收与发送、多级库存控制、批量和系列号跟踪、周期盘点等重要信息的目的。

（6）供应链生产计划与控制

供应链上各节点企业都不是孤立的，任何一个企业的生产计划与控制决策都影响到整个供应链上其他企业的决策，因此要研究出协调决策方法和相应的支持系统。运用系统论、协同论、精细生产等理论方法，研究适应供应链管理的集成化生产计划、控制模式和支持系统。

（7）供应链采购管理

供应链采购管理，就是在建立战略性合作伙伴关系的基础上，实现供应链成员之间的信息沟通和相互合作，通过供应链上各方共享库存数据，实现无缝连接和管理，使采购决策过程透明化，减少安全库存、消除供应过程的组织障碍、简化采购手续、鉴别并剔除整条链上的冗余行为和非增值行为，从而降低整条供应链的成本，为实现准时化采购创造条件。

（8）供应链组织结构与业务流程重构

为了使供应链上的不同企业在不同地域的多个部门协同工作，以取得整个系统最优的效果，必须根据供应链的特点优化运作流程，进行企业重构，确定出相应的供应链管理组织系统的构成要素及应采取的结构形式。

（9）供应链绩效评价与激励机制

供应链管理不同于单个企业管理，其绩效评价和激励系统包括更多内容。根据供应链管理的特征构建新的绩效评价体系、新的组织与激励系统，是衡量供应链管理效果、促进供应链管理水平不断提高的关键。

6．供应链管理实施步骤

企业实施供应链管理应遵循以下步骤：

（1）供应链管理水平分析

对企业当前管理水平、组织结构、在供应链中所处位置、与上下游企业的关系、合作伙伴的实力、客户服务水平、信息系统应用水平等进行分析。

（2）供应链比较

将企业所处供应链与其他供应链进行比较，从供应链运行效果和业务流程两个方面进行，发现企业所处供应链的不足与薄弱环节，以及顾客服务的主要问题。

（3）业务流程再造与组织结构优化

根据所发现的问题，重新设计和构建供应链，去除不增值过程与环节，优化组织结构，建立适应顾客需求和信息时代要求的，更加简洁、更加通畅、更加合理的供应链。

（4）合作伙伴的评估与选择

根据供应链目标和业务流程，以技术水平、生产能力、质量水平、市场能力、业务结构、企业文化等为主要因素建立综合评价指标体系，评估、选择能够促进供应链目标实现的合作伙伴。

（5）供应链战略联盟的建立

围绕供应链战略目标，通过各种协议、契约等与合作伙伴结成优势互补、风险共担的战略联盟，通过“强强”联合，在提供高质量的顾客服务的同时，共同分享不断增长的供应链收益。

（6）建立供应链管理的信息支撑体系

为了保证供应链管理的高效运转，实现跨地区、跨行业、跨组织、跨职能的分工与合作，必须实现供应链节点企业间信息的准确、实时、全面收集和交流，并能对这些信息进行有效的分析与处理，辅助供应链管理决策，这些都需要通过应用信息技术和网络技术，建立信息支撑环境，开发一系列供应链管理软件等。

（7）新的供应链管理实施

在新的业务流程、战略联盟和信息支撑体系的支持下，供应链节点企业间应积极配合，实施供应链管理，进行运行磨合，共同发现问题并及时解决。

（8）供应链绩效评估与激励

建立供应链运行绩效评价指标体系，度量供应链内部绩效、外部绩效以及综合绩效等，形成对供应链整体运行的综合评价，并根据评价建立对供应链企业的激励机制，作为供应链管理进一步改进和节点企业管理水平进一步提高的依据。

10.1.1 供应链风险的定义与特征

1.供应链风险的定义

供应链系统是一个复杂的系统，其风险是很难界定的，不同学者从不同的角度来定义。通常认为，供应链风险是指由供应链内外环境中存在的不确定性因素所导致的造成供应链崩溃或运营障碍的可能性。

2.供应链风险的特征

与一般企业风险相比，供应链风险具有以下特征：

（1）多样性

由供应链的来源与分类可知，供应链风险的表现形式是多种多样的，因而，即使是同一个行业、企业或产品，也会涉及多种供应链风险。至于不同行业、企业和产品的供应链以及不同的供应链结构，更会造成一定时期内供应链面临的风险不同。供应链风险的多样性特征，决定了风险管理方法的多样性。

（2）关联性

供应链中不同的风险以复杂的方式相互联系，以至于一个风险会导致另一个风险，或者影响其他风险的结果。供应链风险的关联性往往是此消彼长的，即一种风险的减少会引起另一种风险的增加。一是供应链系统内各节点企业之间风险的此消彼长性，即一个企业风险的减少可能会导致相关的企业风险的增加。如制造厂商为了减少自身的库存风险，要求上游供应商采用JIT方式送货，在保证整条供应链顺畅运行的条件下必然导致上游供应商送货成本、库存的增加，即制造商库存风险减少某种程度上是以供应商库存风险的增加为代价的。二是从整体来讲，把供应链看作一个虚拟企业群，企业内一种风险的减少会导致另一种风险的增加，如营运风险和中断风险，减少库存营运风险减少，但中断风险随之而增加。因此，在制定风险防范措施时一定要考虑到风险之间的关联性。

（3）传递性

供应链风险因素之间的关联性将导致风险具有扩散性或传递性，即风险因素不仅会给所在企业带来风险，也会通过供应链网络传递给其他企业，进而增加整个供应链的风险。

由于从产品开发、原材料采购、生产加工到仓储配送整个过程，都是由多个供应链节点企业共同参与完成，根据流程的顺序，各节点企业的工作形成了一个交错的混合网络结构，其中某一项工作既可能由一个企业完成也可能由多个企业共同完成；某一个企业既可能参与一个环节也可能参与多个环节。因此，各节点环环相扣，彼此依赖和相互影响，任何一个节点出现问题，都可能波及其他节点，进而影响整个供应链的正常运作。这种风险在供应链节点企业之间进行传递，给上下游企业以及整个供应链带来危害和损失。如最具代表性的“牛鞭效应”。一般来说供应链越长，中间的非价值因素越多，“牛鞭效应”越严重，供应链效率越低下。因此，对供应链风险的传递和控制是供应链风险管理的关键之一。根据供应链的时间顺序和运作流程，各节点的工作形成了串行或并行的混合网络结构。其中某一项工作既可能由一个企业完成，也可能由多个企业共同完成。供应链整体的效率、成本、质量指标取决于节点指标。由于各节点均存在风险，则供应链整体风险由各节点风险传递而成。通过风险传递算法可以对供应链风险瓶颈单元加以识别，在此基础上进行风险调整、优化，进行风险控制。比如可对瓶颈节点的资源分配予以调整。

（4）层次性

供应链本身是一个系统，而层次性是系统的基本特征。供应链风险的层次性，一是表现在可以按供应链的层次来划分供应链风险，如一级供应商风险、二级供应商风险等；二是可以按供应链管理层次，将供应链风险划分为战略层风险、策略层风险和操作层风险等；三是可以将供应链风险分成大类，然后在大类中划分为小类，再在小类中划分为细类。供应链风险的层次性，为层次分析法（AHP）的采用提供了可能。

（5）复杂性

由于供应链组织特有的组织结构导致其从构建起就不仅要面对单个成员企业所要面对的风险，如市场风险、资金风险等；还要面对由组织结构而决定的特有风险，如企业之间的合作风险、信用风险、文化冲突风险、利润分配风险等。因此供应链风险相比一般企业的风险，种类多、范围广，复杂性更高。

（6）动态性

无论是供应链的经营环境，还是供应链结构与关系、供应与需求等，都是变化的，这就决定了供应链风险是动态变化的。

（7）难测性

与单一企业风险相比，供应链具有多主体、多环节、多渠道、跨地域等特征。在供应链组建和运营过程中，整个系统存在着脆弱性，不可避免地孕育着供应链风险，而且供应链风险产生的原因、方式和结果都是动态变化的，因此，供应链风险发生的概率及其影响是很难预测的，对风险大小的判断具有很强的主观性，是因人而异的。

10.1.2 供应链风险的类型

基于不同的角度，供应链风险有不同的分类。按风险来源不同，可分为外生风险和内生风险。

1. 供应链外生风险

（1）市场需求不确定性风险。供应链的运作是以市场需求为导向的，供应链中的生产、运输、供给和销售等都建立在对需求准确预测的基础之上。市场竞争的激化，大大增强了消费者需求偏好的不确定性，使准确预测的难度加大，很容易增加整个供应链的经营风险。如果不能获得正确的市场信息，供应链无法反映出不断变化的市场趋势和顾客偏好，一条供应链也会由于不能根据新的需求改变产品和供应物，而不能进入新的细分市场。最后，市场机会也会由于不能满足顾客快速交货的需要而丧失。

（2）经济周期风险。市场经济的运行轨迹具有明显的周期性，繁荣和衰退交替出现，这种宏观经济的周期性变化，使供应链的经营风险加大。在经济繁荣时期，供应链在市场需求不断升温的刺激下，会增加固定资产投资，进行扩大再生产，增加存货、补充人力，相应地增加了现金流出量。而在经济衰退时期，供应链销售额下降，现金流入量减少，而未完成的固定资产投资仍需大量资金的继续投入。此时，市场筹资环境不理想，筹资成本加大。这种资金流动性差的状况就增大了供应链的经营风险。

（3）政策风险。当国家经济政策发生变化时，往往会对供应链的资金筹集、投资及其他经营管理活动产生极大影响，使供应链的经营风险增加。例如，当产业结构调整时，国家往往会出台一系列的产业结构调整政策和措施，对一些产业的鼓励，给供应链投资指明了方向；对另一些产业的限制，使供应链原有的投资面临着遭受损失的风险，供应链需要筹集大量的资金进行产业调整。

（4）法律风险。供应链面临的法律环境的变化也会诱发供应链经营风险。每个国家的法律都有一个逐渐完善的过程，法律法规的调整、修订等的不确定性，有可能对供应链运转产生负面效应。

（5）意外灾祸风险。这主要表现在地震、火灾、政治的动荡、意外的战争等都会引起非常规性的破坏，影响到供应链的某个节点企业，从而影响到整个供应链的稳定，使供应链中企业资金运动过程受阻或中断，使生产经营过程遭受损失，既定的经营目标、财务目标无法实现。

2.供应链内生风险

供应链内生风险主要来自组成供应链系统各环节之间的关系，它由各环节之间潜在的互动博弈与合作形成。供应链中各成员企业作为独立的市场主体有各自不同的利益取向，相互之间因为信息不完全、不对称，又缺乏有效监督机制，为了争夺系统资源、追求自身利益最大化而展开激烈博弈。同时，在部分信息公开、资源共享基础上，又存在一定程度的合作。

（1）道德风险。道德风险是指由于信息的不对称，供应链合约的一方从另一方那儿得到剩余的收益，使合约破裂，导致供应链的危机。在整个供应链管理环境中，委托人往往比代理人处于一个更不利的位置，代理人往往会通过增加信息的不对称，从委托合作伙伴那里得到最大的收益。如供应商由于自身生产能力上的局限或是为了追求自身利益的最大化而不择手段，偷工减料、以次充好，所提供的物资达不到采购合同的要求给采购带来风险。

（2）信息传递风险。由于每个企业都是独立经营和管理的经济实体，供应链实质上是一种松散的企业联盟，当供应链规模日益扩大、结构日趋繁复时，供应链上发生信息错误的概率也随之增多。信息传递延迟将导致上下游企业之间沟通不充分，对产品的生产以及客户的需求在理解上出现分歧，不能真正满足市场的需要。同时会产生牛鞭效应，导致过量的库存。

（3）生产组织与采购风险。现代企业生产组织强调集成、效率，这样可能导致生产过程刚性太强，缺乏柔性，若在生产或采购过程的某个环节上出现问题，很容易导致整个生产过程的停顿。

（4）分销商的选择产生的风险。分销商是市场的直接面对者，要充分实施有效的供应链管理，必须做好分销商的选择工作。在供应链中，如果分销商选择不当，会直接导致核心企业市场竞争的失败，也会导致供应链凝聚力的涣散，从而导致供应链的解体。

（5）物流运作风险。物流活动是供应链管理的纽带。供应链要加快资金流转速度，实现即时化生产和柔性化制造，离不开高效运作的物流系统。这就需要供应链各成员之间采取联合计划，实现信息共享与存货统一管理，但在实际运行中这是很难做到的一点，导致在原料供应、原料运输、原料缓存、产品生产、产品缓存和产品销售等过程中可能出现衔接失误，这些衔接失误都可能导致因供应链物流不畅通而产生风险。例如，运输障碍使原材料和产品不能及时供应，造成上游企业在承诺的提前期内无法交货，致使下游企业的生产和销售受到不利影响。

（6）企业文化差异产生的风险。供应链一般由多家成员企业构成，这些不同的企业在经营理念、文化制度、员工职业素养和核心价值观等方面必然会存在一定的差异，从而导致对相同问题的不同看法，进而采取不一致的工作方法，最后输出不同的结果，造成供应链的混乱。

（7）结构风险。这是指因受供应链系统的约束、内耗、不稳定、牛鞭效应等因素的影响而产生的风险，是供应链所独有的风险。

10.2 供应链风险管理概述

10.2.1 供应链风险管理的定义与目的

1. 供应链风险管理的定义

供应链风险是一种潜在的威胁，它利用供应链系统的脆弱性，对供应链系统造成破坏，给供应链成员和整个供应链带来损失。供应链风险来源于供应链的不确定性，供应链不确定性的存在和传播会影响整个供应链，风险的大小本质上取决于不确定性事件发生的概率和后果的严重程度，因此，供应链的不确定性是企业和组织在风险管理决策中一个不可回避的棘手问题，企业和组织管理决策的成败在一定程度上取决于对不确性的认识和理解。

由此可见，供应链风险管理就是对供应链不确定性的管理和控制。具体而言，供应链风险管理是指运用风险管理方法和工具，采取有效的识别、评估、监控、防范、化解等风险管理措施，协调供应链上各成员工作，在平衡成本、效率、提前期等到绩效的基础上，力图降低供应链风险事件或不确定性发生的概率和不利影响，或在风险发生后最大限度地减少损失并尽快使供应链恢复到正常状态。

2. 供应链风险管理的目的

企业风险管理的目的是：防止企业破产、倒闭，促进企业发展，将企业风险管理纳入企业管理范畴，使它与生产管理、销售管理、财务管理、人事管理、信息管理等发生并列关系，能够将这些管理综合起来，在全面管理方面发挥调节作用。

供应链风险管理的目的是：加强供应链成员企业对风险信息的了解、沟通。通过对潜在意外和损失的识别、衡量和分析，以最小成本最优化组合对风险实行有效规避，实时监控，以保证供应链的安全、连续和效率。

10.2.2 供应链风险管理方法与对策

1. 供应链风险管理方法

（1）风险转移。利用投保支付保费的方式将风险转嫁给保险公司；也可以通过部分非核心业务外包的方式转移至其他企业。

（2）风险自留。利用一些企业内部资源对损失进行计划，自己承担部分或全部损失。

（3）损失融资。利用金融衍生工具对风险进行对冲，如对冲由于利率、价格、汇率变化带来的损失。

（4）风险控制。通过加强企业内部管理来规避、降低经营风险。

由于供应链是由链上多个伙伴企业组成，以上企业风险管理方法并不完全适用。供应链风险管理核心在于对供应链伙伴关系、合作关系的管理、监督与控制。

2. 供应链风险管理对策

（1）设计、构建供应链时应充分考虑到风险问题

在最初设计和构建供应链时就应认识到供应链存在风险性，根据其结构、环境等特点分析风险因素，区分风险类别、尽早识别风险，有利于制定风险管理目标，合理选择风险管理工具。

（2）优化合作伙伴选择

供应链合作伙伴选择是供应链风险管理的重要一环。一方面要充分利用各自的互补性以发挥合作竞争优势，一方面也要考量伙伴的合作成本与敏捷性。

（3）加强伙伴间的沟通和理解

合作伙伴应将供应链看成一个整体，而不是由采购、生产、分销、销售构成的分离的块功能。只有链上伙伴坚持并最终执行对整条供应链的战略决策，供应链才能真正发挥成

本优势，占有市场份额。

（4）建立企业成员间的信任机制

建立企业成员间的信任机制可以降低供应链结构成本，减少内部交易成本。加强契约规定等规范建设，促使伙伴成员以诚实、灵活的方式相互协调彼此的合作态度和行为。

（5）增加供应链透明度，加大信息共享程度

供应链透明性指供应链上所有成员从供应链一端看到另一端的能力。如果不能得到清晰和没有失真的视野，就会降低成员企业之间的信任度，迫使成员企业在信息不完全情况下做出错误的判断或决策。

（6）加快信息流通速度

加快信息流通速度有利于提高供应链反应速度，提高竞争力。

（7）整合供应链流程，提高供应链效率的同时保持供应链的弹性

当今供应链管理强调JIT方法，减少库存以降低成本，这种运作模式一旦遇到突发事件或需求有较大波动时就会显得缺乏弹性。因此，在注重效率的同时仍应保持供应链适度弹性。

10.3 供应链设计风险管理

供应链设计是以核心企业模型为基础进行扩展，有效集成供应链成员的物流、信息流和资金流以及组织及服务体系等业务流程的过程。由于不同结构的供应链所面临的风险是不同的，因此，供应链设计时应当充分考虑各种风险的存在，并进行有效的管理。

10.3.1 供应链设计风险的类型

1.环境预判风险

如何低成本、低风险、高效率地保障供应链运营，已经成为供应链设计的主要目标。在供应链设计过程中，必须充分考虑供应链的内外环境，对环境做出准确的分析。然而，由于供应链设计人员受能力和占有资料与信息等诸多限制，就不可避免地产生供应链设计过程中的环境预判风险。

2.供应链结构选择风险

不同结构的供应链具有不同的功能，因而在选择供应链结构时会面临一定的风险。

（1）结构的简捷性与复杂性的选择

如前所述，按供应链结构的复杂程度排序，依次为T型供应链、发散型的供应链网（V型）、汇聚型的供应链网（A型）、链式结构供应链。为了使供应链具有灵活快速响应市场的能力，简捷性是供应链设计的一个重要原则，因此，供应链设计人员应保证供应链

成员的数量、业务流程等重要因素在可管理控制的范围之内。当然，核心企业选择与单个或少量供应商组成相对简单的供应链，固然可以提高供应链的运营效率，但是，核心企业必须承担由供应商供货不确定性所带来的风险。

（2）功能型供应链和创新型供应链的选择

一般而言，对于标准化程度高的常规型产品行业，其重点在于降低生产、运输、库存等方面的费用，以最低的成本将原料转化为成品，所以，应选择功能型供应链；对于变化快的流行型产品行业，其重点在于考虑响应速度和柔性，只有响应速度快和柔性程度高的供应链，才能适应市场的需要，因此，应选择创新型供应链。

3.核心企业能力风险

供应链的设计是围绕核心企业进行的。核心企业的能力体现在其影响力、扩展力、可信任感、可参与度和吸纳力等方面。在设计供应链时，核心企业往往放大自身的能力，并以此为基础确定供应链的结构，从而给供应链的设计带来一定的风险。

4.合作伙伴选择风险

寻找合适的伙伴是联盟构建过程中所遇到的最大难题。由于双方企业的文化、价值观念、行为准则等方面存在差异，往往造成双方不匹配乃至不兼容，容易产生消极的后果。

5.利润分配的风险

供应链是一种动态的联盟形式，若没有足够的利润空间和合理的利润分配方案，很难使各企业紧密团结。在如今的微利时代，由终端需求拉动的订单生产，利润空间本来就不厚，如果供应链不能有效创造利润空间，那将对供应链的存在提出直接质疑。

供应链中的企业是一个利益共同体，在供应链整体利润一定的条件下，某些企业利润的提高会导致其他企业利润的降低，某些企业获利水平过低将导致消极合作甚至退出供应链，使供应链崩溃。

对此，核心企业在设计供应链时必须充分考虑到合作伙伴的利益。一方面尽最大努力降低成本，获取较大的利润空间；另一方面公平、透明、合理地分配各企业应得的供应链利润，化解因利益分配问题导致供应链分崩离析的风险。

10.3.2 供应链设计风险的控制

通过对供应链设计风险的控制，可以充分协调供应链成员之间的合作关系，有效减少供应链断裂的风险，提高供应链整体运营效率。

1.设计具有柔性的多源供应链

多家供应商机制不仅使供应链具有足够的柔性，而且还能在供应商之间形成竞争态势，保证产品的稳定供应。因此，设计柔性的多源供应链是解决供应链“瓶颈”、预防供应风险的重要举措。

2.选择合适的分销模式

由于不同的分销模式会给企业带来不同的风险，因此，核心企业在设计供应链时，应根据产品的具体形式，合理选择分销模式，比如，是选择分销商还是代理商，是选择独家分销商还是一般分销商，以便降低供应链风险。

10.4 供应链合作风险管理

10.4.1 供应链合作风险的类型

供应链管理的关键在于建立供应链成员之间的合作关系，使成员之间在设计、采购、生产、销售等方面相互协调，形成无缝链接的整体优势。因此，合作伙伴关系的建立是供应链管理的核心。由于供应链成员是相对独立的实体，在合作过程中还存在竞争关系，从而导致了供应链合作风险的存在。

1. 信用风险

供应链中，由于每个合作者都有其自身的利益，合作伙伴既是合作者也是竞争者，因此，在联盟过程中不可避免地存在不合作的行为。合作伙伴进行联盟合作的目的，很大程度上是为了获取能使各方互惠互利的技术和资源，但由于机会主义的存在，一方合作者在学习另一方技术优势的同时也会尽力保护自身的技术优势，最终还是有可能抛弃合作者。为防止这种现象的出现，企业通常会保护其核心能力，使核心的知识不致被伙伴所窃取。因而，一方面要利用各自的核心能力进行合作，另一方面又要为保护核心能力而设置壁垒，这会引发伙伴间的不信任和不合作。

2. 协调风险

供应链属于一种战略性合作体，链上企业作为合作博弈主体，其策略选择受到各自利益驱动的影响。同时，因为信息不对称、信息扭曲、市场不确定性以及其他政治、经济、法律等因素的变化，而导致各种风险的存在。当供应链规模日益扩大、结构日趋繁杂时，信息传递延迟以及信息传递不准确的可能性都会增加，并使整个供应链陷入困境。供应链管理中产生的协调风险是理性成员所运用的优化行为的结果。每一个成员都是理性人，为了保证自己的利益最大化，他们会隐藏一些敏感信息，涉及商业秘密的信息不外泄；为了满足消费者的需求，会夸大一些公用信息（如消费者的订货量等），使信息失真，造成信息风险。从整条供应链看，每一个成员的利益最大化，并不一定带来整条供应链的效益最大化，往往这种“内耗”会大大影响供应链的整体运作水平及竞争力。为了使供应链上的企业都能从合作中获得满意结果，必须采取一定的措施规避供应链运行中的风险，如提高信息透明度和共享性、优化合同模式、建立监督控制机制等，尤其是必须在企业合作的各个阶段通过激励机制的运行，采用各种手段实施激励，使供应链企业之间的合作更加有效。通常供应链的整体协调需要有一个核心企业或是权威企业，虽然它不像企业那样靠权威进行资源配置，但也必须有一个类似权威中心的企业进行协调、倡议之类的活动。这个核心企业也是理性的市场主体，其针对供应链的决策行为不可避免地会维护既得利益。

沃尔玛的供应链是典型的大型零售业主导型供应链，整个链条是以沃尔玛零售企业为核心，这种组织形式使沃尔玛在预防供应链固有风险方面具有得天独厚的优势。在供应商的眼里，沃尔玛是一个强硬的客户，因为他认为自己是在为顾客讨价还价，而不必对供应商感到抱歉，他唯一要得到的就是最低价。霸主的地位使沃尔玛在与供应商的交往中占据明显的优势，他要求每个企业都必须以最低价格保证标准质量，必须使用新技术与沃尔玛保持信息的同步，必须及时更新自己的能力而不被淘汰等，通过要求各个供应商遵循自己制定的标准和要求，沃尔玛将自己的价值观等潜移默化地移植到供应商的企业中，增加了供应链上各企业的文化共性，逐步减少了因企业间文化差异而产生的摩擦和风险。

3.服务质量连带风险

在供应链中，合作双方对外提供服务时通常都是通过统一的品牌形象和统一的服务流程，这一方面可以使企业借助已有的强势品牌效应较容易地开展业务活动，并进一步增强客户的品牌认可度和品牌忠诚度，但同时也带来了潜在风险。当供应链中的一方由于各种原因而损害了客户利益，造成客户极度不满时，就会对整个供应链品牌甚至对合作双方的原有企业形象造成不良的影响。

4.整体反应能力风险

供应链追求的是整体竞争优势，主要表现在整体的反应能力上，然而，由于供应链涉及多个独立的成员企业，如果不能建立一个科学优化的集成业务流程，就会降低供应链对市场的反应能力。如果供应链成员仅关注自身的核心能力，就会影响供应链整体的综合控制能力；另一方面，如果供应链成员，尤其是核心企业存在能力缺陷，就会成为阻碍供应链系统有效产出的薄弱环节，从而影响供应链的整体柔性。

10.4.2 供应链合作风险的控制

因风险的性质和供应链成员自身情况不同，可采取不同的控制方式。

1.风险转移

供应链成员通过保单和契约的方式，将合作风险部分或全部转移出去。具体包括保险转移和非保险转移两种方法。

2.风险承担

供应链成员部分或全部承担合作伙伴之间的风险损失。

3.风险监控

建设风险处理反馈机制，动态监控风险因素的发展变化情况，以有效降低风险发生时造成的损失。

10.5 供应链运营风险管理

10.5.1 供应链运营风险的类型

在运营过程中，通过供应链成员之间的分工与协作，供应链能以较低的成本实现较大的整体利润。然而，供应链运营也将面临更大、更复杂的风险，如果不能予以有效控制，将会给整个供应链造成巨大的损失。

供应链运营过程中，既包括外生风险，也包括内生风险，比如，市场风险、信用风险、协调风险、资金风险、安全库存风险等。

1. 资金风险

某些企业在生产运营中可能会占用上下游企业大量的资金，如果其财务状况不够稳健，将随时导致对整条供应链的致命打击。

供应链中的上下游企业之间互相提供信用，各企业都需要在反应速度和效率之间进行权衡，一旦哪一家企业出现资金危机，上游提供品不能正常输出，下游则会因输入品供应不及时而影响生产，这就导致链条某一环的断裂。一环的断裂会以极快的速度传遍整个供应链，犹如多米诺骨牌，整个供应链就面临崩溃。

2. 安全库存风险

适量库存是厂商生产经营活动顺利进行的前提，过多的库存投资使厂商承担过重的储存成本，影响利润水平；而过少的存货又会增加厂商存货短缺的风险。一般地，厂商为防范和减少存货短缺成本，需要在正常周转库存量的基础上，确定一个附加的安全保障库存量。

一般地，厂商在处理存货的信息方面，因为公司内部间的隔阂影响了信息的有效流通，信息的成批处理使得公司内“加速原理”生效，需求信息经常被扭曲或延迟，从而引起采购人员和生产计划制订者的典型反应——“前置时间或安全库存综合征”。该效应继续加强，直到增加过量，相应的成本同时随之上升。过剩的生产能力不断蔓延至整条供应链，扭曲的需求数据开始引起第二种效应——“存货削减综合征”，厂商不得不选择永久降低产品的销售价格，侵蚀企业的盈利。前一种效应引起过量的存货，公司为了寻求出路又导致后一种结果，不进行流程改造，这两种效应将持续存在并互相推动。

10.5.2 供应链运营风险的控制

供应链运营风险管理不仅应着眼于风险的识别与评估，更应注重风险的控制与化解，将可能发生的损失控制在供应链所能承担的限度内。

1. 重新设计供应链

从供应链成员管理到供应链整体优化，从对供应链功能管理到过程管理的转变，借助成熟的业务流程再造技术，重新设计供应链，可以有效地剔除供应链中的非增值环节。

2.提高信息透明度、避免信息不对称

利用信息技术实现信息共享，加快信息流通的速度。此外，利用信息甄别技术，可以有效地降低信息不对称带来的信用风险。

3.建立有效的沟通和激励机制

供应链成员之间应建立有效的沟通和激励机制，增加相互信任度和忠诚度，以确保供应链的稳定性和协同性。

4.改善库存管理模式

采用供应商管理库存、联合库存等策略，提高盈利水平和供应链竞争力，共同降低成本和库存风险。

5.提高核心企业的风险管理能力

由于核心企业在供应链中的地位与作用，应提高其风险管理能力，充分发挥核心企业在风险管理中的指挥决策、资源协调与调度、有效激励等领导作用，增强供应链整体的风险管理能力，从而提高供应链的协同性和运作效率。

思考与练习

1.单选题

（1）供应链风险所独有的特点是（　　）。

A.传递性　　B.客观性　　C.未来性　　D.偶然性

（2）因外部环境产生的供应链风险是（　　）。

A.市场风险　　B.信用风险　　C.协调风险　　D.信息传递风险

（3）不属于按供应链管理环节划分的供应链风险是（　　）。

A.供应链设计风险　　B.供应链合作风险　　C.供应链运营风险　　D.市场风险

2.多选题

（1）供应链合作风险通常包括（　　）。

A.信用风险　　B.协调风险　　C.服务质量连带风险　　D.整体反应能力风险

（2）防范供应链合作风险的对策包括（　　）。

A.风险转移　　B.风险承担　　C.风险监控　　D.风险协调

（3）供应链设计风险通常包括（　　）。

A.环境预判风险　　B.供应链结构选择风险

C.核心企业能力风险　　D.合作伙伴选择风险

3.判断题

（1）相比于企业风险，供应链风险更复杂。

（2）物流风险管理理论同样适用于供应链风险管理。

（3）传统的企业风险管理方法通常不适用于供应链风险管理。

4.简答题

（1）简述供应链风险管理的对策。

（2）简述供应链风险的特点。

（3）简述防范供应链运营风险的对策。

案例分析

须加强供应风险控制

对于客户遍布全球的大型企业，任何供应风险，不管是由金融危机、自然灾害，还是政治因素引起的供应链中断，负面影响都会被无限放大，代价都会无比高昂。因此，需要加强供应风险控制。

首先，选择最合适的供应商，即把战略寻源做到位。不幸的是，战略寻源是中国企业的软肋，很多公司没有明确的供应商战略，供应商选择无章可循，而且往往由产品部门决定，随着一个个的产品，选出一堆堆的供应商。供应商的评估、分析、选择不到位，很多管理水平差、盈利水平低、抗风险能力弱的供应商就这样被选了进来。在相同的经济环境、自然灾害下，来自这些供应商的风险就更大。

其次，加强供应商的绩效管理。通过绩效管理，一方面驱动供应商来持续改进，提高其“抗震”能力；另一方面在蛛丝马迹中识别风险，及早应对。有的供应风险，比如自然灾害造成的供货中断，很难预知；但绝大多数风险都是有迹可循的。例如，从供应商的按时交货率、现场士气，甚至从送货司机的言谈中，都能判断这个供应商的财务状况是否良好。在中国企业，尤其是规模庞大的国企、央企，供应商的绩效管理基本不存在，就注定其供应风险管控水平不高。比如，有些公司连按时交货率都不统计，大家凭着感觉走。更有甚者，因为廉政问题，有的供应商上了一个分公司的黑名单，却仍旧是另一个分公司的座上客。管理如此粗放，可以想象，用什么样的风险管控都不会有效果，因为没法落地生根。所以，对于中国企业来说，供应风险管理薄弱，表面上是因为没有风险管理，更深层次是因为没有供应商管理。寻源时，稀里糊涂选了些高风险的供应商，埋下了祸根；绩效管理不到位，就如盲人骑瞎马，不要说对天灾人祸，就是对一般的财务风险，也没有多少抵抗能力。

◎试结合此案例分析供应风险控制在供应链风险管理中的重要意义。

主要参考文献

[1] 孙家庆.国际货物运输设计与管理［M］. 北京：中国物资出版社，2011.

[2] 孙家庆，等.港口物流理论与实务［M］. 北京：中国物资出版社，2010.

[3] 张年，等.港口供应链中船公司与货主协作关系初探［J］. 商场现代化，2008（5）.

[4] 王顺娟，等.钢铁企业组建自有铁矿石船队的途径及决策［J］. 世界海运：2007（3）.

[5] 杜奇华.国际投资［M］. 北京：对外经济贸易大学出版社，2009.

[6] 孙家庆.国际物流理论与实务［M］. 大连：大连海事大学出版社，2005.

[7] 孙家庆，等.航运与物流市场营销［M］. 大连：大连海事大学出版社，2006.

[8] 孙家庆，等.国际物流运作流程与单证实务［M］. 大连：大连海事大学出版社，2007.

[9] 孙家庆.国际物流操作风险防范——技巧·案例分析［M］. 北京：中国海关出版社，2009.

[10] 孙家庆.国际货运代理风险规避与案例分析［M］. 北京：科学出版社，2009.

[11] 谢旭.客户管理与账款回收［M］. 北京：企业管理出版社，2001.

[12] 林钧跃.企业赊销与信用管理：上卷［M］. 北京：中国经济出版社，1999.

[13] 谢旭.企业赊销与信用管理：下卷［M］. 北京：中国经济出版社，1999.

[14] 石晓军，等.信用政策与市场策略［M］. 北京：人民邮电出版社，2005.

[15] 刘浩华.供应链风险管理［M］. 北京：中国物资出版社，2009.

[16] 赵林度.供应链风险管理［M］. 北京：中国物资出版社，2008.

[17] 杜莹芬.企业风险管理——理论·实务·案例［M］. 北京：经济管理出版社，2008.

[18] COSO.企业风险管理——整合框架［M］. 方红星，王宏，译.大连：东北财经大学出版社，2005.

[19] 国务院国有资产监督管理委员会.中央企业全面风险管理指引. 国资发改革〔2006〕108号.

[20] 韦国松，等.第三方物流的风险分析与规避［J］. 中国物流与采购，2006（3）.

[21] 蒋惠园，王晚香.航运市场运费套期保值方法探讨［J］. 中国航海，2003（2）.

［22］卓继民.现代企业风险管理审计［M］. 北京：中国财政经济出版社，2005.

［23］孙晓峰.企业赊销与信用管理［J］. 石油化工技术经济，2004（4）.

［24］赛迪顾问网、中远青年网、中国法律信息网、中远物流网、中国港口集装箱网、青岛前湾集装箱码头有限责任公司网、新华信网等的公开资料。